CITY OF FORTUNE: HOW VENICE WON AND LOST A NAVAL EMPIRE
AUTHOR: ROGER CROWLEY

地中海史诗三部曲

财富之城
威尼斯海洋霸权

CITY OF FORTUNE:

How Venice Won &
Lost a Naval Empire

ROGER CROWLEY

〔英〕罗杰·克劳利 / 著

陆大鹏　张骋 / 译

社会科学文献出版社
SOCIAL SCIENCES ACADEMIC PRESS (CHINA)

《星期日电讯报》年度最佳图书
《金融时报》隆重推荐图书

关于威尼斯航海帝国的一部流畅的历史著作……精彩的历史……克劳利精心挑选和引用目击者的历史记述文献，给他生动流畅的叙述增加了额外的力度。

——博伊德·汤金，《独立报》

如今的威尼斯城处处可见往昔霸权的遗迹，罗杰·克劳利生动鲜明地重塑了它的残暴和辉煌，令人血脉贲张。

——薇拉·赖恩，《爱尔兰时报》年度好书

克劳利是一位神奇、思路明晰而令人着迷的作家，擅长描写围城战和军事行动，但同样擅长剖析威尼斯经济力量的实质。

——克里斯托弗·西尔维斯特，《每日邮报》

克劳利之前的几本书以晓畅和自信而著称，证明克劳利是目前最优秀的叙述历史学家之一。《财富之城》符合同样的高水准……克劳利的叙述精练而激动人心。

——迈克尔·普罗杰，《金融时报》

可读性极强，知识极其渊博……令人不忍释卷。

——亚历克斯·赛里尔，《爱尔兰观察家报》

罗杰·克劳利以华兹华斯般的同情心记述了威尼斯昔日光荣的巅峰时刻，又加上了令人肃然起敬的学识和感染力极强的热情。

——威廉·麦克尼尔，《华尔街日报》

对威尼斯城的叙述，可读性极佳……娱乐性和知识性都很强，非常适合在地中海航行度假时阅读。

——约翰·乌尔，《乡村生活》

英国历史学家克劳利对威尼斯做了惊心动魄的叙述……一部激动人心的政治和军事史。

——《科克斯书评》

一部令人血脉贲张的传统风格的叙述，强调政治、战争和伟人。

——《出版商周刊》

通俗易读，行文流畅，令人眼界大开——随身带着它吧！

——斯特拉·蒂里亚德，《每日电讯报》

威尼斯帝国的兴盛和衰落是一个让人无法拒绝的故事，

克劳利是这个故事的完美记录者。

——迈克尔·普洛格，《金融时报》

关于威尼斯如何在地中海东部开创了自己的海洋帝国，以及土耳其人如何一步步蚕食它的扣人心弦的故事。

——诺埃尔·马尔科姆，《星期日电讯报》年度最佳书

从 1000 到 1500 年，一段长达五个世纪威尼斯的绚丽、华美乐章。

——伊恩·芬利森，《泰晤士报》

克劳利用生动传神的笔调使海洋战争和围城战跃然纸上。

——《纽约时报》

充满趣味性而又细节丰富，同时技术娴熟地描绘了诸多生动的角色……克劳利的《财富之城》让阅读始终充满乐趣。

——克里斯托弗·哈特，《星期日泰晤士报》

从节奏、风格和流畅度上来说，这是一部描写其主题的绝佳作品。罗杰·克劳利的风格无可挑剔，再辅以他对威尼斯人的动机的完整把握——商业上的、政治上的和思想上的——，驱使着威尼斯人横穿瞬息万变的地中海。

——乔纳森·凯特斯，《文学评论》

献给乌娜

威尼斯人在陆地上没有立足之地，也无法从事农耕。他们不得不从海上进口所有生活必需品。通过贸易，他们积累了如此惊人的财富。

——拉奥尼科斯·哈尔科孔蒂利斯，

15 世纪拜占庭历史学家

中文版序

　　《1453》《海洋帝国》和《财富之城》这三本书互相关联，组成了一个松散的三部曲，叙述地中海及其周边地区的历史。读者可以从其中任意一本读起。这三本书涵盖的时间达四个世纪之久，从 1200 年到 1600 年，这是不同文明和互相竞争的各大帝国为了领土、宗教信仰和贸易控制而激烈地冲突的年代。这场冲突的参与者包括拜占庭帝国（信仰基督教的罗马帝国继承者）、奥斯曼土耳其帝国（他们复兴了伊斯兰"圣战"的精神），以及西班牙的信仰天主教的哈布斯堡皇朝。同样是在这个时期，威尼斯从一个泥泞的潟湖崛起为西方世界最富庶的城市，宛如令人叹为观止的海市蜃楼，从水中呼啸而起。威尼斯是个与众不同的地方，在当年和今天一样，在异邦人眼中非同寻常、精彩纷呈。

　　在这个时期，各国为争夺地中海爆发了激烈战争。居住在地中海周围的各族群——土耳其人、希腊人、意大利人、西班牙人、北非人和法兰西人——认为自己是在为争夺世界中心而战。但与真正的大洋相比,地中海其实是很小的。各民族之间的地理距离只有投石之遥,于是大海成了一个封闭的竞技场,大规模的厮杀就在这里上演。在这个年代,火药武器开始彻底地改变战争的面貌。大海是史诗般攻城战、血腥海战、海盗行径、人口劫掠、"十字军"东征和伊斯兰"圣战"的场所,也是利润丰厚的贸易和思想交流的途径。基督教和伊斯兰教之间漫长而残酷的竞争从本三部曲涵盖的时期开始,将大海分裂为两个迥然不同的区域,双方沿着海上疆界进行了激烈较量。这场斗争一直延续到"9·11"事件之后的世界。

幸运的是,大量关于这一时期地中海世界的目击资料留存至今,尤其是从大约 1500 年开始,欧洲印刷术的发明刺激了文字材料的爆炸式增长,所以我们得以感同身受地重温这段历史。通过目击者的叙述,我们常常能够近距离观察当时的事件,审视那时的人们如何生活、死亡、战斗、从事贸易,以及礼拜上苍。我尽可能地引用当时人们自己的话,让他们为自己发言。

这三本书的另一个主题是"场所"。在地中海地区,我们在游览威尼斯、伊斯坦布尔,或者克里特、西西里和塞浦路斯等大岛屿的时候,仍然能够触及过去。许多纪念建筑、城堡、宫殿和遗址依然完好。借用伟大的地中海史学家费尔南·布罗代尔的话:"这片大海耐心地为我们重演过去的景象,将其放置在蓝天之下、厚土之上,我们能亲眼看见这天

2

与地，它们如同很久以前一样。只消集中注意力思考片刻或者瞬间的白日梦，这个过去就栩栩如生地回来了。"① 我希望这三部曲能够帮助中国读者更深入地了解地中海历史以及那里发生的事件（它们至今影响着我们的世界）的重要意义，对其产生兴趣。

罗杰·克劳利

---

① Fernand Braudel, *The Mediterranean in the Ancient World*, trans. Sian Reynolds, London, 2001.

目　录

插图说明

1. 圣马可湾

2. 1204 年占领君士坦丁堡，雅各布·丁托列托绘

3. 维托雷·卡尔帕乔 1498 年所作的《埃特里乌斯与乌苏拉的会面及朝觐者的启程》细部

4. 维托雷·卡尔帕乔约 1490～1495 年作的圣乌苏拉组图之一《大使返回英格兰宫廷》细部

5. 斯基亚沃尼街、耶稣升天节和执政官乘坐金船启程，莱安德罗·巴萨诺·达尔·蓬特绘

6. 15 世纪的手稿：马可·波罗和父亲及叔叔从威尼斯前往忽必烈的宫廷

7. 兵工厂的大门

8. 木匠在威尼斯兵工厂建造船只

9. 位于克罗地亚伊斯的利亚半岛的罗维纽

10. 希腊南部，威尼斯人的要塞莫东（迈索尼）

11. 威尼斯人在克里特岛干地亚（今伊拉克利翁）的港口要塞

12. 位于塞浦路斯岛法马古斯塔的圣马可雄狮

13. 詹蒂利·贝利尼流派的画作：威尼斯大使在大马士

革的觐见

14. 1499 年，描绘宗奇奥海战的木刻画

彩图得到了如下人士和机构的授权：

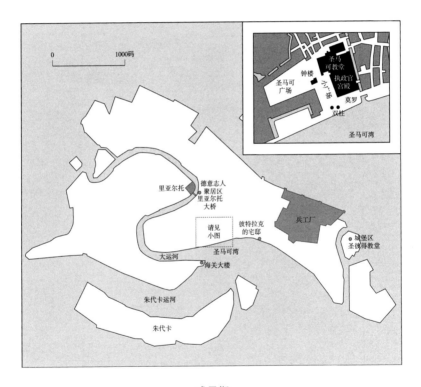

威尼斯

意大利与地中海东部，1000~1500年

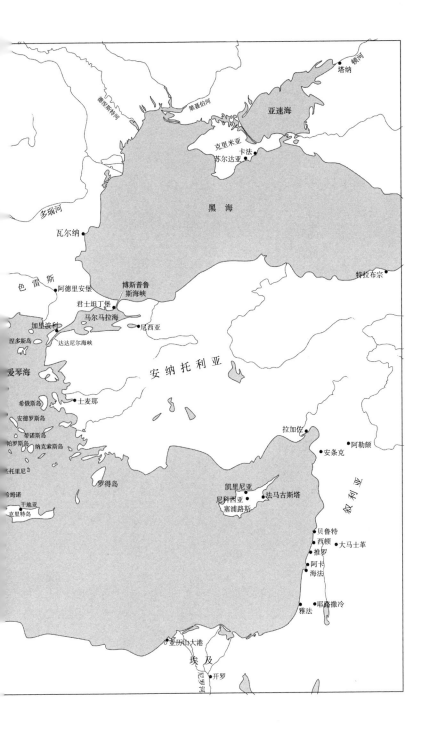

塔纳河
塔纳

亚速海

克里米亚
卡法
苏尔达亚

黑海

德涅斯特河
第聂伯河

多瑙河

瓦尔纳

特拉布宗

色雷斯

阿德里安堡

博斯普鲁斯海峡

君士坦丁堡
马尔马拉海
尼西亚

加里波利
涅多斯岛
达达尼尔海峡

爱琴海

安纳托利亚

希俄斯岛
士麦那

安德罗斯岛
蒂诺斯岛
帕罗斯岛
纳克索斯岛
圣托里尼岛
希姆诺

干地亚
克里特岛

罗得岛

拉加佐

阿勒颇
安条克

凯里尼亚
尼科西亚
塞浦路斯
法马古斯塔

叙利亚

贝鲁特
西顿
大马士革
推罗
阿卡
海法

耶路撒冷
雅法

亚历山大港

埃及
尼罗河
开罗

威尼斯潟湖

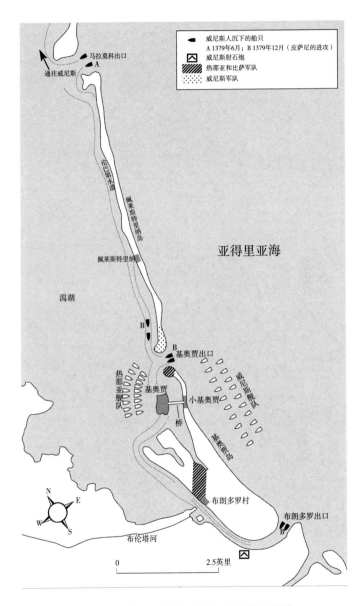

图例说明：
- 威尼斯人沉下的船只
  A 1379年6月；B 1379年12月（皮萨尼的进攻）
- 威尼斯射石炮
- 热那亚和比萨军队
- 威尼斯军队

马拉莫科出口

通往威尼斯

亚得里亚海

伦巴第水道

佩莱斯特里纳岛

佩莱斯特里纳

潟湖

基奥贾出口

热那亚舰队

基奥贾

小基奥贾

桥

威尼斯舰队

基奥贾岛

布朗多罗村

布朗多罗出口

布伦塔河

N
E
W
S

0   2.5英里

1379 年 12 月～1380 年 6 月，基奥贾攻防战

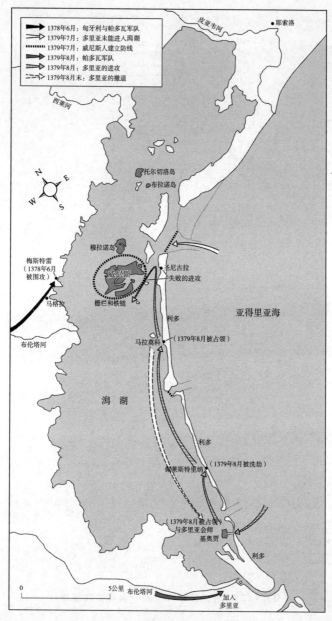

1378 年 6 月～1379 年 12 月，基奥贾战争

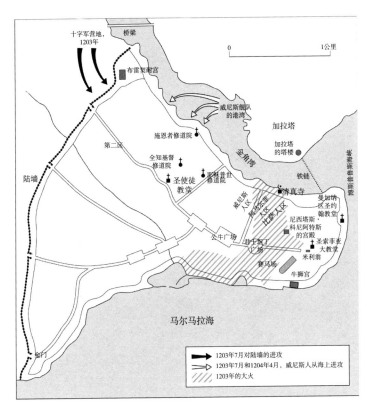

1203～1204 年，第四次十字军东征期间的君士坦丁堡

序幕：起航

　　1363 年 4 月 9 日深夜，诗人及学者弗朗切斯科·彼特拉克正伏案给一位朋友写信。这位文学大师的宅邸是威尼斯共和国馈赠的，气势恢宏，位于海滨，俯瞰圣马可湾。因此，他不用出门便可洞悉整个城市港口的喧嚣。彼特拉克写着信，竟打起盹儿来。突然，他被惊醒了。

　　外面一片漆黑。风雨交加。我有点累了……忽然听见水手的呼喊声。我之前有过这样的体验，因此知晓这喊声的含义，于是迅速起身，爬到房顶，这里可以纵览港口。天哪，太不可思议了！这景象既感人、奇妙、令人恐惧又振奋人心。港口的大理石码头处停泊着一些过冬的帆船，这些船和威尼斯城慷慨为我提供的房子差不多大，桅杆和广场的角楼一样高。恰在此刻，天空层云密布，星光模糊，疾风劲吹，墙面晃动，大海在怒吼、咆哮，最大的帆船起航了……

　　假如你亲眼所见，你肯定不会认为那是一艘船，而是游移在海面上的一座巨山。由于载货极重，船身很大一部分已浸入海水。这艘船朝顿河方向航行，因为我们的船在黑海最远也只能驶到顿河。但是对船上很大一部分人来说，顿河不是终点。他们会下船，继续前进，一直穿越恒河和高加索①，抵达印度，然后继续前往最遥远的中国和东方的大洋。到底是什么，让这些人萌生了对财富的无尽欲望？我承认，我很同情这些不幸的人。我理解，为什么诗人总是用"悲惨"来形容水手的生活。[1]

威尼斯的象征

彼特拉克不喜乘船，却对如此宏大的事业颇感敬畏。身为人文主义诗人，他亦对如此壮举背后的物质主义动机感到不安。对威尼斯人来说，这样的起航简直是家常便饭。在这样一个人人都会划船荡桨的城市里，登船起航——从陆地向海洋的跨越——完全是一种无意识的行为，如同抬脚跨过自家门槛那般轻松。摆渡横跨大运河；刚朵拉小舟划向穆拉诺岛和托尔切洛岛；在诡异的潟湖②中乘夜色漂流；全副武装的

---

① 原文如此，应为"一直穿越高加索和恒河"（本书脚注皆为译者注）。
② 潟湖是一种因为海湾被沙洲所封闭而演变成的湖泊，所以一般都在海边。这些湖本来都是海湾，后来在海湾的出海口由于泥沙沉积，形成了沙洲，从而将海湾与海洋分隔，遂成为湖泊。

舰队在喧天号角声中开赴战场；按照季节定期驶向亚历山大港或贝鲁特的大型桨帆商船队——这些都是属于整个民族的深刻且周而复始的体验。"起航"能够很好地诠释这座城市的生活，被艺术家们不厌其烦地呈现：在圣马可教堂的镶嵌画上，一艘船载着圣徒骸骨，扬帆去往威尼斯；卡尔帕乔①画笔下的圣乌苏拉踩着踏板走上小划船，岸边待航的是一艘高侧舷的商船；加纳莱托②捕捉到在威尼斯欢快起航的画面。

　　船只在出海前会举行盛大的仪式。所有船员将自己的灵魂托付给圣母和圣马可。水手们还会去利多的圣尼古拉教堂做最后的祷告，因为圣尼古拉也是他们钟爱和信赖的主保圣人。重大的航海活动之前都有宗教仪式，并按惯例为航船赐福。人群聚集在岸边，然后绳索被解开。15 世纪前往圣地的朝觐者菲利克斯·法布里的起航发生在"晚餐之前；所有朝觐者登船待发，三张船帆顺风扬起，锣鼓喧天，号角争鸣，我们起航驶向外海"。[2]一旦离开利多——即遮蔽潟湖内各岛屿的沙洲——船只就会进入外海，驶进另一个世界。

　　起航、冒险、利益、荣誉，这些是威尼斯人生活的指南。航海是他们周而复始的生活。近一千年里，他们没有别

---

① 维托雷·卡尔帕乔（约 1465～1525/1526），威尼斯画派的艺术家，曾师从真蒂莱·贝利尼。卡尔帕乔最有名的作品是关于圣乌苏拉传奇的九幅画作。他画风保守，受当时文艺复兴意大利的人文主义影响很小。
② 即乔万尼·安东尼奥·卡纳（1697～1768），意大利画家，在英语世界通称加纳莱托。他的画作以描绘 18 世纪的威尼斯风光主题而闻名。他记录了大运河边的人家与作坊、赛舟会、圣马可广场的耶稣升天节庆典、一次雷击后圣马可广场钟楼维修的情形等城市景象。在一组奇想图中，他重组熟悉的威尼斯场景，创作出一座他想象的城市。他传神地捕捉了石头、水面的日光暗影，为后人留下了当时威尼斯日常生活的快照。

的生活方式。大海保护他们，为他们提供机遇，决定他们的命运；隐蔽的水道和艰险的滩涂是天然的屏障，因此在浅浅的潟湖中很安全，没有入侵者能够进入这个地方。大海像裹在威尼斯人身上的长袍一样，纵使不能将他们与世隔绝，也能保护他们免遭亚得里亚海汹涌波涛的冲击。威尼斯方言将大海的性别由阳性（mare）改成了阴性（mar），威尼斯人在耶稣升天节这天和大海"成婚"。这是一种占有——"新娘"以及她所有的嫁妆成为"丈夫"的财产，但这也是一种安抚。海洋充满了危险与未知。它可能而且也的确摧毁过船只，引来敌人，也时不时漫过堤坝，威胁地势较低的城市。航海活动也可能因为箭矢、涨潮或者疾病而终止；裹尸布中的死者被坠上石头，投入浅海之中。人类与大海的关系是漫长、紧张而充满矛盾的；直到15世纪，威尼斯人才开始严肃认真地考虑，他们是否应该与陆地而非大海交好。威尼斯人原先不过是意大利北部流速缓慢的内陆河上捕捉鳗鱼的渔夫、采盐工人和驳船船夫，后来却崛起成为商业巨子和金币铸造者。这座脆弱的城市生存于纤弱的橡木桩之上，如同海市蜃楼，而大海给了它难以计量的财富，将之塑造成无与伦比的海洋帝国。在这个过程中，威尼斯影响了整个世界。

本书讲述的便是这个帝国，也就是威尼斯方言所谓的"海洋帝国"的雄起，也描写了它所创造的商业财富。十字军东征为其在世界舞台崭露头角提供了机会。威尼斯人紧紧抓住这次机会，获得了巨大的利益。经过五百多年的发展，他们成了地中海东部的主宰者，并将自己的城市昵称为

"宗主国"；当大海转而敌对他们时，他们打了一场令他们精疲力竭的后卫战，拼搏到最后一刻。当彼特拉克望向窗外时，威尼斯人建立起的帝国已经十分强大。这是一个奇异的帝国，它是由许多岛屿、港口以及战略要塞拼凑而成的，并且它们的组合仅仅是为了给航船提供港口、向威尼斯母邦输送货物。这个帝国的建立，是一个包含了勇气、欺骗、运气、坚持、机会主义以及周期性灾难的故事。

最重要的是，这是一个关于贸易的传奇。威尼斯是世界上唯一一个为了进行买卖活动而组织起来的国家。威尼斯人是地地道道的商人；他们以科学的精确性评估风险、计算收益和利润。绣着金红色狮子的圣马可旗帜在船的桅杆上飘扬，就像公司的标志一样富有象征性。商业是他们的创世神话，也是他们存在的理由，他们因此遭到很多更眷恋陆地的邻国的诟病。1343 年，威尼斯请求教皇允许它与伊斯兰国家进行商业往来，这是对威尼斯城的存在理由和焦虑感的最佳描摹：

> 蒙上帝洪恩，在世界各地，商人通过辛勤劳动在陆地和海上开辟了航道，创造了财富，我们的城市因此得以茁壮成长。[3]这就是我们和我们子孙的生活，因为没有了商业，我们不知道将如何生存。因此，我们在思想上必须十分警惕，并且像我们的祖先一样努力，以保证如此之多的财富和珍宝不会消失。

这晦暗的结尾反映了威尼斯人灵魂深处的狂躁忧郁。这座城市的财富不依赖任何触手可及的实物——它没有大片土地，没有自然资源，没有农产品，也没有很多人口。威尼斯脚下实际上没有坚固的土壤。威尼斯的生存依赖于脆弱的生态平衡。威尼斯可能是史上第一个事实上的经济体，它的生命力却让外界大惑不解。它从不收获粮食，而只获取黄金。威尼斯人始终生活在恐惧中，因为一旦他们的贸易路线被切断，整座宏伟的经济大厦就会瞬间崩塌。

起航的船只总会淡出视野、微缩成一个点，在码头送行的人也终会回归日常生活。水手重拾手头的工作；码头装卸工人举起大捆货物，或者滚动木桶；刚朵拉船夫继续划桨；教士们匆忙赶往下一场礼拜；穿黑袍的元老们继续处置国家大事；小偷带着赃物匆忙离开。船只乘风破浪，驶入亚得里亚海。

彼特拉克注视着，一直到什么都看不见。"当我再也看不到消失在黑暗中的船只时，便重新拿起笔，颇有感触，极受震动。"[4]

但是，开创海洋帝国宏图霸业的，并非起航远去，而是一次抵达。一百六十年前，也就是 1201 年大斋节时，六名法兰西骑士乘坐划桨船穿过潟湖，来到了威尼斯。他们是为了十字军东征而来的。

第一部

机遇：商人十字军
1000 ~ 1204

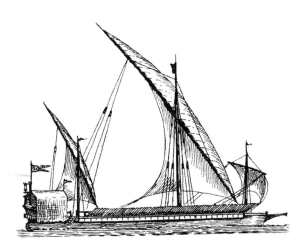

1. 达尔马提亚领主
1000～1198

亚得里亚海形似意大利版图，是一条逐渐变窄的水道，长约480英里，宽约100英里。其最南端，也就是亚得里亚海经科孚岛流入爱奥尼亚海的地方，宽度最小。在亚得里亚海的最北端，巨大而弯曲的海湾被命名为威尼斯湾，那里的海水呈现出不同寻常的蓝绿色。波河从遥远的阿尔卑斯山裹挟而来的沉积物在此堆积，形成了一大片壮观的潟湖和沼泽。这些冰川沉积物的数量十分庞大，以至于波河三角洲每年都会向海洋进逼15英尺。古老的亚得里亚港（亚得里亚海便得名于它）现在已经处于内陆，离海岸足有14英里之遥。

由于地质构造的缘故，亚得里亚海的两条海岸线截然不同。它西侧的意大利海岸是弯曲和低洼的沙滩，这样的地理条件不能形成优良的港口，却为潜在的侵略者提供了理想的登陆场。向东航行，航船将会碰到石灰岩。达尔马提亚和阿尔巴尼亚海岸线的直线距离只有400英里，却犬牙交错地分布着许多避风港湾、锯齿状缺口、近海岛屿、礁石和浅滩，构成了全长2000英里、错综复杂的海岸。这里是天然的锚地，可以庇护一整支舰队或提供绝佳的伏击地点。在海岸的东侧，有的地段是沿海平原，再往东就是白色的石灰岩山脉；在有的地段，海岸东侧直接就是绵延群山，这些山脉将大海与巴尔干内陆隔开。亚得里亚海是两个世界的边界。

　　几千年来——从青铜时代早期到葡萄牙人绕过非洲——亚得里亚海这条断层线一直是连接中欧和地中海东部的海上高速公路，也是世界贸易的门户。载有来自阿拉伯、德意志、意大利、黑海、印度以及远东的货物的航船时常经过遮风挡雨的达尔马提亚海岸。许多世纪里，它们将波罗的海的琥珀运送到图坦卡蒙①的墓室；将蓝色的釉陶珠从迈锡尼运送到巨石阵；将康沃尔的锡送到黎凡特②的熔炉；把马六甲的香料送到法兰西宫廷；把科茨沃尔德③的羊毛运送到开罗商人手里。木材、奴隶、棉花、铜、武器、种子都经过这些海岸往来运送，各种各样的故事、发明以及思想也在往返航行中得到传播。"真是令人惊讶！" 13 世纪的一位阿拉伯旅行者在谈及莱茵河上的城市时说道，"这个地方在遥远的西

---

① 图坦卡蒙是古埃及新王国时期第十八王朝的一位法老（约前 1334 ~ 前 1325 或前 1323 年在位）。图坦卡蒙为现代人广为熟知是因为他位于帝王谷的坟墓在三千年的时间内从未被盗，直到 1922 年才被英国人哈瓦德·卡特发现，挖掘出近五千件珍贵陪葬品，震惊了西方世界。由于有几个最早进入坟墓的人早死，被媒体大肆渲染成"法老的诅咒"，图坦卡蒙的名字在西方更为家喻户晓。

② 黎凡特是历史上的地理名称，指代并不精确，一般指的是中东、地中海东岸、阿拉伯沙漠以北的一大片地区。"黎凡特"一词原指"意大利以东的地中海土地"，在中古法语中，黎凡特（Levant）是"东方"的意思。历史上，黎凡特在西欧与奥斯曼帝国之间的贸易中担当重要的经济角色。

③ 科茨沃尔德是英格兰中南部一地区，跨越牛津郡、格洛斯特郡等地，历史悠久，在中古时期已经因羊毛相关的商业活动而发展。

方，却能找到一些本应只能在远东发现的香料——胡椒、姜、丁香、甘松、闭鞘姜和高良姜，这些商品在这里都有大量存货。"[5]这些香料是途经亚得里亚海来到莱茵河畔的。亚得里亚海是数百条主干航线汇聚的地方。商人们用成群的骡子运货，从不列颠和北海南下到莱茵河，沿着常有人涉足的道路穿过条顿森林，越过阿尔卑斯山口，到达威尼斯湾北端，同时这里也是东方货物登陆的地方。在这里，商品被转运，港口也因此繁荣起来。最先兴起的是希腊人的城市亚得里亚，然后是罗马的阿奎莱亚，最后轮到威尼斯。在亚得里亚海，地理位置意味着一切：亚得里亚城被淤积的泥沙埋没；位于海岸平原上的阿奎莱亚在452年被匈人王阿提拉夷为平地；而威尼斯之所以能够在这之后繁荣起来，是因为它处于敌人难以到达的位置。威尼斯那些低洼的泥泞小岛分布在瘴气弥漫的潟湖里，这些岛与大陆被几英里的浅水分隔开来。这个看似不起眼的地方将会成为世界贸易的转运站和世界文明的阐释者，亚得里亚海则是它的通行证。

从一开始，威尼斯人就与众不同。关于他们的最早史料是523年拜占庭使臣卡西奥多鲁斯的描述。他的描绘颇具田园风光，暗示着威尼斯人独特、独立而民主的生活方式：

> 你们拥有许多船……生活得像海鸟，四海为家。你们的房舍所在的土地完全依赖柳条和栅栏来维系。你们却毫不犹豫地用这脆弱的壁垒来对抗狂野的大海。你们的人民拥有一笔巨大的财富——能满足所有人需求的渔

业资源；你们之间没有贫富差距；你们的食物是一样的，你们的房子也很相似。世界其他地方充斥着嫉妒，而你们却不会这样。你们将所有精力都花在盐田上，你们的繁荣源自那里，让你们有能力去购买你们缺少的商品。尽管可能有的人对黄金的需求很小，但没人会不需要食盐。[6]

威尼斯人已经成为其他人需求的供货商和运输商。他们的城市从水中拔地而起，像用魔法从沼泽中变出来的一样，建立在深陷烂泥的橡木桩构成的地基之上，似乎岌岌可危。这座城市在大海的变幻无常面前显得十分脆弱。除了潟湖的鲻鱼和鳗鱼以及盐场之外，这座城市什么都不生产——没有小麦和木材，肉类也很稀少。若是发生饥荒，这座城市将极其脆弱；它仅有的技能便是航海和运输货物，所以船只的质量极为重要。

威尼斯在成为世界奇观之前，就已经是一个不同寻常的地方：它的社会结构很是神秘，它的策略也备受猜忌。没有土地，就没有封建制度，也就没有骑士与农奴间的严格区分。没有农业，金钱变成了交换手段。他们的贵族是巨商富贾，指挥舰队，计算利润精确到格罗索①。生活的艰难使人们因为爱国之情而精诚团结，这种团结要求自律以及一定程度的公平——就像一艘船的全体船员不分贵贱都要面对大海的危险一样。

---

① 格罗索是威尼斯于1193年（恩里科·丹多洛担任执政官时期）开始铸造发行的一种银币，起初一个格罗索重2.18克，含98.5%纯银，后来币值有所浮动。

1. 达尔马提亚领主

地理位置、人民生计、政治组织以及宗教隶属使得威尼斯独一无二。威尼斯生活在两个世界之间——陆地和海洋，东方与西方，但不属于其中任何一个。它在成长的早期臣服于君士坦丁堡的说希腊语的皇帝，并且它的艺术、礼仪和贸易都源自拜占庭世界。然而，威尼斯人同时也是拉丁人和天主教徒，名义上臣服于被拜占庭视为"敌基督"的罗马教皇。威尼斯努力在两种对立势力之间维持自身的自由。威尼斯人也不断公然蔑视教皇的权威。作为回应，教皇对整个威尼斯施以绝罚。威尼斯人反对暴政，建立了一个由执政官领导的共和国。执政官的权力受到很多制约：他不能从外国人那里收受价值超过一壶草药的礼物。威尼斯人不能容忍野心勃勃的贵族和落败的海军将领，这些人要么被放逐，要么被处死。威尼斯人还发明了一种投票机制来遏制腐败，这种投票机制和潟湖中的航道一样复杂。

他们与外界关系的基调很早就已经建立起来。威尼斯人希望能在任何可以获取利润的地方公平地交易。这是他们的信条和教义，他们视其为特例，为之辩护。这让人们普遍觉得威尼斯人不值得信任。"他们说了很多，为自己辩护……但我不记得他们说了什么，"[7] 在 14 世纪，一位教士目睹威尼斯共和国想方设法摆脱又一项条约之后如此说道（尽管他肯定很清楚地记得每个细节），"我只记得，他们自称是一个特例，既不属于教会，也不属于皇帝；既不属于海洋，也不属于大陆。"早在 9 世纪，威尼斯人就因为贩卖武器给信仰伊斯兰教的埃及而与拜占庭皇帝和教皇发生了矛盾。约 828 年，教皇宣布禁止基督徒与伊斯兰世界开展贸易。威尼斯人自称遵守此项禁令，却成功地在穆斯林海关官员眼皮底下，把圣马可的遗骸藏在一桶猪肉里，从亚历山大港里偷了出来。他们标准的借口是商业需求："因为没有了商业，我们不知道将如何生存。"[8]威尼斯是世界上唯一一个为了经济目的而组成的国家。

到 10 世纪，他们已经在波河河畔帕维亚城的重要集市出售来自东方的珍稀货物：俄罗斯的貂皮、叙利亚的紫布、君士坦丁堡的丝绸。一位僧侣编年史家曾看到，查理曼大帝的侍从们身着从威尼斯商人手中购得的东方服饰，在他们的映衬下，查理曼大帝的衣饰看起来非常灰暗单调（尤其受到这位教士品头论足的是一件带有飞鸟图案的彩色衣服，在僧侣眼中，它显然是可憎的外国奢侈品）。威尼斯人还向穆斯林出售木材和奴隶——在斯拉夫人皈依基督教之前，这些奴隶都是斯拉夫人。威尼斯此时占据了亚得里亚海北端的有利位置，并且成了贸易中心。在千年之交的公元 1000 年耶稣升天节，威尼斯执政官彼得罗二世·奥西奥罗——"几乎超越威尼斯古代史上所有执政官"的伟人——起航远征。[9]他将引领共和国走向财富、权力和海上荣耀。

在新时代的开端，这座城市处于危险和机遇之间，处境十分微妙。在那时，威尼斯还不像后来那样密密麻麻地坐落着金碧辉煌的石质建筑，但已经拥有大量人口。在大运河的"S"形河弯处，富丽堂皇的宫殿还未兴建。充满奇迹、浮华和罪孽，以狂欢节面具和公共景观闻名的威尼斯城在接下来的几个世纪才会出现。此时的威尼斯岸边还只有低矮的木屋、码头和仓库。威尼斯与其说是一个整体，不如说是由一系列相互分离的岛屿组成。各教区的定居点之间有若干未经排水处理的沼泽和空地，人们在那里种植蔬菜，养猪和牛，种植葡萄。后世气势恢宏的圣马可大教堂的前身——一座朴素的教堂——在前不久的政治动乱（这场风波导致一位执政官死在教堂门廊上）中被严重烧毁，后来得到修葺。教堂前的广场在当年还只是碾压过的泥土地面，有一条运河从中穿过，部分地域还是果园。曾去过叙利亚和埃及的远洋船只拥挤地停泊在这座城市的商业中心——里亚尔托。到处都能见到船桅从屋顶上高高伸出的景象。

　　天才的奥西奥罗心里很明白，威尼斯的发展，甚至它的生存，都要依靠潟湖以外更广阔的水域。他已经和君士坦丁堡签订了十分有利的贸易协定。而且，令热衷于宗教圣战的基督教世界憎恶的是，他又派遣大使去地中海的各个角落，与伊斯兰世界签订类似的协定。威尼斯的未来发展寄托在亚历山大港、叙利亚、君士坦丁堡以及北非的巴巴利①海岸，在那里有更文明、更发达的社会，能够提供香料、丝绸、棉花和玻璃——威尼斯的优越地理位置使得它能够将这些奢侈品转卖到意大利北部以及中欧。威尼斯水手们遇到的难题是，从亚得里亚海南下的航行很不安全。威尼斯的本土水域——威尼斯湾在其控制之中，但亚得里亚海中部海域是危险的无人地带，时常有克罗地亚海盗出没。自8世纪以来，这些斯拉夫定居者便从巴尔干北部来到这里，在亚得里亚海

_____

①　欧洲人称之为巴巴利而阿拉伯人称之为马格里布的地区，也就是今天的摩洛哥、阿尔及利亚和突尼斯一带。

东侧的达尔马提亚海岸盘踞下来。这是海盗肆虐的理想海域。吃水较浅的克罗地亚船只可以从岛屿巢穴和小海湾中猛地杀出，劫掠通过海峡的商船。

威尼斯与这些海盗的斗争已经持续了一百五十年之久。威尼斯在这样的斗争中得到的只有战败和羞辱。一位执政官在指挥一次惩罚性远征时丧生；随后威尼斯人选择怯懦地支付贡金，以求能安全到达外海。现在，克罗地亚人开始向亚得里亚海更北方海岸的古老罗马城镇积极拓展自己的势力。为解决这一问题，奥西奥罗提出了一项清晰明了的战略，这将是威尼斯共和国数百年历史中一贯的政策基石。威尼斯人必须能够自由通行亚得里亚海，否则他们将永远被封锁在本土海域。这位执政官拒绝再向海盗进贡，并准备组建一支庞大的舰队，以迫使海盗屈服。

奥西奥罗出征时举行了盛大的仪式，这种仪式后来成为威尼斯历史的一大鲜明标志。一大群人聚集在城堡区圣彼得教堂（邻近今天的兵工厂）举行弥撒仪式。主教向执政官献上一面象征胜利的旗帜。那面旗帜上也许第一次描绘了圣马可的雄狮——在红色的背景上，金色雄狮作跃立状并扬起前爪，头戴王冠，背生双翼，两爪之间是一部打开的福音书，向世人宣示自己的和平善意，但同时也时刻准备着战斗。执政官和他的军队起程，乘着强劲的西风驶出了潟湖，进入波涛汹涌中的亚得里亚海。他们仅仅在格拉多稍事停留，以便接受当地主教的祝福，随后驶向亚得里亚海东端的伊斯的利亚半岛。

奥西奥罗的远征几乎可以算作后来威尼斯政策的模板：

精明的外交手段，再加上恰到好处的武力。舰队南下，经过一系列滨海城市——从帕伦佐到普拉，从奥赛洛到扎拉，市民和主教们纷纷赶来向执政官表忠心，并用圣物为他祝福。也有人在摇摆不定，斟酌着威尼斯和斯拉夫人哪一方更不能得罪。奥西奥罗炫耀武力，让这些骑墙派拿定主意。克罗地亚人看到即将发生的战争不利于自己，于是想收买奥西奥罗。奥西奥罗心意已决，但海岸地形不利于他，他的任务变得愈发困难。海盗的大本营固若金汤，隐藏在沼泽丛生的纳伦塔河三角洲上，不在威尼斯舰队的有效攻击范围之内。三座岛屿——莱西纳、库尔佐拉和拉戈斯塔构成了海盗大本营的天然屏障，岛上坚若磐石的城堡是摆在威尼斯远征军面前的一道难关。

借助从当地人那里得到的情报，威尼斯人成功伏击了一艘载有纳伦塔贵族（他们之前在意大利海岸做生意，刚刚返回）的船只，并扣押他们为人质，迫使三角洲口的克罗地亚人投降。克罗地亚人发誓不再向威尼斯索要每年的贡金，并保证不再骚扰共和国的船只。只有近海的三个岛屿还在负隅顽抗。威尼斯人将其逐一孤立起来，并在它们的港口抛锚停泊。库尔佐拉遭到了猛烈攻击。而"常依靠武力将威尼斯商船洗劫一空"的拉戈斯塔的抵抗更顽强，当地人相信自己的岩石要塞是坚不可摧的。[6]威尼斯人以毁天灭地的气势从城下发起冲击。在遭遇挫折之后，威尼斯人派出一支队伍从城堡背面的陡峭小径发起进攻，占领了掌握着要塞水源的塔楼。守军全面溃败。抵抗者被铐上锁链带走，海盗巢穴被捣毁了。

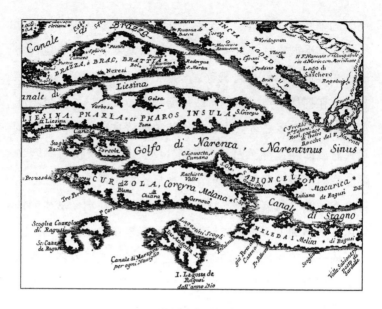

纳伦塔河及其屏障岛屿

凭借这强大武力的震慑，奥西奥罗明确无误地展示出威尼斯人的意图。为了防止任何臣属城市忘记最近发出的誓言，他又原路返回，向那些港口胆战心惊的人民炫耀自己的武力，将俘虏和缴获的战旗游街展示。"随后，他又再次经过上述城镇，最终光荣凯旋，回到威尼斯。"[7] 从此以后，执政官及其继任者们有了一个新的头衔——达尔马提亚领主。

如果说有一个时刻标志着威尼斯海洋帝国的崛起，那一定是这一刻——执政官凯旋潟湖。打败纳伦塔海盗是一个具有深远意义的事件，它标志着威尼斯人对亚得里亚海进行实际控制的开端，这种格局成为威尼斯共和国存在的数个世纪里不言自明的公理。亚得里亚海必须是威尼斯人的海；威尼斯方言将亚得里亚海称为"我们的房子"，而它的大门钥匙便是达尔马提亚海岸。主宰达尔马提亚并不容易。连续几个世纪，几乎一直到共和国寿终正寝，威尼斯花费了大量的资源，用于抵抗来自各大帝国的侵略、清剿海盗和镇压惹是生非的臣属。达尔马提亚的城市——特别是扎拉——反复争取独立，但只有拉古萨（今称杜布罗夫尼克）获得了成功。自此以后，在亚得里亚海的中心区域，再也没有任何海上力量能和威尼斯抗衡。亚得里亚海将受到这座胃口越来越大的城市在政治和经济上的影响。威尼斯城的人口在不到一个世纪之后就达到了八万。岁月流逝，亚得里亚海的石灰岩海岸成了威尼斯的谷仓和葡萄园；大运河河畔文艺复兴式宫殿的正面将用伊斯的利亚的大理石建成；达尔马提亚的松木被用来建造桨帆船，而达尔马提亚的水手们将驾驶这些船，离开位于东海岸的威尼斯海军基地。锯齿状的石灰岩海岸变成几乎可以被视为潟湖的延伸。

威尼斯共和国像拜占庭一样，具有将重大胜利转化为爱国主义庆典的才能。从此以后，共和国会举行一年一度的庆祝活动，来纪念奥西奥罗的胜利。每年的耶稣升天节，威尼斯人会参加前往潟湖湖口的仪式性航行。起初，这种仪式相对比较简朴：教士穿着斗篷式长袍和礼服，登上一艘用金色布料装饰的平底船，驶向利多，即保护威尼斯免受亚得里亚海侵袭的长沙洲。他们带着一瓶圣水、盐和橄榄枝，来到潟湖的出海口——圣尼古拉（水手的主保圣人）岛。他们在湖水与海水交汇处等待执政官乘坐庆典专用桨帆船——威尼斯人称之为"金船"——驾临。站在颠簸摇曳的船上，教士们宣读一段简短但真挚的祷文："哦，主啊！请赐福于我们，以及所有在海上航行的人，让大海始终平静安宁。"[8]
然后，他们走向金船，用橄榄枝将圣水洒到执政官及其跟随
者身上，并把余下的圣水倒入海中。

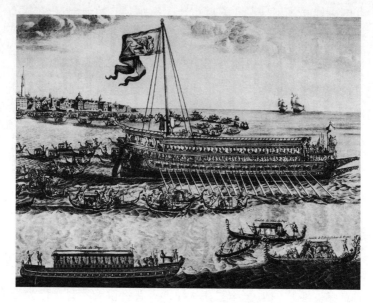

金船与耶稣升天节仪式

后来，耶稣升天节的这种仪式变得非常复杂和隆重。但在
千禧年伊始，它只是一种简单的祈福，用于恳求免遭风暴或海
盗的伤害。它的基础是季节性航海仪式，像海神尼普顿和波塞
冬①一样古老。这种微缩版的航行展现了威尼斯的全部意义。
潟湖内是安全、宁静和有保障的；在它如迷宫般危险的浅水航
道里，所有的潜在敌人都会寸步难行、葬身水底。潟湖之外充
满了机遇，但同时也危机四伏。利多是两个世界——已知世界

---

① 尼普顿是罗马神话中的海神，波塞冬是希腊神话中的海神，大致相当。

和未知世界，安全世界和危险世界——的边界；在威尼斯人的
创设神话里，圣马可突遇狂风，在潟湖里找到了避难所。但对
威尼斯人来说，远航却是绕不开的。大海既是他们的生命之泉，
也是他们的死亡之谷，耶稣升天节仪式便是对这种协定的认可。

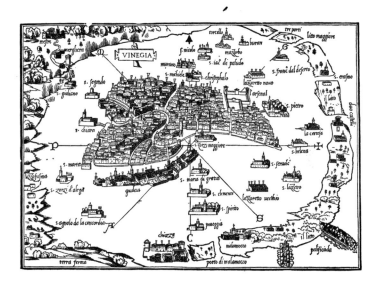

威尼斯在它的利多保护之下

耶稣升天节标志着航海季节的开始，水手们可以期待平
静的航行。但亚得里亚海在一年中的任何时候都变幻无常，
因此臭名昭著。海面可以像丝绸一样平滑，但也会被布拉风①
搅动得狂暴不止。罗马人不是很擅长航海，所以他们害怕这
捉摸不定的海；尤利乌斯·恺撒险些溺死在亚得里亚海；诗
人贺拉斯认为，没有什么东西能像撞击阿尔巴尼亚南部沿海

---

① 布拉风是亚得里亚海、希腊、土耳其等地的一种北风或东北风。"布
拉"这个名字与希腊神话中的北风神玻瑞阿斯有关系。

峭壁的海浪那样恐怖。桨帆船很快会被如山的巨浪吞没；而迎风行驶的帆船在狭窄的海峡里几乎没有回旋的余地。1081 年初夏，一支前往阿尔巴尼亚的诺曼舰队的命运生动地再现了大海的凶险：

> 暴雪呼啸肆虐，从山上刮来的狂风猛烈鞭打着海面。伴随着震天的号叫，海浪涌起；桨手们将船桨插入水中时，汹涌的海水将它们硬生生地折断了；船帆被暴风撕成碎片；桁端被击打得粉碎，坠落到甲板上；现在整条船都被吞没了，包括全体船员和所有的东西……一些船沉没了，船员葬身汪洋，而其他一些船撞上海岬，四分五裂……大量尸体被滚滚波涛抛上了海面。[9]

大海狂暴动荡，险象环生，且有海盗出没。威尼斯人必须不懈地奋战，方能确保他们通往外界的航道畅通无阻。

即使利多也无法保障城市万无一失。亚得里亚海是一个死胡同，因此会受到月相的特别影响。在一些特定的时期，来自非洲的西洛可风①将水流推向威尼斯湾，风向相反的布拉风则穿越匈牙利大草原，阻挡着水流，于是潟湖本身也受到了威胁。在人们的记忆中，1106 年 1 月末的事件让他们见识到了大海的威力。人们记得，当时从南方吹来的西洛可风有不同寻常的力量，天气酷热到让人抓狂的地步，日复一

---

① 西洛可风是地中海地区的一种风，源自撒哈拉，在北非、南欧地区加强为飓风。西洛可风会导致干燥炎热的天气，许多人因此患病。

日地消耗着人和动物的体力。明白无误的迹象表明，大风暴一触即发。房屋的墙壁开始渗水；大海开始呻吟，空气中弥漫着中性电荷的怪味；鸟儿惊慌失措地乱飞、发出尖叫；鳗鱼跳出水面，似乎想逃跑。当风暴最终降临时，轰鸣的雷声似乎要震碎房屋，暴雨倾盆而下，敲打着潟湖。海水翻腾升涌，吞没了利多，从潟湖的入海口涌入，淹没了整个城市。大风暴摧毁了房屋、商品和存粮，淹死了动物，在小小的农田上播撒下令作物无法生长的海盐。整整一个岛屿——古镇马拉莫科消失了，只有落潮时才能在浑水中依稀看到它鬼魅般的地基。随之而来的是毁灭性的火灾，木质的房屋化为灰烬。大火越过运河，烧毁了二十四座教堂，摧毁了这座城市的主要部分。"威尼斯的核心被撼动了，"编年史家安德烈亚·丹多洛①记载道。[10]威尼斯的物质基础十分脆弱；它对大自然的瞬息万变已经习以为常。正是在与自然力量对抗的过程中，人们感到了自己的脆弱，于是奉上祭品，寻求庇护。

执政官接纳"达尔马提亚领主"的新头衔，标志着地中海东部的海权势力发生了巨大而深刻的变化。四百年里，亚得里亚海一直被罗马统治；之后又有六百年时间，这片海和威尼斯都被罗马帝国的说希腊语的继承者——君士坦丁堡的拜占庭皇帝——所统治。到公元 1000 年，拜占庭的力量逐渐衰弱，威尼斯人神不知鬼不觉地开始取而代之。在扎

---

① 安德烈亚·丹多洛（1306～1354）年轻时攻读历史学和法律，曾是法学教授，后当选为执政官。他是丹多洛家族出过的四位执政官中的最后一位。他撰写了两部史书，题材分别是威尼斯历史和克罗地亚历史。

拉、斯帕拉托、伊斯的利亚和特劳的小型石制主教座堂的祷词中，威尼斯执政官的名字紧随着君士坦丁堡皇帝的名字，但这纯粹只是一种仪式性的做法。山高皇帝远，他的权威延伸不到科孚岛以北大部分地区、亚得里亚海的入口以及意大利海岸。达尔马提亚的主人实际上是威尼斯人。拜占庭势力不断削弱所造成的权力真空，使得威尼斯的地位逐渐上升，由臣属发展为平等合作的伙伴，并最终在悲剧的情形下篡夺了拜占庭海域的控制权。达尔马提亚海岸领主们蓄势待发，冉冉升起。

拜占庭和威尼斯之间的关系由来已久，且纷繁异常，由于双方世界观的互相抵触和情绪的喜怒无常，两者摩擦不断。然而，威尼斯始终仰赖着拜占庭，因为它是世间的伟大都市，是通往东方的门户。通过金角湾的仓库，流通着更广阔世界的财富：俄罗斯的皮草、蜡、奴隶和鱼子酱，印度和中国产的香料、象牙、瓷器、丝绸、宝石以及黄金。拜占庭的工匠用这些材料打造出精美器物，既有宗教圣器，也有凡俗物事，有圣物箱、镶嵌画、镂刻绿宝石的圣餐杯和光彩夺目的丝绸服饰——这一切也塑造了威尼斯的品位。于1094年重建的气势恢宏的圣马可大教堂是由希腊建筑师设计的，以伫立在君士坦丁堡的圣使徒教堂为模板；工匠模仿圣索菲亚大教堂镶嵌画的风格，以岩石为材料，重述了圣马可的传说；金匠和珐琅工匠制作了"金布圣坛"，即由黄金打造的祭坛装饰品，这是拜占庭的虔诚和艺术的完美表达。威尼斯码头上的香料气味来自千里之外金角湾的货栈。君士坦丁堡是威尼斯的露天市场，威尼斯商贾云集于此，或是赚钱，或是赔钱。作为皇帝的忠诚子民，威尼斯商人手中最珍贵的财富就是在皇帝的土地上经商的权力。皇帝也用贸易权作为讨价还价的筹码，来遏制这些傲慢自大的臣民。991 年，奥西奥罗为威尼斯争取到了宝贵的贸易权，条件是在亚得里亚海支持拜占庭皇帝。二十五年后，双方发生争吵，皇帝愤怒地收回了贸易权。

威尼斯与拜占庭对商业的态度不同，这是二者间一条明显的分界线。从一开始，威尼斯人就不考虑道德的商人心态，他们自认为能用任何东西与任何人做买卖，这让虔诚的拜占庭人颇为震惊。820 年前后，皇帝愤怒地指责威尼斯运送战争物资（木材、金属和奴隶）给他的敌人——开罗的苏丹。但在 11 世纪的最后二十五年里，拜占庭帝国这个在地中海经久不衰的强权开始衰落，权力天平开始向有利于威尼斯的方向倾斜。11 世纪 80 年代，威尼斯人在亚得里亚海保卫拜占庭帝国的安全，抵抗企图占领君士坦丁堡的强大的诺曼军队。威尼斯人为此得到了丰厚的回报。在拜占庭皇家的一场恢宏仪式中，皇帝在一份文件上加盖了他的金印，这将永远改变地中海的历史。他授权威尼斯商人在他所辖的领土范围内自由贸易，并免缴赋税。该条约具体指出了威尼斯人可自由贸易的许多城市和港口：雅典、萨洛尼卡、底比斯、安条克、以弗所、希俄斯岛、优卑亚岛；希腊南部海岸线上的主要海港，如莫东和科罗尼——对威尼斯桨帆船来说，这都是珍贵的海上补给站——以及最为关键的君士坦丁堡本身。

在君士坦丁堡，威尼斯被允许在紧挨金角湾的位置占据一个极佳地点。这里有三个码头、一座教堂和一家面包房、一些商店和用于存储货物的仓库。虽然名义上依旧臣属于皇帝，但威尼斯人实际上在这个世间最富有的城市的心脏地带，在极端优惠的条件下，有效地建立了自己的殖民地和所有必要的基础设施。只有在君士坦丁堡的粮仓——黑海，贪婪的威尼斯商人才被禁止入内。拜占庭的法令庄严而晦涩，其字里行间悄然回荡着威尼斯人日思夜想的那个美妙的希腊词语：垄断。威尼斯海上贸易的竞争对手——热那亚、比萨和阿马尔菲，如今已经完全处于下风，它们在这座城市的存在几乎无足轻重。

1082 年的《金玺诏书》是为威尼斯打开东方贸易这个宝库的黄金钥匙。威尼斯商人蜂拥前往君士坦丁堡。还有一些人则开始渗透到东方海岸的大小港口。到 12 世纪下半叶，威尼斯商人在地中海东部随处可见。他们在君士坦丁堡的殖民地的人口增长到 1.2 万人。年复一年，拜占庭的贸易神不知鬼不觉地落入他们手中。他们不仅给欧洲大陆的狂热市场输送商品，还充当中介，不停地在黎凡特诸港口穿梭买卖。他们的商船在东方海域开展三角贸易，将希腊的橄榄油运到君士坦丁堡，在亚历山大港买入亚麻制品，经由阿卡出售给十字军国家；途经克里特岛和塞浦路斯、士麦那和萨洛尼卡。在尼罗河口的古城——亚历山大港，他们买入香料，出售奴隶，并在同一时期巧妙地游走于拜占庭和十字军与他们的敌人——埃及法蒂玛王朝之间。随着时间流逝，威尼斯一点点将其触角伸入东方的商埠；它的财富见证了一个新的富商阶层的崛起。威尼斯历史上的许多名门望族都在这个经济繁荣的世纪开始崛起。这预示着威尼斯开始主宰商贸。

财富令威尼斯人傲慢，也招致其他人的怨恨。一位拜占庭编年史家记载道："他们成群结队地来到这里，把君士坦丁堡当作他们自己的城市，又从这里出发，遍布整个帝国。"[11]这些话的语气中带着一种常见的仇外心理和在经济上对移民的恐惧。在城市的街道上，头戴帽子、胡须剃得一干二净的意大利暴发户，无论行为举止还是衣着打扮都格外刺眼。他们受到的指责很多：他们的举动像是外国公民，而不是帝国的忠诚子民；他们从朝廷分配给他们的住地出发，扩张地盘，在城里到处购置地产；他们和希腊女人同居或结婚，并教唆她们放弃东正教信仰；他们偷窃圣徒的遗物；他们富有、傲慢、不羁、粗野，无法无天。另一位拜占庭作家气急败坏地说："威尼斯人荒淫无德，庸俗不堪……无法让人信赖，有航海民族的全部粗鄙特质。"[12]萨洛尼卡的一名主教称他们为"沼泽的青蛙"。[13]威尼斯人在拜占庭帝国越来越不得人心，但他们又似乎无处不在。

在 12 世纪更大范围的地缘政治问题上，拜占庭人和他们离经叛道的臣民之间的关系越来越摇摆不定，爱恨交织：拜占庭难以忍受威尼斯人，却又离不开他们。拜占庭仍然沾沾自喜，认为自己是世界的中心。对他们来说，土地所有权比庸俗的商业更让人感到自豪。于是贸易渐渐落到了潟湖居民的手中，拜占庭海军的实力也每况愈下；拜占庭在海上防御方面越来越依赖威尼斯。

帝国针对这些肆意妄为的外国人的政策飘忽不定。皇帝的撒手锏便是对贸易权的控制。一个多世纪以来，拜占庭人反复尝试离间威尼斯与其商业上的竞争对手——比萨和热那亚的关系，以期在经济上摆脱威尼斯的控制。1111 年，比萨人也得到了在君士坦丁堡的贸易权；四十五年后，热那亚取得了同样的权利。这三个对手在君士坦丁堡都获得了减税优惠、商业区和码头。这三个意大利共和国在君士坦丁堡进行了激烈竞争，假以时日，这种竞争就会引发全面的贸易战争。1176 年，当西班牙犹太人"图德拉的本雅明"来到这座城市时，他看到的是"一座动荡不安的城市；世界各地的人通过海路和陆路到这里做生意"。[14]城市因为竞争而成为一座让人恐惧的封闭竞技场。互相竞争的族群拥挤地居住在金角湾沿岸互相毗邻的飞地，常爆发歹毒的争执。威尼斯人认为自己的垄断地位是理所应当的，因为这是他们在上一个世纪打败了诺曼人而赢得的，因此不肯让其他人染指；而历代皇帝逐渐撤销威尼斯人的垄断贸易权，或优待其对手的做法，让威尼斯人深感不满。在希腊统治者眼中，意大利人已经成为一个无法控制的麻烦。拜占庭人以贵族的傲慢如此描述意大利人："这个种族的特点是缺乏教养，这和我们高贵的秩序观格格不入。"[15]1171 年，皇帝曼努埃尔一世扣留并羁押了帝国境内所有威尼斯人，多年后才将他们释放。二十年后，这场危机才得以化解，但苦涩的记忆让彼此失去了信任。1190 年，威尼斯商人再次获准进入君士坦丁堡，但两个民族间曾经的特殊关系早已烟消云散。

正是在这样的背景下，教皇于 1198 年夏天号召再次举兵东征。

2. 失明的执政官
1198 ~ 1201

第四次十字军东征在慷慨激昂的鼓动中拉开帷幕：

> 在耶路撒冷领土遭到无情的摧毁之后，在基督徒遭到惨无人道的屠杀之后，在基督曾经站立的土地——上帝，我们的天父，于纪元之前在人间中土展开救赎的地方——遭到令人扼腕的入侵之后……使徒宗座（教皇）为如此巨大的灾难所导致的不幸而感到焦虑不安……他大声呼喊，犹如喇叭一般提高声响，渴望唤起信徒们为基督的事业而战，为受难救主遭受的侮辱而复仇……为此，我的孩子们，拿出刚毅之精神，举起信仰之盾，戴上救赎之盔，不迷信数量与蛮力，而相信上帝的力量。[1]

1198 年 8 月，教皇英诺森三世向基督教世界的军事力量发出振聋发聩的呼吁。此时距十字军成功攻克耶路撒冷，已经过去了一个世纪。而且这是一个凶险的世纪，在这一百年间，整个十字军东征事业在逐渐走向崩溃。决定性的事件发生在 1187 年，萨拉丁在哈丁击败了一支十字军①，并夺回了圣城。无论是神圣罗马皇帝弗里德里希·巴巴罗萨（他在叙利亚的一条河中溺死）还是英格兰的狮心王理查，都没能收复耶路撒冷。之后，十字军的势力范围仅限于海岸上的几个定居点，如推罗港和阿卡港。只有教皇才可能让十字军东征的事业起死回生。

英诺森三世时年三十七岁，年轻有为、才华横溢、意志坚定而又脚踏实地，是一位宗教修辞学大师，还是一位高明的法学家。他所号召的，既是一次军事冒险，又是在逐渐世俗化的世界里的一次道德重构的运动，也是重树教会权威的新事业。从一开始，他就明确表示，他的意图并不仅仅限于发动十字军运动，英诺森三世还要以教皇使节为代理人，亲自指挥东征。一名教皇使节被派去煽动法兰西北部的武士领主，另一名使节——红衣主教索弗雷多则去威尼斯，寻求船只的支援。一个世纪的十字军东征经验让军事策划者们明白：通往叙利亚的陆路充满艰难险阻，而拜占庭人对大批武装士兵通过他们的领土充满戒心。其他的航海共和国——比萨和热那亚正在打仗，因此只有威尼斯拥有将整支军队运送到东方的技术和资源。

威尼斯人的即刻回应令人吃惊。他们派出自己的使节回访罗马，作为措施的第一步，请求教皇解除业已颁布的禁止

---

① 哈丁是位于巴勒斯坦的城市。1187 年 7 月 4 日（十字军东征时期），阿拉伯人的著名统帅萨拉丁在此大破基督教军队，耶路撒冷国王以及圣殿骑士团团长被俘。基督教军队作战时向来携带的圣物真十字架落入穆斯林手中。

与伊斯兰世界尤其是埃及进行贸易的命令。共和国的请求从一开始就彰显了信仰与世俗需求之间的冲突，而这个冲突将困扰第四次十字军东征的全程。共和国的请求也体现了威尼斯人身份的特性。威尼斯使节据理力争，认为他们城市的情况与众不同。它没有农业；它的生存完全依赖于贸易，而贸易禁运（威尼斯人严格遵守教皇的禁令）令其元气大伤。使节们可能也曾低声抱怨，比萨和热那亚无视教皇的命令，仍然继续与穆斯林进行贸易。但英诺森三世对威尼斯的辩解不以为然。这座城市长久以来一直和虔诚的基督教事业对着干。最终，他措辞严谨地许可威尼斯人与穆斯林进行贸易，但明令禁止任何军事物资的交易，并将其一一列举出来，"（我们）以逐出教门作为惩罚，禁止你们以出售、赠予或用以物易物的方式向撒拉森人提供铁、麻、尖锐器具、易燃物、武器、桨帆船、帆船或木材"，并以法学家的敏锐，补充上这样一句，以防止狡猾的威尼斯人钻法律的空子："无论是成品或者半成品。"

但愿我们的妥协能让你们得到强烈的感化，从而向耶路撒冷地区提供援助，并确保你们不会以欺骗手段违反教廷的命令。汝等万不可有一丝一毫的侥幸心理，因为任何胆敢尝试悖逆自己的良心去逃避此法令的人，毋庸置疑会遭受上帝的严厉惩罚。[2]

这不是一个好的开端。绝罚的威胁太过严厉，英诺森三世完全不信任威尼斯，但实际上，除了做出一点让步，他别无选择，因为只有威尼斯共和国可以提供船只。

因此，当六名法兰西骑士于 1201 年大斋节的第一周抵达威尼斯时，执政官对他们此行的目的大概已经了然于心。他们来自香槟、布雷、佛兰德、埃诺和布卢瓦，是法兰西和低地国家强大的十字军伯爵们的使节。他们随身携带着已经加盖印章的特许令，拥有谈判的全权，目标是与威尼斯签订海上运输的协定。其中有一个叫作若弗鲁瓦·德·维尔阿杜安①的人，来自香槟，是经历过第三次十字军东征的老将，有极其丰富的征召十字军的经验。维尔阿杜安的记述将成为随后发生的事件的主要资料来源，尽管他的说法非常缺乏客观公正性。

在任命执政官时，威尼斯的长期传统是挑选高龄而经验丰富的人，但十字军代表们前来拜见的这个人不管怎么说都非常特别。恩里科·丹多洛是豪门贵胄，他的家族涌现过许多律师、商人和教士。他们和过去一个世纪里几乎所有的重大事件有交集，为共和国做出了卓越的贡献。他们曾参与12 世纪中期对城市教会和国家机构进行的改革，也参与了威尼斯的十字军冒险。从各方面的资料来看，丹多洛家族的男性成员都智慧过人、精力旺盛而且长寿。1201 年，恩里科已年过九旬，而且他已完全失明了。

没有人知道恩里科长什么样子；但因为有许多创作于不

---

① 若弗鲁瓦·德·维尔阿杜安（1160～约 1212），法国骑士与史学家。他参加了第四次十字军东征，目睹了 1204 年十字军占领君士坦丁堡。他的著作《征服君士坦丁堡》是流传至今的最早的法文散文作品。他被认为是当时最重要的史学家之一。

2. 失明的执政官

同时期的恩里科画像，所以现在我们很容易想象出这样一个男人——高高瘦瘦，留着白胡子，有一双威严却看不见的眼睛，带着为威尼斯效力的坚定决心，在威尼斯一个世纪的繁荣上升期里长期处于威尼斯生活的中心，因而经验丰富，极其睿智。但这种形象并没有实际的证据。关于他的性格，当代人的印象和后人的评判存在严重的分歧，就像人们对威尼斯本身的看法也有天壤之别一样。在他的朋友看来，丹多洛是一个缩影，映射着共和国的机敏和良好政府。在法兰西骑士克莱里的罗贝尔看来，他是"最可敬和最睿智的人"[3]；佩里修道院院长马丁认为，丹多洛"以活跃的智慧弥补了失明的缺陷"；法兰西贵族圣波勒的于格称他"性格审慎，在做艰难决定时谨慎又明智"。[4]维尔阿杜安后来对他十分了解，称他"非常睿智、勇敢，且充满活力"[5]。希腊编年史家尼西塔斯·科尼阿特斯①并不熟识丹多洛，对他的评价非常负面，在历史上产生了一定影响："他对拜占庭人极其奸诈，充满敌意，既狡猾又傲慢；他自称智者中的智者，对荣耀的欲望超过了所有人。"[6]围绕着丹多洛，逐渐出现了很多神话。这些神话描绘了这个人，但更重要的是，界定了威尼斯对自己的看法，以及敌人对威尼斯的看法。

丹多洛注定要跻身高位，但在 12 世纪 70 年代中期，他的视力开始渐渐衰退。1174 年，他在文件上的签名看上去清晰有力，非常整齐。而 1176 年的一份文件上的签名就显

---

① 尼西塔斯·科尼阿特斯（约 1155～1215 或 1216），拜占庭史学家，著有记载 1118～1207 年拜占庭历史的著作，其中最有史料价值的是对 1204 年十字军占领君士坦丁堡的记述。

露出了他的视力问题。一句这样的拉丁语文字——"我，恩里科·丹多洛，法官，亲笔在此签名"[7]——向右下方倾斜，表明他难以把握纸上的空间关系，他每写一个字母都要猜测前一个字母的具体位置，而他的猜测越来越不准确。看来丹多洛的视力正在慢慢下降，后来完全失明。最终，根据威尼斯的一道法令，丹多洛不能再签署文件，只能在受认可的证人在旁的时候留下自己的记号。

丹多洛失明的性质、严重程度和原因一直是各种各样猜测的对象，也被认为是第四次十字军东征的很多事件的关键原因。有传言说，在1172年的拜占庭人质危机中，丹多洛也在君士坦丁堡，皇帝曼努埃尔一世"下令用玻璃亮瞎他的眼睛；他的眼睛没有受外伤，但他什么也看不见了"[8]。有人认为，这就是执政官对拜占庭人抱有深仇大恨的缘由。另一个版本的传言是，丹多洛在君士坦丁堡街头的一次斗殴中失去了视力。这个故事五花八门的诸多版本让中世纪世界在考量丹多洛的生涯时颇感困惑。有人认为，他的失明是假装的，或者没有完全失明，因为他的眼睛被证实仍然明亮清晰，否则丹多洛怎么能够带领威尼斯人民度过战争与和平时期呢？相反，也有传言认为，他很善于掩饰自己盲目的缺点，这正好证明了此人的奸诈。然而，可以肯定的是，丹多洛在1172年并没有失明，他在两年之后的签名仍然很正常，他也不曾说自己失明是由于1172年的事件。他后来给出的唯一的解释是，他因为头部受打击而失去了视力。

不管他失明的原因如何，这丝毫未影响他清晰的判断和充沛的精力。1192年，丹多洛当选执政官，发出了执政官的就职宣誓："全心全意为威尼斯人民的荣誉和利益效劳，绝不欺瞒。"[9] 尽管威尼斯在政府机制上一向保守，从来不会仰慕青春的活力，但让这个盲人坐上执政官的宝座，仍然是一个不同寻常的选择；他可能被看作一个过渡人选。鉴于他年事已高，选民可能觉得他的任期将会很短暂。没有任何人能够猜到，他执政竟长达十三年，在这十三年里，他会改变威尼斯的未来。人们也没想到：十字军骑士的到来竟会成为导火索。

丹多洛热忱地欢迎骑士们，仔细检查了他们的凭证文书，认可了他们的权威之后，便开始谈判。议题是在一系列会议中渐渐展开的。据维尔阿杜安说，他们先"在执政官的宫殿——它非常精致而华丽——向执政官和他的议事会表明了来意"[10]。骑士们对宫殿的恢宏和盲眼执政官的高贵肃然起敬。"他是一个非常有智慧和值得尊敬的人。"他们说，他们之所以来威尼斯，是因为他们"有信心在威尼斯找到比任何其他港口都要多的船只"[11]，然后他们概述了运输需求——人员和马匹的数量，给养和他们需要船只与给养的时长。丹多洛显然对使者们概述的行动规模大吃一惊，尽管我们不清楚使者们的规划详尽到什么程度。威尼斯人花了一周的时间对这项任务进行了评估。然后他们提出了自己的条件。他们以经验丰富的工匠报价时的仔细和精准列举了自己收受酬金后将提供的服务：

我们将建造运送马匹的船只，来承载 4500 匹马和 9000 名侍从；4500 名骑士和 2 万名步兵将乘船行进；

我们还将为人员和马匹提供九个月的给养。这是我们能提供的最低限度的服务，运费是每匹马 4 马克①，每个人 2 马克。我们提出的所有条件的有效期是，从十字军从威尼斯港口出发为上帝和基督教世界效力——不管去往何方——的那一刻开始，为期一年。上述费用总计 94000 马克。我们将另外免费提供 50 艘武装桨帆船，前提是只要我们的联盟还在，以及我们将得到所有战利品——无论是领土还是金钱，陆地还是海洋——的一半。现在请你们商议，决定是否愿意以及能否继续交易。[12]

这样的人均费用不算过分。1190 年，热那亚向法兰西提出的报价与之类似，但 94000 马克的总金额太过庞大——这相当于法兰西一年的财政收入。从威尼斯的角度来看，这是一个巨大的商业机遇，也有相当大的风险隐患。它要求整个威尼斯经济全神贯注，集中力量于此事业，达两年之久：第一年做准备工作——造船、后勤安排、招募人手、食品采购；而在第二年，威尼斯男性人口的非常大一部分将被投入此事业，全部船只都将投入其中。威尼斯将承接的是中世纪历史上规模最大的商业合同；这意味着，在合同期内，所有其他交易活动都将停止；威尼斯将投入自己的全副家当，因此任何阶段的失败对这座城市来说都将是灾难性的。难怪丹多洛要仔细研究对方的授权委托书，认真撰写合同，并索取

---

① 马克起初是流行于西欧的重量单位，专用于测量金银，1 马克最初相当于 8 盎司（249 克），但在中世纪不断有所浮动。

2. 失明的执政官

战争收益的一半。他们从时间和金钱两个维度进行了仔细的权衡。威尼斯人是经验丰富的商人；他们擅长签订合同，而且他们相信契约是神圣不可侵犯的。契约是威尼斯生活的金本位：它的关键参数是数量、价格和交付日期。在里亚尔托的交易年度里，这样的讨价还价每天都在进行，但从来没有达到这种规模。十字军代表只经过一夜的考虑，就非常爽快地同意了方案，执政官可能会感到惊讶。使者们对威尼斯免费提供50艘桨帆船尤其满意。此举大有深意。而合同中貌似无关紧要的一句"不管去往何方"同样也意味深长。

执政官一直在努力促成这门交易，但威尼斯自诩为一个公社，在理论上所有人都有权对国家的重大决策发表意见。而此事关系整个国家的未来，因此必须得到广泛的认可。维尔阿杜安记录了威尼斯民主的运作过程。执政官必须说服越来越多的人群：首先是四十人的大议事会，然后是两百人的公社代表。最后，丹多洛将广大普通公民召集到圣马可教堂。据维尔阿杜安记载，一万人聚集在教堂前，等待着重大消息。维尔阿杜安称圣马可教堂为"世间可能存在的最美丽的教堂"[13]，他显然和其他人一样受到了这里气氛的感染。烟雾缭绕而黯淡的教堂在暗光和镶嵌画圣人像的金光下，熠熠生辉，如同海蚀洞一般。丹多洛用"他的智慧和理性的力量——两者都非常健全和锐利"[14]上演了一出气氛逐渐高涨的戏剧。首先，他要求"举行弥撒，向圣灵祷告，祈求上帝指引大家对使节们提出的请求做出正确回应"[15]。然后，六名使节进入教堂大门，沿着侧廊走进来。这几个法兰西人无疑身披饰有鲜红色十字的罩袍，这引起了众人极大的兴趣。人们伸长脖子，互相推搡着，争先一睹这些外国人的风采。清了清嗓子，维尔阿杜安向他的听众做了一次极具说服力的演讲：

圣马可教堂内部

诸位大人，全法兰西最强大、最有势力的诸侯委派我们至此。他们恳求你们怜悯耶路撒冷，圣城现已被土耳其人奴役。为了上帝的爱，请你们帮助他们为耶稣受辱而复仇的远征。为此，法兰西诸侯选择了你们，因为没有哪个国家的海军和你们一样强大，我们受命前来伏拜，恳请你们出征，怜悯海外的圣地，否则我们就长拜不起。[15]

这位元帅①极力奉承威尼斯人对自己海上力量的自豪感

① 即若弗鲁瓦·德·维尔阿杜安，他享有"香槟省元帅"的封号。

2. 失明的执政官

和他们的宗教热忱，好像是上帝亲自请求他们来完成这次伟大的行动。六名使节都涕泗横流地拜倒在地。这是一次直达中世纪灵魂的情感核心的诉求。一声雷鸣般的呐喊扫过整个教堂，沿着中殿，攀着廊台直达令人头晕目眩的高高穹顶。众人"异口同声、高举双手呼喊道：'我们同意！我们同意！'"丹多洛随后被扶到讲道台上，用他失明的眼睛感受到了这一刻，并敲定了协议："诸位大人，看上帝授予你们何等荣耀！因为世界上最强大的国家对所有其他国家都表示不屑，单单只请求你们的帮助，请求你们执行如此重大的使命——拯救我主！"[16] 这诱惑不可抗拒。

次日，在隆重的典礼上，后人所谓的《威尼斯条约》正式签订并加盖大印。执政官"将自己的条约文本给了他们……热泪盈眶，以圣人遗物起誓，将忠诚地遵守条约中的所有条款"[17] 使节们也做了相应的承诺，派人向教皇英诺森三世报告，随后离开威尼斯，为十字军东征做准备。条约规定，十字军将在次年（即1202年）6月24日，也就是圣约翰节那一天集结完毕，舰队在那时也会整装待发。

尽管群众热烈地赞同，但威尼斯人天生谨慎，其商业精神培养出了精明的判断力，不会沉溺于心血来潮，而且丹多洛是一个审慎的领导者。但只要做一番仔细的风险评估，就会发现，《威尼斯条约》是一个拿整个国家的经济冒险的高风险项目。无论是需要的人员和船只的数量，还是条约规定的金钱，数字都是非常惊人的。丹多洛可能已年过九十，也许时日无多。他本人不遗余力地推动这个项目。他承担的风险太大。那么，他为什么一定要在暮年如此豪赌呢？

答案在于威尼斯人的性格——这性格里有世俗和宗教因素的奇特融合——以及条约本身。威尼斯不断从历史的先例中获取智慧，以此让这艘国家之船平稳航行。在过去的一个世纪里，威尼斯的兴盛与十字军东征有紧密联系。威尼斯参加了第一次十字军东征，在 1123 年再次参加。从两次战争中，他们都获得了丰厚的物质利益；1122 年，他们得到了推罗城的三分之一，在免税贸易的基础上从威尼斯潟湖直接统治那里——这标志着威尼斯海外帝国的起点，也是在一系列其他港口的立足点。

在断断续续的圣战期间，这些巴勒斯坦港口给意大利各个共和国提供了能够买到远东商品的新机会。他们发现，自己与延伸到万里之外中国的古代贸易路线网联系在了一起。威尼斯在黎凡特境内就能接触到财富与奢华的世界。在黎凡特，高超的制造技艺和农业技术已经繁荣了数百年。的黎波里①以丝织业闻名；推罗出名的商品有很多，如鲜亮透明的玻璃、犹太工匠在大桶里染制出的紫色和红色的织物、甘蔗、柠檬、橙子、无花果、扁桃、橄榄和芝麻。在阿卡港，人们可以买到产自伏尔加河的药用大黄、西藏的麝香、肉桂、胡椒、肉豆蔻、丁香、芦荟、樟脑、印度和非洲的象牙，以及阿拉伯海枣；在贝鲁特能买到靛蓝染料、熏香、珍珠和木材。

明亮的黎凡特之光使欧洲人体验到了世界的五彩缤纷和香气袭人。对货物、服饰、食物和口味的全新品味在十字军

---

① 注意不是利比亚城市的黎波里，而是黎巴嫩的一座城市。

2. 失明的执政官

诸王国流行，商船把这些新潮的东西带到了日渐富裕的欧洲。相反，威尼斯和它的竞争对手也为十字军东征提供了补给；他们为耶路撒冷（还有其在埃及的敌人）带来了战争必需品——武器、金属、木材和马匹，以及其他在外国海岸维持殖民生活的必需品；他们还满载着急于目睹圣地的朝觐者。对威尼斯商人来说，十字军东征是非常有利可图的。在这个过程中，他们加深了对跨越文化鸿沟进行贸易的认识。假以时日，这些知识会使他们成为世界的诠释者。

前几次十字军远征都成了威尼斯漫长荣耀史上的胜利篇章，铭刻在国民的记忆中。这些都增强了威尼斯的自豪感，提高了它的期望值。威尼斯素来注视着东方升起的太阳：为了贸易和战利品，为了能装点城市的物品，为了偷窃基督教圣徒的遗骸，为了获得财富和军事荣誉的可能性，尤其也是为了赎罪。威尼斯与东方的联系是美学性、宗教性和商业性的。归来的商船队设定了人们的期待：在圣马可湾卸载的货物必然能使这座城市变得更加富有、高贵和神圣。一百年前，一位执政官规定，作为爱国者的义务，所有从东方归来的商人必须带回古物、大理石或雕刻，来装饰新建的圣马可大教堂。1123 年成功的远征让共和国对从十字军东征中获取商业利益有了很高期望。在新的《威尼斯条约》中，仅仅是海运合同一项就能让威尼斯人受益颇多，而分享一半战利品则可能带来令人意想不到的财富。

少年时的丹多洛或许曾目睹十字军舰队出征时的宗教狂热与民族热情，听到他幼时的执政官慷慨激昂的宣言，歌颂着十字军在精神和物质上的荣耀：

威尼斯人，此次远征之后，你们的名字将获得怎样的不朽荣耀和璀璨光辉！上帝将给你们怎样的奖赏！你们将赢得欧洲和亚洲的赞誉。圣马可的大纛将在遥远的土地上飘扬。新的利润和新的伟大机遇将降临这座最高贵的城市……在宗教的神圣热情鼓舞下，为全欧洲的榜样所振奋，请你们赶紧拿起武器，想一想无上的荣誉和奖励，想一想你们的胜利——上天佑助你们！[17]

丹多洛执意参加此次东征，也有其他的个人原因。他的家庭有十字军传统；也许仿效祖先的愿望已经在他内心深处引起了共鸣。而且他年事已高，对自己灵魂归宿的关注或许也是重要因素。十字军东征最有利的鼓励条件就是，参与者的罪孽将得到救赎。民族的、个人的、精神的和家族的动机都促使他签署这份条约。

这位失明但洞察力敏锐的执政官显然已经窥见命运的关键时刻，似乎威尼斯历史此前的一切都是为了等待这次非同寻常的机遇。但其实条约的核心部分隐藏着一些猫腻，令威尼斯人更加兴趣盎然。条约用含糊的言辞鼓舞广大群众"怜悯海外的圣地"[18]，但除了法兰西和伦巴第的少数条约签署方和十字军领主之外，没有人知道，此次东征的最初目的地并非圣地。目标其实是埃及。维尔阿杜安在他的编年史中承认："我们召开了秘密的闭门会议，决定去埃及，因为在开罗我们能比在其他地方更容易摧毁土耳其的力量，但我们对外仅仅宣称要去往海外。"[19]

这样做是出于充分的战略考虑。精明的军事策略家很早

2. 失明的执政官

就认识到，埃及的财富为巴勒斯坦和叙利亚的穆斯林军队提供了源源不断的资源。萨拉丁的胜利正是建立在开罗和亚历山大港丰富资源的基础上。正如狮心王理查所认识到的，"通往耶路撒冷的钥匙在开罗"[20]。问题是，这种迂回曲折地收复圣城的方式不大可能激起民众的拥护。虔诚的信徒期待的是在耶稣曾经立足的地方英勇战斗并获得救赎，而不是在尼罗河三角洲的集市切断伊斯兰世界的补给线。

但对威尼斯人来说，这提供了进一步发展商业的机会。埃及是黎凡特最富庶的国家，也是油水很足的香料商路的又一个天然入口。这里的收益比推罗港和阿卡港能提供的更加丰厚。"无论此地缺乏的是珍珠、香料、东方珍宝，还是外国货，都可以从两个印度获得：示巴①、阿拉伯半岛、两个埃塞俄比亚，以及波斯和其他邻近的国度。"[20]推罗的纪尧姆②在二十年前写道："东西方的人蜂拥前往埃及，亚历山

---

① 示巴是《圣经·旧约》和《古兰经》中提到的一个南方王国，具体位置可能在现今的厄立特里亚沿岸或也门南部，也可能是一个跨亚非大陆的王国。示巴在古代亚述人、希腊人及罗马人的作品中都有提及，约在公元前 1200 年立国，于公元 3 世纪因气候变化和内战等因素而灭亡。

② 推罗的纪尧姆（约 1130~1186）是耶路撒冷王国的高级教士和编年史家。他出身于耶路撒冷王国上层阶级，花费了二十年时间在欧洲的大学接受教育，1165 年回到耶路撒冷以后，受国王阿马尔里克一世之命出使拜占庭帝国。纪尧姆在成为国王的儿子——未来的国王鲍德温四世——的家庭教师后，发现后者患有麻风病。阿马尔里克一世死后，纪尧姆担任王国中两个最高级职务——书记长及推罗大主教。纪尧姆以耶路撒冷王国史书作者的身份闻名，用优美的拉丁文撰写编年史，称为《大海彼岸的历史往事》或《耶路撒冷历史》。这部作品在他死后很快就被翻译成法文，随后又被译为多种不同的语言。这是现存唯一一部 12 世纪耶路撒冷人所写的同时代当地历史，他被视为十字军中最伟大的编年史作家，以及中世纪最好的作家之一。

大港是两个世界的公共集市。"事实上，尽管最近得到了教皇英诺森三世的许可，威尼斯在埃及市场上所占的份额还是很小。热那亚和比萨在与埃及的贸易中占据主导地位。丹多洛曾去过亚历山大港；他对这个地方的财富和防御的薄弱有亲身体会，这座城市在情感上对威尼斯来说也具有很大的吸引力。圣马可正是在这里死去；也是从这里，威尼斯商人偷走了他的骸骨。从本质上讲，在埃及取得一场胜利并得到全部收益的一半，威尼斯收获的财富将会远远超过之前所有的商业成功。威尼斯可以一下子掌握地中海东部商贸的很大一部分，并可以一劳永逸地挫败它的海上对手。免税的垄断贸易是不可抗拒的诱惑，其潜在的高回报显然值得为此去冒险，这也是威尼斯人愿意自己出钱投入 50 艘桨帆战船的原因。威尼斯的桨帆船不是用来在巴勒斯坦海岸打海战的，而是要顺着水浅而芦苇丛生的尼罗河三角洲，对开罗发动攻击。

这个秘密议程只不过是《威尼斯条约》诸多令人担忧的因素之一，此条约注定要对东征产生负面影响。时间的问题也让人不安。威尼斯人签署的是为期九个月（从 1202 年 6 月 24 日圣约翰节开始）的有期限的海运合同。最关键的问题是金钱。很可能最终议定的价格降到了 85000 马克，但这仍然是天文数字。即使人均运费是合理的，但维尔阿杜安预计的 33000 名十字军也实在太多了。维尔阿杜安对估算十字军的兵力颇有经验，但他仅仅用了一夜时间就接受了执政官的条件，被证明是一个巨大的错误。他严重误判了能征集的十字军人数；他也没能认识到，他作为十字军代表签署了

2. 失明的执政官

条约，但被他代表的那些人并不受到条约的约束：他们没有义务从威尼斯出发。从一开始，此次东征就面临着严重的财政压力：英诺森三世试图通过征税来筹集资金，但失败了。六个代表连首付款 2000 马克都没有，还是在里亚尔托借的钱。虽然当时没有人知道这个情况，但《威尼斯条约》已经包含了灾祸的种子，最终致使第四次十字军东征成为中世纪基督教世界最具争议的事件。

维尔阿杜安穿过阿尔卑斯山的隘道回国了。法兰西、佛兰德和意大利北部的十字军——拜占庭人称之为法兰克人——发出誓言，拟定遗嘱，披上罩袍，开始辛苦地为出征做起了漫长的准备；在潟湖，威尼斯人着手准备组建其历史上最庞大的舰队。

3. 三万四千马克
1201 ~ 1202

　　此次行动的规模令威尼斯以往任何一次海上远征都黯然失色。丹多洛不得不暂停其他一切商业活动，并召回在海外的商船。所有威尼斯人都投入到了准备工作之中。他们有十三个月的时间来完成任务。

　　光是造船及船体整修就是一项宏大工程，需要大量木材、沥青、大麻、绳索、帆布，以及制造铁钉、铁锚和其他设备所需的铁。为了获取这些资源，人们遍寻整个意大利。大量冷杉和落叶松木在汇入潟湖的河流上漂向威尼斯；橡木和松木则来自威尼托①和达尔马提亚海岸。建于 1104 年的兵工厂是这项工程的工业中心，但很大一部分工作都是在分散于潟湖群岛各处的私人船坞内进行的。空气中充斥着锤击声、锯木声、斧头的撞击声、锛子的锉磨声；大锅里煮的沥青冒着泡翻滚着；熔铁炉映着红光；制绳工人放出数百码长的扭曲麻绳；各种材料经过加工、劈砍、缝制、锻造，被制成桨、滑轮、桅杆、帆和锚。在龙骨的基础上，船体逐渐成形；也

---

① 威尼托是意大利东北部一地区，威尼斯是其主要城市之一。

有的船只是由旧船重新装配或改造而成的。在兵工厂中，人们在制造战争器械。投石机和攻城塔都可拆卸，以便运输。

威尼斯的造船业

　　十字军东征需要不同类型的船只。4500 名骑士和 2 万名步兵将乘坐圆船，即高侧舷的帆船。这种圆船配有艏楼和艉楼，尺寸不一：有一些极其庞大的供贵族乘坐的豪华船只；有十字军标准的运输船，甲板下可挤进 600 人；也有较小的船只。4500 匹马将被装运在 150 艘特别改装过的桨帆船里，船侧或船首装有铰链式的门，以便马匹能够被赶进船舱；可以用吊索拴住马匹，以抵御海浪的颠簸。在航行过程中，这些门都位于吃水线以下，所以人们必须保证船身的缝隙堵塞严实，以防漏水；但船靠岸后，门可以迅速打开，让全副武装的骑士自如地冲杀出来，对毫无准备的敌人发出致命一击。威尼斯人可能总共需要 450 艘船来运送军队及辎重。此外还有威尼斯人自行投入的 50 艘桨帆船，而且还需要招募操纵舰船的水手和桨手。要想运送 33000 人横渡地中海东部，需要 3 万名技术娴熟的水手——这大概占了威尼斯成年人口的一半，或者也可以从达尔马提亚海滨城市招收海员。虽然很多人自愿加入十字军，但这远远不够。城市的每个教区都进行强制性的抽签——如果抽到的蜡球里装着纸条，那就要去为共和国服役。

为这样一支庞大舰队提供补给同样需要极其艰苦的努力。威尼斯人精细地计算了每个人一年的口粮：377 千克面包与面粉，2000 千克谷物和豆类，300 升葡萄酒。为十字军提供的给养累计起来数额庞大。威尼斯人在自己的农业腹地搜罗粮食；并从各地区中心——博洛尼亚、克雷莫纳、伊莫拉、法恩扎搜集小麦，在威尼斯的烤炉里经过两次烘焙，制成耐久的航海饼干，这是航行时水手的主食。威尼斯并不是食物的唯一来源地。威尼斯的筹划者无疑也打算沿着达尔马提亚海岸南下时获得新的补给，但完成合同规定的任务仍然是一项艰巨的挑战。

这一切工作都有开支。许多木匠师傅、敛缝工人、制绳工、制帆工、铁匠、厨师、驳船船夫为了舰队的准备工作付出了长达一年的不懈努力。为了支付他们的薪酬，威尼斯造币厂不得不生产额外的格罗索（一种小银币）。实际上，共和国所有工作都是在赊账的基础上完成的，所有人都急切地等待着合同履行、得到报酬。

到 1202 年初夏，威尼斯人已经组建了一支庞大的舰队，

3. 三万四千马克

足以将 33000 人运送 1400 英里、横跨地中海东部，并配备了足够的供给，能够满足这支舰队一年所需。"威尼斯人出色地履行了他们的合同义务，甚至做得更多。"[1]维尔阿杜安承认，"他们建造的舰队是如此宏伟巨大，任何一个基督徒都不曾见过更好的。"[2]无论从什么角度来说，这都是威尼斯人集体组织的一项伟大成就，是威尼斯国家工作高效的见证，这种高效将为威尼斯共和国海上力量的发展做出巨大贡献。

舰队已经整装待发，完全可以按照预定出发日期（1202 年 6 月 24 日，圣约翰节）起航，但十字军本身的协调却很糟糕，一再拖延。十字军原定于复活节（1202 年 4 月 6 日）离家出发，但很多人直至圣灵降临节（6 月 2 日）还没有动身。士兵们在各自领主的率领下，打着自己的旗号，零零散散地抵达威尼斯。而整个十字军东征的领袖——蒙费拉的博尼法斯——直到 8 月 15 日才抵达威尼斯潟湖。但在 6 月初，形势就已经很明显——在威尼斯集结的十字军人数远远少于合同规定的 33000 人，威尼斯人为他们准备的庞大舰队一下子显得不必要了。一些人为了方便或是省钱，选择了其他路线，从马赛或阿普利亚①出发，前往圣地。又或许是他们听到了小道消息——威尼斯舰队的真正意图是攻打埃及，而非解放耶路撒冷。维尔阿杜安强烈谴责了那些没

---

① 阿普利亚（拉丁文古名），或称普利亚（现代意大利语的名字），是意大利南部的一个大区，东邻亚得里亚海，东南面临爱奥尼亚海，南面则邻近奥特朗托海峡及塔兰托湾。该区南部知名的萨伦托半岛，组成了意大利"皮靴"脚后跟的一部分。

有按约定出现在威尼斯的人："这些人，还有其他许多人，对集结在威尼斯的大军的危险远征心存畏惧。"[3] 但真相并非如此：维尔阿杜安和他上级的十字军领主们在人数统计上犯了巨大错误；而且即便是那些集结起来的十字军，也并不受到他签订的条约约束，并没有义务选择前往威尼斯的较远的陆路。维尔阿杜安写道："到达威尼斯的军人远远不够，后来的事实证明，这是一个巨大的不幸。"[4]

威尼斯城本身并没有足够的地方来安置这些十字军，而当局对这些武装士兵停留在拥挤的城区也深感忧虑。他们让十字军驻扎在荒凉的沙洲——圣尼古拉岛上，这是几个利多中最长的一个，如今被简单地称为"利多"。克莱里的罗贝尔回忆道："于是，朝觐者们去了那里，搭建帐篷，尽可能安顿下来。"[5] 罗贝尔是一名来自法兰西的落魄骑士，他写下了记述此次东征的生动的第一手材料，不像维尔阿杜安一样从贵族的视角，而是从普通士兵的角度来写。

十字军继续零零散散地到来，规定的出发日期来了又过去了，丹多洛的不满日益加深。十字军的士气因一些高级别人物的到来而间或高涨起来：佛兰德的鲍德温于 6 月底率军抵达，布卢瓦伯爵路易随后也率军赶到；7 月 22 日，教皇使节——卡普阿的彼得抵达威尼斯，为东征事业提供宗教上的支持。但目前军队的规模与合同规定仍然相差甚远。直至 7 月，仍然只有一万两千名军人。就连维尔阿杜安也承认："事实上，威尼斯人提供了大量船只、桨帆船与战马运输船，足以容纳现有人数的三倍。"[6]

如果说这对十字军领主们来说是一个尴尬的局面，那么

3. 三万四千马克

对威尼斯来说则可能是毁灭性的打击。共和国已将自己的整个经济押注到这次交易中，而对丹多洛而言，这将是一场灾难，因为他曾作为中间人为十字军鼓吹、用花言巧语说服威尼斯人民接受这次合作。像其他所有威尼斯商人一样，丹多洛坚信契约的神圣性。而这一次的契约尤其必须得到尊重。据克莱里的罗贝尔记载，丹多洛对十字军领主们很是恼火：

> "诸位大人，你们对我们竟如此不公！我和我的人民与贵方大使刚刚签订协约，我就命令所有商人立即停止贸易，投入到舰队的准备工作中。一年半多以来，我们全身心投入此项工作，没有任何收益。他们为此损失了很多，为此我和我的人民希望你们能偿还欠债。否则你们将无法离开这座小岛，我们也将停止给你们供给食物与饮水，直到你们清偿欠款。"伯爵们和十字军战士听到执政官这番话，感到十分焦虑和慌张。[7]

我们不知道，丹多洛拒绝为十字军提供饮食的威胁是否真实。克莱里的罗贝尔又说："执政官是个伟大而可敬的人，他并未切断他们的饮食供给。"[8]但被长期困在利多上的许多普通士兵的生活越来越不舒服。他们在岛上实际上等同于囚犯，忍受着阳光炙热的烘烤，踢起长长海滩上的沙子聊以自慰，望着这一边亚得里亚海的碧水清波，而另一边，威尼斯在潟湖里灯红酒绿，在远处诱惑着他们，折磨着他们。一位显然对威尼斯没有好感的编年史家记载道：

在这里，他们搭好帐篷，从6月1日等到了10月1日。1罗马升的粮食能卖到50苏勒德斯①。威尼斯人频繁下令，不许任何朝觐者离开这个岛屿。结果，这些人实际上已经沦为威尼斯人的俘虏，方方面面都受到控制。而且，一种极度恐慌的气氛在普通士兵中逐渐蔓延开来。[9]

他们虔诚地聚集于此，原本是为了获得灵魂的救赎，现在却发觉自己被基督徒伙伴背叛了。这实在说不过去。日益恶化的愤恨之情后来会以更触手可及的方式重现。疾病横行，后果是"没有足够的活人来埋葬死者"。[10]并且，或许没有一个人知道，他们如此满腔热血地希冀的航行的目的地根本就不是圣地。对穷人而言，此次东征不过是当权者和富人缔结的又一次毫无诚信的交易。威尼斯已经被认为是罪魁祸首。

当教皇使节——卡普阿的彼得到达威尼斯后，他解除了十字军中穷人、病人和妇女的圣战誓言，允许他们回家。还有很多人干脆已经当了逃兵。卡普阿的彼得作为教皇代表来到威尼斯，以教皇的权威发言，代表教皇的良心，以"妙不可言"的布道鼓舞信众，但他始终无力解决最根本的问题。[11]十字军无法支付欠款；威尼斯人又不可能免除其债务。这两方面不可调和的矛盾碰撞在一起，将会给此次东征带来持续不断、疲于奔命地处置危机的气氛，其后果在当时

---

① 罗马升为古罗马和中世纪的体积与容积计量单位，关于其具体数值有多种说法，一般认为约0.59升。苏勒德斯是罗马帝国晚期的一种金币，1苏勒德斯等于4.5克，后常被用作黄金的重量单位。

还没有人能够预测到。

双方紧张地僵持着。威尼斯人怒火中烧。领导十字军东征的诸侯因自己未能遵守合约而感到羞愧。他们努力敦促每个人支付自己的旅费：骑士每人 4 马克，步兵每人 1 马克。每一次十字军东征都受到缺乏现金的困扰，这一次也不例外。很多人已经支付过，便拒绝再交钱；有些人则根本付不起。欠款的数额依旧十分巨大。利多的夏日骄阳似火，十字军内部也为下一步如何打算展开了激烈争论。有些人想要离开，然后另寻他途前往圣地。也有人为了获得灵魂的救赎，准备倾其所有。十字军面临着分裂的尴尬局面。贵族领导者们努力以身作则，交出他们的贵重财物，并在里亚尔托借钱。维尔阿杜安自我辩护道："你应该看看那些被送到执政官宫殿以偿付债务的精美金银器皿。"[12] 即使这样，还存在34000 马克，也就是9 吨白银的缺口。他们告诉执政官，他们再也筹不到更多钱了。

对威尼斯和丹多洛而言，当前的形势非常严峻。是执政官亲自商定了这次交易，他必须出面解决危机。丹多洛不得不先后向大议事会和公民大会报告了目前的形势。大家的情绪很恶劣；整个城市都投身于这项交易中，每个人的利益都受到了威胁。面对破产的危险，人民很是愤怒。日子一天天过去；很快，季节就不适宜出航了，这次远征可能也不得不宣告失败。更要命的是：威尼斯目前还供养着12000 名日渐焦躁不安的武装人员。丹多洛凭借他九十岁高龄的智慧以及威尼斯历史上的前车之鉴，想出了两个办法：第一，威尼斯人可以收下已获得的51000 马克，放弃东征计划。但这会让他们在整个基督教世界落下骂名："从此，我们将永远被视为流氓和骗子。"[13]第二，他们可以暂时搁置索要债款的事，他本人主张这么做："不如这样，我们告诉他们，如果他们能用最早一批征服的收益来偿还欠我们的 36000 马克①，我们就带他们出海。"[14]威尼斯人都同意了第二个办法，到 9 月初，他们向十字军发出了这样的提议。

> ……他们（十字军）都非常高兴，拜倒在他（丹多洛）脚下，忠顺地承诺一切听从执政官的建议。那天晚上，所有人都陷入了狂欢之中，最穷的人也张灯结彩，他们把点燃的火把绑在长矛上，伸向空中以示庆祝，还在帐篷内点亮灯火，整个营地都被火光环绕。[15]

从威尼斯看去，利多灯火通明。

大约在 9 月 8 日（星期天）的圣母日，大批威尼斯人、十字军和朝觐者聚集在圣马可教堂，举行弥撒。在礼拜仪式之前，丹多洛登上讲道台，发表了一段动情的演讲：

> 诸位大人，你们的盟友是世界上最强大的国家，你们要去完成的是前所未有的神圣使命。我只是个年老体衰的人，身体残缺，需要休息，但我看到，没有比我——你们的领主——更合适的人来领导你们。如果你们允许我加入十字军，并将领导你们的重任交给我，并

―――――――
① 原文如此。

3. 三万四千马克

愿意让我的儿子来接替我的位置、保卫这座城市，我愿意与你们一同前往，和朝觐者们共存亡！

人群欢呼雀跃，表示赞同。每个人都大喊道："我们请求你们，看在上帝的份上，答应吧！"[16] 这个年逾九十、双目失明的老执政官，无疑时日无多，竟志愿加入十字军，令群众热泪盈眶。"人们都被这位高贵的老人感动了，其实他只要愿意，本可在家安度晚年。况且他虽然眼球无损，但已经看不见了。"维尔阿杜安回忆道。丹多洛从讲道台走下，在别人引领下，潸然泪下地登上高高的祭坛，在那里跪下，并让人在他的执政官尖角帽[17]——一种象征执政官地位的大棉帽——上绣上了十字，"因为他希望人们都能看到"[18]。这对威尼斯人具有很大的激励作用。"他们纷纷加入十字军队伍……朝觐者们看到执政官亲自加入十字军，喜不自胜、万分感动，"[19]维尔阿杜安写道，"因为他非常睿智，享有盛誉。"年迈的执政官一下子就占据了十字军运动的中心位置。最后的准备工作紧锣密鼓地进行，舰队预计于航海季节的末尾出发。

但这一次，真相远不止虔诚的朝觐者们看到的那么简单。威尼斯人表面上温和地同意暂缓收缴欠款，一直等到"上帝允许我们一同得胜"[20]，但他们实际上与十字军领导人缔结了新的秘密协定。根据这些密约，此次东征将会逐渐地露出真面目。为了弥补暂缓收缴债务所带来的损失，并确保威尼斯一定能够得到具体的收益，丹多洛做了一番非线性思考，向十字军领导层提出了一个令人震惊的要求。这个要

65

执政官尖角帽

求与威尼斯对亚得里亚海地缘政治，尤其是达尔马提亚海沿岸城市扎拉的迷恋有联系。威尼斯对这片海域的主宰，以及它对贸易和关税的控制，一直令达尔马提亚人心怀不满。扎拉这座"坐落于海滨……非常富裕的城市"[21]一直对威尼斯的控制耿耿于怀，自公元 1000 年彼得罗二世·奥西奥罗执政官的远征以来一直在谋求独立。1181 年，他们又一次摆脱了威尼斯的束缚，与匈牙利国王签署了保护条约。这种局面屡次重演。威尼斯人认为扎拉人背弃了封建效忠誓言；更可恶的是，他们竟然还与威尼斯共和国的海上对手比萨人眉来眼去。丹多洛很可能原本就打算在率领舰队沿着亚得里亚海南下途中教训不服管教的扎拉人，但在闭门会议中，他只是告诉十字军领主们，此时要航向东方，已经太晚了；如果十字军能帮忙攻打扎拉，那么威尼斯人民就更容易接受将还款日期后延。为了避免此次东征彻底失败，他们同意了。

从神学角度看，这个决定非常不妥。十字军东征的第一站竟然是另一座基督教（而且是天主教）城市。更糟糕的

3. 三万四千马克

是，扎拉的新宗主——匈牙利国王埃默里克自己也是十字军。也就是说，两支十字军要互相残杀。的确，埃默里克没有任何要真正动身出征的意思；威尼斯人认为，埃默里克加入十字军东征的目的主要是向罗马教皇寻求保护，免遭类似的报复。即便如此，攻打扎拉仍然算得上是弥天大罪。此外，教皇英诺森三世在埃默里克的提醒下已经向丹多洛发出了严正警告："无论如何，不得侵犯这位国王的领土！"[22]没有关系。丹多洛不准教皇使节卡普阿的彼得作为教皇的代言人随同舰队出征，堵住了他的嘴，同时继续准备舰队。颇有些可怜的彼得祝福了十字军，同时保留了自己对其目标的意见，匆匆返回罗马。英诺森三世准备了一封警告信。他之前对奸诈的威尼斯人的担忧被事实证明是完全有道理的。在正在集结的十字军内部，风声也走漏了：第一个攻打目标将是一座基督教城市。十字军名义上的领导者——蒙费拉的博尼法斯礼貌地谢绝参加第一阶段任务：他显然不想卷入威尼斯的帝国主义计划；但整个十字军东征陷入了尴尬的境地：要么进攻扎拉，要么就会土崩瓦解。

准备工作现在加速进行。10 月初，攻城器械、武器、食品、成桶的葡萄酒和水被艰辛地用人力或绞车搬运，或者被滚到船上；骑士们的战马打着响鼻，被牵上运马船的装载斜坡，然后被哄骗着拴上吊索，这种吊索能够让战马随着海浪的颠簸而摇摆，保持一定程度的平衡；然后舱门"就像封木桶般被密封起来，因为在外海航行时，整扇舱门都将会浸泡在海平面以下"。[23]数千名步兵，许多还是从未出过海的，都挤在运兵船黑暗幽闭的船舱中；威尼斯桨手们在桨帆船上各就各位；盲眼的丹多洛被领上执政官的豪华战船；水手们收起铁锚，扬起风帆，解开绳索。威尼斯的历史与其历次伟大的海上冒险密不可分，但很少有能超过第四次十字军东征的宏伟规模。[24]在威尼斯共和国崛起成为大帝国的过程中，此次远征的贡献最大。它标志着威尼斯拥有了整个地中海盆地无可匹敌的海上力量。

对于没有航海经验的骑士们来说，眼前这壮观的场面让他们深感震撼，因此他们不吝溢美之词。维尔阿杜安断言："世上任何港口都不曾有如此雄壮的舰队起航。我们可以说，森林般的樯橹覆盖了海面，闪闪发光，仿佛熊熊烈火。"[25]克莱里的罗贝尔回忆："这是自创世以来最壮丽的景观。"数百艘舰船在潟湖扬帆，它们的大小旌旗在微风中轻扬。在群集的大舰队中鹤立鸡群的是一些形似城堡的巨型帆船，配有高高的艉楼和艏楼，如同高塔一般耸立在海上。每艘巨型帆船上都悬挂着熠熠生辉的盾牌和飘扬的旗帜，标示了它承载的那位十字军领主的身份，象征着他们的辉煌和封建权力。其中一些舰船的名字流传至今："天堂"号和"朝觐者"号分别载着苏瓦松主教和特鲁瓦主教，还有"紫罗兰"号和"雄鹰"号。这些船只的高度将在接下来的事件中发挥至关重要的作用。十字军战士们挤在一层层甲板上，他们罩袍上的十字架标示着他们的国籍，佛兰德人的十字架是绿色的，法兰西人的十字架则是红色的。威尼斯人的桨帆船舰队由执政官旗舰领航，这艘旗舰被涂成醒目的朱红色，丹多洛端坐在同样是朱红色的华盖下，"他面前有四只银喇

3. 三万四千马克

叭和铙钹奏着洪亮的声响"。[26] 各种齐奏的声响充满了整个海域。"一百对银、铜制成的喇叭齐鸣，宣示舰队起航"[27]，响彻整个海面，大鼓、小鼓和其他乐器轰鸣着，鼓乐喧天；鲜艳的旌旗在咸咸的海风中飘扬；桨帆船的木桨敲碎波浪；身穿黑色长袍的教士站在艉楼上，带领整个舰队高唱十字军的赞美诗"求造物主圣神降临"。"每一个人，无论身份高低贵贱，无一例外，都感情洋溢、欢欣鼓舞地挥泪。"[28] 在这胜利的喧嚣和压抑已久、终得释放的宗教情感中，十字军舰队驶出潟湖湖口，经过圣尼古拉教堂和利多（许多个月以来，利多一直是十字军的牢狱）的其他外围海角，进入亚得里亚海。

然而，辉煌的喧嚣中也夹杂着不和谐音。"紫罗兰"号在出航时沉没了；有些人出于宗教原因对攻击基督教城市扎拉深感质疑；而远在罗马的教皇英诺森三世时刻准备对那些胆敢攻击扎拉的十字军施以绝罚。同时，34000 马克的债务依旧悬而未决，就像悬挂在高高桅杆上的信天翁①一样，在舰队绕过希腊海岸的全程中，始终困扰着此次远征。

---

① 典出英国著名诗人塞缪尔·泰勒·柯勒律治的名诗《古舟子咏》。一名水手杀死信天翁，导致他所在的航船遭到风浪袭击。为了赎罪，他将死去的信天翁挂在自己脖子上，备受折磨。此处挂在桅杆上的信天翁比喻莫大的负担和障碍。

4. "狗转过来吃它所吐的"*
1202 年 10 月 ～ 1203 年 6 月

威尼斯人打算利用这支恢宏的舰队在沿途重新确立自己在亚得里亚海北部的帝国权威，教训不服管教的城市，震慑海盗，并征募水手。威尼斯人将此次远征视作巩固自己封建权益的合法措施，但在利多苦等多时因而倍感挫折、囊中羞涩的许多十字军战士已经认为这一切与他们的圣战誓约背道而驰。"他们强迫的里雅斯特和穆格拉俯首称臣，"[1]在舰队沿着亚得里亚海岸南下途中，一位无名的编年史家直言不讳地写道，"他们强迫整个伊斯的利亚、达尔马提亚和斯洛沃尼亚（Slavonia）①向他们进贡。他们驶入扎拉，当初的'圣战誓约'已然变成泡影。圣马丁节这一天，他们进入了扎拉的港口。"威尼斯人的残酷无情并不总是得到良好的接受。

舰队突破了封锁港口的铁链，长驱直入，将数千人送上岸。运输船的舱门被撬开；眩晕而丧失方向感的马匹被蒙着眼睛，牵到陆地上；人们将投石机和攻城塔卸下船，并重新

---

* 典出《旧约·箴言》，26：11。有点像中国俗语"狗改不了吃屎"。

① 斯洛沃尼亚是历史上的一个地区，位于今天克罗地亚的东部，其北面是德拉瓦河，南面是萨瓦河，东面是多瑙河。

组装；十字军在城门外搭建了许多帐篷，旗帜迎风飘扬。扎拉人从城堞上看到这不祥的景象，感觉大事不妙，于是决定投降。

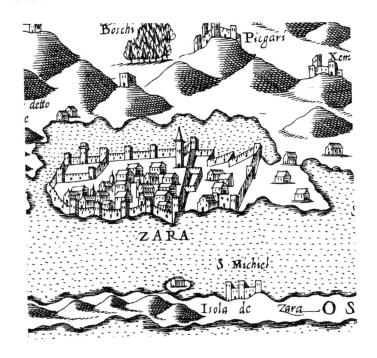

扎拉及其港口

舰队到达两天后，扎拉人派出代表团去执政官的深红色营帐，向他提出和谈条件。整个扎拉事件完全是威尼斯的事情。但是丹多洛要么是谨慎起见，要么是为了让扎拉人如坐针毡，宣称自己必须先与法兰西诸侯会商，否则不能接受扎拉的投降。他这么一招让扎拉代表团急得上蹿下跳。

对丹多洛来说不幸，而对扎拉而言更倒霉的是，差不多在同一时间，一艘从意大利抵达扎拉的船带来了教皇英诺森三世的禁令。信的原件遗失了，但其内容后来被明确地重述如下：

> 在此封信中，我们严令禁止你们和威尼斯人侵犯基督徒的土地……胆敢违背此禁令者将被逐出教会，同时也无法得到（教皇）给十字军的宽恕。[2]

这非常严重。十字军战士们参加东征就是为了拯救自己的灵魂，如今却面临绝罚的威胁。这封信就像一枚手榴弹，被投入远征军原本就不稳固的联盟中，激发了所有潜在的紧张情绪。以强大的西蒙·德·孟福尔①为首的一群持异议的法兰西骑士始终认为，攻击扎拉是对十字军誓言的背叛。当丹多洛正在与一些十字军领主商量扎拉的投降事宜时，德·孟福尔等人去拜访了在执政官营帐等候的扎拉代表团。他们告诉扎拉人，法兰西人不会参与攻打这座城市，"只要你们能抵挡住威尼斯人的攻击，你们就安全了"。[3] 为了确保扎拉人知晓这一情况，另一名骑士对着城墙大喊这一消息。扎拉代表团听到这个承诺，大受鼓舞，回到扎拉，准备抵抗。与此同时，丹多洛与其他大多数领导人达成了一致，决定接受扎拉的投降，他们都回到了他的营帐。扎拉人此刻已经无影无踪，等待他们的是沃城修道院院长。他可能手持着英诺

---

① 这位西蒙·德·孟福尔是法兰西的孟福尔—拉莫里领主，同时是英格兰的第五代莱斯特伯爵。他的幼子非常有名，也叫西蒙·德·孟福尔，后成为第六代莱斯特伯爵，是英格兰国王亨利三世的妹夫、著名权臣和反对派领袖，开启了英国议会的先河。

4."狗转过来吃它所吐的"

森三世的信函，戏剧性地走上前来，代表着教皇的权威，高声宣布："诸位大人，我以罗马教皇之名，禁止你们攻击这座城市；因为这是一座基督教城市，而你们都是朝觐者。"[4]一场激烈的争吵立即爆发了。丹多洛怒火中烧，向十字军领导人发难："诸位大人，我按照协议安排了这座城市的投降，你们却把它从我手中抢走了，尽管你们曾保证要帮助我们征服这座城市。现在我请求你们征服它！"[5]此外，据克莱里的罗贝尔记载，他并不打算对教皇让步："诸位大人，你们应当知道，我会不惜一切代价向扎拉人复仇，就算是教皇也不能阻止我！"[6]更为拘谨的十字军领袖们发现，他们身处遭受绝罚和背弃世俗契约的两难境地。他们羞愧难当，同时也为德·孟福尔的行为感到震惊，最终觉得别无选择，只得兑现向威尼斯事业做出的承诺——尚未偿清的债务与此次交易直接关联。要不然，东征就会走向崩溃。带着沉重的心情，他们同意了这件令人不快的事情："大人，不管别人怎么反对，我们会帮您拿下这座城市。"[7]不幸的扎拉人本想和平地投降，现在却遭到排山倒海的攻击。他们把十字架挂在城墙上，以唤起十字军的良心，但这徒劳无益。十字军将巨大的投石机推到前线，轰击城墙；坑道工兵开始在城墙下挖掘地道。五天内扎拉就沦陷了。扎拉人以丧权辱国的条件来求和。除了处决一些重要人物之外，威尼斯人并没有伤害扎拉人民的性命；平民被逐出城市，胜利者"毫不留情地将这座城市洗劫一空"。[8]

此时已是11月中旬，丹多洛告诉十字军，此刻已不宜出航，但可以在达尔马提亚海岸舒适地过冬，十字军最好等

73

到来年春天。这个提议很合理，甚至是不可避免的，却使得十字军东征陷入了新的危机。普通军人们觉得自己又一次遭到了无耻的剥削，他们责怪威尼斯。他们曾在利多过着被监禁一样的日子，被领入歧途去攻打基督教城市，一贫如洗，备受蒙蔽。时间一天天过去，十字军与威尼斯的合同只有一年，而他们离圣地却仍然那么遥远，更不用说埃及了。洗劫扎拉的战利品大多被领主们瓜分一空。"贵族们把城市的财物据为己有，而穷苦士兵什么也没得到，"[9]一位亲眼见证的无名人士如此写道，他显然十分同情普通士兵的遭遇，"穷人在饥饿赤贫中过得无比艰辛。"十字军还欠着34000马克的债务。

洗劫扎拉不久之后，由于人们积怨太深，爆发了动乱。

> 三天后，临近晚祷时，军中爆发了一场可怕的大灾祸。[10]威尼斯人与法兰西人之间爆发了一场大规模的激烈冲突。人们从四面八方纷纷赶来，拿起武器，暴力冲突非常激烈，几乎每条街道上都有人用剑、矛、弩、枪厮杀，死伤枕藉。

指挥官们花了很大力气才重新掌控了局面。整个十字军东征事业危在旦夕。

普通十字军战士们不知道的是，由于攻打扎拉，他们已经遭到绝罚。如果他们知道了这个消息，一定会魂飞魄散。为了应对危机，十字军的主教们发挥了创新思维，向全军施加赦免，撤销了绝罚令，但其实他们根本没有这个权力。

4.“狗转过来吃它所吐的”

1202~1203 年冬天，全军将士就在达尔马提亚消磨时间，相处还算融洽，他们在等待新的航海季节。然而他们全然不知的是，他们的不朽灵魂仍然处于严重的危险之中。法兰克诸侯决定派一个代表团火速赶往罗马道歉，努力解决问题。威尼斯人坚决拒绝加入道歉的行列。威尼斯人认为，扎拉是他们自己的事情；暂缓收缴 34000 马克债款的协议就是建立在占领扎拉的基础之上，只要这笔债务还没有还清，整个威尼斯共和国的立场就至关重要。

在这个代表团起程去罗马之前，关于扎拉的消息已经传到英诺森三世那里，他起草了怒气冲天的回复，其开头非常简练：“诸位伯爵、男爵及所有十字军战士，我不向你们做任何问候。”[11]然后措辞愈发激烈。他一系列严厉的词句如同攻城器械有规律的沉重撞击声，狠狠地谴责了十字军的“极其恶劣的行径”：[12]

> 你们支起帐篷来攻城。你们挖壕沟，从四面八方包围这座城市。你们破坏城墙，导致许多人流血伤亡。当扎拉公民们想要屈服于你们及威尼斯人的统治时……他们在城墙上高挂起十字架。但你们却……严重地伤害受难的耶稣基督，攻打了这座城市，屠戮其人民，并用凶残的武力强迫他们投降。[13]

十字军的代表团抵达罗马后，英诺森三世提醒了这些心里有愧、垂头丧气的代表，随军主教们给出的赦免根本是不合法的。他要求十字军悔改，并归还战利品。但他最严厉的谴责是针对威尼斯人的，"他们当着你们的面捣毁了这座城市的围墙，掳掠教堂，摧毁房屋，而你们却与他们分赃"。[14]英诺森三世引用《圣经》中遭强盗打劫的人的典故①，将威尼斯人定性为诱导十字军走上歧途的强盗。英诺森三世还强调，不许再伤害扎拉。威尼斯人对此命令置若罔闻。但与此同时，英诺森三世知道十字军所遭受的苦难，而且他个人也不愿意看到十字军运动土崩瓦解，于是又设立了一些规定来为大家免罪，但坚决不为威尼斯人免罪。代表团带回去的教皇回信明确表示，十字军仍然处于被绝罚的状态，而且其中的一些规定，例如归还战利品，根本就不可能实现，于是十字军高层又一次隐瞒了教皇回信的内容，而是告诉将士们，他们已经获得了完全的赦免。可见教皇对十字军的控制显然非常有限。

这个罪孽的世界满是陷阱，英诺森三世对其抱有深深的担忧。但如果他认为自己最担心的事情已经发生，那么他就大错特错了。情况只会越来越糟糕。推动整个东征事业的那些力量——对灵魂解放的渴求、欠威尼斯的债务、资金的匮乏、秘密协定、普通士兵一再遭受蒙蔽、十字军始终面临瓦解的威胁、海运合同的有效期一天天过去——将会促使事件发生另一个超乎寻常的转变。战事走向即将发生巨大转变。

---

① 即著名的"好撒马利亚人"的故事，典出《路加福音》第 10 章第 25 ~ 37 节中耶稣讲的寓言：一个犹太人被强盗打劫，受了重伤，躺在路边。有祭司和利未人路过，但不闻不问。唯有一个撒马利亚人路过，不顾隔阂，动了慈心照应他。

4. "狗转过来吃它所吐的"

1203 年 1 月 1 日, 德意志国王——士瓦本的腓力的使臣抵达扎拉。他们向十字军提出了一个雄心勃勃的建议, 供其斟酌。这个建议涉及了拜占庭此前的整个复杂故事, 以及它与西方基督教世界的紧张关系。就像其他许多困扰着、推动着此次十字军东征的秘密交易一样, 一些主要的骑士已经知道了它的内容。

直截了当地说, 大使们的来意如下: 他们代表腓力的妻弟——亚历克赛·安格洛斯而来; 安格洛斯是一位年轻的拜占庭贵族, 他请求十字军帮他夺回被他伯父篡夺的合法皇位。安格洛斯的父亲伊萨克二世被自己的兄长(亚历克赛三世)废黜并戳瞎了双目。事实上, 按照严格的继承法, 年轻的安格洛斯并没有皇位继承权, 但法兰西骑士们未必懂得拜占庭帝国继承法的微妙之处。大使们到来的时机极佳, 说明他们非常熟悉十字军当前的窘境。他们提出的是一个非常狡猾的提议, 既把行动提升到基督教道德的高度, 又以现金作为诱惑:

> 既然你们为了上帝、合法权益和正义而战, 理应尽其所能去帮助那些合法继承权遭到侵犯的人。安格洛斯给你们的报酬将会极其丰厚, 其他任何人都给不出这样的条件, 他还会大力支持你们去征服海外的土地。[15]
>
> 首先, 如果上帝允许你们帮助安格洛斯夺回皇位, 他将令整个拜占庭帝国臣服于罗马(二者原本是一家, 后来产生了隔阂)。其次, 他知道, 你们为了东征事业已经倾尽所有、囊中羞涩, 他将会给贵族及普通士兵一

共 20 万银马克。并且他将亲自带领 1 万人追随你们前往埃及……他会在埃及征战一年，此后在他有生之年，他将出资在圣地供养 500 名骑士。

这些条件极其慷慨，似乎能满足所有人的需求。罗马教廷可以达到其最魂牵梦萦的目标之一：让君士坦丁堡的东正教会臣服于罗马；十字军不仅可以轻松地偿还债务，还可以得到征服和守卫圣地所需的军事资源。据说教皇会欢迎这样一次行动。而且简直是手到擒来：在君士坦丁堡不乏安格洛斯的支持者，他们会打开城门，欢迎十字军将他们从暴君亚历克赛三世的统治下解放出来。使臣们说话的腔调就像巧舌如簧的推销员提议一个千载难逢的机会一样："诸位大人，如果你们有兴趣，我们拥有谈判的全权。你们应当明白，古往今来从来没有过这么优厚的价码。谁若是拒绝这样的条件，一定是没有征服的胃口。"[16]

他们说的有些东西是意淫，有些干脆就是扯谎。事实上，安格洛斯在前一年秋天就曾带着此计划的大纲去拜见教皇英诺森三世，但遭到了回绝。英诺森三世也已经警告过十字军不准参与这样的计划——这将是另一次对基督教国家的攻击——"免得他们（十字军）屠戮基督徒，污了他们的手，犯下违逆上帝意志的罪行"，并且他也将此信内容告知了拜占庭皇帝。[17]亚历克赛·安格洛斯年轻无知、野心勃勃且十分愚蠢。他许下的都是不明智的空头承诺，专门挑十字军领主们想听的讲。但核心圈子里的一些法兰克诸侯已经知晓此计划，并且跃跃欲试。整个东征运动的领导者——蒙费

4. "狗转过来吃它所吐的"

拉的博尼法斯对拜占庭皇帝早有私人怨恨。后来英诺森三世将随后发生的事情的罪责全部推到威尼斯人身上，但这其实不是威尼斯人的主意。我们不能确定，丹多洛是否在此前就知道十字军要进攻拜占庭的计划；他很有可能对其做了冷静的评估。对于君士坦丁堡的内部事务，他一定比法兰西贵族们知道得多，他对年轻的安格洛斯也没有什么信心。而对安格洛斯来说，以他的名义提出的条约最终让他付出了生命的代价。

次日，在扎拉，一个由世俗与宗教领袖组成的小范围议事会商讨了在出征圣地途中是否进攻第二座基督教城市的问题。激烈的争吵又一次爆发，整个十字军运动再一次面临瓦解。各方分歧极大，难以弥合。沃城修道院院长再次强烈谴责，"因为他们根本没有同意对基督徒开战"[18]；而另一方面，也有人非常务实地表示赞同：军队缺乏资金，而且还背负着巨额债务，向拜占庭开战将为东征提供足够的财力和人力。"你们应当知道，只有通过埃及或希腊（拜占庭）才能收复海外的圣地，如果浪费此次机会，我们定会追悔莫及。"[19]丹多洛一定做了仔细权衡：攻打君士坦丁堡能够轻松地收回欠款，在君士坦丁堡有一位亲近威尼斯的皇帝也非常有价值，但威尼斯人承担的风险也很大。威尼斯共和国目前在君士坦丁堡生意兴隆，如果进攻君士坦丁堡的行动失败，那么居住在那里的威尼斯商人将沦为人质。但说到底，最终促使十字军定夺的还是他们的贫困。没有金钱和粮草，十字军运动将会失败；丹多洛推断，如果能够轻松地扶植安格洛斯登基，"我们就有比较合理的借口去那里，获取给养和其他物资……然后我们就有能力去海外（耶路撒冷或埃及）"。[20]深思熟虑之后，他决定支持进攻君士坦丁堡。根据敌视威尼斯的史料，他如此决定的"一个原因是为了得到安格洛斯许诺的钱财（威尼斯这个民族特别贪财），另一个原因是，他们（威尼斯人）的城市在强大海军的支持下，正在霸占那整个海域"。[21]这是根据后来实际发生的事件做出的回顾性评判。

最终，法兰西诸侯的强大势力集团在博尼法斯领导下，力排众议，投票决定接受安格洛斯的提议。双方很快便在执政官的住处签署条约，并加盖印玺。亚历克赛将在复活节前两周到达。条约是拼凑起来的，可能在十字军起航很久之前就已经得到大致的认可。贵族领主们走到哪里，他们麾下的普通十字军就跟到哪里。于是，威尼斯人出航了。维尔阿杜安不得不承认："本书只能作证，法兰西人的派系中只有十二人宣誓，其他人不肯。"[22]他承认此次出征备受争议："军中分歧严重……人心纷乱，一些人想要解散军队，另一些又尽力团结。"不少人脱离了十字军。许多普通士兵"齐聚在一起，结成盟约，发誓绝不去攻打拜占庭"。[23]一些高级骑士同样反感，也脱离了军队。一些人失望地返回家中，一些人又辟新路直接前往圣地。500人死于船只失事。另一支队伍遭到达尔马提亚农民的袭击和屠戮。"就这样，军队的规模日益缩小。"[24]

英诺森三世此时还不知道十字军犯下了新一轮罪行——而且比先前更加丑恶——还在像之前那样威胁要将冥顽不灵的威尼斯人逐出教会，但他对十字军的控制力在日渐衰弱。十字军领袖们又一次隐瞒了教皇的信件。就在舰队准备出海

4. "狗转过来吃它所吐的"

南航时，他们向教皇发送了一份缺乏诚意的道歉信。他们知道，等教皇回信的时候，他们早已经身在远方，耳不听为净。他们居然还虚伪地解释道：英诺森三世本人一定宁愿让他们隐瞒信件，也不愿意看到十字军瓦解。"我们坚信，"他们写道，"您也会乐于见到……舰队仍然团结，而不是因为看到您的信而分崩离析。"[25]两年后，丹多洛终于道歉时，也用了同样的借口。

4月20日，舰队主力运载着所有装备、马匹和人员，起航前往科孚岛。到此时，不知悔改的威尼斯人已经将扎拉夷为平地："摧毁了扎拉的城墙、塔楼、宫殿和其他所有建筑。"[26]只有教堂得以幸免。威尼斯人决心要确保这座不服管教的城市将来再也没有兴风作浪的能耐。丹多洛和蒙费拉的博尼法斯仍然留在扎拉，等待着年轻的皇位觊觎者亚历克赛。他在五天后——圣马可节这一天到达了（这个日期也是精心选择的），"得到了仍在此地的威尼斯人热情洋溢的欢迎"。[27]随后，他们一起登上桨帆船，追随已出发的舰队前往科孚岛。

十字军遭遇了一次又一次危机（它急缺金钱，却只能通过令人不齿的手段赚钱），年轻的皇位觊觎者的到来令虔诚的信徒倍感憎恶。在科孚岛，主要的法兰克贵族起初以尊崇皇室的礼仪伺候亚历克赛，"欢迎他，庄重而奢华地对待他。这个年轻人看到这些出身高贵的人如此尊崇他，又有这样一支军队拥护他，不禁喜不自胜。然后侯爵①走上前来，

---

① 指蒙费拉的博尼法斯。此时他的头衔是蒙费拉侯爵。

将他领到营帐内"。据圣波勒伯爵记载，在营帐内，安格洛斯采取了一系列道德绑架的举措："他涕泗横流、双膝下跪，像乞讨者那般恳求我们陪他去攻打君士坦丁堡。"[28]但这一策略却失败了。据圣波勒伯爵说，"这引起了巨大的骚动和人们强烈的反感。大家认为应该尽快去阿卡，只有不超过十人主张去君士坦丁堡"。[29]克莱里的罗贝尔更是直言不讳地表达了普通士兵的观点："呸！我们去君士坦丁堡干什么？我们要去朝觐……我们的舰队只会跟随我们一年时间，现在半年都过去了。"[30]

争论不休之下，一大群持反对意见的法兰克领主离开了军营，在一段距离之外的山谷里驻扎下来。十字军高层惊慌失措。据维尔阿杜安记载，"他们万分沮丧，说道：'诸位大人，我们的处境十分悲惨：如果这些人离开我们……我们的军队就散了。'"[31]十字军眼看就要彻底完蛋，为了挽救危局，他们孤注一掷，快马加鞭，前去乞求那些反对者重新考虑。双方会面时，气氛非常紧张。双方都下了马，小心翼翼地走向对方，内心充满了不确定。这时，

> 贵族们都跪在他们脚边，哭着请求他们答应不要离开，否则就长跪不起。而这些反对者看到这个场景都十分感动，看到他们的领主、亲人和朋友都跪下了，他们也流下了泪水。[32]

这个非同寻常的公关手段奏效了。反对者们被这充溢的感情呼吁所征服，同意继续前进，但提出了严格的条件。现

4. "狗转过来吃它所吐的"

在已经是 5 月中旬,与威尼斯人船只的租约时日无多了。反对者们只肯在君士坦丁堡待到 9 月 29 日。这些领导者们不得不发誓,会在那个日子的两周前准备船只,送这些反对派去圣地。他们于 5 月 24 日起航离开科孚岛。素来喜欢把万事都描绘得光鲜灿烂的维尔阿杜安写道:

> 这一天天气晴朗,微风和煦,他们扬帆远航……从未见过如此良辰美景。这支舰队似乎注定要开疆拓土,因为目力所及范围内樯橹如同森林,尽是船帆和大小舰船,大家心潮澎湃。[33]

十字军运动总算逃过一劫。

但明眼人都能看出,在科孚岛的停留是非常发人深思的。亚历克赛曾保证,拜占庭人会承认他的合法地位,君士坦丁堡会敞开大门迎接他,而东正教会也将臣服于罗马的权威。但是,在科孚岛没有任何迹象能够预示这样的结果。拜占庭臣民们对现任皇帝很忠心,紧闭城门,并轰击停泊在港内的威尼斯舰队,迫使其撤退。至于宗教分裂,科孚岛的东正教大主教在宴请天主教兄弟时表示,他不认为罗马的权威在东正教之上,更何况杀害基督的就是罗马士兵。

而在罗马,英诺森三世最担心的事还是发生了。他现在才知道,在洗劫扎拉后,十字军正在前往君士坦丁堡。6 月 20 日,他写下了又一封言辞激烈的谴责信:"我已经明令禁止你们侵略或进犯基督徒的土地,否则将对你等施以绝罚……

我也曾警告你们，不要轻率地违反禁令。"[34]为了表达他对十字军可能变本加厉地犯罪的极端厌恶，他动用了一个极其严重的比喻："忏悔者故态复萌、再次作奸犯科，如同狗转过来吃它所吐的。"[35]这封信清楚地表明，英诺森三世认为威尼斯人应该为此事负责。他将丹多洛比作《出埃及记》里的法老，"假装情非得已，戴着虔诚的面纱"，对待十字军就像法老奴役以色列的子民一样。丹多洛是"我们的伟大丰收的敌人"，就像"一粒老鼠屎坏了一锅粥"。英诺森三世命令十字军领袖们将绝罚信给威尼斯人看，"这样他们就找不到理由来为自己的罪责开脱"。同时，他也在纠结这个棘手的神学问题：十字军战士在船上应当如何与已经被绝罚的威尼斯人共处。他提出的解决方案晦涩而令人震惊：十字军可以同威尼斯人一起前往圣地，到了那里之后"若情势有利，你们可以抓住机会，镇压他们的罪恶"。[36]这话的实际意思是，十字军可以合法地将威尼斯人消灭。

但舰队中的所有人，不管是自愿还是为了其他什么原因，都已经聚在一起，而且现在要改变计划也太晚了。就在英诺森三世落笔写信的时候，舰队在有利的海风吹拂下，稳步驶向达达尼尔海峡。四天后，即1203年6月24日，十字军到达了博斯普鲁斯海峡。他们仰望固若金汤的君士坦丁堡城墙，不禁目瞪口呆。英诺森三世已经完全无力控制事态。在随后的月份里，他悲哀地承认："世界就像潮水，时有涨落；人们无可避免地随波逐流，做不到停止不前。"[37]他所运用的关于大海的比喻很有说服力。

5. 兵临城下

1203 年 6 月～8 月

1203 年 6 月 23 日某时，君士坦丁堡的人们从海墙远眺，看到了惊人的一幕：一支庞大的威尼斯舰队，满载 1 万名基督教十字军，从西方沿博斯普鲁斯海峡逼近，意在废黜他们的皇帝。许多人既困惑又震惊，几乎所有人都措手不及。观看这一海上奇景的人群中，有一位拜占庭宫廷的贵族编年史家——尼西塔斯·科尼阿特斯。他准备开始回忆此事时激动不已。"到目前为止，本书的记述过程都是平稳而轻松的，"他在书中写道，"但现在，说实话，我真不知该如何描述接下来发生的一切。"[1]

科尼阿特斯对现任皇帝亚历克赛三世的批评非常严厉，这位皇帝废黜了自己的弟弟伊萨克二世，戳瞎了后者的双目，现在亚历克赛三世的侄子要回来争夺皇位了。"一个连羊群都无法领导的人"可能是科尼阿特斯对亚历克赛三世最温和的评价了。[2]这位皇帝很懒散，终日寻欢作乐，志得意满且不喜战争，不过他也可能轻信了英诺森三世的信函。英诺森三世曾保证，西方人被禁止侵犯拜占庭，这种侵略恶行是绝不可能发生的。不管怎么说，拜占庭人几乎毫无防御准备。谋臣们强烈敦促皇帝采取防范措施以应对即将兴起的风暴，但皇帝置若罔闻。[3]拜占庭海军名存实亡——海军司令已经把铁锚、帆和索具都卖掉了。皇帝不情愿地"开始修整已经虫蛀朽烂的小船，总共不到 20 艘"。[4]他寄希望于巩固的城墙和他的陆军。君士坦丁堡占据着中世纪最有利的防御位置：城市呈三角形，周长 13 英里，两面环海，另一面由强大的三层城墙保护着，八百年来从未被攻破过。至于兵力，他指挥着约 3 万军队——这是十字军兵力的三倍，而且还有城中相当数量平民的支持。

舰队中许多威尼斯人对屹立在船首左侧的君士坦丁堡的轮廓很熟悉；而不谙水性的十字军第一次看它的城墙，就受到了极大的震撼。所有人都屏住了呼吸。君士坦丁堡的规模是他们闻所未闻的。它是基督教世界最大的城市；以它为中心的帝国尽管已经萎缩不少，但仍然控制着地中海东部的绝大部分地区，从科孚岛到罗得岛，从克里特岛到黑海沿岸、小亚细亚大部和希腊大陆。城市人口 40 万~50 万；而威尼斯和巴黎都只有约 6 万人口。从海上，十字军可以看到，在海墙之内是一座繁华的都市，宏伟的房屋鳞次栉比，最恢宏的要数圣索菲亚大教堂，它那庄严的穹顶就像一位希腊作家所描述的那般，仿佛悬浮在空中。

欧洲编年史家们努力寻找合适的比喻来形容君士坦丁堡的庞大规模。英格兰的一位教区编年史家"科吉舍尔的拉尔夫"向他的读者保证："它的人口比从约克城到泰晤士河的人口还要多。"[5]每个亲眼看到君士坦丁堡的人都感到震撼、敬畏，以及越来越强烈的恐惧。维尔阿杜安宣称："他

们久久地凝视君士坦丁堡，难以相信世上竟然有如此巨大的
城市。"[6]

从海上看君士坦丁堡

他们看到了环绕城市的高墙巨塔、富丽堂皇的宫殿、高
耸的教堂。城内教堂数量极多，若非亲眼所见，人们根本不
会相信。这座城市的规模堪称无与伦比。再勇敢的人看到这
样宏伟的景观，都不禁战战兢兢。

他们现在还不能完全了解，君士坦丁堡城内有些什么：
大理石、宽阔的街道、镶嵌画、圣像、神圣的金器、宝库、

从古典世界掳掠来的古代雕像、神圣的遗迹以及不可替代的图书馆。他们也难以彻底了解这座城市的阴暗面：通往金角湾的山丘上有木制房屋挤作一团的贫民窟，备受践踏的城市无产阶级在这里艰难度日，遭到贫穷和暴乱的摧残。中世纪的君士坦丁堡就像古罗马一样，民众和党派争斗不休，大熔炉般的城市被迷信、长期冲突和动荡的皇朝更迭所困扰。最重要的是，这里的人民对东正教信仰忠心耿耿，极端敌视与其竞争的罗马教会。君士坦丁堡市民喜欢给自己的狗取名为"罗马教皇"，以示鄙夷：怎么可能像安格洛斯许诺的那样，轻易臣服于他们厌恶至极的罗马教会呢？

威尼斯人对形势更加熟悉；城内或许有多达 1 万威尼斯人在做生意，他们不会轻敌。丹多洛是一位睿智的顾问，他与十字军领主分享了自己的知识："诸位大人，我比你们更了解这片土地的情况，因为我曾来过这里。你们肩负的是史上最艰巨、最危险的使命。所以你们务必小心行事。"[7]6 月24 日，也就是他们首次目睹君士坦丁堡的第二天，整个舰队航行到了城墙下。这天刚好是施洗者约翰的宗教节日，舰队以盛大的排场列队前进，旌旗招展，船舷悬挂盾牌，好不威风。甲板上，士兵们紧张地磨砺他们的武器。他们距离这座城市是如此之近，以至于可以看见城墙上的人群。他们一边前进，一边向希腊船只放箭。

他们在与君士坦丁堡隔海相望的亚洲海岸安营扎寨，搜寻粮草，满怀信心地等待安格洛斯的支持者出来迎接解放者。但没有一人前来。反倒是皇帝派来使节宣称，他"非常疑惑，你们为何来到他的帝国……因为他是基督徒，你们也是基督徒，而且他很清楚，你们是去解放海外圣地的"。[8]这位使节是个意大利人，他向十字军提供粮食和金钱，敦促他们尽快离开，同样也带来了皇帝的威胁："如果他打算杀害你们，你们就会遭到毁灭。"

十字军高层不知道下一步如何是好，越来越焦躁。根本没人欢迎他们，这令他们紧张不安。又是丹多洛前来献计。到此时，通过在城内做生意的威尼斯人，他应当很好地把握了真实情况。为了打破僵局，他建议驶近城墙，向市民展示安格洛斯，并解释安格洛斯此行是为了将人民从暴君手中解放出来。十艘桨帆船打着休战的旗号出发了。年轻的皇子和丹多洛、博尼法斯一起，乘坐第一艘船。他们在离城墙非常近的地方划来划去，好让从上方城堞处仔细观察的人都看得见他。传令官用希腊语隔着海面喊道："看看你们真正的君主！我们到此不是要伤害你们，而是保卫你们！"[9]起先，人群很安静，然后有人大喊道："我们不认他是我们的君主；我们根本就不认识他。"[10]在得知他是前任皇帝伊萨克二世的儿子后，又有人反驳道，他们对他一无所知。为了强调这个回答，拜占庭人放了一轮锋利的箭镞。没有一个人站出来支持十字军的傀儡。"我们都惊呆了，"圣波勒的于格记述道。[11]十字军全都对安格洛斯当初为他们描绘的轻松得手的前景信以为真。但如果他们在科孚岛时稍微多注意一下安格洛斯得到的回应，今时今日就不会那么意外了。安格洛斯是西方人的傀儡，他许诺屈服于罗马，希腊人不愿与他扯上任何关系。安格洛斯显然处于威尼斯人的羽翼庇护下，而拜占庭人憎恶威尼斯人，这更让拜占庭人对他没有好感。

"于是他们返回营地，回到各自的驻地。"[12]这真是令人沮丧的一刻。十字军现在知道，如果他们想要钱财和战士以收复圣墓，就必须凭借武力杀进城去。耶路撒冷突然变得那么遥远。他们开始备战。十字军也第一次开始冷眼睥睨那个给大家许下很多空头支票的小子。科尼阿特斯极其厌恶地评价安格洛斯为"虽已成年，但头脑还是个娃娃"。[13]

此次失败尝试的次日，即 7 月 4 日，星期天，十字军诸侯举行了庄严的弥撒，聚集起来，制定计划。丹多洛对这座城市的情况了如指掌，这一次在选择策略的过程中可能又起到了很大作用。这座城市的港口位于有遮蔽的金角湾内，金角湾其实是城市东翼的一条狭长小海湾。威尼斯人的定居点就在这一线海岸上；那一段城墙最薄弱。为了保护这个港口，拜占庭人用铁链封锁了金角湾的出入口，铁链的一端在城墙上，另一端在加拉塔的塔楼上。加拉塔位于金角湾对岸的海岬上，周围是犹太人定居点。大家决定，第一步就是登陆到加拉塔附近的郊区，攻占塔楼，破坏铁链，之后舰队才能驶进金角湾。十字军受到的时间压力很大，因为他们的补给已经不多了。当夜，士兵们作了告解，写下遗嘱，"因为他们不知道，上帝的意愿何时会降临到他们身上"。[14]十字军的计划是对有防御的海岸实施两栖攻击，不少人对此抱有疑虑和担忧；据克莱里的罗贝尔回忆，"人们对能否在君士坦丁堡登陆抱有怀疑"。[15]他们将"登上自己的船只，用武力夺取那土地，生死在此一搏"。

紧张的准备工作正在紧锣密鼓地进行着。战马披挂完毕，装上马鞍，被牵着走上斜坡，回到运马船内，骑士们与战马在一起。战士们系牢头盔，备好弩弓。那是一个晴朗的夏日早晨，日出后不久。在丹多洛指挥下，威尼斯桨帆船出动了，拖曳着运输船，渡过水流湍急的博斯普鲁斯水域，以开辟安全通道。他们前方是满载弓箭手和弩手的三桅帆船，任务是扫荡海岸。攻势展开的同时，一百只"白银或青铜的"喇叭齐鸣，战鼓也隆隆轰鸣。克莱里的罗贝尔说："好像整个海面都挤满了船只。"[16]皇帝的军队在海边严阵以待，准备将他们赶回海里。舰队靠近岸边，一时间万箭齐发，将守军逼退。戴着面甲的骑士水花四溅地冲过浅滩；弓箭手紧随其后，时而奔跑，时而放箭；在他们背后，运马船的坡道被放下，骑士们雷鸣般纵马从船舱中冲出，长枪蓄势待发，丝绸旗帜迎风飘扬。也许就是大群骑士猛然从船舱中杀出的景象打破了希腊人的斗志。骑士们将长枪放低，准备发动一次集体冲锋。正如一位拜占庭作家令人难忘的描述，其势头足以"攻破巴比伦的城墙"[17]。"上帝保佑"，皇帝的士兵们"撤退了，我们即便射箭也打不到敌人"[18]。希腊人原本以逸待劳，处于有利位置，滩头的争夺战本应像诺曼底战役那样激烈，但是他们却温顺地放弃了自己的阵地。这对皇帝来说可不是个好兆头。

亚历克赛三世仍然占据着加拉塔的塔楼——这是控制铁链和金角湾的关键——但事态很快就恶化了。次日早上，"九点十分"，希腊人发动了一次反攻[19]。他们冲出塔楼，袭击岸边的十字军；与此同时，第二支拜占庭部队乘船渡过金角湾前来参战。起初十字军有些措手不及，但很快便重整旗鼓，击退了敌人。希腊人企图逃回塔中，但没有来得及紧闭塔楼大门。十字军迅速占领了塔楼。现在入侵者掌握了操纵铁链的绞盘车。威尼斯的大型帆船之一"雄鹰"号把握住这个机遇，借着博斯普鲁斯海峡的劲风，冲破铁链，攻进了金角湾。聚集在铁链处的羸弱不堪的拜占庭船队被冲杀进来的威尼斯桨帆船驱散或击沉。现在威尼斯舰队驶入了拜占庭的内港，与皇帝只有咫尺之遥，令他如坐针毡。四天后，十字军继续逼近。军队在金角湾东岸北上，并试图通过城墙东北角对面的小桥。希腊人又有一个机会来击退敌人了；他们破坏了小桥，但是却不能阻止十字军将其修复并顺利通行。"没有一个人从城里出来阻止他们，这令人大感意外，因为城内人数是我军兵力的两百倍。"[20]十字军在布雷契耐宫对面的一座山上安营扎寨。布雷契耐宫是皇帝最喜爱的宫殿，位于宏伟的城墙下。皇帝和他的敌人能清楚地看到彼此。圣波勒的于格说："我们之间距离很近，我们的箭都能射到皇宫的屋顶、射进下方的窗户，希腊人的箭也能射到我们的帐篷。"[21]

亚历克赛三世终于从他的懒散或自满中清醒过来，开始更坚决地袭扰入侵者。他不分昼夜地发动试探性的小规模袭击，以检验十字军的决心；维尔阿杜安回忆道："他们（十字军）一刻都不得安生。"[22]他们"被包围得水泄不通；一天内，全军要进入备战状态六到七次。他们睡觉、休息或吃饭时都要全副武装"。一种新的绝望在十字军营地中弥漫开。九个月前勇敢地出征去收复圣地的这支军队，如今却陷入了难以想象的窘境：被困在一座基督教城市之外，要么厮杀，要么丧命。他们的阵地位于君士坦丁堡东北角，从那里

5. 兵临城下

可以看出此次任务非常艰难。在西方，连绵不断的三道陆墙随着地形起伏，一直延伸到地平线。内外城墙上，一连串塔楼犬牙交错，它们之间的距离如此之近，以至于"一个七岁男孩能够把一个苹果从一座塔楼投掷到另一座"。[23]"前景黯淡，令人胆寒；君士坦丁堡的陆墙长达 3 里格①，而十字军全军只能攻打其中一座城门……在任何一座城市，都从来没有过这么多人被这么少的人围攻的事情。"[24]

饥饿驱使十字军前进。除了对金钱的渴望，对食物的需求也是十字军东征运动的长久主题。他们只剩三周的供给了，又与希腊人相持不下，行动受限。"他们去搜寻食物时不能离开营地超过弩箭射程四倍的距离，面粉和咸肉也极少……除非杀了战马，否则没有鲜肉可以食用。"[25]据贵族圣波勒的于格回忆道，"我已经绝望了，只能用罩袍来换面包，但我尽全力保住了我的战马和武器。"[26]时间一天天过去，不断考验着大家的决心。他们亟须决定性地解决问题。

丹多洛希望全军乘船越过金角湾攻城。金角湾沿岸只有一道城墙，而且是最低的，仅 35 英尺高。他的计划是从最高的船只的桅杆上放下"精巧奇特的工具"——临时建造的飞桥，将其搭到城墙上，让士兵借此登上墙头、涌入城市。[27]威尼斯人善于制造和操纵这样的精巧工具，并且惯于在颠簸的甲板上方 30 英尺的半空中发动攻击。这些都是水手的必要技能。而习惯于陆上作战的骑士们一想到要在波涛

---

① 里格是欧洲和拉丁美洲一个古老的长度单位，在英语世界通常定义为 3 英里（约 4.828 公里，适用于陆地上），即大约等同一个人步行一小时的距离，或定义为 3 海里（约 5.556 公里，适用于海上）。

汹涌的大海之上的半空中作战，不禁脸色煞白，试图找借口逃脱；他们将在布雷契耐宫附近用撞城槌和云梯攻打陆墙。最后大家同意，在城市的东北角海陆两路同时展开进攻。

准备几天之后，7月17日，第四次军征的十字军做好了全面攻打一座基督教城市的准备。飞桥是用帆船的桁端制成的，连接起来，并铺上木板，其宽度足以让三人并肩前行。飞桥覆盖着兽皮和帆布，以保护已方士兵免遭敌人投射武器的伤害，并架设在最大的运输船上。如果克莱里的罗贝尔的话可信，那么整架飞桥长100英尺，并且利用复杂的滑轮系统升到桅杆顶端。威尼斯人还在船首装上投石机，用柳条制成的笼状升降机将弩手送到顶端。挤满弓箭手的甲板上铺着牛皮，以抵御恐怖的"希腊火"——利用特殊装置喷射的燃烧的石油。维尔阿杜安记载道："他们的进攻组织有序。"[28]在陆墙处，法兰克人也集结了云梯、撞城槌、挖掘坑道的装备以及自己的重型投石机，准备配合威尼斯海军的进攻。

那天早上，十字军水陆并进。丹多洛的舰队一字排开，齐头并进，战线长度"足有弩弓射程的三倍"。[29]战船缓缓驶过平静的金角湾，向海墙射出暴风骤雨般的石弹和弩箭。拜占庭人也发出了类似的冰雹般的投射武器，扫射着甲板，敲击着覆盖起来的飞桥。庞大的帆船——"雄鹰"号、"朝觐者"号、"圣莫尼加"号冲到海墙下，飞桥撞击到城堞上，"双方士兵用利剑和长枪血战起来"。[30]号角声、隆隆鼓声、钢铁撞击声、石弩投掷的石弹的捶击声、士兵们的呼喊和惨叫声，这些声响不绝于耳，振聋发聩。"战斗的轰鸣嘈杂仿佛让陆地和大海都震动了。"[31]

5. 兵临城下

在陆墙处，十字军架起云梯，尝试强行登城。据维尔阿杜安记载，"进攻非常有力，组织有序，势头猛烈"，但他们遭遇了皇帝的精锐部队——瓦良格卫队①的顽强抵抗。瓦良格卫队的成员是肩披长发、手舞利斧的丹麦人和英格兰人。[32]最终，15 名十字军登上了城墙，与守军发生激烈的肉搏战，但无法再进一步；他们被从壁垒击退了；两人被俘，"很多士兵负伤；诸侯极其焦虑不安"，于是攻势猛地停下了。[33]关键的是，威尼斯人的进攻也开始力不从心。低矮脆弱的桨帆船看到城墙上射来暴雨般的投射武器，拒绝跟着运输船上前。战斗僵持不下。

就在这时，执政官发出了关键的干预，这或许是威尼斯共和国航海史上最重要的举动。用维尔阿杜安的赞美之词来说就是，年老眼盲的丹多洛"全副武装，毅然站在船首，他面前飘扬的是圣马可的大旗"。[34]他一定可以清楚地听到耳畔的战斗嘈杂——尖叫哭喊声、箭矢和其他投射武器的呼啸和撞击声；我们不确定他能否感到威尼斯人正显出颓势；最有可能的情况是，其他人向他汇报了战况。他显然认识到了局势的严重性。执政官专断地命令他的桨帆船立即前进，将他送上岸，"否则他就重重惩罚他们"。[35]朱红色的桨帆船在希腊人投射武器的瓢泼大雨中冲上岸去；它着陆后，圣马可的旗帜被送到陆地上；其他船上的人见此都羞愧难当，跟了上去。

---

① 瓦良格卫队是 10 ~ 14 世纪拜占庭军队的精锐单位，是皇帝的卫队。其成员主要是日耳曼人，包括斯堪的纳维亚人和来自英格兰的盎格鲁－撒克逊人。"瓦良格"是希腊人和东斯拉夫人对维京人的称呼。

财富之城

除了描绘圣马可的骨骸被运到威尼斯的镶嵌画之外，这是威尼斯历史上最具标志性的一幕：盲眼的执政官笔直地屹立在船首，他的船停靠在咄咄逼人的城墙下，圣马可的金红两色雄狮大旗在风中招展。周围是激烈的厮杀，但这位睿智而高龄的商人十字军却丝毫不为所动，催促他的舰队继续前进。这一刻的记忆将不断得到重新讲述，数百年来令威尼斯人胸中充溢尚武的爱国主义激情；在国家生死存亡之际，人们将追溯这一幕，将其颂扬为古老的英雄主义精神的最高典范，而共和国的财富正是建立在此种英雄主义之上。四百年后，丁托列托①受雇在执政官宫殿的议事厅重现这一幕，他的画作尽管包含不符合历史事实的细节，但非常生动细致。后来的威尼斯人都明白此事意味着什么，丹多洛的举动，借助此刻尚无人能预见的一系列事件，推动了威尼斯崛起成为地中海帝国的霸业。那一天，法兰西人在陆地上战败，如果威尼斯人在海上也失利，整个远征就可能崩溃。

但事实并非如此。盲眼执政官的英雄举动令威尼斯人深感羞愧，划动桨帆船猛冲到滩头；攻击再次展开；之后，金红相间的圣马可旗飘扬在一座塔楼上，可能是飞桥上的十字军插上去的。威尼斯人准备用撞城槌攻击城墙。守军突然被压倒，撤退了。城门洞开，威尼斯人长驱直入。很快，他们就控制了 25 或 30 座塔楼，相当于金角湾沿岸海墙的四分之一。他们开始向山上推进，穿过遍布木制房屋的狭窄街道，

---

① 丁托列托（1518~1594）是意大利文艺复兴晚期最后一位伟大的画家，和提香、委罗内塞并称为威尼斯画派的"三杰"。

掠夺珍贵的战马和其他战利品。

现在，亚历克赛三世终于从对己方防御的自满中惊醒过来，这么多天以来，他一直"作为一个旁观者"，消极地从布雷契耐宫的窗户观望战局。[36]现在威尼斯人已经进城了，他必须采取措施了。他派出瓦良格卫队去驱逐入侵者。威尼斯人没有能力应对反攻，于是退回了刚刚占领的塔楼中。威尼斯人急于获得一个立足点，绝望之下，一边撤退一边开始纵火，用烈火阻挡步步紧逼的希腊军队。7月天气还很炎热，金角湾上吹来劲风，火势开始蔓延到城市东北角的低矮山坡，横扫拥挤的街道，"居民们被火烧得四处逃窜"。[37]空气中弥漫着木头燃烧的爆裂声和不祥的烟柱。火墙随着飘忽不定的风，向着不可预知的方向前进。"从布雷契耐山到施恩者修道院，大火吞噬了一切，"科尼阿特斯回忆道，"熊熊大火一直席卷到第二区。"[38]次日，火势终于止步于通往布雷契耐宫的陡峭山坡，此时市区125英亩的地域已经化为灰烬，约2万人无家可归。留下的是一大片烧得漆黑的开阔地，这是城市心脏的丑陋伤痕。对科尼阿特斯而言，"那天满目疮痍，哀鸿遍野；要哭诉这场恐怖的火灾，真需要河流般的泪水"。[39]他还从未目睹过兵燹对他挚爱的城市造成如此严重的灾难。

在烈火肆虐的同时，威尼斯人借机巩固了自己的阵地，机智的丹多洛立即开始将俘获的战马运到法兰西人的营地。攻打海墙的胜利给陆墙下沮丧的十字军带来了新的斗志。在城内，皇帝寝食难安。君士坦丁堡正在熊熊燃烧。人民的不满通过喃喃低语传到他的耳边：他们的家园已经被烧毁；威尼斯人控制了城墙。据科尼阿特斯说，亚历克赛三世看到，愤怒的群众毫无顾忌地诅咒他、辱骂他。[40]气氛十分紧张，皇帝的处境十分危险，他必须采取决定性的措施了。

亚历克赛三世集结了他的军队，出城与平原上的十字军对抗。当十字军看见敌军拥出城来排兵布阵时，被这盛景惊得呆若木鸡。十字军的兵力远少于敌人。"这么多的人出城应战，"维尔阿杜安记述道，"多得好像整个世界都出动了。"[41]亚历克赛三世虽然占据了兵力优势，但他的目标仅仅是战术性质的，而且非常有限：给陆地上的十字军施加足够压力，迫使威尼斯人撤离目前正占据着的海墙。拜占庭人对西方的重骑兵很是忌惮，没有必要在开阔地带与敌人正面对垒。如果他们能将威尼斯人驱逐出去，城墙仍然足以拖垮十字军的士气。

陆墙处十字军的处境十分危急。他们在城墙下被打退，粮草短缺，连日作战，被持续出现的佯攻和警报拖得十分疲劳，现在必须奋勇作战，否则就是死路一条。他们迅速在己方营地（围有栅栏）前集结部队：一排排的弓箭手和弩手，然后是已经失去战马的骑士，然后是拥有战马的骑士。每一匹战马的"全副披挂之上都覆盖着光彩夺目的纹章或丝绸"。[42]十字军队形齐整地列阵，纪律森严，被再三严令，不得脱离队伍或鲁莽地冲锋。但他们前方的景象令人心惊胆寒。拜占庭军队如此庞大，以至于"如果他们冲到乡间与希腊人交战，希腊人兵力如此雄壮，仿佛要将他们吞没"。[43]绝望之下，十字军让所有仆人、厨子和随军人员都上阵了，让他们裹着被褥和鞍布当铠甲，用锅作头盔，挥舞着厨具、硬头锤和杵准备作战。这是拙劣地模仿军队的荒诞景象，仿佛勃鲁盖尔①画笔下的武装农民的丑陋场景。这些人受命警戒城墙方向。

两军尝试性地逼近对方，都保持着良好的队形。帝国宫廷的贵妇们从城墙和皇宫窗户观战，就像赛马场的观众一样。亚历克赛三世示武力的做法在海墙处取得了他所预期的效果。丹多洛声称"要与朝觐者们共存亡"，命令威尼斯人撤离海墙，乘船前往用栅栏围起来的十字军营地，赶去支援。[44]

与此同时，十字军被引向前方，离防守营地的队伍越来越远。这时有人向十字军首领鲍德温报告，一旦战斗打响，营地将孤立无援。于是他下令撤退。但是他的命令没有得到很好的执行。根据骑士的法则，撤退就是耻辱。一群骑士违抗他的命令，继续推进。一时间，十字军队伍陷入了混乱；如果是一位经验丰富的拜占庭将军指挥，一定能抓住机会，趁乱对十字军发动猛击。但皇帝没有把握住机会，他的军队就在小山谷（两军之间就只隔着这座山谷）的一侧观望等待。待在鲍德温身边的士兵看着那些继续前进的骑士，感到很羞愧，他们恳求他撤销命令："大人，您若是不前进，就是给自己带来耻辱；您一定知道，如果您不继续前进的话，我们就不会侍奉在您身边了。"[45]鲍德温只得宣布继续进军。两军距离"如此之近，以至于皇帝的弩手可以直接射击我

---

① 老彼得·勃鲁盖尔（约 1525~1569），文艺复兴时期的荷兰画家，以风景画和以农民生活为题材的画作闻名，被称为"农夫勃鲁盖尔"。他的两个儿子和多位后人均是著名画家。

军，而同时我军的弓箭手也能攻击皇帝的人马"。[46]场面僵持不下、万分紧张。

这时，兵力远胜于对方的拜占庭军队却开始撤退了。我们不知道，这是因为十字军的作战决心让怯战的皇帝畏缩，还是因为他已经达成了自己的目标——将威尼斯人驱逐出城。无论如何，临阵撤军是一场严重的公关灾难，使他丧失了自己人民的信任。他的士兵撤退时，敌军就在他们身后比较安全的距离外挥舞着长矛，紧紧跟着。从高耸的城墙看去，拜占庭军队就像是怯战败退的懦夫。科尼阿特斯写道："他丢人现眼、丧尽威风，夹着尾巴回来了，空长了他人志气。"[47]

而对十字军而言，这更像是解脱，而非胜利。感谢上帝，敌人莫名其妙地放了他们一马。面对强大的希腊军队，他们一直神经紧绷，几乎到了崩溃的地步，现在总算幸运地逃过一劫。"最勇敢的人也承认，这次死里逃生让他松了一口气。"他们回到军营，"脱下盔甲，因为他们已经筋疲力尽。他们吃喝得很少，因为补给已所剩不多"。[48]普遍的情绪更像是得救的轻松，而不是胜利后的得意扬扬。

他们不知道的是，整个城市正在从内部瓦解。拜占庭军队在城墙下、在众目睽睽之下可耻地撤退；烧焦的房屋；民众私下里的窃窃私语；皇宫内权贵们低语着改换门庭——这一切令归来的皇帝惴惴不安地意识到，他的政权已然岌岌可危。他是弄瞎了自己的弟弟伊萨克二世才登上皇位的；而伊萨克二世之所以能够登基，是由于暴民在大街上将前任皇帝

5. 兵临城下

安德罗尼库斯①倒挂着吊死，以此泄愤。舆论对皇帝很不利。科尼阿特斯严厉地评判道："他所做的一切似乎就是为了毁掉这座城市。"[49]皇帝决定潜逃。当夜，亚历克赛三世收拾了大量黄金和珍贵的皇室饰物，然后逃之夭夭。皇位突然间空缺出来，宫内的不同贵族派别陷入了混乱。惊慌失措之下，他们把盲人伊萨克二世从修道院接了回来，拥护他重新登上皇位，并准备与十字军谈判。拜占庭人将消息送到金角湾对岸的十字军营地：伊萨克二世希望和自己的儿子亚历克赛·安格洛斯联系。

　　十字军在营地听到这消息，也是十分惊愕。维尔阿杜安觉得，这是上帝在证明他们事业的正义性。"听啊，我主在喜悦时给了我们多么伟大的奇迹！"[50]突然间，好像一切问题都迎刃而解了。第二天，即7月18日，十字军派出四位使节——两个威尼斯人和两个法兰西人（维尔阿杜安也在其中）前去皇宫与新皇帝谈判。为防止拜占庭人有诈，他们将安格洛斯仍然留在军营内。使节们经过两侧由瓦良格卫队守护的道路，前往布雷契耐宫。进入宫内，他们都被眼前富丽堂皇的景象惊呆了。盲眼皇帝身穿华服，坐在宝座上；周围簇拥着许多高贵领主及贵妇，个个"衣饰华美，异彩纷呈"。[51]使节们也许是被震慑住了，也许是对聚集于此的人群有所警惕，提出要与伊萨克二世单独商谈。然后，在皇

---

① 即安德罗尼库斯一世·科穆宁（约1118~1185；在位：1183~1185），科穆宁皇朝的末代皇帝，他的两个孙子建立了特拉布宗帝国。安德罗尼库斯一世是位精明强干的名将和政治家，同时也是传奇式的风流情圣和残酷的暴君。

帝及其少数亲信面前，他们概述了他的儿子于前一年 12 月在扎拉承诺过的条件。据维尔阿杜安的描述，"这个愚蠢的年轻人，对国家大事一无所知"，与这些执拗的西方人签订的协议让伊萨克二世无比惊讶。[52]亚历克赛·安格洛斯在金钱方面的承诺太离谱：20 万银马克；为征讨圣地的十字军提供一年的供给；派遣 1 万拜占庭军队参加圣战；还要终身供养 500 名骑士在圣地作战。最糟糕的是，他还许诺要将东正教会置于罗马教皇的统治下。民众一旦知晓此事，暴动在所难免。伊萨克二世直言不讳地告诉他们："我觉得这协议无法执行。"[53]使节们不肯妥协。伊萨克左右为难，最终只能让步，发出誓言，并签订条约。使节们兴高采烈地返回军营；亚历克赛·安格洛斯欢天喜地，与父亲团聚。8 月 1 日，在圣索菲亚大教堂的隆重典礼上，安格洛斯被加冕为父亲的共治皇帝，史称亚历克赛四世。

十字军的所有问题似乎都迎刃而解。在皇帝的要求下，十字军撤退到了金角湾对岸，得到了充足的粮食补给。他们支持的人如今坐在拜占庭宝座上。拜占庭皇帝承诺为十字军提供足够的资源，以继续朝觐的征途；他们现在总算可以自信地写信回家，希望教皇能够宽恕他们的累累罪行。"我们是在耶稣的帮助下完成他的事业的，"圣波勒伯爵自我辩护道，"让东正教会承认自己是罗马教会的女儿。"[54]这真是痴心妄想。

圣波勒伯爵极力赞扬恩里科·丹多洛扮演的角色："威尼斯执政官性格审慎，在做艰难决定时十分明智，我们对他赞不绝口。"[55]若是没有丹多洛，整个远征也许早就在宏伟的城墙下瓦解了。现在威尼斯人在海上的努力眼看就能收到回报了。他们从亚历克赛四世那里得到了 8.6 万马克，欠款已全部收回；其他十字军也都得到了报偿。似乎这位新皇帝会履行他曾许诺的一切。十字军被允许自由参观这座他们曾经费尽心力要洗劫的城市。他们对它的富庶、雕像、珍贵装饰物和神圣遗迹（虔诚的朝觐者们崇拜的对象）艳羡不已。他们的羡慕是宗教方面的，也是世俗的。这座城市比他们在欧洲见过的任何一座城市都富庶得多。西方人大为震惊，也垂涎欲滴。

生死大战之后，虽然一派节日气氛，但仍然存在紧张的情绪。君士坦丁堡仍然焦虑不安、难以抚慰、反复无常。在远离通衢大道和豪华建筑的地方，希腊无产阶级还在棚户区艰难度日；他们的态度难以预测，而且对十字军给他们造成的负担极其怨恨。要是他们知道新皇帝许诺让东正教会归顺罗马，一定会揭竿而起。科尼阿特斯将这种情绪比拟为壶里即将沸腾的热水。他们对西方人的仇恨长达几个世纪之久，而西方人也认为"希腊人尽是奸佞小人"。科尼阿特斯后来说："他们对我们过度的仇恨，以及我们与他们的严重分歧，使得双方之间没有丝毫人性的情意。"[56]法兰西人要求摧毁一段城墙，以防止进城参观的人被拜占庭人扣押。而他们极不信任伊萨克二世，因为他在二十年前曾试图与萨拉丁结盟，一起反对十字军。从他们的营地越过金角湾海面眺望300 码，甚至可以看到一座清真寺，那时建在海墙外不远处，供定居当地的一小群穆斯林使用。这简直就是挑衅。

时间一天天流逝。尽管已经先交了一笔钱，但亚历克赛四世和伊萨克二世的麻烦越来越大。十字军与威尼斯人的合同将于 9 月 29 日到期。十字军需要立即出发。亚历克赛四世没有自己的势力；他需要这些不得民心的十字军的支持；他知道，拜占庭许多皇帝的统治都非常短暂，而且非常凄惨；他也知道，十字军一旦离开，他就完蛋了。他直截了当地告诉威尼斯人和十字军领主们："你们必须明白，由于你们的缘故，希腊人恨我；如果你们现在抛弃我，我一定会再度失去这个国家，他们也一定会杀了我。"[57] 同时，他在财务上也陷入了困难；为了支付巨额债务，他做了一些注定会让人民愈发憎恶他的事情。"他亵渎了神圣之物，"科尼阿特斯怒吼道，"他抢劫了圣殿；毫无羞耻地从教堂中抢走神圣器物，将其融化成金银来支付给敌人。"[58] 拜占庭人长久以来对意大利各航海共和国已经有许多了解，在他们看来，西方人对金钱的贪欲就像是可怕的嗜酒狂："他们渴望从黄金之河中饮了又饮，就好像被毒蛇咬了，干渴得无法抑制。"[59]

面对着危急形势和现金短缺，亚历克赛四世就像一个赌徒，风险愈大，反而愈发加大赌注。他向十字军提出了新的建议：如果十字军能多待六个月——也就是到 1204 年 3 月 29 日，这段时间就足够他巩固自己的政权并兑现自己的财务承诺了；何况此时已经过了航海季节，无法出航，最好在君士坦丁堡过冬；他将承担十字军在此期间的所有开支，承担威尼斯舰队的费用直至 1204 年 9 月（这是整整一年时间），并让自己的舰队和陆军跟随十字军一起东征。这对亚历克赛四世而言是一场危险的赌博，而十字军领袖们也很难向备受愚弄和利用的将士们推销这个计划，而且士兵们此时还处在幸福的无知当中，他们还不知道自己已经被绝罚了。

不足为奇的是，士兵们愤怒地咆哮起来。他们喊道："遵守承诺，给我们船去叙利亚！"[60]领主们费了很大一番口舌，使出了不少花招，才说动将士们。他们还要在这里待到春天，"威尼斯人保证，他们的舰队将继续为十字军提供服务，从米迦勒节（9月底）开始为期一年"。[61]丹多洛为此要价10万马克。亚历克赛四世继续将教堂里的黄金器具熔化，"以满足拉丁人的贪欲"。[62]同时，执政官写了一封花言巧语的信，向教皇解释洗劫扎拉的事件，希望教皇能够收回绝罚令。

壶里的水持续升温。亚历克赛四世开始巡视自己在君士坦丁堡城外的领地，以巩固他的政权，十字军的部分单位陪同他前往，并为此收缴丰厚的军饷。就在此时，壶里的水终于沸腾了！

6. 四位皇帝

1203 年 8 月 ~ 1204 年 4 月

在十字军第一次进攻君士坦丁堡期间，许多意大利商人仍留在城中。丹多洛攻打海墙时，阿马尔菲和比萨的公民都忠诚地与他们的希腊邻居并肩作战。威尼斯商人们则大都闭门不出。希腊人查看此次攻击造成的损失，发现成百上千的房屋被烧毁，而一个不得民心的皇帝被推上宝座，一段城墙被拆毁，这是变本加厉地羞辱他们骄傲的城市，于是他们在愤怒中爆发了。意大利商人的住地在金角湾附近，他们的码头和仓库也在那里。8 月 18 日，一群希腊暴民袭击了备受仇恨的意大利人。他们针对的是威尼斯人，但这种横冲直撞的报复很快变得不加选择，所有意大利人都遭了殃。暴徒洗劫了所有的商人住所，把奸诈的威尼斯人连同忠于拜占庭的外国人一并驱逐出去。科尼阿特斯很是沮丧地记录道："不仅阿马尔菲人……还有已经把君士坦丁堡当作家园的比萨人，都对这邪恶且鲁莽的暴行深感厌恶。"[1]比萨人与威尼斯人一直互相看不顺眼，但希腊人的暴徒行径给了他们一个合作的理由。他们聚集在十字军营地，共谋复仇。

次日，由威尼斯商人、比萨商人和佛兰德十字军自发组成的队伍强行征用了一些渔船，渡过了金角湾。商人和十字军的目标可能是不同的。十字军受到诱惑，想去抢劫海边向他们挑衅的清真寺，而被驱逐的商人一心要报复。当穆斯林呼救时，希腊人冲出城外击退入侵者。一些威尼斯人和比萨人冲过敞开的城门，攻击他们先前的希腊邻居的产业，"然后他们分散至不同地方，纵火焚烧房屋"。[2]这正是漫长而干燥的夏日的鼎盛期，北风劲吹，低矮山坡上密密匝匝的木屋开始被烧得噼啪作响。风助火势，大火开始推进上山，直逼城市中心。

火灾是君士坦丁堡的常见隐患，但根据科尼阿特斯说，与这次相比，"其他的火灾不过是小火星而已"。[3]一面火墙"飞也似的升腾而起，其高度令人难以置信"；大火跃过缺口，冲过街巷，随着风向变化而转向，在数百码的正面上推进，无法预测地改变方向，让某些地方得以幸免，然后又猛地转回来。夜幕降临后，火星被旋风裹挟着，被炽热的上升气流吸向天空，"仿佛来自地狱的火球扶摇直上，火焰吞噬了好一段距离之外的建筑物"。火线分裂又聚合，"像烈火的河流一样蜿蜒前行……逐步推进，越过外墙，破坏墙外的房屋"。

在黑暗中，十字军在金角湾对岸心惊胆战地目睹了城市山丘被烈火勾勒出的长长的、隆起的剪影。维尔阿杜安看着"宏伟教堂和富丽的宫殿熔化坍塌了，宽阔的商业街道也被火焰吞噬"。[4]这声响震耳欲聋。房屋如蜡烛芯一般燃烧着，最终爆炸；大理石粉碎了，铁块冒着泡，慢慢熔化，发出水烧开的嘶嘶声。科尼阿特斯在这场大火中损失了许多财产，他目击了大火摧毁了城市的一些古老而雄伟的公共场所。

> 柱廊倒塌了，广场上最美丽的建筑倾颓了，最高的柱子像柴火一样被烧着了。没有什么东西能对抗火的狂怒……朝向米利翁的房屋……轰然倒地……多姆尼诺斯的柱廊化为灰烬……君士坦丁堡广场以及这座城市南北界限之间的一切都被摧毁了。[5]

大火曾舔舐圣索菲亚大教堂的门廊，却又奇迹般地转到了一边。

整座城市被"巨大的深渊，如同火焰之河"分隔开。[6]在烈火的逼迫下，人们尽力将自己的贵重物品转移到安全地带，却发现"火势蜿蜒扩展，曲折行进，分向各个方向烧去，最后又绕回起点，已经被转移的物品也被烧毁……城市大多数居民的财产就此付之一炬"。[7]飘在空中的余烬被吸到海面上，点燃了一艘经过的船。延续三天的大火重创了君士坦丁堡的市区中心。零星的小火则持续了很多天，那些郁积灰烬的深坑有时会出人意料地突然再次燃起。从大海的一边到另一边，城市居民虽然可能实际死亡人数并不多，但他们悲痛地发现，自己的家园已被一条烧焦冒烟的毁灭地带一分为二。科尼阿特斯以一声哀哭表达了人们此刻的心情："呜呼哀哉！最辉煌、最美丽的宫殿，装满美丽的物事和最灿烂的财富，令世人震惊——却已不复存在！"[8]城市的400英亩土地化为灰烬，包括科尼阿特斯在内的10万人痛失家园。

6. 四位皇帝

从营地目睹这一切，十字军们惊得目瞪口呆。维尔阿杜安不诚实而心虚地声称："无人知道是谁放的火。"[9]其他人却诚实多了；佛兰德的鲍德温的宫廷诗人后来坦诚地说："他和我们一样，都对这场烧毁教堂和宫殿的大火负有责任。"[10]而君士坦丁堡的人民很清楚是谁制造了这一惨剧。几乎所有仍然居住在城内的西方人都逃去了十字军营地。不管是歹徒从中作梗，还是背信弃义的恶行，还是文化差异造成的误解，8 月 19 日至 21 日的事件造成了日后无法越过的鸿沟。十字军东征的冒险就像蜿蜒的烈火一样，摧毁了它周围的一切。对威尼斯人来说，漫漫的海上冒险似乎看不到尽头。他们准备过冬，将船只拉出水，停靠在金角湾海岸，观望接下来会发生什么。

11 月初，亚历克赛四世结束了巡视色雷斯的旅行，返回都城。他的此次征途相对来讲还算成功。他征服了一些忠于前任皇帝的城市，并对其处以罚金。归途中，他受到了符合皇帝身份的欢迎；当他接近城门时，民众和十字军领主都骑马出城迎接他。拉丁人注意到，他的举止发生了变化：他更加自信了，或如维尔阿杜安所说，"皇帝开始对十字军诸侯和曾经给过他巨大帮助的人表现出轻慢的态度。"[11]他减缓了向十字军付款的速度。同时，他的父亲，即共治皇帝伊萨克二世，被迫退居二线。现在公告上都先提及亚历克赛四世的名字。恼羞成怒的老皇帝开始诽谤自己的儿子，声称"他与堕落之徒为伍，他打他们的屁股，也被他们打屁股，以此为乐"。[12]这个瞎眼的老人陷入了迷信的陷阱，被僧侣们阿谀奉承的预言所控制。他越发害怕人民暴动；在他身边预言家的建议下，他命令将城市中最伟大的图腾雕像——一座巨型青铜像，描绘的是一头鬃毛直竖的野猪——移出赛马场，放置在皇宫外，以为这样能"抑制疯狂的民愤"。[13]

伊萨克二世的不祥预感没有错，尽管他的神秘主义的防卫远远不够。君士坦丁堡正陷入一片混乱。"低俗民众中的酗酒之徒"[14]（这是贵族科尼阿特斯对他们的傲慢评价），同样受迷信驱使，狂怒地冲到君士坦丁广场，将一尊美丽的雅典娜青铜像砸成碎片，"因为这些愚蠢的暴民认为雅典娜偏袒西方军队"。[15]同时，亚历克赛四世继续熔化教堂里的贵重器物，并加紧向贵族征税，以付钱给十字军。如科尼阿特斯所言，"钱都像扔给了狗一样"。[16]

但这还不够。冬天刚过了一半，资金就快枯竭了。而在皇宫的阴影中，还有一个人等着加入这场权力的游戏：亚历克赛·杜卡斯，一般被称作穆尔策弗卢斯，意思是"阴暗的"，因为他的眉毛连在一起，似乎垂到了眼睛上。他是一个长期参与宫廷阴谋诡计的贵族。他野心勃勃，无所畏惧，并且坚决反对迎合西方人。他曾因图谋反对亚历克赛三世而被关入监狱，因此亚历克赛四世把他释放了。事实证明这是一个严重的错误。寒冬一天天过去，十字军变得越来越胡搅蛮缠，穆尔策弗卢斯成了反西方派的领袖，这个派别得到了越来越多人的支持。当蒙费拉的博尼法斯直接向亚历克赛四世索要到期的款项时，穆尔策弗卢斯的反对态度很是强硬："陛下，您已经给他们太多了。不要再给他们分文了！您给了他们那么多钱，已经把所有东西都抵押了。让他们走开，然后把他们赶出您的土地。"[17]最终，所有付款都停止了，但亚历克赛四世却还在实行缓兵之计。他继续向十字军营地提供粮食。他在走一条极其危险的钢丝，但局势已开始不受他控制。12 月 1 日，城墙附近又爆发了一起敌对西方人的群众暴乱，同时威尼斯船只也遭到了攻击。希腊人现在认识到，这些船正是万事的关键；只要摧毁了舰队，十字军就会被困住，变得脆弱。

在金角湾对岸，金钱的缺乏已经显露出了明显迹象。丹多洛与十字军首领们召开了一次峰会；他们决定下最后通牒。六位显要人士，其中有三位十字军领主和三个威尼斯人，被派去皇宫，向皇帝传达一条直言不讳的消息。"就这样，使节们骑上马，佩好剑，一同前往布雷契耐宫。"[18]这不是一件美差。到宫门口，他们下了马，通过由瓦良格卫兵守卫的过道，进入大厅。他们看到父子两位皇帝正坐在华贵的宝座上，周围簇拥着"很多达官显贵，看上去像是一位富有君主的宫廷"。[19]

使节们毫无畏惧，说明了来意。对作为封建领主的十字军而言，不按约定付款是有悖荣誉的事情；对带有资产阶级色彩的威尼斯人而言，皇帝已经破坏了契约。他们开诚布公。有意思的是，他们只和亚历克赛四世交谈："你和你父亲都曾向我们发誓，会遵守你做出的承诺——我们手头有契约。但你却没有像你该做的那样履行契约。"[20]他们强烈要求对方尊重合约："如果你照办，十字军会很满意；否则，从今往后，你将不再是十字军的领主或朋友……现在你应该很清楚我们的要求了，如何行事，悉听尊便。"

对西方人而言，他们所说的话再平实不过，但在希腊人看来，"这种挑衅的话令他们震惊和气愤。他们说，从来没有人这样厚颜无耻，竟敢在君士坦丁堡皇帝自己的大厅内公然反抗他"。[21]大厅内当即发生了骚动，出现了极端敌意的迹象，有人伸手去摸剑柄，有人呼喊咒骂。使节们看到情况不妙，立即掉头，迅速逃到大门处。他们骑马逃走，明显感到松了一口气，庆幸能够逃过一劫。双方关系决定性地破裂了：如果十字军还想得到前往圣地所需的资金，那么就只能用武力去抢。"于是，"维尔阿杜安记载道，"战争开始了。"[22]

但事情没这么容易结束。拥有九十年丰富阅历的丹多洛决定再向亚历克赛四世呼吁一次，希望他善良的一面能够占上风。他派遣信使去皇宫，说想要在港口与皇帝见面。丹多洛乘一艘桨帆船过去，另有三船武装士兵跟着保护他。亚历克赛四世骑马到了岸边。执政官直言不讳地说道："亚历克赛，你到底在想些什么？你难道忘了，是我们救你于苦难之中，让你做了君主，加冕你为皇帝？你难道不该遵守约定，难道能无动于衷吗？"[23]皇帝的回答却很让人失望。执政官怒火中烧。"不行？你这个卑鄙的小子，"他吐了口唾沫，"我们既然能把你从粪堆里拖出来，就能把你丢回去。我要向你挑战。你做好心理准备，从现在起，我会动用我拥有的一切力量去追杀你，直到你彻底毁灭！"说完这些话，执政官就返回了军营。

起初，金角湾海滨时不时会发生小规模冲突，双方都没有占到什么便宜，但希腊人知道十字军的弱点在哪里。他们持续监视着十字军的船只。大约在 12 月中旬，希腊人夜袭了威尼斯舰队。他们准备了一些火船，满载干木材和油。劲风吹过金角湾，希腊人点燃了火船，切断系船的绳索，于是"风驱使着火船快速冲向舰队"。[24]多亏威尼斯人脑筋灵光，才避免了一场灾难：他们迅速登上自己的船只，操纵它们远离那些忽明忽暗的火船。1204 年 1 月 1 日夜，天气又一次有利于火攻，希腊人故技重施。大风再次吹向威尼斯舰队；希腊人总共动用了十七艘装满木材、麻、桶和沥青的大船。深夜，他们将各艘船用铁链系住，点燃了船只，看着它们熊熊燃烧着冲过港口。喇叭响起第一声后，威尼斯人紧急奔向各自的岗位，起锚开船，对付那些正在接近的火船。"火苗蹿得如此之高，"维尔阿杜安记载道，"仿佛整个世界都燃烧起来了。"[25]现在是考验威尼斯人航海技能的时候了。

一大帮希腊人冲到岸边，谩骂他们憎恨的意大利人，"他们的喊叫如此响亮，仿佛整片陆地和大海都震动了"。[26]一些人爬上了划桨船，向正在开动的威尼斯船只射箭。威尼斯人毫无惧色，小心翼翼地靠近燃烧着的火攻船队，用抓钩咬住了这些船，"在敌人眼皮底下，用蛮力将火船拖离港口"[27]，然后将其释放，那些火船就被博斯普鲁斯海峡湍急的水流卷向远方，消失在夜色里。维尔阿杜安承认，如果没有威尼斯人的高超本领，"如果整个舰队都付诸一炬，十字军就会失去一切，因为他们无论从陆地还是海洋都无法离开"。[28]

尽管希腊人发动了这些坚决的袭击，亚历克赛四世从不亲临前线。皇帝仍然试图平衡这两股对抗的势力。他担心，如果城中的人民转而反对他，他可能需要再次投靠十字军。同样，十字军也需要他活着：因为在前一年春天的科孚岛，他们是与亚历克赛四世签订的条约。但亚历克赛四世自己的臣民都能够明显觉察到，他在骑墙观望。

城中居民至少是勇敢的，他们要求皇帝像他们一样忠诚，用自己的力量同军队一起抵抗敌人，除非他只是嘴上说说忠于拜占庭，心里其实是向着拉丁人的。[29]但他的故作姿态毫无意义，因为亚历克赛四世没有勇气拿起武器与拉丁人作战。

另外，目睹这一切的科尼阿特斯表达了贵族对民变的恐惧："心怀不满的民众像被狂风击打的广阔大海，企图犯上作乱。"[30]

在这个权力真空期，眉毛浓密的穆尔策弗卢斯开始登上舞台，以爱国热情积极鼓舞人们保卫城市，"渴望号令天下，得到公民们的支持"。[31]1 月 7 日，穆尔策弗卢斯率军对城墙外的可恨入侵者发动了一次攻击，"表现出了极大的勇气"。[32]希腊人被打退了，穆尔策弗卢斯的战马失足跌倒，幸亏一队弓箭手救了他的性命。但这次努力表明了他保卫城市的决心。此时，亚历克赛四世似乎乐于坐在城墙后，观望这一切；而威尼斯人用桨帆船掳掠金角湾沿岸，并纵火攻击城市。现在，火攻是最受憎恶的作战手段。十字军发动了一次为期两天的惩戒性袭击，蹂躏了周边乡村，大肆抢掠。群众的愤怒终于爆发了：开水壶开始"放出怒斥两位皇帝的蒸汽"。[33]

6. 四位皇帝

1月25日，一群人大吵大闹地来到圣索菲亚大教堂；在教堂配有镶嵌画的穹顶下，他们逼迫元老院和教士集合开会，要求任命一位新皇帝。科尼阿特斯是在场的显要人物之一。贵族们被这暴力民主的突然爆发吓得怔住了，犹豫不决。他们拒绝任命他们中的任何一人；没有人愿意被提名，"因为我们都很清楚，任何被提名的人第二天就会被当成一只羊，被牵出去屠宰掉"。[34]近期历史上就出现了一些昙花一现的皇帝，他们的统治就像蜻蜓华而不实的生活，夕阳西下就消散了。而暴动的民众拒绝在得到一个候选人之前离开教堂。最后他们抓住一个倒霉的年轻贵族，尼古拉斯·卡纳博斯，把他带到教堂加冕，宣布他是皇帝，并将他扣押在那里。此时已是1月27日。整个城市陷入了派系斗争的混乱中。卡纳博斯在教堂内，盲人伊萨克二世已经在死亡边缘徘徊，穆尔策弗卢斯又蠢蠢欲动。亚历克赛四世做了科尼阿特斯曾预言他会做的事。他亮出了最后一张牌：召十字军进宫来保全他的皇位。这一天，佛兰德的鲍德温前来与他商议。

穆尔策弗卢斯知道亚历克赛四世在做这些叛国行径。他知道时机到了。他秘密地一个接一个联络宫内的权贵。他用新的地位收买了太监总管；然后他集合了瓦良格卫队，"告诉他们皇帝的打算，说服他们做出对拜占庭人有利的选择"。[35]最后，他去处置亚历克赛四世。

据科尼阿特斯记载，1月27日深夜，穆尔策弗卢斯闯入皇帝寝殿，告诉他，瓦良格卫队聚集在门外，"准备把他撕得粉碎"，因为他与可恶的拉丁人交好。[36]万分惊恐、疑惑、处于半梦半醒状态的亚历克赛四世乞求他的帮助。穆尔策弗卢斯用一件长袍裹着皇帝作为伪装，引他通过一扇很少用的门，走向"安全地点"，而皇帝此刻还喋喋不休、可怜兮兮地满口道谢。之后，穆尔策弗卢斯用链子锁住亚历克赛四世的腿，将他扔进了"最恐怖的监狱"。[37]穆尔策弗卢斯穿戴上皇室宝器华服，被推举为皇帝。在乱七八糟的混乱局面中，这座城市现在拥有了四位皇帝：盲人伊萨克二世、狱中的亚历克赛四世·安格洛斯、皇宫里的亚历克赛五世·穆尔策弗卢斯，以及在圣索菲亚大教堂的暴民的玩物卡纳博斯。伟大帝国光辉灿烂的威仪已经颜面丧尽。穆尔策弗卢斯迅速采取行动，收拾乱局。当瓦良格卫队冲进圣索菲亚大教堂时，那些拥护卡纳博斯的人作鸟兽散。2月2日，这位无辜的年轻贵族（他显然是一个正直而有才能的人）被拉去斩首。5日，亚历克赛五世·穆尔策弗卢斯在圣索菲亚大教堂正式加冕，尽享惯常的荣光。而盲人伊萨克二世得知这场宫廷政变后惊恐万状，很合时宜地死掉了。或者，他很可能是被勒死的。

对于城墙外的人来说，政变的消息最终证明了拜占庭人的奸诈阴险：穆尔策弗卢斯根本就算不上合法的皇帝，而是个篡位者，而且还是个嗜血暴君。根据更为耸人听闻的记述，他俘获三个威尼斯人后，将这些人用铁钩挂着，活活烤死。"我们的人目睹了这惨状。无论是祈祷，还是金钱，都不能救下这些人的性命，让他们逃脱这恐怖的惨死。"[38]更实际的一点是，他切断了十字军的粮食供给。政权的变更使十字军回到了物资短缺的困窘状态。"又一次，"一份史料这样记载道，"我们的队伍中食物奇缺，吃掉了很多马匹。"[39]克莱里的罗贝尔记载道："军营里的物价如此之高，六分之一桶葡萄酒卖到 12 苏、14 苏，有时甚至卖到 15 苏；一只母鸡要 20 苏，一个鸡蛋则要两分钱。"[40]为了获取给养，十字军又一次开始了大范围的掳掠。他们攻击了黑海边上的菲利亚城，带着战利品和牛群于 2 月 5 日返回。此时，穆尔策弗卢斯率军去截击他们。他之所以得到拜占庭民众支持，就是因为他发誓要尽快将拉丁人赶下海。他带去了帝国的旗帜和一幅珍贵的圣母像，这幅圣像是城市中最受人膜拜的圣物之一，据说能够创造奇迹，保佑拜占庭军队常胜不败。在一场激烈的冲突中，希腊人被迫撤退，圣像被十字军掠走了。穆尔策弗卢斯却回城宣布自己打了胜仗。有人问到圣像和旗帜的下落，他却推脱说，出于安全考虑，把它们收了起来。第二天，为了羞辱这位暴发户皇帝，威尼斯人把缴获的旗帜和圣物放上一艘桨帆船，在城墙下驶来驶去，向城内人展示战利品，用以嘲笑皇帝。当希腊人看到这一幕后，就去质问他们的新皇帝。穆尔策弗卢斯仍然态度坚决："不要沮丧，我一定会让他们付出沉重的代价，切实地为自己复仇。"[41]他已经被逼至死角，走投无路了。

一天后，即 2 月 7 日，穆尔策弗卢斯尝试了另一种策略。他派遣信使去十字军营地，请求在金角湾某处谈判。丹多洛再次亲自乘船前去，而一群骑兵绕过金角湾顶端，到谈判地点提供额外的安保。穆尔策弗卢斯骑马来见执政官。十字军如今毫无顾忌地对这个人畅所欲言，按照佛兰德的鲍德温的说法，此人"将自己的主公关进监狱，篡夺皇位，此种行径完全无视了誓言、君臣天伦和契约的神圣性，而即便是异教徒也对这些东西万分珍视"。[42]丹多洛的要求非常直截了当：把亚历克赛四世从监狱里释放出来，支付十字军5000镑金子，并宣誓服从罗马教皇。对这位反西方的新皇帝而言，这些条件当然是"带有惩罚性，不可能接受的"。[43]正当他们聚精会神地谈判，"把其他的想法都抛在一边"时，十字军骑兵突然从高处冲下，袭击皇帝。[44]他们纵马狂奔，逼近皇帝，而皇帝迅速调转马头，侥幸逃脱，但他的一些随从被俘了。十字军的这个阴险计谋让科尼阿特斯和希腊人对他们的成见更深，即"他们对我们恨之入骨，而双方之间的严重分歧使得我们完全没有商量的余地"。[45]

第二天，拜占庭人进行了报复。穆尔策弗卢斯从与丹多洛的会面中得到一个结论：只要亚历克赛四世活着一天，他就能为讨厌的入侵者提供一个兴风作浪的借口，而且他对自己来说确实是个很大的威胁。据科尼阿特斯记载，2月8日，穆尔策弗卢斯去看了被铁链锁在地牢中的亚历克赛四世两次，逼迫他服毒。亚历克赛四世拒绝喝下毒药。据不是很可靠的鲍德温说，随后穆尔策弗卢斯亲手扼杀了亚历克赛四世，"并且他残忍至极，在亚历克赛四世垂死之际还亲手用铁钩撕扯出他的肋部和肋骨"。[46]拉丁人素来热衷于对君士坦丁堡历史的血腥做夸张的描绘。科尼阿特斯的描述没有那么恐怖，但从神学角度更让人胆寒：穆尔策弗卢斯"将亚历克赛四世勒死，掐断了他的生命之线，可以说是将他的灵魂从狭窄的通道挤捏出去，落入了通往地狱的陷坑。亚历克赛四世享国六个月零八天"。[47]但考虑到那个时期的动荡，他的统治时间算是比较长的了。

6. 四位皇帝

穆尔策弗卢斯对外宣布亚历克赛四世已死，并厚葬了他。十字军当然不会上当。有人将宣称穆尔策弗卢斯是杀人凶手的信件缚在箭上，从城里将箭射到了十字军营地内。对有些人来说，亚历克赛四世的死不值一提："哀悼亚历克赛四世的人都该受诅咒。"[48]十字军只想获得资源，继续东征。但是亚历克赛四世的死引发了一场新的危机。穆尔策弗卢斯命令十字军立即起程，撤出他的地盘，否则"就把他们杀光"。[49]现在威尼斯人对收回他们航海的成本已经不抱希望了，圣地也显得得越来越遥远。整场东征一直危机重重；1204年春天出现了又一次惊人的转折。他们的时间很紧：到3月，士兵们的耐心将会耗尽；他们坚持要求出发去叙利亚。他们若是返回意大利，必将蒙受至死方休的巨大耻辱；而他们又没有足够的资源去进攻圣地；粮食即将告罄；唯一的办法就是奋力向前："我们的人认识到，自己一出海就可能死无葬身之地，但也不能在陆地上多作逗留，因为粮食和补给即将耗尽，于是最终做出了一个决定。"[50]他们必须攻陷君士坦丁堡。

这在神学上又是一个一百八十度的大转弯：如果说攻打扎拉是一宗罪，那么攻打君士坦丁堡就罪大恶极了。其实十字军的每位首领都知道教皇最后的禁令：即便希腊人不愿服从罗马天主教会，教皇也绝对禁止以此为理由去攻击同为基督徒的希腊人："你们中的任何人都不准以希腊人不服从罗马教廷为借口，鲁莽地占领或掠夺希腊人的土地。"[51]而现在他们正有此意。

丹多洛、十字军诸侯和主教们又一次紧急磋商，来应对危机。他们的计划是对十字军誓言的进一步歪曲，需要道德上的辩护。穆尔策弗卢斯给了他们一个理由，教士们恭顺地表示赞同：穆尔策弗卢斯这样的谋杀犯根本没有权利占有土地，那些认同他的罪行的人则是同案犯。此外，最重要的是，希腊人不肯服从罗马教会。教士们说道："因此，我告诉你们，这场战争是正义而合理的，如果你们能够坚定信念、攻下这片土地，并将它置于罗马教会的统治下，那么你们当中作过告解的人死后将得到宽恕，这宽恕与教皇亲自授予的赎罪具有同等效力。"[52] 简而言之，攻占这座城市也可看作是兑现了十字军的誓言。通过这个花招，君士坦丁堡变成了耶路撒冷。这当然是弥天大谎，但人们接受了，因为他们除了接受别无他法。始终热衷于粉饰事实的维尔阿杜安说道："你们应该知道，这对诸侯和朝觐者们来说，都是莫大的安慰。"[53] 十字军又一次准备攻打这座城市。

7. "地狱的造孽"

1204 年 4 月

十个月前的君士坦丁堡攻防战告诉双方，尽管陆墙无懈可击，但金角湾沿岸的海墙低矮而脆弱，更不必说威尼斯人还拥有高超的航海技能。战局如同昔日战事的重演，对威尼斯人而言，一切仿佛置身梦境。

双方军队各自做着相应准备。威尼斯人准备好桨帆船，重新建造飞桥和船载投石机。法兰克人推出了自己的攻城器械和有轮子的遮蔽板，这些设备使得士兵们能够相对安全地在城墙脚下搞破坏，而不必害怕来自头顶上的轰击。这一次，武器装备有所改良。威尼斯人在自己船只上方遮盖了木制框架，配以葡萄藤制的网，"这样投石机就不能破坏或击沉船只"。[1] 他们还将船体用浸过醋的兽皮遮挡好，以减少带火的箭和燃烧弹使船体起火的风险。他们还在船上安装了用来喷射希腊火的虹吸管。

但穆尔策弗卢斯也分析了低矮海墙的问题，设计出了一种灵巧的防御方式。在常规的城垛和塔楼之上，希腊人现在建造了许多诡异的木质结构，其高度极大，有时甚至有七层楼那么高，每一层都摇摇晃晃地悬空在外，就像中世纪大街上空拥挤的奇异楼房。突出悬空的结构至关重要。这意味着，试图从下方爬梯登城的人将面临一个难以逾越的障碍，更糟糕的是，这些木塔的底板设有暗门，守军可以用暴风骤雨般的石块、滚油和投射武器扫射下方的敌人。维尔阿杜安声称："从来不曾有过防御如此巩固的城市。"[2]新皇帝的准备十分周密。塔楼用浸透的兽皮保护起来；所有门道都被砖块封死，穆尔策弗卢斯在全知基督修道院前方的山丘上设立了指挥部，那是一座朱红色营帐。从那里，他可以全景式地洞察下方的战场。

在差不多整个大斋节期间，人们都在狂热地备战；金角湾两岸充斥着锤击声、敲打声、铁匠铁砧上的磨剑声、为船体填缝的声响，以及在威尼斯舰船上安装复杂上层结构的声音。3月，十字军首领们聚集起来商议，为得胜的情况设定一套基本规则：如果打赢了，他们该怎么办？他们必须事先决定如何分配战利品，以及如何安排这座城市的未来；经验丰富的指挥官们知道，中世纪的围城战在眼看就要取胜的时候往往会陷入派系纷争的混乱。《三月条约》规定了战利品的分配制度：威尼斯人将得到战利品的四分之三，直到拜占庭人欠他们的15万马克债务偿清；此后，战利品将平均分配；将由六个威尼斯人和六个法兰克人组成议事会，推选一位新皇帝；十字军将在君士坦丁堡再待上一年。条约还有一个条款，对欧洲的封建骑士来说无关痛痒，但对来自潟湖的威尼斯商人却很重要：被选定的新皇帝必须禁止其臣民与任何同威尼斯处于战争状态的国家从事贸易。这就能让威尼斯人将其海上竞争者——比萨人和热那亚人——排挤出拜占庭境内的商贸。这是个潜在的金矿。

为了强调纪律，十字军的每个人都被要求以圣徒遗骸的名义庄严宣誓，会将价值超过 5 苏的战利品上交，"不得对妇女施暴或撕开她们的衣服，任何胆敢这么做的人将会被处死……除非出于自卫，不得伤害任何僧侣、神职人员或教士；不得抢劫教堂或修道院"。[3] 这些话虽然虔诚，但只是空谈而已。士兵们已经在城外待了十一个月。他们饥肠辘辘而怒火中烧；他们是被迫停留在这里的；他们已经目睹这座城市的巨大财富；他们知道，按照惯例，攻陷一座城市后他们将得到什么样的奖赏。

到 4 月初，万事俱备。4 月 8 日（星期四，距复活节还有十天）夜间，士兵们作了告解，登上战船；战马也被运上船；舰队一字排开。桨帆船散布在运输船之间。配有高耸艏楼和艉楼的大型帆船居高临下地俯视着他们。临近黎明，舰队起锚出航，驶过金角湾，这个距离只有几百码远。这场面非同寻常：舰队以一英里长的正面徐徐前进，桅杆上伸出奇形怪状的飞桥，"天平的倾斜的横杆"。[4] 大船上各位领主的旗帜随风飘扬，一如他们九个月前离开潟湖时那般骄傲。领主们悬赏鼓励士兵登城。从甲板上，士兵们可以看到希腊人筑造的悬空的木制上层结构，

> 每个上面都有大量士兵……每两座塔楼之间设立一台投石机……在最高一层，伸出了抵御我们的平台，平台每一侧都有壁垒，平台顶部的高度略小于从地面向空

中射箭所能达到的高度。[5]

十字军可以看到，在城墙后方的山坡上，穆尔策弗卢斯在营帐前指挥，"他命令部下吹响银喇叭，敲响战鼓，很是喧闹"。[6]十字军船只接近岸边，放慢航速，小心靠岸。士兵们开始上岸，水花四溅地跑过浅滩，在浸过醋的遮蔽物的掩护下，将云梯和撞城槌搬运到城墙下。

迎接他们的是万箭齐发，"巨大的石块……砸到了法兰西人的攻城器械上……石头砸向攻城器械，把它们压成碎片，将其全部摧毁，以至于没人敢待在攻城器械旁"。[7]威尼斯人企图把飞桥驾到城垛上，却发现很难够得着高高的上层结构，而且强劲的逆风不断地将他们的船只推离海岸，船只很难停稳，况且守军组织有序，武器储备也很充足。进攻开始变得松懈；船只被风吹得步步倒退，无法援助已经登陆的士兵；最后，十字军发出讯号，命令撤退。城墙上传来嘲笑声和倒彩声，锣鼓喧天；为了炫耀胜利、嘲讽十字军，一些守军竟然登上最高的平台，"脱掉马裤，屁股对着十字军"。[8]十字军绝望地撤退了，他们相信上帝在庇佑着这座城市。

当晚，在一座教堂里，十字军领主与威尼斯人苦闷地商讨下一步如何是好。问题是风向不利，士气也不高。进攻金角湾外海墙的提议曾遭到丹多洛的反对，他很清楚那一带的海流太强了。维尔阿杜安记载道："要知道，还有些人希望借着海流或风力，乘船顺着海峡南下，他们不在乎会抵达哪里，只要能离开此地、继续行进。这也难怪，因为他们深陷险境。"[9]对于那些不满十字军运动被强迫走到这一步的人，

7. "地狱的造孽"

这位编年史家继续斥责他们是懦夫。

为了鼓舞士气，一贯乐于出手相助的教士们决心从神学角度对城内的基督徒进行攻击诽谤。4月11日，棕枝主日这一天，全军将士都受命参加礼拜，领头的布道者向每一个民族的士兵宣讲了相同的信息，"他们告诉士兵们，希腊人杀害了他们的合法君主，是比犹太人还要邪恶的民族……大家不应害怕攻击希腊人，因为希腊人是上帝的敌人"。[10] 这种信息利用了那个时代各种偏见的主题。士兵们受命忏悔。为了在短期内做出虔诚的良好姿态，所有妓女被逐出了军营。十字军修理了船只，并重新为其配备武器，准备于次日，即4月12日发起新一轮进攻。

为了第二轮攻势，他们调整了自己的装备。很明显，单靠一艘船来放出飞桥、进攻塔楼，是行不通的：守军可以集中兵力于一个点，发挥局部兵力优势。所以现在十字军决定，将高侧舷的帆船（这是唯一一种高度够得着塔楼的船只）成对地连接起来，这样飞桥就能像双爪一样从两侧抓住同一座塔楼。于是，十字军将船只锁在一起。舰队又一次驶过金角湾，投入震耳欲聋的战斗中。可以清楚地看到，穆尔策弗卢斯在营帐前调兵遣将。喇叭和战鼓奏响了；人们呼喊着；投石机也准备就绪——海滨很快陷入噪声的风暴之中。据维尔阿杜安说，"声音响得好像地面都在颤抖"。[11] 箭矢嗖嗖地从水面上掠过；威尼斯船只上安装的虹吸管喷射出一波波希腊火；城墙上的六十台投石机投射出巨大的石块，"石头大得一个人根本搬不动"。[12] 随着攻击的角度发生变化，穆尔策弗卢斯从山上对士兵们发号施令："快，到这边！到那边！"[13] 双方的防御措施都运作得很好。城墙上的木制上层结构覆盖着用醋泡过的兽皮，所以希腊火没什么作用；船上的藤网也抵住了巨石砸向船的冲力。战况和前一天一样难解难分。突然，风向转为北风，使巨型帆船更加靠近岸边。其中两艘被锁在一起的帆船，"天堂"号和"朝觐者"号猛冲上前，它们的飞桥从两侧合攻一座塔楼。"朝觐者"号最先成功靠上塔楼。一名威尼斯士兵走过离地面60英尺高咯咯作响的走道，跳上塔楼。这一举动堪称绝境中的壮举，但他随后被赶来的瓦良格卫队砍成肉酱。

飞桥在海浪颠簸之下，脱离了塔楼，然后又一次靠了上去。这一次，法兰西士兵杜尔布瓦兹的安德烈冒死跳了过去。他险些没抓住城堞，拼命匍匐着爬进了塔楼。当他还趴在地上时，一群希腊人拿着剑和斧头冲过去攻击他。这些人以为已经把他打死了。但安德烈的铠甲比威尼斯人的好。他幸存了下来。令攻击他的人震惊的是，他站起身来，抽出利剑。希腊人为这超自然的"复活"惊惧不已，立马掉头逃到了下一层。下一层的人看到战友们狼狈逃窜，也被恐慌传染了。整个塔楼里的守军很快都跑光了。其他十字军跟着安德烈，冲到城墙上。他们成功控制了一座塔楼，并把飞桥固定在了上面。但由于船只的颠簸，飞桥仍然不断摇晃和后退。它眼看着就要把整个木制上层结构拉垮。飞桥被解开了，来之不易的立足点的一小群士兵被切断了。在战线的另一段，另一艘船也攻占了一座塔楼，但两座塔楼上的十字军被有效地孤立了，他们两侧的塔楼上还有密密麻麻的敌人。战斗到了关键时刻。

但是，飘扬在这两座塔楼上的旗帜给正在登陆前岸的十字军注入了新的勇气。另一位法兰西骑士，亚眠的彼得决定去对付城墙。他看到一扇被砖块封死的小门，便带领一队人，试图打开它。克莱里的罗贝尔和他的兄弟——武僧阿罗姆也在其中。他们用盾牌护头，蹲伏在墙脚。暴雨般密集的投射武器向他们袭来：弩箭、沥青罐、石块和希腊火猛击着他们的盾牌，在盾牌掩护下的人们"用斧头、利剑、木棍、铁棒和鹤嘴锄拼命砍门，直到他们凿出一个大洞"。[14] 从洞中他们可以瞥见一大群敌人在里面严阵以待。他们有了片刻的迟疑。爬过这个大洞，必死无疑。没有一个十字军战士敢于继续前进。

看到大家的犹豫，武僧阿罗姆冲上前去，自愿打头阵。罗贝尔确信自己的兄弟是要牺牲自己的生命，于是拦着他。阿罗姆从兄弟身边挤过，四肢匍匐，开始爬过大洞，罗贝尔则试图抓住他的脚，把他拖回来。不管怎样，阿罗姆蠕动着、踢打着，挣脱了兄弟的手，爬到了城墙另一边，遭到雨点般的投石攻击。他蹒跚着站起来，举起剑，继续前进。仅仅一个人的英勇无畏（是宗教热情带来的勇气），又一次扭转了局势。守军调头逃跑。阿罗姆回头向城墙外的十字军喊道："诸位大人，大胆地进来吧！我看到他们害怕地撤退了。他们开始逃跑了！"[15] 七十个人爬了进来。恐慌在守军中蔓延。守军开始撤退，使得城墙的很大一部分及其后方区域无人把守。穆尔策弗卢斯从山上看到守军的崩溃，越来越焦虑，努力以喇叭和战鼓来重整部队。

新皇帝纵使有万般过错，也绝不是个懦夫。他纵马长驱直下，很可能是独自前往。亚眠的彼得命令部下坚守原地：

"诸位大人，现在就是证明你们的时刻了。皇帝来了。任何人都不准后退！"[16]穆尔策弗卢斯放缓步伐，停了下来。无人支援他，于是他转了方向，先回营帐处集结他的兵力。入侵者摧毁了下一道门；人潮开始涌入；马匹被卸下船；骑士们纵马飞奔，闯入敞开的大门。海墙失守了。

同时，亚眠的彼得向山上推进。穆尔策弗卢斯放弃了他的指挥部，沿着城市街道，逃往两英里外的牛狮宫①。科尼阿特斯对自己同胞的行为大发哀叹："这成千上万的懦夫，拥有居高临下的地利，却被仅仅一个敌人赶出了他们理应守卫的工事。"[17]另一边的克莱里的罗贝尔记载道："就这样，彼得大人缴获了被穆尔策弗卢斯丢弃的帐篷、箱笼和财宝。"[18]屠戮开始了："死伤枕藉，无法计数。"[19]整个下午，十字军洗劫了周边区域；在更北面，难民们开始涌出陆墙，往城外逃窜。

夜幕降临时，十字军停手了，"他们因战斗和杀戮而筋疲力尽"。[20]他们对前路还是充满警惕：在拥挤曲折的街道上，拜占庭士兵和居民可能负隅顽抗，死守每一条街道、每一座房屋，从屋顶上向他们发射箭矢、投掷火罐，迫使十字军陷入一场可能持续一个月之久的游击战。于是，十字军将全部士兵运到城墙外扎营，派遣一些部队去控制红色营帐，并包围了防御巩固的布雷契耐皇宫。没人知道，这迷宫般的城市里正在发生什么，也不知道城中四十万居民会作何反

①　这座宫殿前面曾经有一座小港，其入口处立有公牛和雄狮雕像，因此得名。

应，但如果他们坚持不投降，也不战斗的话，那就等到风向合适时，用火把他们逼出来。他们现在知道，城市在大火面前是多么不堪一击。当晚，金角湾附近焦躁不安的士兵先发制人地纵火，又烧毁了 25 英亩的住宅区。

君士坦丁堡中心陷入了一片混乱。人们要么在绝望中漫无目的地游荡，要么把财产转移或埋起来，抑或离开城市，穿过宽阔的平原向北逃跑。穆尔策弗卢斯东奔西走，想劝人们留下坚守，但无济于事。一连串接踵而至的灾难——连日来的攻击、毁灭性的火灾、连续多位短命皇帝在血腥暴力中更迭，这一切让民众对现任皇帝失去了信心。根据科尼阿特斯的说法，穆尔策弗卢斯"害怕自己一旦被俘，会被填入拉丁人的血盆大口"，于是放弃了皇宫，登上一艘渔船，逃离了城市。[21] 希腊乡间又多了一位潜逃在外的皇帝，他的统治只持续了两个月零十六天。科尼阿特斯对具体日期记载得很详细。又一次，君士坦丁堡像"在风雨中飘摇的船只"，失去了指挥它的船长。[22]

统治集团的残余部分挣扎着承受每一次新的打击。他们匆忙地尝试另立新君。4 月 13 日，帝国政府的残部和教士们聚集在圣索菲亚大教堂，推选继任者。候选人是两位平分秋色的青年，"都谦逊有礼、擅长军事"。[23] 最后只有抽签来决定新皇，但获胜者君士坦丁·拉斯卡里斯却拒绝受封。如果抵抗是徒劳的，他就不准备当皇帝。教堂外，瓦良格卫队正在米利翁附近待命。米利翁是金色的里程碑，是一座华丽的拱门，上面立有君士坦丁大帝的雕像。米利翁是拜占庭的中心，帝国全境的距离计算均以此地为基准。按照传统，瓦良格卫队手持战斧站在那儿，等待着新皇帝下令。

拉斯卡里斯开始得并不顺利。他对聚集在城市古老中心的人群发表了长篇大论，"劝诱大家抵抗……但没人听他的话"。[24]瓦良格卫队要求加薪，才肯继续战斗。拉斯卡里斯答应了他们的要求。他们出发了，但是并未完成使命。他们很快意识到，自己的力量远远弱于敌人，所以当"全副武装的拉丁军队出现时，他们立即作鸟兽散，各自逃命"。[25]拉斯卡里斯已经认识到，一切都是徒劳。君士坦丁堡所有短命皇帝中最短命的一位的统治时间仅有几个小时。这位"皇帝"在穆尔策弗卢斯出逃几个小时之后进入皇宫，然后效仿了他：他乘船横渡博斯普鲁斯海峡，逃往小亚细亚，拜占庭将在那里存活下来，来日再战①。

在金角湾海边，十字军度过了困惑的一天。他们紧张地为即将开始的艰苦巷战做准备。但他们遇到了从圣索菲亚教堂下来、前往他们营地的宗教游行队伍。在一些瓦良格卫兵的陪伴下，教士们"遵照仪式和宗教游行的惯例"，带着圣像和圣物，还带着一大群人。[26]在这座内战风波不断的城市中，这是一个惯有的程序：迎接新皇帝、废黜旧皇帝。他们解释说，穆尔策弗卢斯已经逃跑了。他们是来迎接博尼法斯成为新皇帝的——迎接他到圣索菲亚大教堂加冕。

---

① 君士坦丁·拉斯卡里斯的弟弟狄奥多·拉斯卡里斯与其一起逃往小亚细亚。君士坦丁死后，狄奥多以尼西亚为中心，建立了尼西亚帝国，宣称继承拜占庭正统。1261年，尼西亚帝国的摄政米海尔·帕里奥洛格斯光复君士坦丁堡，自立为皇帝（史称米海尔八世），重建拜占庭帝国，详见下文。帕里奥洛格斯皇朝是拜占庭的最后一个皇朝。

7. "地狱的造孽"

这是一个悲剧性误会的时刻。对拜占庭人而言，这是习以为常的政权变更。对法兰克人来说，这是可怜兮兮的投降。根据《三月条约》，皇帝的人选还需要决定。而此刻的十字军是一支丑恶、狂暴、绝望的军队，不到两天前，士兵们还接受了教士的宣讲，说希腊人都是奸佞歹徒，比杀害基督的犹太人还要坏，连狗都不如。

十字军开始进入市中心。这一切都是真的：无人抵抗；没有号角声，也没有军人吵吵嚷嚷地向他们挑衅。他们很快发现，"前方道路畅通无阻，一切都唾手可得。狭窄的街道空荡荡的，十字路口也没设障碍，他们无须担心遭到攻击"。[27]他们惊愕地发现"没有人抵抗他们"。平民百姓站在街道两边，"拿着十字架和基督圣像，迎接他们"。[28]这样恭顺、凄惨、轻信、绝望的仪式完全没有收到预期的效果。十字军根本不为所动："看到这样的情景，他们的行为举止没有丝毫变化，脸上没有一丝微笑，他们严酷狂怒的表情也没有被这意想不到的景象所软化。"[29]他们洗劫了旁观者，先是抢劫对方的大车，然后开始了大规模的掳掠。

到了这一刻，尼西塔斯·科尼阿特斯的编年史发出了痛心的哭喊："啊！城市，城市，所有城市的眼睛……你从天主手中，饮了他的狂怒的苦酒吗？"[30]在接下来三天内，他目睹了世界上最美丽城市遭受的蹂躏，一千年基督教历史的毁灭，以及平民遭受的奸杀抢掠。他的记述常常转化为一曲难以言表的哀歌，还原了他对这场大悲剧的目击，描摹了一系列生动的惨景。他简直不知从何说起："我该先叙述这些谋杀犯的哪些行为，又以哪些暴行结尾呢？"[31]

在拜占庭人看来，君士坦丁堡是人间天堂的神圣美景，是展示给肉体凡胎的神圣景象，是一幅巨大的圣像。对十字军而言，君士坦丁堡是个等待被掠夺的宝库。前一年秋天，十字军作为游客参观了君士坦丁堡，看到了此地非比寻常的财富。经济欠发达的西欧的武士阶层成员瞥见这样惊人的财富，不禁目瞪口呆。克莱里的罗贝尔就是大受震撼的人之一："这座城市的女修院、僧院、修道院和宫殿中聚集了如此之多的财富，有如此辉煌璀璨的美景，如果有人向你描述它们的仅仅百分之一，他一定会被当成骗子，你也不会相信他。"[32]现在，一切都听凭他们发落。

十字军的两位领袖博尼法斯和鲍德温匆匆控制了最精美的战利品——无比奢华的牛狮宫和布雷契耐宫。这两座皇宫"如此富丽堂皇，如此光辉灿烂，以至于无人能够向你言说"，十字军的代表团曾经多次在这里为拜占庭宫廷的财富而震撼。[33]在其他地方，十字军任意劫掠。他们将攻城之前许下的誓言抛在脑后，盯上了教堂和富人的大宅。希腊人的记述生动形象而痛苦万分：

> 然后，街道、广场、两层楼房、三层楼房、神圣的场所、修道院、男女僧院、神圣的教堂（甚至上帝的大教堂）、皇宫，全部挤满了敌军，有狂暴的剑士，杀气腾腾，身披铁甲，手执长矛，有拿剑的，有拿长枪的，有弓箭手，有骑兵。[34]

他们闯进圣索菲亚大教堂，开始大肆抢劫。高高的祭坛长 14 英尺，"价值连城，无法估算"，其表面"由碾碎的黄金珠宝镶嵌而成，"[35]"各式各样的珍贵材料熠熠生辉，被打造成具有超凡之美的珍品，震撼了所有人"。[36]这祭坛被劈成了碎片。由纯银细柱支撑的华盖被拽下来，打碎了。每一盏白银枝形吊灯都由一根"男人的手臂那么粗"的链子悬挂；[37]柱子"嵌满碧玉、斑岩或其他宝石"；银质的祭坛围栏、黄金香炉和献祭礼器；"还有讲坛，一件美妙的艺术品，大门……正面是纯金的"，全被劈砍成利于运输的小块。十字军用斧头、撬棍和剑劈砍、撬动、挖掘。士兵们搜寻教堂的每一个角落，不放过任何值钱物品。十字军对僧人们毒刑拷打，威逼他们说出财物的存放地点；有的僧人为了保护圣像或圣物，被恣意杀死；女人被强暴，男人被屠杀。

在希腊人看来，这些以上帝之名到来的十字军胸中充溢着一种可怕的疯狂。

他们像刻耳柏洛斯①那样狂吠，像卡戎②那样呼吸，掠夺神圣的处所，践踏神圣的器物，在圣物上狂奔乱跑，将基督、圣母和我主上帝喜爱的圣徒们的肖像丢到地上，口出恶言、亵渎神灵，从母亲手中抢夺孩童，从孩童身边夺走母亲，在神圣的教堂肆意凌辱少女，既不怕上帝的愤怒，也不畏惧人的报复。[38]

十字军将骡子和驴驱赶进圣索菲亚大教堂，去装运战利

---

① 刻耳柏洛斯，字面意思为"黑暗中的恶魔"，是希腊神话中看守冥界入口的恶犬。赫西俄德在《神谱》中说此犬有五十个头，而后来的一些艺术作品则大多表现它有三个头，可能是为了便于雕刻。

② 卡戎是希腊神话中冥王哈得斯的船夫，负责将死者渡过冥河。

品，但它们在光滑的地面（五彩斑斓的古老大理石）上站不稳，纷纷滑倒。遭遇了这种困难，掠夺者对这些牲畜举刀相向，大肆砍杀。血流满地，牲畜的肠子被刺穿，屎尿横流，地板更加打滑难行。一个显然没被驱逐出营地的妓女被送到牧首的宝座上，"开始唱一首可悲的歌谣，跳来跳去，转个不停"。[39]

十字军对教堂的抢劫往往还打着宗教事业的旗号。佩里修道院院长马丁得知，全能之主修道院的教堂内藏有一些价值非凡的圣物。他带着自己的神甫匆匆赶去，闯入圣器收藏室——存放最神圣器物的地方——在那儿遇到了一个蓄着长长白胡子的老者。马丁喊道："过来，没信仰的老东西，快把你守卫的更好的圣物给我看。否则立刻杀了你！"[40] 僧人颤抖着指给他看一只铁箱子，里面尽是珍宝，"对他来讲，胜过希腊的全部财富"。"修道院长贪婪地匆匆将双手伸进箱子，因为他之前已经做好了打劫的准备，于是和他的牧师一起，亵渎神明地用抢来的圣物塞满了自己僧衣的口袋。"两人的袍子里都塞满了宗教珍宝，摇摇晃晃地走回自己的船只，将那个老僧人也带了过去。"我们运气不错……感谢上帝。"修道院长就这样简洁地回答询问他的过路人。

大量非同寻常的东正教珍宝最终被运回了意大利和法兰西的修道院，其中包括：神圣裹尸布①、圣母玛利亚的头

---

① 传说中耶稣受难后曾安置他遗体的裹尸布，是一块印有男人面容及全身正反两面痕迹的麻布，约长 4.4 米、宽 1.1 米，保存在意大利都灵主教座堂。这究竟是不是耶稣的遗物，当然有极大争议。持怀疑态度的人认为它只不过是中世纪时伪造的"艺术作品"，甚至推测是达·芬奇照相实验作品，并指出头像即为达·芬奇。梵蒂冈对于这块殓布是否真正包裹过耶稣的遗体，保持非常慎重的立场。

7. "地狱的造孽"

发、圣保罗的胫骨、荆棘冠冕①的碎片、圣雅各的头骨。编年史家的记述中详细列举了这诸多圣物。丹多洛为威尼斯抢到了真十字架②的一块碎片、一些基督圣血、圣乔治的臂骨，还有圣约翰头骨的一部分。拜占庭教会的许多伟大圣像和珍贵的宗教器物在洗劫中神秘失踪，可能被只想要贵金属的人打碎了。在圣使徒教堂（君士坦丁大帝和所有其他皇帝都安葬于此），十字军抢劫了整整一夜，"抢走了教堂内尚存的所有黄金饰物、珍珠以及各种光芒四射、珍贵和坚不可摧的宝石"；[41]他们撬开墓穴，看到了查士丁尼大帝（圣索菲亚大教堂的建造者，已经长眠近七百年）的遗骸面容。在密闭的墓穴内，他的遗体尚未腐烂。他们都把这情景看成一场奇迹，但还是扒走了尸体上值钱的财物。到处都发生了可怕的虐待恶行：

> 他们屠杀新生儿，杀死谨慎的妇人，剥光年长妇女的衣服，强暴老妪；他们毒打僧侣，拳脚相向，踢打他们的腹部；恶狠狠地鞭答他们可敬的身体。神圣的祭坛上血流成河，就在上帝的羔羊为全人类的解放而牺牲的地方，许多人像绵羊一样被拖去宰杀了。在神圣的墓穴上，这些卑鄙的人杀了很多无辜者。这些肩上配有上帝的十字架的人，就是这样"尊崇"神圣的物事的。[42]

---

① 根据《圣经》，耶稣受难前，罗马士兵"给他脱了衣服，穿上一件朱红色袍子，用荆棘编作冠冕戴在他头上，拿一根苇子放在他右手里，跪在他面前戏弄他说，恭喜犹太人的王阿"，以折磨和嘲讽他。
② 即钉死耶稣的十字架。

屠杀奸淫的场面令人震惊:

> 无论是在宽阔的大道,还是拥挤的巷子,没有人能
> 够逃脱这场劫难;教堂里到处是哭喊声、悲叹和乞求
> 声;男人痛苦的呻吟,女人们的尖叫,受害者被砍成肉
> 泥,淫亵的行为,平民被卖为奴隶,家庭骨肉分离,贵
> 族和德高望重的老人遭到可耻的虐待,人们哭成一团,
> 富人被洗劫一空。[43]

"暴行就这样继续着",科尼阿特斯愤怒地咆哮道,"广场上、角落里、寺庙里、地窖中,到处都是惨象。"[44]他说:"我整个头都痛苦不堪。"[45]他最后讥讽地将十字军对君士坦丁堡的洗劫与十七年前萨拉丁收复耶路撒冷时对平民的仁慈作了对比:"他们(萨拉丁军队)允许所有人带着自己的财物离开,只要求每人交几个金币的赎金……基督的敌人就是这样宽宏大量地对待拉丁异教徒。"[46]

只有几个短暂片刻可以见到人性的怜悯。正在洗劫曼加纳区圣约翰教堂的十字军看到笼罩在圣人光辉中的约翰·梅萨里特斯,大受震撼,不禁停下手中的活计。梅萨里特斯是一位蓄着长须的苦修者,他告诉十字军,他一无所有,不惧任何窃贼。在他面前,十字军沉默了。他被带到率军的男爵面前,席地而坐。男爵请他上座,并跪倒在他脚下。他那超凡脱俗的圣洁令诺曼武士们肃然起敬。据他的兄弟不无讽刺的记述,"他就像古代的圣人一样,被偷窃成性的、吃人的喜鹊们养活"。[47]

7. "地狱的造孽"

科尼阿特斯自己表现出了巨大的勇气，也受到了非同一般的宽待。他的宫殿在前一年灾难性的大火中焚毁了。十字军洗劫全城时，他居住在比较卑微的房子里。"我的房子，门廊很低，因其拥挤的位置难以被发现，隐匿在圣索菲亚大教堂附近"。[48]尽管他很厌恶威尼斯入侵者，但这位优雅的贵族与一些侨居城内的外国人显然有不错的私交。大多数外国人在总攻前就逃走了，但科尼阿特斯把一位威尼斯商人和他的妻子收留并保护在家中。当十字军终于找上门时，这位叫多梅尼科的商人表现得非常冷静。穿上盔甲后，他看上去就像一个入侵的意大利人。他制止了所有洗劫房子的举动，声称这里的一切已经属于他。入侵者们变得越来越不耐烦，尤其是那些"无论脾气还是外貌都与他人不同的法兰西人"。[49]多梅尼科知道自己抵抗不了多久，又担心家中妇人们的安全，于是将她们安置到另一个威尼斯人家里。之后危险又临，多梅尼科再次将妇人们转移。仆人们也各自逃命。

骄傲的拜占庭贵族发现自己已经沦为普通难民。被仆人所抛弃，"我们只能把还不会走路的孩子扛在肩头，把一个还没有断奶的男婴抱在怀里；我们不得不这样穿过街道"。[50]多梅尼科机智地把他们假作俘虏，拖拽而行。科尼阿特斯意识到，现在必须得离开了。4月17日，也就是围城结束后第五天，一小群贵族开始了他们危险的逃亡，试图步行通过主干道，前往3英里外的黄金门。他们穿着破烂的衣服来伪装自己；隐藏了自己大主教身份的牧首带领他们前进。那天刮着风，天气又潮湿。科尼阿特斯的夫人挺着大肚子，而随行的年轻女眷不乏有姿色者，对四处闲逛抢劫的法兰西士兵来说是很大的诱惑。男人们把这些女孩保护在队伍中间，"就像一个羊圈那样"，还告诉她们用泥涂脸，来伪装自己的容貌。[51] "我们就像一队蚂蚁那样走过街道，"科尼阿特斯说。[52]他们经过一座教堂之前，一切都很顺利。这时突然"一个好色而无耻的野蛮人"冲进队伍里，抓走了一位法官的女儿。[53]年老的法官体弱多病，试着去追赶，却踉跄着倒在泥地里。他起身不得，请求科尼阿特斯去救他的女儿。

科尼阿特斯冒死开始行动。"我立刻转身，去追那个绑架犯。"[54]他饱含泪水，恳求过路士兵的怜悯和帮助。他甚至抓住一些士兵的手，说服他们一同前往。整个队伍以及一群士兵跟着绑架犯来到了他的住所。此人已经将女孩禁锢，锁住了门。他向众人挑衅。在那里，科尼阿特斯发表了沉痛的演讲，直指那个图谋强奸的歹徒，以振聋发聩的声音让他召集来的十字军汗颜。他提醒十字军，别忘记他们对上帝的誓言，呼吁他们想想自己的家人和基督的教诲。他的演讲竟然奏效了。他突破了语言的障碍，成功激起了士兵们的义愤，赢得了他们的支持。众人威胁要将这个恶棍当场绞死。他恼怒地把女孩放走。女孩的老父亲喜极而泣。

就这样，这群贵族难民终于穿过了黄金门。在那里，他们转身回望连绵起伏的陆墙，它历经八百年仍然完好无缺，现在却无力阻止这场浩劫。一时间，科尼阿特斯百感交集："我扑倒在地，深深地诅咒这城墙，因为它完全不受战争的影响，它不会哭，也没有坍塌，就这么麻木不仁地矗立在那儿。"[55]

紧接下来，君士坦丁堡见证了一场放荡而荒诞的狂欢。

7．"地狱的造孽"

正如科尼阿特斯所说，"这些吃牛肉的拉丁人"在街上横冲直撞，"野蛮而下流"，拙劣地模仿着拜占庭人的着装和习俗。[56]他们穿上希腊长袍来"嘲笑我们，将妇女的头饰放在马头上，将挂在妇女背后的白色饰带套在牲畜的口鼻上"，把样式独特的希腊帽子戴在马头上，骑着马，把抢来的女人放在马鞍上招摇过市。[61]其他人，"手执书记员的芦苇笔和墨水瓶，模仿写字的样子，嘲讽我们是书记员"。在高雅的科尼阿特斯看来，这些人极其野蛮，终日饮酒啖肉，吞食着佳肴和他们自己的恶心、粗糙而刺鼻的食物——"大锅烧煮的牛脊肉；大块猪肉掺着豆酱，放在淹泡的蒜泥和臭烘烘的大蒜里一起煮"。[62]

除了这样的放荡恶行之外，十字军还大规模地破坏了延续一千年的帝国和宗教艺术。破城之后，征服者为了获取贵金属和铜（用来铸造钱币），将大量精美的金属雕像投进了熔炉，其中很多在4世纪君士坦丁堡建城时就已经算是历史悠久了，是君士坦丁大帝从罗马和希腊世界的各个角落搜集来的。用科尼阿特斯的话说，破坏是无穷无尽的，"就像一条没有尽头的延长线"。[63]十字军用锤子和斧子砍倒了赫拉的青铜巨像，它是如此巨大，用了四头牛才将它的头部运走。他们还从公牛广场的基座上拆毁了一尊巨大的骑手像，"他伸出右手，指向驾着战车的太阳……手掌中握着一个铜球"。[64]所有这些雕像都被熔化，铸成了钱币。

史料中很少提及威尼斯人在这场奸淫抢掠中扮演的角色，尽管有一位德意志编年史家或许是为了将罪责推给其他人，声称被驱逐出城的意大利商人，特别是威尼斯人，为了报复，屠杀了平民。科尼阿特斯极其憎恶丹多洛，认为他是个奸诈的骗子，该对这场浩劫负责。但科尼阿特斯指责法兰西十字军是洗劫他所挚爱城市的最凶恶的劫犯。并且，他和家人的平安要归功于一位威尼斯商人的勇气。威尼斯人至少在抢劫艺术品时更有眼光。

所有人都曾庄严宣誓，要将战利品集中起来，然后根据明确协商的规则公平地分配。佛兰德的鲍德温写道："抢到了不计其数的马匹、金银、昂贵挂毯、宝石，以及一切值钱的东西。"[65] 很多财物都没有上交。据克莱里的罗贝尔说，穷人们又一次被耍了。但威尼斯得到了根据协议属于他们的15万马克，还得到了额外的10万给他们自己分享。从物质角度看，丹多洛的赌博似乎得到了回报。

需要另立新皇时，九十高龄的丹多洛谢绝参选。在他看来，除了他年事已高之外，一个威尼斯人的当选也将会备受争议。当时有两名候选人：鲍德温伯爵和博尼法斯侯爵。威尼斯人可能支持鲍德温，因为博尼法斯与热那亚人走得近。威尼斯人的首要考虑是他们在地中海东部商贸利益的稳定，但十字军建立的拉丁帝国从一开始就摇摇欲坠：它内困于封建领主们无休止的争吵，外制于拜占庭人和毗邻的保加利亚人的压力。此次东征的大多数主要人物都没有好下场。穆尔策弗卢斯虽逃出了城市，却在流亡过程中，被同样在流亡的亚历克赛三世奸诈地弄瞎了①；再次被十字军俘获后，穆尔

---

① 穆尔策弗卢斯与亚历克赛三世的女儿是情人关系。这对亡命鸳鸯逃到亚历克赛三世那里之后，后者允许他们结婚，但不久之后就戳瞎穆尔策弗卢斯双目。

策弗卢斯被处以特殊的死刑，据说这是丹多洛的主意。"对于一个身居高位的人，我会给他应得的崇高处罚！"[66]他被带到高耸的狄奥多西圆柱前，从基座通过内部的楼梯被连戳带刺地赶上顶部的高台；虽然瞎了，他也知道自己接下来的命运。在围观群众的期待下，他被推了下去。君士坦丁堡的拉丁帝国的第一任皇帝鲍德温在保加利亚的一座山谷里缓缓地痛苦死去，他的四肢都被从关节处砍掉了。而他的对手博尼法斯也在保加利亚人的一场伏击中被杀，他的头骨被作为礼物送给保加利亚沙皇。

盲眼的执政官则活了下来，一生精明世故。1205年春天，他冷静地指挥一支险些被保加利亚人包围的十字军安全撤退。每个接触过他的人都对他独特的洞察力和审慎的态度赞叹不已。他非凡的判断力数次拯救十字军运动于危难。据维尔阿杜安说，他终其一生都"极其睿智，值得尊敬而且充满活力"。[67]即便是深深厌恶他的教皇英诺森三世也给了他某种间接的致意。根据契约，威尼斯人在君士坦丁堡要待到1205年3月。一些威尼斯人留下来，占据城市中他们应得的部分，但随着期限即将来到，更多的人准备启程回家。丹多洛知道自己命不久矣，便请求教皇解除他的十字军誓言，允许他返回家乡。英诺森三世笑到了最后，坚持让这位老执政官留在军中，继续向着如今已经不可能到达的圣地前进。教皇带着平稳的语气，这样写道：

> 我们深知，你诚实可靠的慎重、与生俱来的敏锐，还有你绵密周到的成熟，在未来将会对我们的军队作出

极大贡献。更何况，之前提到的皇帝①和十字军对你大加赞赏，颂扬你的热情与关怀他人。所有人中，他们最信任的就是你。现在你已完成自己的复仇，若不为耶稣基督所受的伤害而复仇的话，我们将受到责难。因此我们暂不考虑批准你的还乡请求。[68]

对英诺森三世而言，压丹多洛一头实在快意。不过，他最后于 1205 年 1 月解除了对丹多洛的绝罚。丹多洛最后客死他乡，离潟湖有万里之遥。就像他的父亲一样，他死在了君士坦丁堡。1205 年 5 月，他咽下了最后一口气，被葬在了圣索菲亚大教堂。他的遗骸在那里保存了两百五十年，直到又一场浩劫撼动了这座帝都②。

十字军让拜占庭归顺天主教会，英诺森三世曾一度盛赞他们的功绩。丹多洛死后两个月，英诺森三世才得知城市沦陷时发生的一切。他极其严厉地谴责了十字军，认定他们的所作所为"是苦难的典范，地狱的造孽。"[69] 对君士坦丁堡的洗劫是基督教历史上的灾难性事件，是这个时代的丑闻，威尼斯人被认定是同谋。此事让教皇更加深了这样的想法：毫无愧意地与伊斯兰世界做生意的威尼斯商人十字军是基督的敌人。威尼斯人背负这样的标签长达几个世纪之久。对威尼斯而言，此事却是个出乎意料的绝好机遇。他们在 1203

---

① 指鲍德温。

② 1453 年，奥斯曼帝国军队攻克君士坦丁堡，拜占庭帝国灭亡。奥斯曼军队打开了备受拜占庭人仇恨的威尼斯执政官恩里科·丹多洛的墓穴，没有找到财宝，就将丹多洛的骨骸扔到了大街上，任凭野狗啃咬。

年秋季出发，旌旗招展，准备去征服埃及。大海却将他们带到了未能预知的目的地。对于他们在此事中扮演的角色，他们保持缄默。关于这场原本打算取道开罗攻占耶路撒冷、最后却出现在基督教的君士坦丁堡的十字军东征，同时代的威尼斯人没有留下只言片语。

1204 年 10 月 1 日，拜占庭帝国正式被胜利者们瓜分了。商人十字军带着丰富的战利品、大理石和圣物从君士坦丁堡返回。不像法兰克十字军那样只知道劈砍和熔铸，威尼斯人像鉴赏家一样，将艺术瑰宝完好无缺地带回家，去装点美化他们的城市。除了圣徒（包括圣露西、圣阿加莎、圣西蒙、阿纳斯塔修斯、殉道者保罗）遗骸，他们还运走了骨灰盒、圣像、镶嵌珠宝的宝物、雕像、大理石柱和浮雕。其中很多被用来装饰圣马可大教堂；一对古青铜门被安装在教堂入口；一座罗马雕像被用来组成圣狄奥多①的身躯，他的鳄鱼被放置在附近两根柱子之一的顶部；据说，丹多洛亲自从赛马场选择了四尊镀青铜的骏马像，它们虽然静止不动，却富有戏剧张力，鼻孔张大，扬起前蹄。这些青铜骏马与威尼斯的雄狮一起，成了共和国的标志，象征着骄傲、威权与自由。丹多洛确保让威尼斯人是第四次十字军东征的参与者中唯一没有向新皇帝宣誓效忠的；他们避开了封建义务的整个结构。

---

① 即阿马西亚的狄奥多，原为罗马军队中的士兵，306 年因信奉基督教、反对异教而被处死。在圣马可的遗骸被运到威尼斯之前，圣狄奥多是威尼斯的主保圣人。他也是十字军的主保圣人。其雕像旁的鳄鱼雕像指代的是《圣经》中的恶龙。

战利品

7."地狱的造孽"

1204 年的劫掠之后，精美的战利品被运送到威尼斯的码头。除了战利品，威尼斯还得到了其他一些东西。一夜之间，威尼斯变成了一个帝国。于 1202 年秋出征的所有人中，威尼斯共和国获得的收益最为丰厚。丹多洛利用这次机会，为潟湖的居民赢得了非同寻常的利益。

第二部

崛起：海洋的君主
1204 ~ 1500

8. 八分之三个罗马帝国
1204～1250

　　1204 年 10 月对拜占庭的瓜分使得威尼斯一夜之间成为一个海洋帝国的继承者。一下子，这座城市从一个商业国家一跃成为强大的殖民帝国。威尼斯号令天下，从亚得里亚海顶端到黑海，横穿爱琴海和克里特岛周边海域，无人不从。在此过程中，威尼斯的自称从"公社"（潟湖本土居民的共同体）逐渐演变为"共和国"、"最尊贵的共和国"、"宗主国"。它是一个势力强大的主权国家，用威尼斯人引以为豪的说法，"凡水流经之地"皆为威尼斯的疆域。

　　在纸面上，威尼斯人得到了整个希腊西部、科孚岛、爱奥尼亚群岛、爱琴海上一系列基地和岛屿、具有战略意义的加里波利半岛和达达尼尔海峡，以及最珍贵的是，君士坦丁堡的八分之三，包括其码头和兵工厂，这是他们商业财富的基石。在与十字军领主们谈判时，威尼斯人已经对地中海东部了如指掌，这是其他人都不拥有的知识。他们与拜占庭帝国做生意已经有几百年，清楚地知道自己想要的是什么。因此，当法兰西和意大利的封建领主们在希腊大陆的贫瘠土壤上建设微不足道的封邑时，威尼斯人索要的是足以控制战略性航道的港口、商埠和海军基地。他们要求的领地距海岸均不超过几英里。通过压榨贫苦的希腊农民是发不了财的，威尼斯人要的是控制航线，好让东方的货物进入威尼斯大运河河畔的市场。威尼斯后来将自己的海外领地称为"海洋帝国"。除了两个特例之外，威尼斯的海洋帝国从来就没有占据过大面积土地——威尼斯的人口太少，想要实现太过困难——而是类似于大英帝国的各个中转站，是由许多港口和基地组成的松散网络。威尼斯创造了自己的直布罗陀、马耳他和亚丁①，并且像英格兰一样，依靠海军力量将这些财产维系起来。

威尼斯海洋帝国的建立几乎是个意外。它并不打算将共和国的价值理念灌输给"愚昧的"土著居民；它对这些被迫屈服的臣民的生活丝毫不感兴趣；它绝对不希望这些人获得威尼斯公民的权利。威尼斯海洋帝国是由一座商人的城市建立的，其基本理念是完全商业化的。1204 年瓜分拜占庭的受益者们建立了一系列带有怪异的封建名称的王国——君士坦丁堡的拉丁帝国、萨洛尼卡王国、伊庇鲁斯君主国、雅典和底比斯公国、优卑亚三头统治国、阿开亚亲王国、布多尼察侯国和萨罗纳侯国，不胜枚举。威尼斯人却以完全不同的头衔称呼自己：八分之三个罗马帝国②的骄傲领主。这个称呼源于威尼斯商人仔细的习惯，就像在天平上计算商品一

---

① 今天的也门共和国的经济中心和重要国际港口，自古为东西方贸易重要港口。历史上曾被阿克苏姆、罗马帝国、波斯帝国等占领。1839 年，英国占领亚丁，作为其控制红海的重要支撑港口。
② 指挥占庭帝国。拜占庭人一直以罗马帝国自居，尽管他们主要是希腊血统。

8. 八分之三个罗马帝国

样，总共占到拜占庭帝国的八分之三。精明实在、脚踏实地的威尼斯人思考问题时常用分数：他们将自己的城市分成六个部分，将船只的资金成本二十四等分，并将贸易投资三等分。圣马可旗升起的地方，海港墙上和城堡大门上刻着他的雄狮的地方，都是"为了威尼斯的荣誉与利润"而存在。而且，强调的重点总是在利润上。

威尼斯的海洋帝国保障了其商船队的安全，并有效地防止了外国强权势力和其他海上对手心血来潮的侵犯。最重要的是，他们从条约中得到了在地中海东部中心地区的贸易控制权，这种控制的力度无与伦比。一下子，威尼斯就将其竞争对手——热那亚人和比萨人——完全排除在整个商业区之外。

理论上，拜占庭已经被整齐地划分为不同主权的独立部分，但这仅仅体现在纸面上，就像中世纪的教皇们在粗糙地图上划分的非洲版图一样。实际上的划分极为混乱。希腊帝国的崩溃将地中海东部的世界切割成为数众多的碎片。它使得该地区出现了权力真空，没有人能够预见其后果——第四次十字军东征颇具讽刺意味，它原本旨在打退伊斯兰世界的扩张，但反而有助于伊斯兰的西进。拜占庭颠覆的最直接后果并非有序的分配，而是疯狂地抢夺土地。这片海域成了"狂野东方"，冒险家、雇佣兵和海盗从勃艮第、伦巴第和加泰罗尼亚各港口纷至沓来。对年轻无畏的人来说，这是基督教世界最后的边疆。众多小小的君主国在希腊的群岛和平原上涌现出来，每个都有自己的荒凉城堡，与其邻国发生小规模战争，互相仇杀屠戮。希腊的各个拉丁王国的历史就是混乱的杀戮和中世纪战争的故事。它们中很少有长时间存续的。王朝奠定后，仅仅几代人的时间就发生政权更迭，如同小雨洒在希腊干涸的土地上。它们都遭到拜占庭尽管协调乏力但持续不断的抵抗。

威尼斯人比任何人都更清楚，希腊并不是传说中的黄金国。真正的财富来源于亚历山大港、贝鲁特、阿卡和君士坦丁堡的香料市场。他们不动声色地静观封建骑士与雇佣兵们互相砍杀，自己则小心地执行着巩固霸业的政策。威尼斯人对自己得到的许多领土根本就漠不关心。除了一些港口之外，他们没有去占据希腊西部，也没有在加里波利——通往达达尼尔海峡的要冲——驻军，这有些费解。威尼斯对阿德里安堡不感兴趣，于是它被分给了别人。

威尼斯人一直盯着大海，但他们不得不为他们的遗产而战，热那亚冒险家和封建领主们一直对其纠缠不休，这让威尼斯陷入了长达半个世纪的争夺殖民地的战争。威尼斯得到了具有战略意义的科孚岛，它是亚得里亚海南部出入口岛链的重要一环。但为了保障科孚岛的安全，威尼斯人必须先把一个热那亚海盗头子驱逐出去。然而五年之后，威尼斯又失去了科孚岛。1205 年，威尼斯人从十字军领主蒙费拉的博尼法斯那里，以 5000 金杜卡特①的价格买下了克里特岛，然后花了四年时间驱逐另一个热那亚海盗头子——渔夫亨利。威尼斯人从海盗手中夺得了伯罗奔尼撒半岛西南角的两

———————————

① 杜卡特是欧洲历史上很多国家都使用过的一种金币，币值在不同时期、不同地区差别很大。威尼斯杜卡特受到国际的广泛认可与接受。

个战略港口——莫东和科罗尼；并且在希腊东海岸狭长的优
卑亚岛上站稳了脚跟，威尼斯人称它为内格罗蓬特（意思
是"黑桥"）。在这两个地区之间，威尼斯人占领或租借了
伯罗奔尼撒半岛南海岸和广阔爱琴海上的一连串岛屿。威尼
斯人的殖民体系就是这样，以一系列港口、要塞和岛屿建立
起来。威尼斯效仿拜占庭人，将这整个地理区域称为罗马帝
国，并把它分成两个区域：下罗马，包括伯罗奔尼撒半岛、
克里特岛、爱琴海诸岛和内格罗蓬特；上罗马，包括更北面
的土地和海洋，沿着达达尼尔海峡一直到君士坦丁堡。更北
面是黑海，那里是有待探索的新区域。

莫东

　　威尼斯殖民体系的关键所在是双胞胎港口——莫东和科
罗尼（这两个港口在威尼斯的文件中经常连起来使用，以
至于几乎成了单一概念）、克里特和内格罗蓬特。这三个基
地组成的三角构成了威尼斯海洋帝国的战略轴心，在几个世

纪里，威尼斯人为守住它们不惜死战到底。莫东和科罗尼相距 20 英里，是威尼斯第一块真正意义上的殖民地。它对于威尼斯共和国的海上基础设施来说至关重要，因而被称作"共和国之眼"。威尼斯人声称，"它们是如此重要，我们应当竭尽全力，不惜代价去维护它们"。[1] 它们是伟大的海上高速公路的关键踏脚石，也是威尼斯的雷达站。对里亚尔托的商人来说，商业信息像现金一样，极其珍贵；所有从黎凡特返回的商船都有义务在莫东和科罗尼停留，报告关于海盗、战争和香料价格的信息。

莫东周围环绕的港湾"能够容纳最大型的船只"，要塞上方有圣马可的旗帜随风飘扬、风车转动。[2] 高塔厚墙形成的堡垒有效地阻挡了内地的敌对势力，提供兵工厂、船舶修理设施以及仓储服务。官方文件称其为"我们所有前往黎凡特的桨帆船和其他船只的避风港和特别庇护所"。[3] 在这里，船只可以修理桅杆，更换船锚，雇佣水手；获取淡水和转运货物；购买肉类、面包和西瓜；还可以去瞻仰圣亚他那修①的头骨，去品尝当地特产——经过树脂处理的葡萄酒。一位过路的朝觐者抱怨说："这种酒非常烈，闻上去还有沥青的味道，因此是喝不醉的。"[4] 商船队在前往东方的途中在莫东和科罗尼中途停留时，这些港口就俨然成了集市。桨手们只要手里有一点商品，都可以开一个摊点，碰碰运气。莫东和科罗尼是威尼斯主宰的海域的中转站。从这里出发，

---

① 圣亚他那修（约 296～373）是著名的基督教神学家、东方教会的教父、三位一体论的主要捍卫者，在世时是埃及亚历山大港的主教，对《尼西亚信经》和基督教正统教义的奠定贡献极大。

8. 八分之三个罗马帝国

有一条向东的航线。桨帆船可以从这里绕过伯罗奔尼撒半岛尖钉形的海岬，途经险象环生的马塔潘角——这里的航道曾经极其危险，是通往地狱的入口——前往内格罗蓬特，最后抵达君士坦丁堡。另一条更关键的主要航线是向南，途经贫瘠的中转岛屿切里戈和切里戈托，前往克里特岛——威尼斯殖民体系的轴心。

1204年后威尼斯占据的各海军基地、港口、贸易口岸和岛屿组成了一个商业与航海网络，维持着它的贸易活动。这些领地承担的赋税虽然很重，但威尼斯人对其的统治一般并不严苛。然而，克里特岛的情况有所不同。这座巨大的岛屿长90英里，横跨爱琴海南端，就像一道石灰岩屏障，成为非洲海岸与欧洲之间的缓冲地带。它其实更像一个完整的世界，而非单一岛屿。岛上有一系列环境严酷的独立区域，由三座巨大的山脉分隔开，纵横交错地遍布深谷、高原、肥沃平原和数以千计的山洞。克里特岛是希腊世界的原始神祇宙斯和克洛诺斯①的诞生地。这片荒野的土地充斥着土匪与埋伏的危险。威尼斯占领它，就像蛇吞象一样困难。克里特的人口是威尼斯的五倍。克里特人民富有独立精神，完全忠于东正教信仰和拜占庭帝国，而威尼斯是导致拜占庭灭亡的罪魁祸首之一。威尼斯买下克里特岛没有花多少钱，然而保有它却要付出鲜血与金钱的巨大代价。

---

① 克洛诺斯是第一代十二提坦神的领袖，也是提坦中最年轻的。他是天空之神乌拉诺斯和大地之神盖娅的儿子。他推翻了父亲乌拉诺斯的残暴统治，领导了希腊神话中的黄金时代，直到他被自己的儿子宙斯推翻。

从一开始，威尼斯人就遭到了顽强的抵抗。他们花了十几年时间，通过军事手段，才终于将热那亚人从克里特驱逐出去，丹多洛的儿子拉涅里在这些军事行动中丧生。随后，威尼斯开始对克里特实施军事殖民。威尼斯意图以自己为原型，将克里特重塑为一个放大版的威尼斯，将克里特也划分为六个区，就像威尼斯城那样；然后邀请本土不同区的人来到克里特岛，在其相对应的区定居。一波波殖民者离开自己的故乡，想去这个新世界碰碰运气。他们将在克里特得到土地，作为回报，他们需要服兵役。于是，大量人口从威尼斯本土流出。13 世纪，有 1 万威尼斯人定居克里特岛，而威尼斯总人口从来没超过 10 万人。共和国的许多贵族世家，例如丹多洛、奎里尼、巴尔巴里戈、科纳等家族，都有成员在克里特定居。然而，岛上威尼斯人的数量始终远远少于本土希腊人。

克里特是威尼斯的成熟殖民地，为了牢牢控制它，共和国经历了二十七次叛乱和两个世纪的武装斗争。每一波新的移民都引发一场新的叛乱，叛乱领导人是被剥夺了地产的克里特大地主家族。威尼斯人从本质上讲还是城市居民，他们固守着北方沿海的三座主要城市：干地亚（即现代的伊拉克利翁），这是威尼斯人在克里特岛势力的中心；以及西边的莱蒂莫和干尼亚。威尼斯人以一连串军事要塞控制乡村，对乡村的统治很不稳定。而在斯法基亚和白山，生活着以劫掠为生、高唱英雄歌谣的武士氏族，在这些地方，威尼斯的法令不起任何作用。威尼斯的统治是严厉而冷漠的。克里特岛由一位受共和国指派的公爵直接统治，他要向远在千里之外的共和国元老院负责。威尼斯人极其残暴地掠夺克里特，压榨农民，为母城提供粮食和葡萄酒，并镇压东正教会。拜占庭民族精神在东正教会的教士中最为旺盛，跨越爱琴海传播。威尼斯人害怕这种精神的传播，于是禁止岛外的任何教士登岛。共和国坚定不移地实施种族隔离政策。在克里特政府中任职的人必须是"我们的血肉同胞"[5]；威尼斯的档案中随处可见他们对被土著同化的恐惧。若有威尼斯人皈依东正教，他的土地会当即被没收。殖民者喜欢引用圣保罗对克里特人的斥责："常说谎话，乃是恶兽，又馋又懒。"[6] 在威尼斯统治下的四百五十年中，克里特农民始终备受践踏、一贫如洗。

克里特人被肆意征税，权利被随便剥夺。他们一次又一次奋起反抗。1211、1222、1228 和 1262 年的起义仅仅拉开了序幕；1272 ~ 1333 年，在克里特封建领主——库尔塔特齐斯家族和卡莱尔吉斯家族——的领导下，大规模的民族起义风起云涌，有时威尼斯几乎丧失了对克里特的控制。1275 年，克里特公爵遭埋伏身亡；1276 年，干地亚遭到围攻；次年，梅萨拉平原（克里特的肥沃新月地带）爆发了多次血腥的激战；1319 年，斯法基亚的山民屠杀了威尼斯的驻军；卡莱尔吉斯家族因为一支桨帆船舰队被征收赋税揭竿而起。

威尼斯人投入大量的金钱和人力进行军事镇压，间或开出一些未能兑现的空头支票。他们的报复行动迅速而残酷；他们烧毁村庄，洗劫修道院；将叛军斩首，毒刑拷打嫌疑犯，将妇女和儿童押往威尼斯，令家庭骨肉分离。14 世纪

40 年代，威尼斯人最终抓获叛军首领利奥·卡莱尔吉斯，按威尼斯的方式（"今夜，将罪犯带到奥尔法诺运河，缚住他的双手，让他驮着重物，一名执法官员将他投入水中，任其毁灭。"[7]），将他装在麻袋里，投入了大海。共和国的殖民政策坚定不移。

即使是这样，克里特人的反抗似乎无法铲除。有很多次，克里特人几乎推翻了威尼斯的统治，仅仅是因为克里特人的氏族宿怨，威尼斯人才仍然维系着殖民统治。相同的地区掀起叛乱，遭到镇压和洗劫，随后再一次反叛，周而复始。武士文化在许多世纪里延续下来，始终没有中断。相同的村庄后来将被土耳其人又一次烧毁，在第二次世界大战中仍未能逃脱此命运。截至 1348 年，威尼斯镇压克里特人的战争已经持续了一百四十年。最惊人的大叛乱还在后头。

在克里特维持殖民统治的代价太高了。元老院抱怨道："克里特人奸诈的叛乱垄断了威尼斯的资产和资源。"[8]尽管元老院语无伦次地抱怨自己付出的代价，并寻找替代方案，却始终舍不得放弃克里特。克里特的重要性不言自明。如果说莫东和科罗尼是共和国之眼，那么克里特就是它的中心，是"帝国的力量和勇气之源泉"，是海洋帝国的神经中枢，是"共和国最重要的财产之一"。[9]官方档案中随处可见这样的溢美之词。雕刻在克里特的城门和港口墙上的威尼斯雄狮比其他任何地方的都更神气。从执政官的宫殿去往克里特岛的航行需要二十五天，相当于 1900 年从孟买到大英帝国的伦敦的路程，但在潟湖居民的想象中，距离就像被压缩了

一样。克里特岛看起来变大了。在威尼斯统治克里特的数百
年中，绘制有误的克里特地图一直流传下来，其轮廓狭长，
东端略微上扬；里亚尔托交易市场上关于克里特的信息对商
业行情具有重要的指示作用。

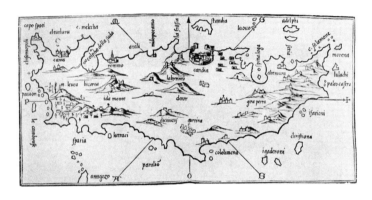

威尼斯人的克里特岛地图

　　克里特岛位于威尼斯共和国两条重要的贸易路线的十字
路口——一条是通往君士坦丁堡和黑海的航线，另一条是通
往叙利亚和埃及香料市场的航线。它是为圣地各个十字军港
口提供补给的后备站；是商品仓储和转运的场所；为过往的
商用桨帆船提供维修补给；在战时，为整个爱琴海的海军作
战提供支持。前往圣地的朝觐者因为晕船而昏昏沉沉，可以
在这里登陆，暂时缓解在海上的不适。商人们在这里贩卖丝
绸和辣椒，逃避时断时续的禁止与异教徒贸易的教皇禁令；
人们交换信息，讨价还价。1381 年，威尼斯本土禁止了奴
隶贸易，克里特便成为共和国奴隶贸易的非法场所。在干地
亚和卡尼亚的巨大的、带有桶形穹顶的桨帆船棚子里，克里

特公爵领地维持着自己的舰队,以警戒沿海地带,防范海盗,其船员是被强征入伍的克里特农民。干地亚就是威尼斯世界的忠实复制品,在公爵宫殿对面、隔着主广场,也有一座圣马可教堂,也有方济各会修道院、凉廊以及紧贴着城墙的犹太区。在缓缓下坡、通往港口的主干道上,始终可以看得见大海,拍打防浪堤的北风有时掀起灰蒙蒙的惊涛骇浪,有时大海则十分平静。在这里,思乡的市民和焦虑的商人可以观看船只笨拙地转弯,从干地亚港口狭窄的入口驶入,也可以看到它们起航去往塞浦路斯、亚历山大港和贝鲁特港,尤其是驶向君士坦丁堡。

在威尼斯的贸易地图上,通往君士坦丁堡的海上主干道至关重要。这条航道途经克里特岛,经过爱琴海中部星罗棋布的岛屿,即爱琴海群岛,它们就像点缀在海洋表面的岩石碎片。这个岛屿群的中心是基克拉泽斯群岛,希腊人称之为"环",它围绕着提洛岛。提洛岛曾经是古希腊世界的宗教中心,如今则是海盗的港湾,他们从这座岛上的圣湖中取水。这些岛屿互相之间仅仅隔着几英里的平静海面,组成了一些独立王国。纳克索斯岛面积较大,且有丰富的淡水资源,以其肥沃的山谷而著称,是其中最有前景的一个;其次是火山岛圣托里尼;米洛斯岛最著名的是黑曜石;塞里福斯岛是爱琴海最优秀的港口,岛上有丰富的铁矿,因此常常使得过往船只的指南针失灵;还有海盗盘踞的安德罗斯岛。

1204 年的条约让威尼斯得到了所有这些岛屿,但威尼斯既没有足够的资源去占领这些岛屿,它们也不能给威尼斯带来多少经济利益，因此威尼斯没有将其视为国家事业的一部分。但是，这些岛屿既小又多，不可能向其派驻军队，但也不能对其放任自流。它们的港湾提供了可以躲避风暴、获取淡水、停泊船只的场所；如果威尼斯人没有占领这些岛屿，那么就意味着会受到海盗的威胁，并且通往北方的航道也不安全。仔细进行了代价和收益分析后，共和国最终向私人开放了这些岛屿。大约 1205 年，恩里科·丹多洛的外甥马尔科·萨努多辞掉了在君士坦丁堡的法官职位，装备了八艘桨帆船，在其他雄心勃勃的贵族的支持下，航向基克拉泽斯群岛，去开拓自己的天地。他下定决心，不成功便成仁，这次出征不是为了威尼斯共和国的荣誉，而是为了他自己的事业。他发现，纳克索斯岛（爱琴海中部的宝石）的城堡被热那亚海盗占据了。他决心不给自己留任何退路，烧毁了自己的船只，将海盗围困了五周，最后终于驱逐了他们，然后自封为纳克索斯公爵。十年之内，基克拉泽斯群岛变成了一个个独立的袖珍王国，成了一群贵族冒险家的财产，他们渴望个人荣耀，而威尼斯对这种想法往往不是很认可。老执政官的侄子马里诺·丹多洛占据了安德罗斯岛；吉西兄弟占有蒂诺斯岛和米科诺斯岛；巴罗奇家族统治着圣托里尼岛。一些领地被以莫名其妙的方式分配出去：马尔科·韦尼尔被授予基西拉岛（意大利人称之为切里戈岛），是因为他的姓氏与爱神维纳斯相似，而切里戈岛传说是维纳斯的出生地。每一个领地的主人都使用从希腊神庙抢来的材料建造城堡，在门上雕刻他们的纹章，维持自己的微型海军以互相厮杀，修建天主教堂，引进威尼斯教士来吟唱拉丁赞美诗。

　　一个具有异国情调的多元化世界在爱琴海中部悄然形成了。大部分希腊人忠于他们的东正教信仰，但对于新领主一般保持着容忍的态度；因为威尼斯冒险家们至少能够为他们提供一定程度的保护，防范在这一海域活动猖獗的海盗。尽管爱琴海群岛的开放引发了"淘金热"，这些岛屿其实奇缺黄金。

　　威尼斯治下的爱琴海地区的传奇是多彩而暴力的，在有些地方也出奇地持久。纳克索斯公爵领地一直维持到1566年；而群岛中最北端的蒂诺斯岛直到1715年还忠于威尼斯。然而，威尼斯会发现，这些近似海盗的公爵领地并非总是符合威尼斯的利益。纳克索斯的征服者马尔科·萨努多是一位如痴似狂的冒险家，不断寻找机遇，从中牟利。他帮助威尼斯共和国镇压克里特岛的一次叛乱，但是没有得到回报，于是改变阵营，帮助克里特叛军，直到他被赶回纳克索斯。然而他并没有被吓住，悍然攻击士麦那。这是个严重的错误，他被尼西亚的皇帝俘虏了。他魅力无穷，不仅逃脱牢狱之灾，还娶到了尼西亚皇帝的妹妹①。占据附近的米科诺斯岛的吉西兄弟至少对威尼斯共和国是忠诚的。在圣马可节，他们在岛上的教堂里点起一支巨大的蜡烛，歌颂这位圣徒。更多的时候，群岛上的公爵们指挥着他们的微型舰队，驶过夏季的海面，开展小型战争。基克拉泽斯群岛此起彼伏地爆发

---

　　① 据说，尼西亚帝国的开国皇帝狄奥多·拉斯卡里斯将自己的妹妹嫁给了马尔科·萨努多。也有史学家反对这一说法。

了许多私人恩怨的战争，这里的领主们有的好争吵，有的奸诈，有的则癫狂。一些岛屿由克里特的地主遥控；安德罗斯岛的统治者居住在威尼斯城的一座宫殿里；塞里福斯岛的君主是无比凶残的尼科洛·阿道尔多，他常邀请岛上尊贵的居民共进晚餐，向其勒索钱财。若他们不肯就范，就会被从城堡的窗户丢下去。民怨沸腾时，威尼斯被迫进行干预。阿道尔多被永久性逐出塞里福斯，并在威尼斯的一座监狱里苦熬了一段时间。但威尼斯在这些事情上倾向于采取务实的态度：阿道尔多被虔诚地安葬在城市中他出资建造的教堂内；统治纳克索斯的最后一位萨努多家族成员被篡位者杀害，但这位篡位者对共和国更有利，因此共和国对这起谋杀假装不知道。共和国也不会拒绝直接干预。当纳克索斯公爵领地的一位女继承人爱上一位热那亚贵族时，她被劫持到克里特，然后被"说服"，嫁给了一位更合适的威尼斯领主。这种通过代理人进行占领的策略存在弊端——威尼斯后来被迫对许多这样的地方进行直接管理——但爱琴海群岛的小领主们一定程度上减少了海盗的干扰，并保证商船队通过群岛时能够免遭伏击。

最重要的故事发生在君士坦丁堡。1203 年夏天，当威尼斯的舰队取道达达尼尔海峡北上、举目凝视城市的海墙时，他们看到的是一座令人望而生畏且虎视眈眈的敌城。1204 年之后，这里成了威尼斯人的第二故乡。威尼斯教士在遍布镶嵌画的圣索菲亚大教堂唱着拉丁赞美诗；威尼斯的船舶安全地停泊在位于金角湾的属于他们自己的码头边，将货物卸至免税仓库。当年威尼斯共和国与昔日的竞争对手——热那亚和比萨——时不时地发生争执，拜占庭皇帝们机警地关注着发生的一切；而如今，热那亚和比萨被禁止参与君士坦丁堡的商业活动。此外，威尼斯的航船第一次可以自由地通过博斯普鲁斯海峡、进入黑海，寻找与远东接触的新路途。成千上万的威尼斯人涌入君士坦丁堡，在那里居住和经商。君士坦丁堡的吸引力如此强大，以至于有一任执政官——曾任君士坦丁堡威尼斯殖民地市政官的雅各布·蒂耶波洛——提议将威尼斯中央政府迁至君士坦丁堡。威尼斯曾经是拜占庭帝国微不足道的一颗卫星，如今却漫不经心地打算取而代之。遍布地中海东部各地的诸多殖民地和海军基地也逐渐得到巩固（尽管这巩固的过程充满艰辛），有希望让地中海成为威尼斯的内湖。威尼斯的商人随处可见。蒂耶波洛与亚历山大港、贝鲁特、阿勒颇和罗得岛签订了通商协定。他制定了连贯一致的政策，划定了大政方针的方向，这种努力的方向将会持续数百年。威尼斯的目标万变不离其宗，到了令人惊恐的地步——用最有利的条件，保障贸易的机遇。但达到目标的手段极其灵活，有无限可能。威尼斯人是与生俱来的机会主义者，哪里有赚钱的机会，他们就航行去哪里。

威尼斯人的命运取决于东方，取决于东方的香料、丝绸、大理石柱和镶嵌有宝石的圣像。东方的财富也流回威尼斯，不仅以真金白银的形式存在于大运河畔金碧辉煌宫殿的底层仓库内，在城市的面貌上也可见一斑。13 世纪装饰圣马可教堂的镶嵌画家们塑造的是《圣经》时代的黎凡特世界。他们在画中重塑了亚历山大港的灯塔、缰绳带着流苏的

8. 八分之三个罗马帝国

骆驼和带领约瑟①去往埃及的商人。威尼斯城的宏伟建筑也开始流行一种东方韵味。

到 1253 年，雷涅罗·泽诺就任威尼斯执政官时，庆祝复活节用的是光辉灿烂的拜占庭礼仪。执政官从自己的宫殿出来，在肃穆的队伍护送下，来到圣马可教堂。他前面有八个人开道，举着绘有圣马可仪容的丝绸和金线旗帜；然后是两个少女，一位拿着执政官的椅子，另一位拿着椅子的金色靠垫；六位乐师拿着银喇叭，两位乐师手持纯银的钹；一名教士拿着一个金银制成、镶有宝石的巨大十字架，另一名教士手持一部华丽的福音书；二十二名圣马可教堂的神甫身着金色法衣，唱着圣歌紧随其后；然后是执政官本人，走在金丝布制成的华盖下，城市的大主教和将要唱弥撒的教士陪在他身旁。在世人眼中，执政官像拜占庭皇帝一样富丽堂皇，身穿金丝编织的衣服，头戴镶嵌宝石的金冠，手持一支巨大的蜡烛；执政官身后是一名手捧执政官宝剑的贵族，最后是所有其他贵族和显赫人士。

这支游行队伍沿着教堂的正面走过，经过斑岩柱廊（这些石柱是从十字军治下的阿卡得来，以及从君士坦丁堡抢夺来的）。此情此景，仿佛威尼斯不仅偷走了君士坦丁堡

---

① 《圣经·旧约》的重要人物，是亚伯拉罕的曾孙、雅各的第十一个儿子。约瑟得到父亲格外宠爱，哥哥们嫉恨他，便将他合谋卖往埃及为奴。约瑟在埃及官员波提乏手下做管家，波提乏对约瑟十分信任，把全家的家务事都交给了他。后来由于约瑟其长相十分俊美，波提乏的妻子欲勾引约瑟，约瑟不从，反被波提乏妻子陷害，最后入狱。他又因成功为法老解梦，得到释放，成为埃及的高官及首席王室顾问。

的大理石、圣像和石柱，还窃得了君士坦丁堡的帝国威仪、它对隆重礼仪的酷爱，乃至它的灵魂。圣马可教堂内光线黯淡，如同在海面之下。威尼斯人庆祝复活节的言辞将神圣与世俗、复活的基督与威尼斯海洋帝国联系了起来。"基督得胜！"人们呼喊道，"基督为王！基督显权能！愿我们的领主雷涅罗·泽诺，威尼斯、达尔马提亚和克罗地亚的高贵执政官，八分之三个罗马帝国的领主，得到救赎、荣誉、长寿和胜利！哦，圣马可佑助他！"[10]

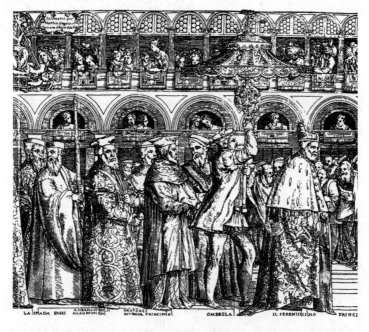

一位执政官的游行

1204 年的事件增强了威尼斯的自我意识。小小的共和国开始沉溺于帝国的光辉威严，似乎在春季运河粼粼波光的反射下，威尼斯正在转变为一个新的君士坦丁堡。

每到复活节，威尼斯人都举行这样的仪式，以颂扬他们的海洋帝国；在几周之后的耶稣升天节，威尼斯人则要宣示自己对大海本身的主权。公元 1000 年，执政官奥西奥罗从威尼斯的潟湖起航时，这样的仪式还只是简单的祈福。1204年之后，仪式越来越复杂和绚丽，表达了威尼斯对自己与大海的神秘结合的理解。身穿白鼬皮衣、头戴尖角帽（象征共和国的威严）的执政官在自己宫殿前的码头上，在群众的欢呼声中，登上他的庆典专用船。没有什么比这艘"金船"更能体现威尼斯的海权骄傲了。这艘宏伟的双层甲板船用镀金装饰得富丽堂皇，绘有狮子纹章和海中生物，用深红色华盖遮蔽着，需要 168 人划船。它从码头出发了！金色的船桨拍打着潟湖的水流。在船首，象征公正的装饰人像高举着天平和宝剑。圣马可的燕尾旗在桅顶迎风招展。礼炮齐鸣，管乐震天，鼓声连绵不绝。在一大群刚朵拉和帆船的陪伴下，金船向亚得里亚海的海口驶去。此时，主教说出仪式性的祈祷词："哦，主啊！请赐福于我们，以及所有在海上航行的人，让大海始终平静安宁。"[11] 然后，执政官从自己手上摘下一枚黄金做成的结婚戒指，将它扔进大海，并说出历史悠久的语句："哦，大海，我们与你结下姻缘，以示对你真正的、永久的主宰。"[12]

不管辞藻有多华丽，威尼斯人对其加以神化的大海，以及它所蕴含的财富，并不是能够轻松赢得的。热那亚备受威尼斯的排挤，无法轻易进入富庶的贸易地区，于是持续不断地骚扰威尼斯。为了对付他们的海上竞争对手，热那亚人发动了一场非正式的海盗战争。雷涅罗·泽诺执政官参加复活节庄严游行的三年前，在叙利亚海岸的十字军港口阿卡发生了一起事件：一名热那亚公民被一个威尼斯人杀死了。三年后，蒙古人洗劫了巴格达。在这些互无关联的事件之后，两个航海共和国将陷入一场长久的争夺地中海贸易的斗争。这场斗争使两国暴富，也将它们推向毁灭的边缘。斗争的竞技场从亚洲草原延伸到黎凡特的港口，囊括黑海、尼罗河三角洲、亚得里亚海、巴利阿里群岛和希腊沿海地区。争吵甚至波及遥远的伦敦和布鲁日的街道。地中海东部的所有民族都被卷入到这个旋涡中：拜占庭人、匈牙利人、互相竞争的意大利城邦、达尔马提亚沿岸城镇、埃及的马穆鲁克人①和奥斯曼土耳其人——他们全都为了自己的利益或自卫，卷入了威尼斯与热那亚的殊死搏斗。这场战争将持续一百五十年。

---

① 马穆鲁克王朝在约 1250～1517 年统治埃及和叙利亚。"马穆鲁克"是阿拉伯语，意为"奴隶"。自 9 世纪起，伊斯兰世界就已开始起用奴隶军人。奴隶军人往往利用军队篡夺统治权。马穆鲁克将领在阿尤布王朝苏丹萨利赫·阿尤布（1240～1249 年在位）去世后夺取王位。1258 年，马穆鲁克王朝恢复哈里发的地位，并保护麦加和麦地那的统治者。在马穆鲁克王朝统治下，残余的十字军被赶出地中海东部沿岸，而蒙古人也被赶出巴勒斯坦和叙利亚。文化上，他们在史书撰写及建筑方面成就辉煌。最后他们被奥斯曼帝国打败。

9. 需求与供给
1250～1291

威尼斯与热那亚：最尊贵的威尼斯，最自豪的热那亚。这两个航海共和国好似彼此的镜像，甚至他们的名字都互相呼应。热那亚位于意大利西侧，与威尼斯的位置对称，和威尼斯一样，也在自己海湾的顶端，是一个天然的由海洋向陆地的转运点。从热那亚可以便捷地进入波河上游流域、米兰和都灵的富裕市场，以及通过阿尔卑斯山进入法兰西的道路。热那亚同样依赖于大海。热那亚坐落于群山之中，有丰富的造船木材的储备，但没有肥沃的农垦内陆，因此把地中海视为摆脱贫困和监禁的出口。它有一个很好的避风港口，还有比疟疾肆虐的潟湖更好的气候条件。热那亚水手和威尼斯水手一样顽强，他们的商人也一样唯利是图。和他们在亚得里亚海的对手一样，热那亚人有进取心、务实而冷酷无情。

但在政治气质上，热那亚与威尼斯迥然不同。威尼斯的地理环境岌岌可危，若是要防止岛屿被淹没或潟湖淤积，人们必须精诚团结，所以威尼斯人接受政府的管控，通过公社型企业运作；而热那亚人的个人主义色彩强烈，偏爱私人企业。对威尼斯和热那亚都没有好感的外界人士清楚地看到了这种区别。佛罗伦萨人佛朗哥·萨凯蒂做了一个对两个民族都大加贬抑的比喻，把热那亚人比作驴：

> 驴的天性是：当许多头驴在一起时，其中一头被打了，所有驴都会散开，到处逃窜，他们就是这么卑劣……威尼斯人类似猪，被称为"威尼斯猪"，他们真的有猪的天性，因为当众多的猪被关在一起时，其中一只被打，所有的猪都会聚拢，并冲向殴打它的人；这就是威尼斯人的天性。[1]

热那亚

正是由于性格上的这些差异，他们彼此之间产生了激烈的贸易竞争。

热那亚和威尼斯有相同的目标：抢占市场份额，垄断市场。但热那亚的手段与威尼斯不同。从一开始，热那亚的海外殖民地绝大部分都是私有的。在第一次十字军东征期间，热那亚舰队的风头压倒了更为谨慎的威尼斯人，并在新的十字军王国获得特惠贸易权。这支舰队就是私人业主组建起来的。勇敢无畏、不惧风险的热那亚人比威尼斯人更早投身于冒险，也更快地接纳新技术。给国际贸易带来革命性变化的许多商业创新和实践创新最早就是热那亚人采纳的。黄金货币、航海图、保险合同、船尾舵的使用、公共机械钟的引入——热那亚要比威尼斯人早几十年使用这些东西。在第一次十字军东征期间，热那亚在黎凡特的贸易有了先行一步的优势，还开创了一条前往佛兰德的利润丰厚的航海路线，这比威尼斯早了五十年。虽然马可·波罗名满天下，但热那亚比他们在亚得里亚海的对手更早、更深入地进入了东方。热那亚面向西方的大西洋，因此能感知地中海盆地之外的更多可能性，也能够更好地获得远洋航海技术。早在 1291 年，一对热那亚兄弟便驶出直布罗陀海峡，寻找前往印度的航线。在 1492 年发现新大陆的是一位热那亚航海家——克里斯多弗·哥伦布，也不足为奇。无畏、创造性思维、敢于冒险、有创新精神，这些是个人主义的热那亚天才的标志。

哥伦布横渡大西洋的首要目标之一是找到一群新的可供奴役的人，这也是非常有热那亚特色的。热那亚性格包含活力四射的个人主义，但也有黑暗的一面。意大利的两个航海共和国无情的物质主义及其"对财富的贪得无厌"（这是彼特拉克的评价）令虔诚的中世纪世界震惊而反感。两者都因为和伊斯兰世界做生意而常遭教皇谴责；拜占庭人憎恶他们，穆斯林鄙视他们。教皇庇护二世认为威尼斯人在自然界中的地位比鱼高不了多少；叙利亚阿拉伯人认为"威尼斯人"和"混蛋"是同义词。但热那亚的声誉还要更差一点。"除了钱什么都不爱的残忍之徒"，这是一位拜占庭编年史家的简练评判。[2] 热那亚人是狂热的奴隶贩子，热那亚比中世纪欧洲其他任何城市都拥有更多的奴隶。热那亚人也有一个致命的弱点，那就是常陷入混乱的暴力冲突；城市的内政被反复的派系斗争搞得支离破碎，内讧如此严重，以至于人们经常恳求外来者来治理他们的城市；谨小慎微的威尼斯人对这个政治混乱的活生生教训感到极为恐惧。在公海，热那亚人以海盗行径和私掠活动而臭名昭著。对热那亚来说，战争和海盗行为之间仅有一线之隔。

和威尼斯人一样，热那亚人也是走遍天下；到 14 世纪初，从不列颠到孟买，到处都可以看到热那亚商人的身影，他们建立商埠，用骆驼和骡队运送货物，将香料装进商船，买卖小麦、丝绸和谷物。"热那亚人如此之多，"一位爱国的热那亚诗人写道，"他们的足迹遍布世界，无论他们去哪里或待在哪里，都会把那里变成一个新的热那亚。"[3] 到1250 年，热那亚非常繁荣昌盛；它的人口增长到约 5 万人，成为欧洲人口最多的城市之一，尽管数量一直没有威尼斯的多。热那亚和威尼斯激烈地争夺世界范围内的商品。

热那亚与威尼斯的斗争，以及和另一个对手比萨的较

量，是早期十字军东征带来的机遇引发的。所有意大利航海
共和国都渴望成为垄断商人，热衷于赶走竞争者，单独获得
与黎凡特当地领主开展贸易的排他专有权。爱争吵的意大利
商人在黎凡特的定居点常常互相紧邻，像小型堡垒一样戒备
森严，对当地人来说，这些意大利人是讨厌的客人。这种情
况在君士坦丁堡最为严重，来自不同共和国的意大利商人们
互相争斗不休，以至于拜占庭皇帝诅咒他们的住所遭瘟疫，
并每隔一段时间就将意大利人全部驱逐。

　　1204 年之后，一切都变了样。君士坦丁堡的陷落给了
威尼斯主导地位。一下子，热那亚人被从东方一些最富裕的
市场驱逐出来。威尼斯控制了爱琴海，取得了在黑海的第一
个立足点，赢得了克里特岛，最重要的，它成了君士坦丁堡
的主人之一。对热那亚人来说，这是个巨大的挫折。热那亚
海盗们尽可能到处袭扰得胜的威尼斯人；渔夫亨利大胆地攫
取克里特岛；热那亚海盗开始系统地劫掠威尼斯商船队，以
这种方式向威尼斯开战。1204 年后的半个世纪里，威尼斯
巨大的财富增长让地中海其他国家红了眼。在叙利亚海岸的
十字军港口阿卡，这种情绪激发了公开的战争。

　　阿卡是一座有城墙环绕的人口稠密的城镇，周围有环形
的港口，威尼斯人和热那亚人在城内的聚居区毗邻。为了抢
占利润丰厚的与伊斯兰国家的贸易，他们展开了激烈竞争。
对热那亚来说，阿卡以及邻近的港口推罗是一个心脏地带：
他们在威尼斯之前就在此有了立足之地，他们指望在这里进
行垄断性控制，用以平衡威尼斯对君士坦丁堡的控制。这里
弥漫着激烈的商业竞争气氛。1250 年，发生在阿卡的一起意

外事件导致了一场暴乱；暴乱演变为一场战斗，战斗最终挑起了一场蔓延到整个地中海东部的战争。

起因都是小事，但十分复杂。人们就两个商业区之间由双方共享的一座教堂发生了纠纷；一名热那亚水手驾着一艘船出现在港口，特别提防海盗的威尼斯人认为那艘船是从他们手中偷走的赃物；两名市民之间的私人争吵酿成冲突，导致其中的热那亚人被打死。紧张情绪升温到一定程度后，炸药桶爆炸了。一群热那亚暴民冲到海港，洗劫了威尼斯船只，然后掠夺了他们的街区，屠杀了里边的居民。

当消息传回威尼斯，执政官要求热那亚人赔偿。热那亚人不肯赔偿，于是威尼斯人装备了 32 艘武装桨帆船，在洛伦佐·蒂耶波洛（一位前任执政官的儿子）指挥下驶往黎凡特。1255 年，蒂耶波洛的舰队抵达阿卡，撞毁了热那亚人在港湾入口设置的铁链，烧毁了热那亚人的桨帆船。随后，威尼斯舰队袭击了附近的要塞推罗，对热那亚人又一次大加羞辱，俘虏了热那亚的海军司令，抓获了 300 名热那亚公民，将他们用铁链锁上，运回阿卡。这座城市成了街头暴力的熔炉，变得四分五裂，将居住于此的各民族居民都卷入冲突中。双方都使用重型攻城武器轰击对手的防御工事。威尼斯人从克里特派出了更多船只。"战争每天都很残酷和艰苦，"威尼斯编年史家马蒂诺·达·卡纳尔记载道。[4] 当消息——他们的公民在阿卡被披枷带锁地游街——传到热那亚时，爱国的愤怒倾泻而出："人们呼吁对威尼斯复仇，要让世人永志难忘。妇女们对丈夫说：'把我们的嫁妆拿去，用来复仇吧。'"[5] 双方都投入了更多的战船和兵力，但威尼斯人一个街区一个街区地向前逼近，占领了那座有争议的教堂和城镇里一个关键的山头。热那亚人被迫退回他们的集市区。这是一场痛苦而缓慢的对抗，预示着即将爆发更大规模的冲突。

在热那亚和威尼斯本土，双方都在招兵买马。1257年，热那亚派出了一支规模更大的舰队，拥有40艘桨帆船和4艘圆船，由新任海军司令罗索·德拉·图尔卡指挥。威尼斯人听到风声后，派出了实力与之相当的舰队，指挥官是保罗·法列罗。6月，德拉·图尔卡的舰队出现在叙利亚海岸，鼓舞了被围困的热那亚人的士气。从他们所在区域的一座高塔上，热那亚人悬挂了他们所有盟友的旗帜，发出胜利的喧哗，高声辱骂下方的威尼斯人；用威尼斯编年史家多彩的（和带有偏见的）说法，热那亚人呼喊道："奴隶们，你们全都要完蛋啦！……这座城市将是你们的死地，快逃跑吧。基督教的精英来了！无论在海上还是陆地上，明天就是你们所有人的末日！"[6]

德拉·图尔卡的舰队逼近阿卡，准备决战。当舰队接近时，他们将帆降低，把锚抛下，以此威胁港口。风太大，以至于威尼斯船只无法出击。夜色降临，城内的热那亚人"用蜡烛和火炬将城市照得亮如白昼……他们胆量大增，营造出巨大的声势，大吹大擂，即使是最普通最温和的人都变得像雄狮一般。他们就这样不断地威胁威尼斯人"[7]。

次日黎明，双方都为不可避免的海战做好了准备。威尼斯指挥官尝试用唱福音赞美诗的方式来鼓舞士气。"他们唱完之后，吃了一点东西，接着开始起锚，并高声呐喊，'为我们祈祷，求我主耶稣基督和威尼斯的圣马可保佑！'接着，他们开始向前划船。"[8] 在城镇里，热那亚驻军冲了出来，与威尼斯驻当地的管理者及其部下对抗。当两支舰队接近的时候，"圣马可！"和"圣乔治！"① 的呼喊在海面上此起彼伏，威尼斯的金狮旗和热那亚的白底红十字旗在风中飞舞，"海上的战役宏大而超乎寻常，异常激烈和残酷"。[9] 热那亚舰队的规模比威尼斯的稍大，但威尼斯从阿卡的多种族混居的居民中雇用了额外的人手。这是众多海战中的第一次，最后以威尼斯的辉煌胜利告终。热那亚人跳进了海里，或者驾船调头逃窜；威尼斯俘获了 25 艘桨帆船，杀死或俘虏1700 名热那亚人。眼见着自己的舰队被消灭，热那亚驻军不得不放下武器投降。从推罗沿着海岸前来援助热那亚人的十字军骑士腓力·德·孟福尔看到热那亚人怯懦投降的场面，愤怒地调头返回，并且骂道："热那亚人只会吹牛，就像海鸥，一头扎进海里淹死了。他们的骄傲荡然无存了。"[10] 热那亚人降下他们塔楼上的旗帜，投降了。他们被逐出阿卡；他们的塔楼被夷为平地；身披枷锁的战俘被拉到圣马可广场游街，并被囚禁在执政官宫殿的地牢里。直到教皇说情，这些人才被释放。威尼斯人将他们的敌人立在阿卡的聚居区的一个斑岩墩柱作为纪念品带走，安放在圣马可广场上一座教堂的角落。后来这个墩柱被称为宣令石，用来宣读共和国的法律，叛徒被砍下的头颅也被摆放在那里示众（后来一位游客

---

① 圣乔治是热那亚共和国的主保圣人。有意思的是，英格兰的主保圣人也是圣乔治。因此热那亚和英格兰的旗帜都是圣乔治的白底红十字旗。

抱怨道:"这些死人头恶臭难当,令人厌恶。"[11])。

　　阿卡的这次战役为热那亚和威尼斯的一系列漫长战争定下了基调——本是利益之争,但爱国狂热和出于本能的彼此厌恶让它延续下去。这次战败让热那亚相当受挫,但它没有屈服。它仅仅改变了攻击的方向;它决定采取外交手段,攻击威尼斯海洋霸权在东方的中心——君士坦丁堡。

　　从一开始,君士坦丁堡的拉丁帝国就一直处于疲软的状态:长期缺乏人力、资金,被充满愤恨和未同化的希腊人包围。到 13 世纪中期,它到了关键的时刻。拉丁帝国的皇帝鲍德温二世仅仅只能控制城市本身。他囊中羞涩,以至于将宫殿屋顶的黄铜和城市里最珍贵的圣物——荆棘冠冕——抵押给了威尼斯商人,商人转手把它们卖给了法兰西国王。只有把君士坦丁堡视作第二故乡和价值极大的贸易基地的威尼斯人,才全心全意地努力维持鲍德温二世的统治;威尼斯舰队在金角湾的永久驻扎就是拉丁帝国存活的最好保障。在 60 英里以外、大海对岸的亚洲,拜占庭的流亡皇帝米海尔八世还在湖畔城镇尼西亚韬光养晦。1260 年秋天,一个热那亚代表团出人意料地前去拜访了他。

　　热那亚人带来了一个提议。他们愿意为皇帝提供舰队,用于光复君士坦丁堡。对米海尔八世来说,这有如天意。他知道鲍德温二世的地位是多么岌岌可危;他也知道,如果不能遏制住威尼斯海军,他就很难将拉丁人驱逐出去。协议就这样敲定了。热那亚人承诺提供 50 艘战船,其运作成本(热那亚人要价很高)由米海尔八世提供,目标是收复君士坦丁堡。作为回报，热那亚人将取代威尼斯人，获得他们的竞争对手目前在城市里享有的一切——全部免税贸易特权、土地以及商业基础设施，包括码头和仓库。他们还将获准在爱琴海的一系列关键贸易地点，如萨洛尼卡和士麦那，建立自由贸易和自治殖民地；热那亚还将成为威尼斯最宝贵的殖民地——克里特和内格罗蓬特——的合法拥有者。米海尔八世十分希望达成这笔交易，因此他额外提供了一项前所未有的特权：进入黑海开展商业活动的权利，这是此前拜占庭一直谨慎地将意大利商人排除在外的领域。也就是说，热那亚将在地中海东部彻底取代威尼斯。《尼姆菲翁条约》于 1261 年 7 月 10 日在小亚细亚海岸签订，为热那亚开辟了帝国扩张的新前景，同时也开辟了威尼斯—热那亚海上战争的第二战场。

十五天后，大业就完成了，热那亚人没有放一枪一炮。1261 年 7 月 25 日，威尼斯舰队取道博斯普鲁斯海峡，攻击一个拜占庭据点；与此同时，米海尔八世派出了一支小分队，去勘察君士坦丁堡的防御工事。这个小分队得到内部消息，找到了一条地下通道和城墙上一个可攀爬的地点。因此，趁着鲍德温二世在城市另一头的宫殿内酣睡，一队人马已经悄悄溜进城内，将吃惊的守卫从城墙上扔了下去，打开了城门。变局太过突然和迅速，鲍德温二世匆忙逃到一艘威尼斯商船上，连皇冠和权杖都没来得及带走。当威尼斯舰队匆匆赶回金角湾时他们发现自己的整个殖民地都着了火，他们的家人和同胞拥挤在海边，就像被烟熏出巢的蜜蜂，伸长了手臂挥舞着求救。大约 3000 人被救走。世代居住在城里的难民们目睹着他们的生计和财富在海边被付之一炬，大声呼喊着向他们曾经的家园道别。在严重超载的船只到达内格罗蓬特之前，船上的很多人已经死于缺水或饥饿。消息传回威尼斯时，人们既吃惊又沮丧。威尼斯已经支撑拉丁帝国五十年之久；这个损失在商业上是灾难性的，而可恶的对手突然拥有的优先权无疑让这次大祸的损失翻倍。热那亚人一步一步摧毁了威尼斯在君士坦丁堡的总部，并将其石料运回家乡作为战利品，为圣乔治建造了一座新的教堂以扬其威。国家间的这种嘲讽是很重要的。

海上连绵的消耗战持续了九年。威尼斯人虽然在正面交锋中取胜，但无法阻止热那亚海盗对自己商船队的骚扰掠夺。这种打了就跑的战术使威尼斯感觉很挫败，并且骚扰无穷无尽、难以根除。威尼斯喜欢开展明确的、短暂和猛烈的战争，打完仗后迅速地回到生意照常的状态；对于一座依赖海洋的城市，泛滥的海盗行为非常危险，有足够的潜力造成毁灭性的破坏。第一次威尼斯—热那亚战争背后有一个深刻的真理：双方都没有足够的资源，通过传统的作战方法赢得海洋霸权，这个过程只会让双方精疲力竭。1270 年，和平终于到来，但这样的和平更像是强加在不共戴天的一对仇家身上的暂时休战。战火重新燃起只不过是时间问题，然而在海上给予敌人致命一击的想法却一直非常强烈：1284 年，热那亚就是这样一劳永逸地将比萨打得一蹶不振。在之后的一个世纪里，决战仍然是热那亚和威尼斯难以达成的目标。

1261 年夏季，当威尼斯难民从博斯普鲁斯海峡颠簸的海面上回望他们熊熊燃烧的殖民地时，他们可能认为，这是他们最后一次看到君士坦丁堡了。共和国的宏图霸业和商业扩张似乎就要戛然而止了，它做好准备，去抵挡拜占庭和热那亚人的猛烈反击。热那亚商人急忙回到君士坦丁堡，接管了对手的地盘，并且开始探索在黑海开辟新商贸特许区。

然而，威尼斯人最恐惧的事情并没有发生。尽管米海尔八世在爱琴海投入了一大群私掠海盗，但威尼斯的势力根基雄厚，岿然不动。一些小的岛屿慢慢丢掉了。克里特、莫东—科罗尼和内格罗蓬特还牢牢地掌握在威尼斯人手中。热那亚人很快变得和之前的威尼斯人一样不受欢迎；拜占庭人又一次开始傲慢地谴责意大利商人的自负和贪婪。拜占庭人普遍认为意大利是"一块居住着极端傲慢和愚蠢的野蛮人的异国土地"。更糟糕的是，热那亚人企图在君士坦丁堡重建一个不同的拉丁帝国，不幸阴谋败露。这次轮到热那亚人被暂时流放了，之后又回来了——只不过这次只能待在城外。热那亚人在金角湾对岸的郊区加拉塔得到了自己的聚居区；与此同时，在1268年，威尼斯人得以重返君士坦丁堡，重新获得了交易权和平等进入黑海的权利。拜占庭将这两个惹是生非的共和国在君士坦丁堡的势力分隔开，从中挑拨离间，利用其中一方来打压另一方。

这是典型的拜占庭式的外交策略，但它隐藏着一个令人不安的事实。1261年拜占庭与热那亚人签订的《尼姆菲翁条约》将为一场灾难埋下伏笔。拜占庭公开承认自己需要意大利人的海军支持，允许热那亚人在加拉塔建立一个自治的、设防的居住地，并开放黑海地区的对外贸易，于是将拜占庭的关键特权拱手让出，导致拜占庭的海军力量日渐衰败。二十年后，皇帝安德罗尼库斯二世为了削减开支，干脆解散了拜占庭舰队。从这以后，威尼斯和热那亚在海上篡夺了拜占庭的领海、港口、海峡、粮食供给以及战略盟国。两个共和国之间的战争将在博斯普鲁斯海峡、加拉塔城墙下、黑海以及金角湾海岸进行，而拜占庭皇帝只能躲在城墙后眼睁睁地看着，或者被当作棋盘上的小卒，被拖进战争。两个航海共和国之间的敌意成了君士坦丁堡城内最大的隐患，一直延续到它作为基督教城市的最后一天；同时两国的冲突也使得人们没有注意到这个地区另一支新兴力量的隐秘发展——突厥诸部落正在穿过小亚细亚大陆西进。

这座城市的赛马场上有一根非常有名的石柱，它是君士坦丁大帝在一千一百年前这座城市初创时树立的。即使在那时，这根石柱也算很古老。它曾屹立在德尔斐的阿波罗神庙中，被视为象征希腊自由的纪念碑，纪念前 479 年希腊人在普拉蒂亚击败波斯人的战役；传说它是由阵亡波斯人的盾牌铸造而成的。三条互相缠绕的巨蛇组成了纹理交错的石柱，其顶端是引人注目的蛇头，由抛光过的青铜精雕细琢而成。1261 年以后，相互交织的巨蛇可能代表了纠缠而不是自由，拜占庭帝国的蛇头与热那亚人和威尼斯人绝望地交织在一起，从此以后，拜占庭再也不能独善其身。

在拜占庭帝国的水域和海岸展开的角逐有极高的风险。威尼斯和热那亚投入到这场战争中，既是为了生存，也是为了获得更多的财富。到 13 世纪，欧洲处在一个漫长繁荣期的中段，意大利各航海共和国享有独一无二的优越条件去从中获利。在古典时期和 1200 年之间，西方没有一个城市的人口超过 2

万。到了 1300 年，仅仅在意大利就有九座城市的人口超过 5 万。巴黎的人口在一个世纪内从 2 万人膨胀到 20 万人；在 1320 年，佛罗伦萨有 12 万人，威尼斯有 10 万人，包括来自达尔马提亚海岸的移民。意大利北部的人口非常稠密。而且这个数字还在不断增加，直到 1348 年初的一个不祥的时刻，一艘来自黑海的不为人知的船停泊在圣马可湾，在彼特拉克的宅邸附近。一直到 18 世纪，人口始终没有超过上述数字。

意大利的中心城市，比如米兰、佛罗伦萨和博洛尼亚，不管如何榨取波河流域的农业资源，还是无法自给自足。就像古罗马一样，这些不断扩张的大城市的发展依赖从海外进口粮食。热那亚和威尼斯现在控制了粮食的供给。威尼斯土地稀少，完全依靠进口生存，对粮食供应有无人企及的深刻理解。它和世界上其他任何一座城市一样拥挤；到 1300 年，差不多所有的可用土地都已经被用于建设；岛屿之间由大桥连接。饥饿，和海洋的威胁一样，是始终存在的。威尼斯政府各种理事机构的档案显示出，他们对粮食到了近乎痴迷的程度。在国家的档案资料里，粮食的订单、价格、数量，供给的减少和增加虽然枯燥乏味，却至关重要。粮食关乎城市的安宁，而经过两次烘焙、可以长期保存的航海饼干是给商用桨帆船队和海军舰队提供能量的主要碳水化合物，没有它，国家的安全就无法保障。威尼斯有一个专门管理粮食的官衙（其他日常必需品也都有相应的管理部门），其活动受到严格监管，犹如国家安全的大事。粮食管理官衙每个月都要向执政官汇报城里粮食的储量，因为粮食需要精确控制（存粮量需要达成一个微妙的平衡——如果储量太低，民众就会感到匮乏；如果储量太高，粮食的价格会下降，给公社造成损失）。1260 年之后，威尼斯和热那亚的人口都不可避免地膨胀起来，它们争夺粮食的战火一直蔓延到拜占庭世界的海域。在其他食品类商品方面——油、酒、盐、鱼，作为关键的中间商，威尼斯和热那亚有大好的机会盈利，家门口的市场需求非常旺盛。

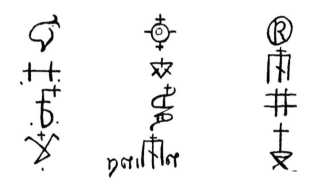

威尼斯商人用来标记商品的一些符号

粮食是一桩大生意，奢侈品则是另一门重要贸易。13 世纪见证了一次商业革命，让永不满足的意大利商业城市稳定地积累起了财富。流通中的货币比以往任何时候都多；人们由实物支付转为现金支付；更多的人去投资而不是囤积货物；合法的贷款业务出现了；国际银行业务诞生了；信贷和汇票业务出现了；复式记账法和新形式的企业组织问世了。新型交易手段的发明促进了贸易规模的空前发展。尽管 25% 的城市人口在贫困中挣扎，各宫廷、教士和欧洲城市化过程中壮大的中产阶级产生了对远方的奢侈品以及相应的支付方式的需求。威尼斯人的生意不仅仅涉及日常必需品，也涉及奢侈性消费品。这种贸易的上游是比西方富裕得多、产出也更多的东方。

对香料的爱好最为确切地概括了消费主义的发展。香料对食物储存并无助益（只有盐有这个功能），但被中世纪的人们归类为香料的种类繁多的食品——胡椒、姜、小豆蔻、丁香、肉桂、糖以及其他数十种——能让菜肴更加美味可口，而且可以增添烹调的趣味，并展示财富。越过圣战的重重障碍，十字军东征让欧洲人品尝到了东方的精致食物。香料是世界贸易的第一种表现，也是其理想的商品。香料重量小，价值高，体积小，几乎不会变质；它可以用骆驼和船只长途运输，可以用小袋重新包装，然后几乎可以无限期地贮存。在漫长供应链的最西端，地中海地区的各民族对于这些东西是在哪里以及如何生长一无所知——马可·波罗是第一个亲眼看到印度人培育胡椒，并留下记述的欧洲人——但他们清楚地知道，香料在埃及和阿拉伯半岛上陆，所有香料贸易都必须经过穆斯林中间商。香料的运输路线可能随远东国家的兴衰而改变，但在 13 世纪，巴勒斯坦逐渐萎缩的十字军王国的港口是通往地中海的关键经销点。正因为此，威尼斯和热那亚在阿卡进行了异常激烈的竞争。热那亚人被逐出阿卡之后，热那亚商人将其商业殖民中心转向阿卡以北 40 英里以外的推罗。当埃及的马穆鲁克王朝一个接一个地攻破十字军在巴勒斯坦的城堡时，热那亚人和威尼斯人也同时在尼罗河三角洲和马穆鲁克王朝做生意。马穆鲁克王朝对十字军的反击在很大程度上改变了两个共和国的命运，也导致两国的竞争转入了新的方向。

9. 需求与供给

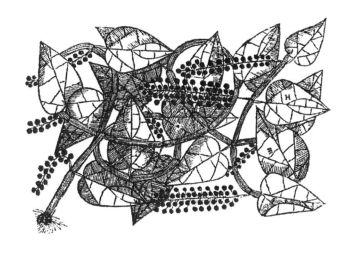

胡椒

1291 年 4 月，马穆鲁克王朝的苏丹阿什拉夫·哈利勒的雄壮大军兵临阿卡城下，他决心最终消灭伊斯兰土地上的异教徒。经历了长达几个世纪的艰苦圣战后，穆斯林带着杀光所有基督徒的坚定决心前来。阿什拉夫为此役做好了准备，从开罗带来一大批投石机和其他攻城武器，其中有两台巨型投石机，被命名为"凯旋"和"狂怒"，这对十字军来说可是阴森森的名字；另外还有一组叫作"黑牛"的高效的小型投石机。阿卡是一座相当大的城市，有 4 万人口，这些人来自参加十字军东征的所有欧洲国家——法兰西人、英格兰人、德意志人、意大利人，军事修会（圣殿骑士团、医院骑士团和条顿骑士团）以及有商业头脑的威尼斯人和比萨人。他们中有很多人是阿卡的常住居民。4 月 6 日，投石机开始向高耸的中世纪城墙投掷巨大的石块，苏丹的工程师们也开始系统地在城墙下挖掘坑道，效率之高令人胆寒。

在基督教内部众多派系数个世纪的争斗后，绝望给了他们勇气和凝聚力，促使他们联合起来守城。

威尼斯人和比萨人作战都十分勇敢；他们建造和运用自己的投石机的效果很卓著，然而，随着时间的推移，长时间的轰击使他们的防御工事逐渐损坏。停战协商的提议被不肯议和的苏丹回绝了。他记得前一年城里穆斯林商人遭屠杀的惨象，下令继续推进。5 月 18 日，星期五，他发布了对受损的城市发动最后总攻的命令。伴随着箭矢在空中掠过的嗖嗖声、岩石的碎裂声、响彻云霄的鼓声和刺耳的喇叭声，马穆鲁克军队强行入城，开始屠杀市民。最后时刻的阿卡凄惨而肮脏。圣殿骑士团和医院骑士团几乎战斗到最后一兵一卒。阿卡所有的妇女儿童，年长的和年轻的，富有的和贫穷的，挤满了港口，而穆斯林士兵踏着被毫无区分地屠戮的死人，稳步逼近。在海边，文明的秩序崩塌了。威尼斯商人呈上黄金，请求一条生路，但是没有足够的船带他们逃离。超载的划艇倾覆沉没，船上的人全部溺死；强者控制了船只，向哀求救命的居民索要赎金。无情的加泰罗尼亚冒险家罗杰·德·弗洛尔控制了一艘圣殿骑士团的桨帆船，从城市里的贵妇那里敲诈宝石、珍珠和大袋黄金，一天暴富。而那些付不起钱的人只能在海岸边等死，或者沦为奴隶。阿卡沦陷后，苏丹有条不紊地将它变为废墟。剩下的基督教据点——推罗、西顿、贝鲁特和海法都接二连三地被攻破或投降。穆斯林烧毁了整个海岸地区，以防止基督徒返回。他们将这些城市夷为平地。十字军在圣地的据点维持了两个世纪，现在终于被连根拔起。

9. 需求与供给

对基督教欧洲来说，这是一次沉重的打击；他们马上计划重新组织十字军，并开始互相谩骂指责。罗马教皇深知，是谁为马穆鲁克王朝提供了军事物资。威尼斯和热那亚在与伊斯兰世界的贸易中始终处于一个暧昧的位置。当"凯旋"和"愤怒"向阿卡的城墙投掷巨石时，意大利商人正忙着在亚历山大港购买丝绸、香料、亚麻和棉花，并出售意大利新型织布机加工好的羊毛商品、来自俄罗斯草原的皮草，以及其他更有争议、直接影响战争进程的商品。铁和木材是军事原料，阿什拉夫的巨型投石机可能是用基督徒船只装运的木料建造的；令教皇感到更加不安的是，冲破阿卡城门的许多穆斯林军人是奴隶兵，原本是基督徒船只从黑海运来卖给伊斯兰世界的。1302 年，教皇博尼法斯八世颁令禁止与埃及和巴勒斯坦的马穆鲁克王朝开展商业活动，这个法令逐步挤压着各个航海共和国。某些特定的商品是被明确禁止交易的，违者将被逐出教会。一些军事物资的贸易还在非法地进行；单纯商业上的香料和布料交易当然在继续，然而教皇也越来越强硬。人们越来越迫切地感到，需要绕开伊斯兰世界，去获取原产自基督教世界之外的奢侈品，如香料、珍珠和加工过的丝绸等。为了应对新局势，一些雄心勃勃的热那亚人武装了两艘桨帆船，向大西洋航行而去，这就发生在阿卡陷落的时候。他们的目标是找到一条绕过阿拉伯中间商（和威尼斯人）的路线，直接从印度获取香料。这次冒险比后世成功的探索早了两百年；他们从此杳无音信。但在地中海盆地内，阿卡的陷落重新调整了热那亚和威尼斯竞争的压力，使得双方的战场发生了转移。自此以后，战场转移到北方，变为对博斯普鲁斯海峡和黑海的争夺。

10. "在敌人的血盆大口中"
1291～1348

博斯普鲁斯海峡是世界上最重要的战略水道之一，长17英里，连接地中海和黑海。这条狭窄的海上走廊在高耸的群山之间蜿蜒，形成于最后一个冰川时代，当时被陆地封堵的黑海冲破了大自然的限制。这条海峡被特殊的水文力量控制着。强有力的水流推动着含盐量较低的黑海水以每小时5海里的速度南下，而在海面以下40米的地方，有一股方向相反的激流，推动密度更大、含盐量更高的海水北上，流入博斯普鲁斯海峡。因此，尽管海面上的水流是南下的，撒下网的渔船可能被拖向北方。在鱼类繁殖的夏末，数以百万计的鱼通过博斯普鲁斯海峡向北迁徙。鱼如此之多，按照希腊地理学家斯特拉波的说法，在金角湾的人可以徒手捕捉到鲣鱼和大鲭鱼，或者不慌不忙地从海边房屋的窗户里撒网捕鱼。博斯普鲁斯的冬天是雾和雪的世界；冰冷的风从俄罗斯大草原吹来；偶尔出现的冰山撞击着君士坦丁堡的城墙。正如后来的法兰西旅行家皮埃尔·吉勒①指出的那样，博斯普

---

① 皮埃尔·吉勒（1490～1555），法国自然科学家、翻译家和测绘学家。他曾游历地中海和东方，1544～1547年曾在君士坦丁堡寻找古代手稿。

鲁斯海峡就是这座城市存在的理由——"（博斯普鲁斯海峡）用一把钥匙开启和封闭两个世界、两片大海。"[1] 13 世纪末，由于阿卡的丧失和尼罗河三角洲露天市场的关闭，博斯普鲁斯海峡成了热那亚和威尼斯角逐的中心，它开启的便是第二个世界，即黑海。

古希腊人说黑海令人愉悦，希望借此安抚它激烈的狂风和阴险的深渊，但黑海有一颗黑暗的心。在海面以下 200 米的区域，海水突然一片死寂。这里的深海封锁着世界上最大的有毒硫化氢聚集物，一点氧气也没有。因为是死水，木头得以完好地保存。海床上遍布着数千年间无数次海难留下的鬼魂般的沉船，船体尚未腐烂，但锚、钉子、武器、铁链等铁制品已经被有毒的海水吞噬干净。威尼斯人称它为"更伟大的海"，十分惧怕它。爱琴海的中心有可供落脚的岛屿、为航船提供躲避风暴的锚地，而黑海的中心是一片空白。因此，大多数海运都倾向于慢慢沿着黑海的边缘行进，或者从它最狭窄的地方快速通过。

黑海的开阔海域是一块不毛之地，但它的北岸却是惊人的沿海大陆架，在那里，四个大型河口三角洲将数百万吨富含营养的沉淀物送入大海。一直到现代，在多瑙河的河口，鸟类栖息的芦苇湿地和沼泽中仍然富含海洋生物。鲑鱼和尺寸有小型鲸鱼那么大的鲟鱼到此地产卵。近海的浅滩中鱼类资源丰富，包括鳀鱼、鲻鱼、牙鳕和大菱鲆。多瑙河、第聂伯河、德涅斯特河和顿河的鱼群大量繁衍于黑海东北角的支流亚速海，养育了君士坦丁堡人上千年。鱼子酱是穷人的食物，而迁徙洄游的鲣鱼对于拜占庭人民的生活十分重要，因此在拜占庭的钱币上有它的形象。在各个河口湾沿岸，人们用盐腌鱼、用烟熏鱼，将其装进桶里，之后用船运到西方，供养中世纪晚期和现代早期世界最庞大的人口。15世纪，西班牙旅行家佩罗·塔富尔①到达黑海，观察了鱼子酱打包的情景："他们把鱼卵装入桶里，然后输送到全世界。"[2]在更北方，平坦的乌克兰大草原的黑土地成为君士坦丁堡的粮仓，同时也提供了通往另一个世界的通道。

对欧洲人来说，黑海沿岸是文明的边疆；其外广阔的大草原是野蛮游牧民族的领地。在那里，标记距离的只有古代斯基泰人②的坟堆，坟墓里埋葬着陪葬的奴隶、女人、马匹和黄金。早期的旅游者在这里不仅会感受到永无休止的草原风的吹打和身体上的寒冷，精神上也会很不舒服。早期的草原旅行者鲁不鲁乞③写道："我现在到了一个新的世界。"[3]两个世纪以后，佩罗·塔富尔对这里颇感失望。他

---

① 又名佩德罗·塔富尔（约1410~1484），西班牙旅行家和作家。他在1436~1439年间游历了欧亚非三大陆，到过摩洛哥、耶路撒冷、拜占庭、特拉布宗、埃及、罗得岛等地，并撰写了游记。

② 斯基泰人，是公元前7世纪至公元4世纪在亚欧草原中部广袤地区活动的伊朗语族游牧民族，其居住地从今日俄罗斯平原一直到中国的河套地区和鄂尔多斯沙漠，是史载最早的游牧民族，善于养马，据信骑术与奶酪等皆出于其发明。前7世纪，斯基泰人曾对高加索、小亚细亚、亚美尼亚、米底以及亚述帝国大举入侵，威胁西亚近七十年，其骑兵驰骋于卡帕多细亚到米底、高加索到叙利亚之间，大肆劫掠；其后逐渐衰落，分为众多部落。5世纪中期随被称为"上帝之鞭"的匈人阿提拉王入侵欧洲，一度抵达巴黎近郊的阿兰人，即为其中之一部。斯基泰人没有文字，但善于冶金打造饰物，留下许多金器至今。

③ 即吕布鲁克的威廉（约1220~约1293），佛兰德方济各会教士，1252年受法兰西国王路易九世派遣，出使蒙古帝国，抵达哈拉和林，并见到蒙古大汗蒙哥。著有《鲁不鲁乞东游记》。他的游记和马可·波罗的游记，及其他西方人的一些著作，唤起了西方人对东方的向往。

发现这里"十分寒冷，船只被冻在港口内。这里的人充满兽性并且畸形，我欣然放弃了继续游览下去的欲望，回到了希腊"。[4]

但就是在这里，在不祥的黑海边、背后是广阔草原的地方，希腊人自迈锡尼文明时期就开始定居，并与游牧民做生意。在1204年君士坦丁堡陷落以前，拜占庭都紧紧封闭着博斯普鲁斯海峡。如果没有黑海提供的粮食，君士坦丁堡将不能生存；意大利人被禁止进入黑海。1204年，君士坦丁堡遭到的洗劫打破了这种闭关状态。威尼斯人开始畅通无阻地探索"更伟大的海"。1206年，威尼斯人在克里米亚半岛的苏尔达亚建立了一个规模不大的贸易站，开始与当地酋长们有贸易上的往来。起初，他们对草原居民的凶暴以及不稳定倍感失望，但就在同一年，在2000英里以外的东方，发生了一个改变世界贸易路线的事件。部族领袖铁木真，即成吉思汗，将"生活在毛毡帐篷中的人"，即蒙古大草原上彼此交战的各部落，凝聚成一支团结的力量，驰骋穿过欧亚大草原，去征服西方。仅仅三十年内，蒙古人以闪电战的形式从中国打到了匈牙利平原和巴勒斯坦边境。浩劫过后——数百万波斯农民死亡，巴格达以及幼发拉底河地区的伟大穆斯林城市惨遭洗劫，赫拉特①、莫斯科和克拉科夫被烧毁——欧亚世界获得了非同一般的和平。蒙古人创立了一个统一的帝国，其国土从中国向西延伸5000英里；古老的丝绸之路

①　赫拉特为中亚古城，在阿富汗西部，有两千多年的历史，在11~13世纪发展成为中西亚的金属品制造业中心，尤以镶金银的铜器闻名，是当时世界上最大的城市之一。

重新开放；商埠雨后春笋般涌现。在蒙古治下的和平环境里，旅行者可以横穿蓝色的地平线，而不需要畏惧土匪以及苛捐杂税。蒙古大汗们也急切希望与西方接触。从大约1260年开始，一条大道直通亚洲的心脏，为横贯大陆的贸易往来创造了新的契机。欧洲商人受到了无法抵御的诱惑，去绕过阿拉伯中间商，直接从遥远的东方获得奢侈品。

黑海是这些航线的西方终点。如果走陆路，骆驼商队从一个客栈走到另一个，缓慢地从中亚向西前进；如果走海路，爪哇和摩鹿加群岛①的香料需要绕过印度，到达波斯湾，走陆路到达黑海南岸的特拉布宗，或者继续西行到达地中海的拉加佐②。以伏尔加河畔萨莱③为都城的金帐汗国④（蒙古人在西方的汗国）对黑海的小国君主们施加着和平的压力。突然间，一扇大门被打开了，并将敞开一个世纪之久。一些富于冒险精神的欧洲商人通过这条道路前往东方。1260年，波罗家族的马费奥和尼科洛带着给萨莱的金帐汗国可汗的珠宝，从苏尔达亚出发了；二十年后，马可·波罗将追随他们的足迹。由于阿卡的沦陷，以及教皇禁止与伊斯

---

① 摩鹿加群岛位于今天印尼的苏拉威西岛东面、新几内亚西面以及帝汶北面，是马来群岛的组成部分。中国和欧洲传统上称为香料群岛者，多指这个群岛。

② 今土耳其城市尤穆尔塔勒克。

③ 萨莱是波斯语，意思是"宫殿"，是金帐汗国首都，有新旧两个，旧萨莱又叫拔都萨莱，在阿斯特拉罕以北120公里处，新萨莱在旧萨莱以东85公里处，今天的伏尔加格勒附近。

④ 即钦察汗国，1242~1502年，是蒙古四大汗国之一，建立于蒙古帝国西北部，后来突厥化，位于今天哈萨克咸海和里海周边，占有东欧和中欧地区（至多瑙河），由拔都（成吉思汗长子术赤的儿子）及其后裔统治，盛极一时，长期统治俄罗斯，后分裂为许多汗国。

兰世界开展贸易，黑海取而代之，成为世界贸易的中心，是
从波罗的海到中国的一系列长途贸易路线的轴心，同时也成
了威尼斯和热那亚商业竞争的焦点。这成为一个对中世纪欧
洲既有利又有害的机遇。

热那亚迅速取得了优势。1261 年，拉丁帝国灭亡后，
热那亚人获准进入黑海。威尼斯则被排挤在外。热那亚积极
地进入新的区域，在黑海沿岸建立了星罗棋布的定居点。他
们在黑海北岸克里米亚半岛的卡法设立了大本营，这提供了
与金帐汗国可汗进行密切联系的机会。热那亚人很快控制了
多瑙河河口的粮食贸易；他们与希腊小国特拉布宗达成协
议，经由那里，从陆路直接到达重要的蒙古市场——大不里
士①。热那亚的位置十分理想：它的安全基地设在与君士坦
丁堡只有金角湾一水之隔的加拉塔，凭借这个优势，它奋力
获得商业垄断。突然之间，威尼斯也开始迎头追赶。威尼斯
人十分渴望黑海地区的粮食，开始努力建立自己的根据地。
1291 年阿卡沦陷，教皇禁止与伊斯兰地区开展贸易，于是
这场游戏的赌注加大了；1324 年，教皇实施了更为严苛的
彻底禁令，赌注再次翻倍。在五十年间——从 13 世纪 90 年
代到 1345 年——黑海的市场成了全世界的货栈。两个共和
国都马上意识到，赌注到底是什么。热那亚致力于维持它的
商业垄断，威尼斯则在寻找机会进入游戏。

随着其地区机会的减少，黑海地区的商业竞争变得愈发
激烈。微不足道的事件，比如两支彼此是竞争对手的武装商

①　在今天伊朗的西北部，中国古称桃里寺。

船队不凑巧的相遇、一句辱骂、一次海上斗殴或鄙夷对方、提出经济要求的外交信函，就足以引发冲突。第二次威尼斯—热那亚战争于 1294 年爆发，持续了五年，并且和第一次战争的战局完全相反。在这次战争中，热那亚虽然赢得了正面交锋的海战，但商业上遭受了十分沉重的打击。这次交战包括随机性强、混乱而机会主义的海盗劫掠行动，波及两国进行商业竞争的所有地区，从北非一直蔓延到黑海。双方都去攻击对手的商业资产。热那亚洗劫了克里特岛上的干尼亚；威尼斯烧毁了在法马古斯塔①和突尼斯的热那亚船只。在君士坦丁堡，热那亚人把威尼斯的市政官扔出窗外，大量屠杀威尼斯商人，一位同时代人记录道："大家不得不到处开挖极深的巨大壕沟来埋葬死尸"。[5]当消息传回威尼斯，人们呼喊道："血战到底！"威尼斯政府派遣鲁杰罗·莫罗西尼（他的绰号令人胆寒，叫作"残酷之爪"）率领一支舰队攻击热那亚的殖民地加拉塔。加拉塔的居民害怕地躲在君士坦丁堡的城墙后，把拜占庭人拖进了战争。一支威尼斯舰队驶入黑海，洗劫了卡法，但是由于停留太久，被冰雪困住，动弹不得。一支热那亚的小型舰队一直杀到威尼斯的潟湖，攻击了马拉莫科镇；威尼斯私掠海盗多梅尼科·斯基亚沃进军热那亚港口，据说他在热那亚城的防波堤上铸造了金杜卡特，作为对热那亚人的侮辱。这场战争已经超越了战术上的理智，参战双方都遭受了巨大的损失。教皇尝试加以仲裁，甚至提出自掏腰包支付威尼斯要求热那亚偿付的一半费

① 塞浦路斯岛上的港口城市。

用，然而威尼斯人已经丧失理智，拒绝了教皇。

双方都有能力承担巨大的成本，派遣强大的舰队。1295年，热那亚派出了165艘桨帆船和3.5万人，这是一场虽然宏伟壮观但没有实际意义的作秀。要到三百年后，地中海上才将再次出现如此雄壮的海军力量，但是威尼斯人选择避其锋芒，于是这支庞大舰队不得不溜回家乡。1298年，双方最终在亚得里亚海的库尔佐拉岛相遇，170艘桨帆船参加了这场战役。这是两个共和国打过的最大规模的海战。这一次，热那亚大获全胜：威尼斯的95艘桨帆船仅存12艘，5000人被俘。威尼斯海军司令安德烈亚·丹多洛不愿被俘受辱、披枷带锁地在热那亚游街，于是一头撞向一艘热那亚船只的舷缘，当场死亡。然而，这也是一场没有价值的胜利。许多热那亚人战死在库尔佐拉岛，因此凯旋的海军司令兰巴·多里亚踏上热那亚的海岸时，迎接他的是沉默——没有欢呼的人群，没有教堂的钟声。人们只是悼念战死的亲人。而威尼斯人得到了身后名。在被押到热那亚的威尼斯俘虏中，有一位富有的商人，他自费装备了一艘桨帆船。威尼斯人讥讽他为"百万"，即一百万个故事的讲述者。身为富人，他被舒适地安顿下来，与另外一个同为战俘的罗曼司作家——比萨的鲁斯蒂谦成了好朋友。当马可·波罗开始讲故事时，鲁斯蒂谦发现了一个商机，因此拿起笔，将这些故事记录下来。马可·波罗有足够的时间讲述自己通过蒙古的大道到达中国的经历。遥远东方的黄金、香料、丝绸、风俗，以及所有夸张离奇的故事，让欧洲人非常着迷。

库尔佐拉之战一年之后，双方不情愿地来到谈判桌前。

1299 年的《米兰和约》没有解决任何问题。黑海问题仍然悬而未决。在黑海沿岸寻找粮食和原材料，以及中亚的贸易路线的问题，使得非正式战争愈发激烈。威尼斯人不辞劳苦地建造自己的据点；热那亚人努力将其挤走。凭借外交手段和过人的耐心，威尼斯逐渐建立了自己的据点。在克里米亚半岛，两个共和国隔着 40 英里，遥相对峙；威尼斯人在苏尔达亚，而热那亚人占据着更强大的商业中心——卡法。这是一场不公平的竞争。热那亚人对卡法有绝对的控制权；这座城市固若金汤，港口壮丽，阿拉伯旅行家伊本·白图泰①形容这里的港口时说："这是世界上最著名的港口之一，大约可以容纳大大小小两百艘战船或商船。"[6]热那亚人努力遏制威尼斯人在苏尔达亚的崛起。1326 年，苏尔达亚被不受蒙古人控制的当地鞑靼贵族洗劫一空，于是被放弃了。在黑海南岸，两个共和国在特拉布宗的竞争更加直接，这里是通往东方的第二条路线（从这里经由陆路到达波斯湾和大不里士）的西端。在这里，和阿卡一样，热那亚人和威尼斯人得到这个小国的希腊皇帝的允许，各自占有设防的聚居区，互相毗邻，抱着深仇大恨，虎视眈眈。

威尼斯致力于增加对黑海北岸的压力。1332 年，威尼斯大使尼科洛·朱斯蒂尼安旅行穿过冬季的草原，到达位于

---

① 伊本·白图泰（1304 ~ 1368/1369），中世纪阿拉伯旅行家。他曾在摩洛哥的丹吉尔受过传统的伊斯兰法律和文学教育。1325 年到麦加朝觐后，他决定尽可能地走访世界各地，而且发誓"不走回头路"。他用了二十七年时间漫游非洲、亚洲和欧洲各地，总旅程长达 12 万公里。在返回后，他口述撰写了回忆录《游记》，该书成为世界上最著名的旅行著作之一。

萨莱的蒙古宫廷，求见金帐汗国的可汗。觐见蒙古霸主是一件令人心惊胆寒的事情：威尼斯国家档案中悲伤地记录道，很少有人自告奋勇承担这一使命。可汗信仰伊斯兰教，伊本·白图泰称他为"尊贵的苏丹，穆罕默德·月即别汗"①[7]：

> 他极其强大，威仪非凡，地位崇高，是战胜真主之敌的胜者……他拥有广阔的土地和伟大的城市……（他接见宾客）在一座叫作金殿的装饰宏伟的亭阁里……它用覆盖金箔的木材建造，亭阁的中心摆着一张镀银包裹的椅子，椅子腿用纯银打造，椅脚镶有珍贵的宝石。苏丹就坐在这王座之上。

在可汗面前鞠躬后，朱斯蒂尼安提出了他的请求。他此行的目的是请求可汗允许威尼斯在亚速海（亚速海是黑海东北角的一个很小且水很浅的海域，形状仿佛黑海的微型复制品）边的塔纳建立一个贸易殖民地，并请求授予该殖民地一些商业特权。

在这里，顿河经由一个宽阔的三角洲湿地流入大海。威尼斯希望以此为基地，有效地参与同俄罗斯和东方的贸易。塔纳的地理位置很优越，正好位于蒙古西方汗国的心脏位置，可以很方便地向北去莫斯科和下诺夫哥罗德，或走伏尔加河和顿河的航线，并且它也是横跨亚洲的丝绸之

---

① 穆罕默德·月即别（1282～1341），又译乌兹别克汗，是钦察汗国第九代汗王，也是钦察汗国在位时间最长的君主（1312～1341 年在位）。乌孜别克/乌孜别克族即由他而得名。在他治下，钦察汗国完成伊斯兰化。

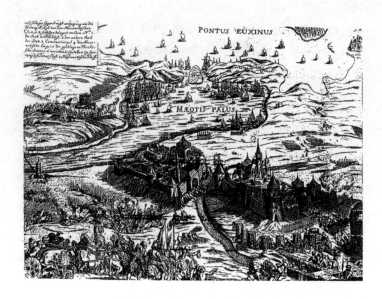

塔纳和亚速海，后世的印刷图

路的起始点。"不管是白天还是夜晚，从塔纳到中国的道路都十分安全，"佛罗伦萨商人弗朗切斯科·佩戈洛蒂在几年之后撰写的经商手册中向读者做了这样的保证。[8]蒙古人对于和西方人通商并非没有兴趣，因此大汗同意了朱斯蒂尼安的请求。1333 年是猴年①，可汗授予威尼斯人河边湿地的一块地皮，允许他们建造石头房子、一座教堂、仓库以及围栏。

在很多方面，塔纳的地理位置都比热那亚人的强大据点卡法（在克里米亚半岛的突出海岬上，位于塔纳以西 250英里处）更优越。热那亚也在塔纳占据了一块地盘，但是仅仅把它作为强大的商贸中心卡法的辅助设施。热那亚绝不

———————————

① 原文如此，按照中国历法，1333 年是鸡年。

想看到威尼斯人在这里建立据点。威尼斯人在利用这次新的机会时，也有独特的优势。亚速海的地形对威尼斯人来说很熟悉——一个大河入海形成的湖，平均深度 8 米，其水道以及隐藏的浅滩使航行十分困难；对于居住在潟湖的威尼斯人来说，他们的吃水较浅的桨帆船要比吃水更深的热那亚船更容易进入塔纳。据佛罗伦萨编年史家马泰奥·维拉尼记载："热那亚人的桨帆船很难像进入卡法的贸易点一样进入塔纳，而经由陆路在卡法获得香料和其他商品，比在塔纳要昂贵并且困难许多。"[9] 从一开始，塔纳就是热那亚人的肉中刺——他们认为这是对他们私有垄断区的侵犯。把威尼斯人从"更伟大的海"的北岸驱逐出去，成了热那亚的一项大政方针。"禁止前往塔纳"是他们外交政策的箴言。[10] 威尼斯的回应也非常强硬。根据条约，黑海对所有人都是开放的，他们决定按照 1350 年执政官所宣称的那样，"以最高的热情、全部的力量，维护进入黑海的自由"。[11] 这种利益冲突将会引发两场新的血腥战争。

在塔纳，威尼斯的一小群骨干商人安顿下来，经营跨越俄罗斯草原的内陆贸易，以及与远东地区进行的奢侈品交易。马可·波罗前往太平洋沿岸的漫长旅途花了十五年，他有资格看不起黑海，觉得它近得仿佛就在威尼斯门口。"我们没有和你们说过黑海，或者它周围的地区，尽管我们已经对它进行了彻底的探索，"他写道，"重复别人每天说的话是索然无味的。因为在这里，每天都有很多人探索这片海域，在这里航行——威尼斯人、热那亚人、比萨人——每个人都知道，在这里会发现什么。"[12] 但对常驻塔纳的威尼斯领事和商人们而言，这里是威尼斯世界的最外层边缘。它犹如一个流放之地。有文化的威尼斯人在一个又一个冬天看着冲积而成的海洋结上了冰，便穿上白鼬皮衣，眯着眼看着狂风从千里之外裹挟而来的暴雪，心里可能会思念远方威尼斯的万家灯火在运河里的倒影。

从威尼斯海洋帝国之外传来的商业报告中，丝丝乡愁流露在字里行间。大型商船队每年春天从母城威尼斯出发，抵达塔纳，在此做短暂停留后，又消失在大海上，这个往返旅程需要三个月。塔纳的居民留在广阔的草原，每天看着自己的定居点之外游牧民的漫长队伍从地平线的一端移动到另一端，正如商人吉奥索法特·巴尔巴罗记载的：

> 首先是（数以百计的）马群。其后紧跟着一群骆驼和牛，在它们之后又是一群小牲口。游牧队伍走了六天才全部通过。在我们视野所及的地方，到处是人，后面跟着牲口……到了晚上，我们已经看得厌倦了。[13]

威尼斯在国外土地建立起来的通商站点都长期缺乏安全感。他们必须小心地制定外交政策或者赠送奢华的礼物，来安抚当地统治者的心血来潮，或者在当地统治者允许的范围内尽可能修建壁垒保护自己。没有任何一个地方像塔纳那样依赖当地人的善意。热那亚在卡法的定居点是一座被双层高墙环绕的要塞，而威尼斯的塔纳在最初岁月里除了薄弱的木栅栏以外，没有任何防御工事。它依靠的是金帐汗国的稳定。威尼斯元老院认为塔纳处于岌岌可危的位置，"在世界的极限边缘，在敌人的血盆大口中"。[14]因此，威尼斯人如履薄冰。他们在塔纳的定居点离讨厌的热那亚人很近；他们的团体非常小，而且一连几个月被困在定居点内，以至于威尼斯破例授予其他欧洲商人威尼斯公民的身份。但在威尼斯本土，塔纳被构想得很生动。国家兵工厂内的制绳厂使用黑海的大麻纤维生产绳索，于是被命名为"塔纳"工厂。彼特拉克在安全的书斋内想象的也是塔纳，他观看船只起航奔向顿河河口，感受着这股强大的商业力量驱使着威尼斯人走向那偏远之地。

驱动他们如此卖命的是可能得到的回报，也就是那种令学者彼特拉克十分困惑的 "对财富贪得无厌的渴望"。[15]在塔纳，威尼斯人既可以获取来自远东的量轻便携、价值高的奢侈品，也可以得到来自内陆草原的大宗商品和食品：来自中国和里海的宝石与丝绸；来自俄罗斯森林的动物毛皮、香甜的蜜蜡和蜂蜜；来自亚速海的木材、食盐、粮食和各式各样的鱼干或咸鱼。作为回报，他们运回发展中的欧洲工业国家的制成品：意大利、法兰西和布鲁日的加工过的羊毛制品；德意志的武器和铁器；波罗的海的琥珀和葡萄酒。在隔海相望的特拉布宗，他们可以获取原材料——铜和铝，来自红海的珍珠，从东印度群岛进口的姜、胡椒和肉桂。在所有这些交易中，贸易逆差极大——亚洲能够卖出的商品比中世纪欧洲羽翼初生的工业能够提供的要多很多。因此欧洲人不得不用98%的纯银条支付；欧洲储备的大量白银流入了亚洲的中心地带。

威尼斯商人还开始经营另一种高利润的商品，尽管威尼斯在这方面的贸易总是被热那亚超越。卡法和塔纳都是活跃的奴隶贸易中心。蒙古人扫荡内陆，掳掠"俄罗斯人、明格列尔人①、高加索人、切尔卡西亚人、保加利亚人、亚美尼亚人以及基督教世界的其他民族"。[16] 不同族群的质量被仔细地区分开来，不同民族有不同的价值。如果买卖鞑靼人（蒙古人明令禁止贩卖鞑靼人，这种事情造成了许多麻烦），"价钱要高出三分之一，因为完全可以确定，鞑靼人非常忠诚，不会背叛主人"；马可·波罗就带回了一名鞑靼奴隶。[17] 一般来说，奴隶在年纪很小的时候就被买卖：男孩十几岁就会被贩卖（可以榨取最多的劳动力），女孩被贩卖时年纪要大一点。一些奴隶被运回威尼斯，成为家仆或性奴，另外一些被运到克里特的奴隶种植园。时至今日，克里特岛上一些村庄的名字，例如"奴隶村"和"俄罗斯村"仍然记录着这种贸易的起源和传统。或者，威尼斯人不顾教皇的明令禁止，开展非法贸易，将奴隶卖给埃及的马穆鲁克王朝伊斯兰军队当兵。克里特岛上的干地亚就是这种秘密贸易的一个中心，"商品"的最终目的地通常是秘密的。来自黑海地区的绝大多数奴隶在名义上是基督徒。

佩德罗·塔富尔记录了 15 世纪奴隶市场上的景象：

> 买卖是按照以下方式进行的。卖家让奴隶不管男女都脱光衣服，给他们披上毛毡斗篷，标出价钱。之后，卖家扔掉奴隶们的斗篷，让他们走来走去，以证明他们

---

① 格鲁吉亚人的一支。

没有生理缺陷。卖家必须保证，如果奴隶在六十天内死于疫病，就归还支付的价款。[18]

有时父母竟出卖自己的孩子，塔富尔对此颇感愤怒，但他也买了"两名女奴和一名男奴，他们还在科尔多瓦侍奉我，他们还有了孩子"。[19]尽管奴隶只占黑海贸易额的一小部分，但也存在整船进行人口买卖的现象，可以比拟日后大西洋奴隶贸易的情形。

对于威尼斯共和国，塔纳有重要意义。"从塔纳和更伟大的海，"一部威尼斯史料写道，"我们的商人赚得了巨大的财富和利润，因为这里是所有货物的源泉。"[20]一时间，威尼斯商人几乎可以垄断与中国的贸易。塔纳商队的运作和4000英里之外从伦敦和佛兰德返回的商船队的运作节奏精巧地联系在一起。因此，商船队可以将波罗的海的琥珀和佛兰德的布料运到黑海，然后为威尼斯冬季市场带来稀缺的东方货物。来自东方的异国产品提高了威尼斯的声誉，将它塑造成一个可以买到任何商品的世界市场。外国商人大量涌入威尼斯，这种局面至少持续了一百年，其中德意志商人居多，他们带来金属——银、铜——以及成衣，以换取这些东方货物。

在13和14世纪长期繁荣的过程中，威尼斯自己也在发生变化。到1300年，所有独立的小岛都由桥梁连接起来，成为一座清晰可见的城市，城里人口稠密。原先是泥土地面的街道和广场逐渐被铺砌上石子；岩石取代木材，成为主要建材。一条铺着鹅卵石的道路连接起威尼斯的权力核心——

里亚尔托和圣马可广场。越来越富裕的贵族阶层沿着大运河建造起惊人的哥特式宫殿，并采用了旅行商人在亚历山大港和贝鲁特接触到的伊斯兰装饰元素。新的教堂拔地而起，它们的砖砌钟楼装点着地平线。1325 年，国家兵工厂得到扩建，以满足海上贸易与国防的日渐增长的需求。十五年后，威尼斯人开始着手将执政官宫殿改建为威尼斯哥特建筑的杰作。这是一座精美的建筑，用窗花格的交织线条进行装饰，其美丽与轻盈仿佛展示着威尼斯国家的宁静、优雅、明智与稳定。在圣马可教堂的正面，拜占庭式的普通砖块被丰富而充满奇思妙想的大理石和镶嵌画取代，其中利用了从君士坦丁堡和东方掠夺来的材料，顶部用圆顶和东方元素装饰，令观看者几乎以为自己身处开罗和巴格达。大约在 1260 年，人们用绞盘把君士坦丁堡赛马场的骏马像拉到这里的凉廊，宣示着这座城市新生的自信。随着海上贸易的发展，威尼斯开始变得令人心醉神迷。

与此同时，在黑海地区，塔纳的威尼斯人开始逐渐领先于卡法的热那亚人。国家档案的记载表明了政府对塔纳商埠的密切关注。1333 年，设立一个殖民地的请求被批准后，威尼斯政府立刻派去了一名领事，此人"被允许经商"——这是政府的一个不寻常的让步——"并有一名律师、四名仆人和四匹马为他服务"。[21] 1340 年，他被派去寻找其他居住地，原因是目前距离热那亚人太近，经常发生冲突；为了这个目的，威尼斯政府派遣大使去请求月即别可汗。后来，这位领事被禁止经商，作为补偿，他的薪水增加了。威尼斯商人的举动往往会引起担忧。1343 年夏天，"很

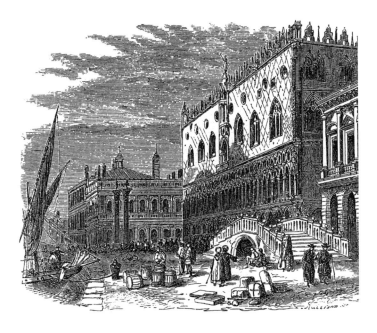

威尼斯的哥特式建筑：执政官宫殿

多威尼斯商人以欺骗手段逃避可汗征收的赋税。这给殖民地带来了风险。因此，从此以后，领事必须坚持要求所有的商人发誓守法纳税"。[22] 然后，精心准备的礼物被送给可汗。后来，政府给领事的一封简短信件写道："威尼斯人必须停止对外国商人的商品征税，因为这样会激怒鞑靼政府，最后危害威尼斯人的利益。"[23] 蒙古人的宽容可能一瞬间就会变成仇外，这让威尼斯本土的当权者很担忧。

尽管威尼斯元老院小心地维护，塔纳脆弱的平衡还是崩塌了。1341 年，月即别可汗去世了。他在位长达三十一年，是蒙古汗国最长也最稳定的统治时期。威尼斯迅速分析了当前的危险："月即别可汗的去世使塔纳的商埠处境十分艰难；领事将会挑选十二名商人，仔细分析新形势，并向新可汗致以敬意。"[24]由于一位商人毫无纪律性的莽撞，威尼斯政府堪称典范的外交政策马上就瓦解了，这样的情况在威尼斯商业据点经常发生。在有限的空间里，爱争吵的老对手威尼斯人和热那亚人又展开了争斗，其间有人员死亡，这惹恼了当地的鞑靼管理者，毕竟他们无法区分威尼斯人和热那亚人。当然还有其他的问题：偷税漏税、进贡的礼物不足、不守规矩的外国人的傲慢。1343 年 9 月，威尼斯人正是志得意满的时候，因为他们全副武装的桨帆船舰队驶入了顿河河口。一起个人的争执引发了暴力冲突。哈只·奥马尔是当地一个有地位的鞑靼人，在纠纷中打了一个叫作安德廖洛·奇夫兰诺的威尼斯人。奇夫兰诺蓄意进行了报复：他在夜间伏击了哈只·奥马尔，将他及其多位家人杀害。威尼斯社区惊恐万状，做好准备，想把尸体送回去，并支付巨额赔偿金。首先，他们请求热那亚人在这次危机中与他们一致对外。但热那亚人并没有这么做。相反，他们攻击并洗劫了鞑靼人，随后乘船撤走了，留下威尼斯人独自承担后果。在紧接着发生的暴力冲突中，六十个威尼斯人丧命。新即位的可汗札别袭击并洗劫了塔纳，毁坏了所有商品，抓了一些威尼斯商人作为人质。幸存者乘船逃到热那亚领地卡法，祈求庇护。至此，西欧与亚洲世界的联系都集中到了热那亚的这个要塞。

塔纳的危机仍在蔓延。如果说札尼别是被威尼斯人惹怒，那么他更讨厌卡法的热那亚人，因为卡法已经成了不受可汗控制的殖民地，随意对其他国家的商人征税。札尼别决

心在自己的统治范围内消灭所有意大利人。他率领大军进攻
卡法。这使得威尼斯人和热那亚人罕见地站在了同一战线。
威尼斯人从热那亚人那里得到了免税的特权,于是双方在城
市令人生畏的防御工事后面并肩作战。在 1343 年整个寒冷
的冬季,蒙古军队轰击着城墙,但是热那亚有制海的优势。
1344 年 2 月,一支舰队解除了卡法遭受的围困。蒙古人撤
退了,留下 1.5 万具尸骨。过了一年,札尼别又回来,下定
决心要驱逐热那亚人。

　　两个互相竞争的共和国达成协定,在蒙古人领地内实施
联合的贸易禁运。1344 年,元老院禁止"与札尼别统治的
所有区域,包括卡法在内,开展商业活动"。[25] 当局在里亚
尔托的台阶上宣读了这道法令,以便所有人都确切地理解这
个消息,违者将会面临巨额罚款,同时被没收一半货物。与
此同时,在得到热那亚人同意后,他们派遣安抚大使返回萨
莱,尝试解决危机,但只是徒劳。鞑靼人的回应是从城墙上
射下的箭矢,以及投石机调整张力的咯吱声和轰鸣声。对卡
法的围困一直持续到 1346 年。

　　到 14 世纪 40 年代,黑海已经成为全世界的货栈。对卡
法的持续围攻以及塔纳的毁灭,使得商业活动如同冬天海上
的结冰一般停滞了。地中海盆地各个饥饿的城市都感受到了
战争的影响。在地中海东部出现了饥荒,拜占庭缺少小麦、
盐和鱼;威尼斯也缺乏小麦,而且奢侈品价格疯涨:在全欧
洲,丝绸和香料价格翻倍增长。这些影响使黑海显得更为重
要,两个共和国在这里的竞争异常激烈。丰厚的利润回报使
商人们可以承受在草原边缘进行贸易活动的千难万险。再加

上教皇仍然禁止与马穆鲁克王朝通商，世界贸易几乎止步不前。意大利和低地国家失去了向东方出口制成品的渠道。1344 年，威尼斯人痛苦地向教皇提出请求：

> 如今……与塔纳和黑海的贸易完全丧失或被封闭了。我们的商人已经习惯于从那些地区获得丰厚利润与财富，因为它是我们进口和出口货物的通道。如今，我们的商人不知何去何从，无法就业。[26]

教皇开始慢慢放松禁令，允许与埃及和叙利亚通商；这是将香料贸易慢慢转回地中海盆地的开端。

但卡法的攻防战出现了意想不到的转折。城外的鞑靼人开始死去。仅有的当时的记载这样写道：

> 疾病将整个鞑靼军队击倒了。每天都有数千人死去……一旦他们身上出现了疾病的症状，他们马上就会死去，症状是腹股沟和腋窝内体液凝结，随后是腐臭的热病。所有的医疗建议和救助都是徒劳。鞑靼人在可怕灾难和致命疾病的打击下筋疲力尽、惊慌失措、士气涣散；他们意识到没有活下去的希望……于是将死尸装在投石机中，投掷到卡法城内，这样敌人就会被恐怖的恶臭消灭。成堆的尸首被投掷到城里，基督徒们没法躲藏、逃跑或避开这些死尸，他们尽量把尸体扔到海里。空气很快被污染了，饮用水也因腐烂的尸体而变得有毒。[27]

10. "在敌人的血盆大口中"

虽然这个事件不大可能是传播黑死病的唯一途径，但它很快就被商船传播到西方。1347 年，在黑海航行的八艘热那亚船只中，只有四艘安全返回；其他船上的船员都死了，船也销声匿迹。12 月，瘟疫传播到君士坦丁堡；大约 1348 年 1 月，黑死病传到威尼斯，差不多同时，发生了一系列凶险的地震，震得教堂的钟不停地轰响，大运河的水也泛滥成灾。到 3 月，瘟疫席卷了整个威尼斯；5 月，由于天气转热，疫情已经无法控制。地球上没有任何一个城市的人口比这里更稠密。它面临着一场灾难。根据威尼斯编年史家洛伦佐·德·莫纳西斯的记载，这场瘟疫的严重程度史无前例：

> 疫情十分猛烈，死尸遍布广场、门廊、墓地和所有神圣场所。夜间，许多尸体被埋在公共街道上，有的被埋在自家地板下；许多人没有做告解就死掉了；尸体在被抛弃的房子里腐烂……父亲、儿子、兄弟、邻居和朋友为保命互相抛弃……医生为了躲避疫病，不给任何人看病，逃离病人……同样的恐惧萦绕在神甫和教士的心头……关于这场危机，没有人能理智地思考……整个城市就是一座坟墓。[28]

必须由政府出资，将尸体运出城外，运输工具是特制的趸船，它可以在城市里行驶，将尸体从废弃的房屋里拖出来，将它们带到……城市之外的岛屿上，扔进长且宽的坑里堆积起来，人们花了很大的力气挖这些大坑。在趸船上和坑里的许多人尚有呼吸，后来死于窒息；同时，大多数划船的桨手也染上了瘟疫。珍贵的家具、金钱、黄金白银被留在废弃的屋子里，却没有贼去偷——死气沉沉的氛围或者说是恐惧，影响着每个人；一旦染上瘟疫，存活的时间不超过七小时；怀孕的女人也逃脱不了：许多孕妇的胎儿连同她们的内脏一起被排出体外。男人、女人、老人与青年遇上瘟疫都会丧命。一户有一人染上了瘟疫，全家将无一幸免。

整个1348年的夏天，悬挂着黑布的冔船缓慢地在充满恶臭的运河中行驶。可怕的哭号声响起："死人！死人!"惩罚性的强制法令要求每户人家抬出自家的死尸。为了努力降低死亡率，政府颁布了非常措施。一个特别的卫生议事会被组织起来；有可能携带瘟疫的船只被烧毁；所有贸易活动暂停；葡萄酒销售被禁止；酒馆歇业；由于缺乏看守，犯人被释放出来。里亚尔托、码头、繁忙的运河此时全部沉寂下来。威尼斯陷入一片阴霾。在潟湖的偏远岛屿上，死尸被运往大坑埋掉。一层土，然后是一层死尸，然后又是一层土。"就像千层面一样"，一位佛罗伦萨作家作了这个令人毛骨悚然的比喻。[29]

瘟疫自行消退时，威尼斯大约三分之二的人口已经死亡；贵族家庭减少了五十户。不夸张地说，活人确实是在死人堆上行走。在随后几个世纪里，毫无提防的渔民踏上潟湖深处某些荒岛时，还会踩到当年被匆忙掩埋的黑死病患者留下的白骨。黑死病彻底改变了威尼斯商人的精神面貌。在一百五十年间，威尼斯乘着欧洲繁荣的浪潮，财富增长，人口大增，以敢于冒险的乐观精神为标志的海上探险获得了丰厚的回报。但是，泛滥的物质主义、航线的扩张、穿越广阔地区的商业联系，不仅带回了丝绸、香料、象牙、珍珠、粮食和鱼，也从亚洲内陆带回了酿成瘟疫的芽孢杆菌。意大利的各航海共和国被指责为将瘟疫带到欧洲的罪魁祸首；瘟疫的后果则是他们的贪欲和罪孽遭到的神罚。同时代的编年史家加布里埃莱·德·穆西斯想象了商人与上帝的对话，发出了指控：

> "热那亚，招供你所犯下的罪行吧……威尼斯，托斯卡纳和整个意大利，说说你们都做了什么。"[30]
>
> "我们，热那亚和威尼斯，揭示了上帝的审判。不幸的是，我们航向自己的城市，回到了自己的家乡……呜呼，我们随身携带着死亡的飞镖，当我们的亲人拥抱和亲吻我们的时候，就在我们说话的时候，我们被迫从口中传播病毒。"

截至 1350 年底，作为黑海贸易的一个副产品，欧洲人口减少了大概一半。在地中海盆地的有些地方，死亡率可能高达 75%。黑死病让整个大陆接受了一种新的思维和行为方式，终结了过去中世纪公社的模式。威尼斯受物质主义驱使，这让彼特拉克很不舒服，但威尼斯成了多重新世界、新身份认同以及新思维模式的先驱。之后，意大利的重商主义思想渐渐衰退。财富和贸易的光明前景带上了淡淡的忧伤。"没有什么比死亡更确定，也没有什么比死亡来临的时刻更不确定"成了流行的说法。[31]商人们越来越倾向于规避风险，越来越保守，越来越害怕财富会突然消失；用一句老套的话说，海洋的财富使得人们越来越谨小慎微。从此以后，威尼斯一直密切关注着欧洲瘟疫的情况。

　　然而，对黑海的争夺仍在继续。双方都违反了贸易禁运的协定。1347 年，威尼斯人公然破坏与热那亚的协定，从札尼别那里获得了在塔纳经商的新特权。热那亚的信条是"不允许任何船只航行到塔纳"，于是准备进行报复。热那亚骄傲地宣称：威尼斯人只有得到他们的许可，方能航行进入黑海。新的战争无法避免。双方都被新的战争差不多拖到了毁灭的边缘。

11. 圣提多之旗
1348～1368

　　黑海仍是一个悬而未决的问题，对此瘟疫没有起到任何缓解作用，只是削减了可用的人力资源和双方的海军实力。丧失三分之二人口不到一年之后，热那亚和威尼斯又一次兵戎相见。在此之后，他们的争夺目标又回到了博斯普鲁斯海峡，这里是控制通往中亚市场通道的兵家必争之地。战争再次回到了君士坦丁堡的海墙，此地在威尼斯航海冒险事业中一次又一次扮演了关键角色。

　　到14世纪40年代末，很显然，重建的拜占庭帝国始终未从第四次十字军东征的创伤中恢复。拜占庭饱受内战困扰，无力抵挡土耳其人横穿安纳托利亚土地步步紧逼的骚扰，完全没有能力管理自己的海上边疆，因此君士坦丁堡对威尼斯和热那亚的掠夺厮杀毫无办法。这两个共和国操纵拜占庭内政，推举傀儡皇帝，支持城市内部权力斗争的不同派系。在这方面，热那亚更胜一筹。他们的贸易城镇加拉塔戒备森严，拥有自己的设防港口，距离君士坦丁堡仅一水之隔，得天独厚的地理位置让他们扼住了希腊皇帝的咽喉。君士坦丁堡要获取黑海的小麦，完全依赖于热那亚船只，并且君士坦丁堡贸易的大部分已被加拉塔夺取。到 1350 年，加拉塔的海关关税收入达到了君士坦丁堡的七倍。君士坦丁纪念柱上缠绕的蛇变成了寄生虫，威胁要毁灭寄主的身躯。君士坦丁堡无奈地发现自己已被卷入两个城市争夺商业霸主地位的战争。战争无情地推进到君士坦丁堡的门前。

热那亚的行动肆无忌惮。1348 年，他们对君士坦丁堡发动了攻击；次年，当拜占庭试图建立一支新舰队时，热那亚将其全歼于金角湾，他们大摇大摆地抢夺了小亚细亚沿岸的拜占庭战略基地；1350 年，他们占领了博斯普鲁斯海峡上的一座城堡，完全控制了进入黑海的通道。当热那亚在卡法扣押威尼斯船只的时候，两国的战争便无法避免了。

第三次威尼斯—热那亚战争于 1350 年开始，在大多数方面都与之前的两次没什么差别。这是一场混乱、覆盖面广、带着刻骨仇恨的海上战争，包含"打了就跑"的战术、海盗行为、对基地和海岛的掠夺袭扰，以及海上的正面交锋。这次战争与前面几次的不同之处在于舰队的规模。黑死病严重破坏了这两座城市的人力资源，水手遭受了尤其严重的影响。1294 年，威尼斯在短短几个月时间里就集结了约 70 艘桨帆船；而在 1350 年，它仅仅勉强凑齐了 35 艘桨帆船的桨手。普通公民对航海生活的态度已经开始有了一些虽小但很重要的变化。瘟疫使幸存者的生活富裕起来，他们继承了大量财富，劳动力的缺失也提高了劳动力成本。各阶层之间出现了分裂。在一代人之后，这种分裂在舰队事务中将变得更加富有戏剧性。普通海员开始觉得，他们和贵族指挥官承担的风险和享受的生活条件完全不同。每到征兵时，便有人抱怨，船长吃的是好面包，而桨手们只能食用难以消化的黍类。因此，很多被征召的人宁愿从希腊和达尔马提亚海岸雇用殖民地居民来代替自己服役。公民间的团结、纪律以及同甘共苦精神开始败落，并对威尼斯的海权带来了长远影响。

但是，虽然舰队的规模缩小了，两个城市间的竞争却变得更加惨烈。战端每一次再开，威尼斯人和热那亚人便更加憎恨彼此。1352 年，两个海上强国在君士坦丁堡城墙下进行了一场战役，它是威尼斯经历过的最险恶的战役之一，被世世代代铭记于心。

1351 年，威尼斯与拜占庭皇帝约翰五世签署协议，目的是将热那亚逐出博斯普鲁斯海峡，消除其对黑海的绝对控制。为了弥补缩小的舰队规模，威尼斯人得到了远在西班牙的阿拉贡国王的支持。阿拉贡国王有自己的理由去攻击热那亚人。他提供了 30 艘加泰罗尼亚①桨帆船，其中有 12 艘是威尼斯自己出钱装备的。威尼斯舰队的指挥权落到了最有经验的海军将领尼科洛·皮萨尼的手上。他和热那亚舰队的指挥官帕加尼诺·多里亚（一个航海贵族世家的后裔）可谓棋逢对手，两个家族的敌对将世代相传。最初几个月进行的是小规模交锋，在此期间，双方一直没有能够正面对垒。有一次，皮萨尼的舰队处于兵力劣势，被赶到了内格罗蓬特，他宁愿在港口凿沉自己的桨帆船，也不肯冒险出战。多里亚

---

① 此时加泰罗尼亚是阿拉贡王国的一部分，在今天的西班牙的东北角。

只得撤退，之后皮萨尼将自己的船只打捞起来，重新起航。

1352 年初，威尼斯、拜占庭和加泰罗尼亚联合舰队终于在博斯普鲁斯海峡入口堵住了他们的敌人。2 月 13 日（星期一），双方舰队在君士坦丁堡城墙下准备战斗。一百五十年前，在完全不同的情形下，第四次十字军曾在这里向君士坦丁堡发动了第一次攻击。下午，两支舰队终于接近了，此时正值隆冬，冷得刺骨，狂风大作，海面被强劲的南风吹得波涛汹涌，博斯普鲁斯海峡的激流与风向相反，掀起惊涛骇浪。

这种情形下很难驾驭船只。再过几个小时天就黑了。考虑到这些情况，皮萨尼认为推迟至明天再战是明智的做法，但加泰罗尼亚的舰队司令坚信他们可以轻松取胜。他手握利剑，宣布自己要出战，并下令吹响了进攻的号角。皮萨尼别无选择，只得跟随他前进。正当他们收起船锚时，风速陡增，海面上形成了一个个城堡那么高的波峰和令人头晕目眩的波谷。此时想要有序地攻击热那亚桨帆船，是绝对不可能的。多里亚将他的战船撤到一个有遮蔽的小海湾的入口处，而联军的战船被狂风吹得从热那亚船边飞速驶过，无法与其交战；于是他们又艰难地调转船头，桨手们拼命划桨，做第二次尝试。

现在，上百艘战船挤进了博斯普鲁斯海峡一个仅 1 英里宽的狭窄地带。船只进进退退，双方均无法组织好战线，但都尝试接敌作战。海峡内挤满了船只，这些船一会儿相互碰撞，一会儿又被风力推上岸。与其说这是一场海战，倒不如说是一系列混乱的小规模厮杀——5 艘、6 艘或 7 艘船组成

桨帆船战争

的小群体在狂风中盲目地相互攻击。夜幕突然降临在波涛汹涌的海面上。战斗场面变得更加混乱了。战士们甚至无法分清敌我。威尼斯战船上的士兵试图登上友军战船厮杀；热那亚人向自己一方的船只放箭；有人从船上落水；桨帆船的操舵装置失灵；战船碰撞时，船桨被砸碎；失去舵的船只顺着水流四处漂荡。一旦一艘船着了火，它便像火绒一样在狂风中熊熊燃烧，随后被狂风吹向黑暗的远方，只留下闪闪的火光。狂风，刺骨的寒气，木料破裂声，混乱的叫喊声，在甲板上蹒跚而行却仍拼命厮杀的战士，被骇人的疯狂驱使着：这看上去有如地狱。此时的战场上不再有任何战略或者控制可言。结果只能靠运气决定。纠缠在一起的船只撞向海岸；船员们跳上岸，继续互相攻击刺杀，因此在有的地方，海战变成了陆战。7 艘加泰罗尼亚桨帆船上的海员逃跑了；希腊人也许更加明智，几乎没有参与战斗，直接退回了金角湾。战士们带着狂怒，奋战到死，他们所杀的同伴和敌人几乎一样多。

天破晓了，眼前的场景一片混乱。空船漂浮在水面上，或支离破碎地躺在岸边；海面上到处漂浮着死尸、桅杆和战斗产生的碎屑。没人能看出哪一方胜利了，于是双方都宣称自己得胜了。双方都伤亡惨重。从加拉塔来的方济各会修士试图安排一次俘虏交换。当他们拜访威尼斯舰队时，发现俘虏数量极少，于是他们决定不再回去，以免当热那亚人了解到自己的损失后会立即屠杀他们抓到的战俘。

但在此役之后，热那亚占了上风。威尼斯和加泰罗尼亚舰队撤退了，无力继续攻击加拉塔。而此时热那亚从奥斯曼帝国的苏丹奥尔汗那里得到了军事援助。拜占庭人只好和热那亚签署了和约，根据其条款，希腊船只未经热那亚许可不得进入黑海。此外，热那亚对加拉塔的所有权得到了确认，他们加强了加拉塔的防御，将其作为自己有主权的殖民地。拜占庭正被慢慢扼杀，不仅是被贪婪的航海共和国扼杀，还被正在步步紧逼的奥斯曼土耳其人掐住了脖子。对威尼斯而言，此役的战略后果非常严重。他们从博斯普鲁斯战役中学到的是，若在通向黑海的路途上没有一个战略后备基地，他们将永远无法对远东贸易施加任何协调一致的压力。他们将贪婪的目光投向小小的忒涅多斯岛，它位于达达尼尔海峡的入口处，极具战略价值。

在热那亚也没有多少欢庆气氛。"这次胜利没有任何周年纪念活动，"热那亚编年史家写道，"执政官也没有按照惯例去教堂感谢上帝；或许，因为有很多英勇的热那亚战士在这场战役中牺牲，所以人们最好还是忘记那天的胜利。"[1]

战争继续进行，向西推进。双方互有胜负，两个共和国的情绪也跌宕起伏，轮流从疯狂的喜悦转向绝望的边缘，就像是广袤大海上波浪的颠簸。随着舰队规模的缩小和人力资源的减少，海战失利的影响显得越发突出。皮萨尼和阿拉贡人在撒丁岛外歼灭了一支热那亚桨帆船舰队，这在热那亚城内引发了戏剧性的反应。人们在街上号啕大哭；热那亚的财富和粮食来源被切断了，屈辱、饥饿和卑微的投降似乎就在眼前。公民们只能诉诸铤而走险的方法。他们自愿投降于威尼斯在陆地上的竞争对手——强大的米兰领主乔万尼·维斯孔蒂，把他当作保护盾。威尼斯唾手可得的胜利被夺走了。维斯孔蒂派遣彼特拉克（此时是维斯孔蒂宫廷的一名外交官）去向威尼斯人示好。运用他的全副文学技巧，彼特拉克阿谀奉承地呼吁"两个最强大的民族，两座最繁华的城市，意大利的两只眼睛"议和。[2]他还指出，威尼斯人的过度自信可能会遭到惩罚："幸运的骰子是暧昧不清的。如果一只眼睛熄灭了，那另外一只也必将变暗。要想针对这样一个敌人获取一场不流血的大胜，一定要小心，这或许预示着一种愚蠢和荒谬的自负！"

彼特拉克的警告被置之不理。威尼斯执政官安德烈亚·丹多洛直截了当地回答道：

热那亚人的目的是夺取我们最宝贵的财产——我们

的自由；他们恣意干涉我们的权益，迫使我们拿起武器反抗……我们之间的矛盾由来已久……因此，我们必须开战，只有这样才可以保障我们国家的安全，这比我们的生命更加可贵。后会有期。[3]

彼特拉克对这个商业共和国的粗鲁回答很是不满："我的话，或者甚至是西塞罗的话，也没有一句能够传进顽固地封闭的耳朵，也无法触及固执的心。"[4]他又一次警告骨肉相残的危险："不要自欺欺人了，如果意大利解体了，那么威尼斯也将垮掉，因为威尼斯是意大利的一部分。"[5]威尼斯不愿苟同，它认为自己和意大利大陆有本质区别，尽管此时它已经深深卷入大陆事务，只不过它自己不肯承认而已。

但是，随着战争的持续，幸运之骰的确开始倾向另一方，现在轮到威尼斯害怕了。热那亚人建造了一支新的舰队，多里亚在隆哥港（在萨皮恩扎岛上，靠近伯罗奔尼撒半岛南部的莫东）大败皮萨尼。这是威尼斯史上从未经历过的严重灾难。威尼斯损失了所有桨帆船。6000 人，而且是威尼斯的航海精英，惨遭俘虏，同时丢失了数额巨大的战利品。尼科洛·皮萨尼和他的儿子韦托尔以及一队水手逃到了莫东。皮萨尼被剥夺了一切公职，心灰意冷地度过了余生。韦托尔被无罪释放，但隆哥港战役的失败就像一个黑暗的污点，一直伴随着这个家族，并且在二十五年之后重新笼罩了威尼斯潟湖。执政官安德烈亚·丹多洛在这场灾难两个月前去世。彼特拉克被证明是正确的，他沾沾自喜地说：

"他（安德烈亚·丹多洛）这样死了也好，不用看到自己的祖国蒙受如此屈辱，以及我一定会写给他的更严厉的信函。"[6]

但与热那亚不同的是，军事失利在威尼斯并没有引发内乱，也没有发生宪法的崩溃，尽管在几个月后，丹多洛的继任者马里诺·法列罗政变未遂被处死。1355 年 6 月，米兰公爵强行要求两个互相厮杀的共和国缔结和约，这让威尼斯松了一口气，却使热那亚大怒。实际上，这项和约仅仅是一次暂时的停火。双方同意三年内均不进入亚速海。对威尼斯而言，这是短期的挫折，因为他们现在无法使用塔纳，但热那亚欢迎这个规定，因为它在卡法的主宰地位业已恢复。威尼斯人怀着热切的期望，等待 1358 年 6 月的到来；同时它与北半球所有贸易国家建立了新的外交关系，包括金帐汗国的大汗、佛兰德、埃及和突尼斯。

战争的结果尚不明确，双方似乎都瞥见了取得最终胜利的可能性，然而最终的胜利果实却被好管闲事的米兰公爵夺走了。双方都深入对方的水域，并将敌人逼迫到毁灭边缘。二十五年后，同样的战争将会再次上演，拥有和上次一样的战术、胜负逆转、希望、恐惧，作战的海域也相同，但是后果更加严重。下一次将是生死存亡的大决战。

在梵蒂冈，一提到两个航海共和国的争斗不休，大家就扼腕叹息。历届教皇一再进行十字军东征的尝试，却总是由于威尼斯和热那亚的争斗而作罢，因为只有它们才拥有运输部队所需的资源。外人明白，威尼斯自己也强烈感觉到：在这些令人精疲力竭的战争的间歇，以及在拜占庭垮台的空隙里，奥斯曼土耳其人正不可阻挡地向前推进。1354 年 11 月，热那亚人运送一支奥斯曼军队渡过达达尼尔海峡，进入欧洲。这是他们，乃至整个基督教世界做过的最糟糕的一桩买卖。他们的收费是每人一杜卡特。这个价码很不错，但实际上是一桩可怕的交易。土耳其人在加里波利站稳脚跟后，就再也没有办法将他们驱逐出去。他们将永久性地留在欧洲，成为君士坦丁堡及其腹地政治乱局中的第四条蛇。

这些战争对威尼斯海洋帝国的影响很深。在竞争对手的压力下，共和国为了维护其海上航道和海上防御，从其殖民地索取了越来越多的资源。威尼斯的所有前哨阵地（由共和国中央政府直接统辖）都感受到了宗主国施加的沉重压力，特别是在财政方面。威尼斯人掌控着一套完整的税收制度，参照先前拜占庭的税赋模式，对其加以改良，以近似偏执的仔细对执行过程进行审查。他们对住房、土地所有和牲畜征收直接税。间接税的征收对象包括：油和酒类的销售；奶酪和铁的出口；动物毛皮、咸鱼、船只停泊（根据功能和吨位收费不同）；甚至在克里特境内的葡萄酒运输；其他形形色色的货物和经济功能。还有为修建防御工事而以实物形式征收的赋税、提供警卫的徭役、提供饲料和柴火等，这些负担对克里特的城镇居民来说特别讨厌。国家对核心食品的垄断收购，尤其是以低于市价的价格收购小麦，令地主阶层怨声载道。还有一些特别征税，用来应付军事突发事件和海盗的袭击。圣马可的旗帜飘到哪里，共和国的经济需求就出现在哪里。税收的重负无情地压在所有殖民地人民的肩上。威尼斯公民、土著居民、外国人、教士和俗人、农民和城镇居民全都要缴税，犹太人承担的赋税尤其沉重。

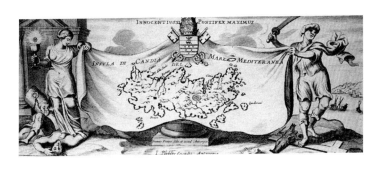

帝国的图像：威尼斯对克里特的主宰

克里特岛受到的税收压迫最为严重。这个岛屿是海洋帝国的神经中枢。去往东方的所有商业和航海活动都要经过克里特的港口。它位于十字军东征和海上战争的最前线。它生产的小麦对潟湖来说至关重要。克里特负责装备桨帆船，为其提供人力，为共和国的海军及士兵和桨手们提供两次烘焙的饼干。1344年，威尼斯参加了一次前往士麦那的十字军东征，去攻击土耳其人，正是克里特岛为此次行动买单。共和国以折扣价垄断了克里特岛的小麦。此外，管理这个岛需要付出不小的代价。从小亚细亚海岸出发的土耳其海盗越来越猖獗，威尼斯必须为克里特提供军事保护、防御工事和桨帆船巡逻。干地亚的城墙多次被地震摧毁，并且其至关重要的人造海港和防波堤也持续遭到海浪的侵袭。所有这一切都需要钱，而克里特岛不得不支付这些费用。随着时光流逝，克里特居民对遥远母邦的赋税要求越来越不满。满腹怨言的人不仅包括经常造反的希腊人，也包括他们的威尼斯地主，即共和国的封臣们，他们在岛上定居已有许多代。1363 年夏天，这种不满情绪使威尼斯的帝国霸业陷入动荡之中。

1363 年 7 月 21 日，威尼斯国家档案记录了十人议事会——强大的国家权力机关之———的一项判决。这项判决是针对马尔科·图拉尼奥的，他曾"允许一名军械士去帕多瓦做他的买卖，即制造弩弓。这项举措严重损害了威尼斯的利益，因此十人议事会判处图拉尼奥终身流放克里特岛"。[7]帕多瓦是敌对威尼斯的城市，而威尼斯当局对具有专门军事或工业技能的工匠的叛逃特别重视。制盐工人或玻璃工人若是叛逃敌国，一旦被抓获，将被砍掉右手，如果是女性，则被割掉嘴唇和鼻子，或者被追捕和暗杀。然而三个月后，国家档案记载道，图拉尼奥仍然在威尼斯。对他的处罚已经被搁置。在这三个月里，一场巨大的灾变动摇了威尼斯帝国的统治。

8 月 8 日，克里特岛上的威尼斯封臣们了解到，元老院有意引进一个新的税种，以维护和清洁干地亚港。这成为压倒骆驼的最后一根稻草。封臣们强烈反对，他们觉得实施这项税收纯粹是为了商船队（这些商船队途经克里特岛前往埃及和叙利亚海岸）的利益，与他们自己无关。他们在干地亚聚集，要求向威尼斯执政官直接上诉。克里特公爵莱奥纳尔多·丹多洛拒绝让步，坚持必须征税。他派遣传令官向整个城市宣布这一点，尤其是去圣提多（克里特岛的主保圣人）教堂宣讲，因为那里是主要反对派的云集之地。公爵发出的信息直截了当：必须缴纳税款，违者将被没收财产或处决。载有约 500 名水手的 19 艘威尼斯舰船停在港口；

有人建议丹多洛号召这些人夺取中央广场的控制权，并驱散示威者。但他拒绝了，担心这样做会火上浇油。于是水手们留在港口。

但丹多洛的敕令没有吓倒地主们。次日，他们聚集在中央广场，在心怀不满的市民、仆役和士兵的支持下，试图袭击公爵的宫殿。宫殿大门岿然不动。里面的公爵虽然极其固执，却十分勇敢，他命令将门打开。他命令封臣们退散，否则死路一条。地主的领袖之一蒂托·韦尼尔恼羞成怒，大叫道："该死的人是你，你这叛徒！"[8]丹多洛的勇气救了他自己的性命。另外几名抗议者挺身而出保护他，但在天黑时，丹多洛与其他几名忠于威尼斯的权贵都被抗议者扣押了。

一周之内，叛军为独立的克里特岛建立了一个影子政府，由威尼斯地主马尔科·格拉代尼戈担任总督和行政总长，同时设立了四名顾问和一个二十人组成的议事会来辅佐他。一百五十年来，克里特人曾多次揭竿而起，反抗他们的威尼斯宗主，但 1363 年的叛乱暴露了共和国的帝国霸业中更深层次的问题。此前所有的叛乱都是由被剥夺财产的希腊地主发动的。而这一次不同。这是威尼斯殖民者的第一次叛乱。叛乱者包括共和国历史上一些最辉煌的名门望族的成员，如格拉代尼戈、韦尼尔、格里马尔迪、奎里尼和丹多洛等贵族世家，这些家族在共和国扩张的上升期曾涌现出许多执政官、行政官员、海军将领和巨商富贾。共和国一直奉行严格的种族隔离政策，将臣属民族和威尼斯殖民者与执政者分隔开，对威尼斯公民施加许多限制条款和禁令。它信奉种族的纯洁性，最害怕的就是民族同化。用那句历史悠久的说辞，无论威尼斯居民身处多么遥远的地方——塔纳、伦敦、亚历山大港、君士坦丁堡、布鲁日、里斯本或干地亚——他们都是"我们的血肉同胞"，即集体事业的忠诚爱国的参与者，正是这样的事业构建了最尊贵的圣马可共和国，而它的核心永远是潟湖。

但在克里特岛，在一百五十年的殖民统治之后，威尼斯殖民者在这里居住了许多代，上述的这种与土著泾渭分明的冷漠超然已经软化。殖民者除了自己的威尼斯方言之外也说希腊语，有些人和主要的希腊氏族通婚，有些人开始倾向于具有神秘美感的东正教仪式。克里特岛开始征服他们的征服者了。据强烈敌视克里特的威尼斯编年史家德·莫纳西斯记载，叛乱者做了讨论，以决定在新独立的克里特岛上空悬挂何种旗帜，此次辩论定下了整个叛乱的基调：

> 8月13日，叛军在宫殿内讨论了升起圣马可还是圣提多旗帜的问题。人群涌进广场，高喊："圣提多万岁！"于是他们决定，无论在陆地还是海洋，均应悬挂带有圣提多形象的旗帜，并公开在所有地方张挂此旗帜。[9]

此事件后来被称为"圣提多叛乱"。它标志着克里特岛居民产生了一种对独立的向往。但在其开端，也出现了不祥的预兆。"这一天，圣提多的旗帜在人群的呐喊声中被升上了钟楼顶部，但旗帜是倒挂的，圣像的脚比头高。这不祥的预兆使许多有信仰的人感到害怕。"[10]

11. 圣提多之旗

尽管有这样的凶兆，"光辉的总督兼行政总长马尔科·格拉代尼戈政府及其议事会"仍高度乐观地开始运作。[11]威尼斯封臣们向希腊人民求助。希腊人被准许进入执政议事会，并且之前对希腊东正教神职任命的限制也被解除。

向西 60 英里，在威尼斯控制的海港小镇干尼亚，人们没有立即推翻共和政府的统治。这里的总督是韦托尔·皮萨尼。高贵的皮萨尼家族长期为威尼斯效劳，既赢得过荣耀，也曾蒙受耻辱。韦托尔的父亲尼科洛在此前与热那亚的战争中打过胜仗，也失败过，自隆哥港的灾难之后，便被永久地剥夺公职。韦托尔是一名经验丰富的船长和海军指挥官，但现在境况也不乐观。前一年在威尼斯，他在大街上手握利剑，企图谋杀一位行政长官，被当街逮捕。他被罚款 200 金杜卡特，还被褫夺了干地亚总督的好职位。作为干尼亚总督，韦托尔开始重整旗鼓。他对当地威尼斯人的管理似乎很有一套。他们拒绝背叛圣马可。韦托尔因此写信给威尼斯说："这一区域的地主们仍然忠于祖国，并抵制干地亚叛军的所有呼吁。"[12]后来叛军袭击了干尼亚小镇，皮萨尼和其他所有威尼斯政府人员一起被囚禁了。但这一事件说明他是一个能够赢得他人忠诚的人。十八年后，这位傲气十足、情绪多变的船长将成为威尼斯历史上最伟大的英雄之一。

在很短的时间内，整个克里特岛都落入了叛军手中。圣提多旗帜在塔楼和船舶的桅杆上飘扬。为了加强军事防御，以抵抗威尼斯的镇压，叛军的议事会做出了一个事关重大的决定，即将监狱中的一些犯人释放，条件是六个月的无偿兵役。德·莫纳西斯毫不客气地将这些犯人描述为"杀人犯、小偷、土匪、强盗和其他犯有深重罪孽之徒".[13]这使革命形势增添了一个不稳定因素。有些封臣开始怀疑反叛祖国是否明智；一位名叫雅各布·穆达佐的地主公开表示反对叛乱。他的房子被烧毁了。几天后，他的独生子当街遇袭身亡。被说服放下武器休战的威尼斯水手被抢劫并囚禁；威尼斯舰队的 3 艘桨帆船及其全体船员和桨手被扣押。一位叫作扎拉的乔万尼的商船主放弃了他的船只，乘小艇逃到了莫东。消息从那里很快传到了亚得里亚海。9 月 11 日，威尼斯元老院意识到，他们的主要殖民地——"帝国的枢纽"已全面处于叛乱状态。

对此威尼斯仍感到难以置信。当天，执政官概述了将对封臣们做出的呼吁：

> 在悲伤和惊讶中，我们得知了干地亚的叛乱；这令人难以置信。封臣们与我们同属一个集体，源于同一血脉。只要能让他们回归当初的和谐，我们将采取一切可能的措施。我们将派一名大使去了解民愤的起源，并采取适当措施。执政官恳求他亲爱的子民们听从教导，重新归顺。[14]

次日，元老院指定了一个代表团，赋予其精确的十二项任务和更深层次的秘密指示：不得泄露任何有关元老院意图的信息。同时，威尼斯在为战争做准备。代表团在干地亚登岸时，就应当意识到，他们高人一等的态度不会受到欢迎。大使们在武装护卫下，从港口沿着 300 码长的山坡大道走到公爵的宫殿。当他们走过时，群众从平坦的屋顶探出头，在使团的头顶上咒骂他们，"让大使们非常恐惧"。[15]调整好情绪后，他们对叛军议事会传达了圆滑的说辞，搬出了老生常谈的一套：他们明白，孩子可能会生父母的气……但是毕竟血脉相连，孩子终究还是会回到父母的管制下……浪子回头仍可以被原谅……执政官满怀慈悲……等等。在武装人员的包围下，而且暴民的咒骂还在他们耳边回荡，代表团一行匆匆退回到了自己的船上，落荒而逃。

威尼斯被克里特岛事务的真实状况震撼了。对威尼斯的殖民利益来说，此次危机与同热那亚的战事一样严重。失去克里特岛意味着海洋帝国将面临潜在的灾难。丧失了枢纽，整个帝国霸业都将垮掉。两种可能的结果困扰着他们：一是热那亚人可能会觉得克里特岛的叛乱有利于他们，而且叛军也正在寻求热那亚的援助；二是叛乱可能会扩散到整个爱琴海，并触发所有说希腊语的威尼斯领地起来造反。第二点很快成了现实。10 月 20 日，元老院了解到，"叛军已派出代表前往科罗尼和莫东，以及内格罗蓬特，鼓励当地居民加入他们"。[16]起初看起来仅仅是很小范围的问题，现在已发展成了重大危机。

威尼斯共和国的行政机关进入紧急状态。威尼斯政府以前自称为"公社"，现在越来越经常用"宗主国"的宏伟概念来指代自己，这暗示着它统治着广袤的领域。共和国政府的反应坚决而毫不含糊："宗主国不能放弃克里特岛，它是威尼斯海洋帝国的枢纽。我们将组织一次远征，将其再次征服。"[17]一连串简明的命令从执政官的宫殿发了出去。第一步是封锁克里特岛，使其与外界隔绝。一系列发给负责日常信息传播的议事会的简练备忘录设定好了计划。在 10 月 8 日：

> 议事会将向外国政府通知威尼斯政府针对克里特叛军的计划：1. 威尼斯决定使用在其力量范围的一切手段夺回克里特岛；2. 远征正在准备中；3. 我们请求外国政府命令他们的臣民与叛军断绝一切联系，尤其是商业联系。[18]

国家档案的记载充满紧张气氛和急迫感。使臣和信差们乘船前往罗得岛、塞浦路斯、君士坦丁堡、科罗尼、莫东和内格罗蓬特，最重要的是前去觐见教皇。教皇正希望威尼斯人能支持十字军东征的新计划。他们还派出特使前往热那亚，并相信教皇也将以天主教团结的名义迫使他们的对手不要插手克里特叛乱。此外，10 艘桨帆船奉命封锁克里特岛，将其与外界隔离。在科罗尼和莫东，人们被禁止购买已被运往当地的克里特商品。威尼斯要将克里特岛扼死。

共和国高效地着手准备武装平叛。它公开宣称："我们将尽快攻打并征服克里特岛。"[19] 它匆忙到处寻找一名合适的雇佣兵统领来指挥陆军。威尼斯自己素来只组织过海上远征，所有陆战是根据法律外包的。一位候选人，加莱奥托·马拉泰斯塔因为费用层面的考虑而被否决。"他自命不凡的各种要求非常过分，"元老院抱怨道。[20] 他们最终雇用了一位高素质的维罗纳军人卢基诺·达尔·韦尔梅来执行平叛任务，并组织了一支专业化的军队：2000 名步兵、来自波西米亚的工兵、土耳其骑兵、500 名英格兰雇佣兵、攻城武器、32 艘桨帆船（包括运马船）、12 艘满载补给物资和攻城器械的圆船。威尼斯早已习惯接受别人的雇用，运载其他国家的军队横渡地中海东部。组建和运送自己的军队的代价十分昂贵。有人抱怨道："背信弃义的克里特叛乱严重损害了威尼斯的商品和资源。"[21] 但共和国下定决心要尽快给予叛军沉重的打击。即便如此，准备舰队仍花费了八个月时间。1364 年 3 月 28 日，达尔·韦尔梅宣誓就职，并在精心筹划的仪式上从执政官手中接受了战旗。4 月 10 日，在利多接受隆重的检阅后，舰队起航。5 月 6 日，舰队已经停泊在干地亚以西 6 英里的一个小海湾内。

在达尔·韦尔梅的军队登岸很久之前，有关威尼斯舰队的消息就已经使叛军六神无主。一些持不同政见的威尼斯人开始重新思考。叛军内部不同派系之间出现了杀气腾腾的分裂：城市对乡村，威尼斯人对希腊人，天主教徒对东正教徒。格拉代尼戈氏族的一名成员莱奥纳尔多皈依了东正教。作为新信徒，他的宗教热情特别疯狂，与一名叫作米勒特斯的希腊僧人勾结，阴谋刺杀动摇不定的人。后来他们的计划扩大至杀死所有生活在城墙安全保护范围之外的威尼斯地主。米勒特斯准备了一个"长刀之夜"①，目标是意大利人

---

① "长刀之夜"原指 1934 年 6 月 30 日至 7 月 2 日纳粹政权对冲锋队的清算。希特勒因无法控制冲锋队的街头暴力并视之为对其权力的威胁，故欲除去冲锋队及其领导人恩斯特·罗姆。他还想安抚害怕与厌恶冲锋队的国防军高层，特别是由于罗姆企图将国防军纳入自己领导的冲锋队之下。至少有 85 人死于清算，不过最后的死亡人数可能达几百人，超过 1000 名反对者被逮捕。此次行动加强并巩固了国防军对希特勒的支持。

居住的孤立农场和乡间宅邸。德·莫纳西斯对这一波新的恐怖活动做了生动的描述:

> 为了避免别人怀疑他的阴谋,米勒特斯和他先前最亲密的朋友安德烈亚斯·科纳待在一起……在位于普索诺皮拉的房子。夜幕降临,米勒特斯和同党冲进屋子里。安德烈亚斯吓坏了,对他说:"我的朋友,你们这是想干什么?"米勒特斯回答道:"杀你!"……安德烈亚斯说:"你真的堕落到要犯下这样的弥天大罪,要杀害你家庭的朋友和恩人吗?"他回答说:"我必须这么做。我们之间虽然有友谊,但更重要的是宗教、自由以及将你们这些异端分子逐出这个岛屿,这是我们与生俱来的权利。"……说完这些,他们杀害了他。[22]

同样的场景在整个克里特岛的乡村重复上演着:敲门声,惊讶的喘息声,然后是突如其来的袭击。"那天晚上直到次日凌晨,他们杀害了加布里埃莱·维纳里奥(他死在位于伊尼的家中)、马里诺·帕斯夸利戈、劳伦蒂奥·帕斯夸利戈、劳伦蒂奥·奎里诺、马尔科和尼科洛·穆达佐、雅各布和彼得罗·穆达佐……"[23]受害者的名单很长。威尼斯的克里特岛风声鹤唳、人心惶惶。在干地亚、莱蒂莫和干尼亚的城墙之外居住已经十分不安全。叛乱眼看就要失控。受希腊爱国主义和新形成的暴民军队的搅动,干地亚陷入了混乱。一群暴民试图强攻监狱,并杀死被关押在那里的克里特公爵和威尼斯水手。市政府制止了这些暴民。就连叛乱领袖马尔科·格拉代尼戈也被事态的发展震惊了。叛军决定，僧人米勒特斯这样的盟友太过危险，还是没有他比较好。米勒特斯被诱骗到干地亚附近的一座修道院，被抓获并从公爵宫殿的房顶扔了下去，反复无常的暴民用剑将他结果。

随着有关威尼斯舰队的消息增多，以及叛军对希腊人越来越恐惧，宫殿内部的争论愈发激烈。威尼斯人和干地亚的希腊市民都害怕会激起农民起义——被压迫了几个世纪的下层人民的反抗。为了控制已经不在他们掌握范围内的叛乱，他们提出了一个极端的解决方案："为了遏制希腊人的叛乱，应使克里特岛隶属于一个外国宗主，即热那亚。"[24]在许多威尼斯领主看来，这样的背叛实在太过分了。有些人被互相抵触的情感驱动，提议现在向威尼斯政府恳求宽恕。马尔科·格拉代尼戈是提议者之一，他被召回公爵宫殿商议大事——这其实是一个埋伏。25个年轻男子已藏身在宫殿的小教堂内。格拉代尼戈被杀害了。其他所有反对向热那亚臣服的人也被围捕并监禁。议事会里满是增添进来的希腊成员，投票通过了。一艘挂有圣提多旗帜的桨帆船起航前往热那亚，但有8名持反对意见的人士偷偷向威尼斯通风报信，发出警示：威尼斯的竞争对手即将被邀请加入这场混战。

就在这些事件发生的同时，1364年5月6日或7日，达尔·韦尔梅的舰队在干地亚以西几英里处停靠，他的军队开始登陆。他们眼前的地形崎岖坎坷，障碍重重，被河流和峡谷分割得支离破碎，只有一些狭窄的道路通向城市。在这一地带，叛军早已设下埋伏。达尔·韦尔梅先派遣一支100人的先遣队去侦察地形。他们在崎岖的山路上摸索，很快便遭到伏击，全军覆灭。当主力部队从后面赶上时，出现在他们眼前的是令人毛骨悚然的恐怖一幕。据热衷于渲染希腊人暴行的德·莫纳西斯描述，叛军"将尸体的生殖器割下，塞进他们嘴里；切下他们的舌头，塞进他们的肛门。这一暴行大大激怒了意大利人"。[25] 双方都集结人马，想要掌控山口隘道，但很显然，叛军的乌合之众终究不是专业化军队的对手，这些职业军人曾参加过意大利北部各城市间的战争，久经考验，并且他们现在一心想要替他们的战友报仇。叛军很快溃散。很多人被打死或被俘；其余的则逃到了山区。几个小时内，达尔·韦尔梅的军队便洗劫了干地亚郊区；没过多久，全市投降。悔过的官员将城门钥匙交给达尔·韦尔梅。莱蒂莫和干尼亚也迅速投降。叛乱的始作俑者之一蒂托·韦尼尔躲进山区，加入了希腊人卡莱尔吉斯氏族。圣提多叛乱就像之前突然爆发那样，如今骤然瓦解。它的旗帜被撕下；圣马可的雄狮旗又一次飘扬在公爵宫殿上空。在干地亚的主广场上，处决开始了。

6月4日，消息传到了威尼斯。捷报抵达的情形被彼特拉克写进了一封令人难忘的信里：

> 大约是中午时分……我碰巧站在窗前，眺望广袤的大海……突然出现了一艘他们称为桨帆船的长船，它通体装饰着绿叶，正划桨进入港口……水手和一些年轻男子，头顶绿叶编织的冠冕，面带欢笑，在船首挥舞着旗帜……最高塔楼上的瞭望员发出讯号，宣示有船抵达，全市人民都自发跑过来，急切地想知道发生了什么事。

当船足够近，能够看清细节时，我们看到敌人的旗帜被拖在船尾。毫无疑问，这艘船是来报捷的……当得知这一消息时，执政官洛伦佐……和所有人，在城市各地衷心感谢上帝，尤其是在圣马可教堂，我相信这是世界上最美丽的教堂。[26]

全城都充满了欢庆的气氛。大家都知道，克里特岛有多么重要。它是整个殖民和商业系统的枢纽，而威尼斯的贸易和财富正依存于此。为了感恩胜利，威尼斯举行了礼拜仪式，组织了游行队伍，并做出了一些慷慨的举动。罪犯得到赦免；贫穷的女仆得到金钱赏赐，用来做嫁妆；据德·莫纳西斯记载，整个城市沉浸于一连数日的欢庆仪式和盛大娱乐活动。彼特拉克观看了在圣马可广场举行的竞技和比武大赛，他和执政官一起坐在教堂的凉廊内，华盖遮蔽着他们的座位，四匹骏马的雕像就屹立在他背后的上方：

它们似乎在嘶鸣，在狂抓着地面，栩栩如生……下方人山人海，找不到一个空隙……庞大的广场、教堂、塔楼、屋顶、门廊和窗户都挤满了观众，人们摩肩接踵……在我们右方……是一座木制舞台，坐着四百位最艳丽的贵妇，都是美丽与高贵的鲜花。[27]

甚至还有一群到访的英格兰贵族也在现场，观看了这些活动。

收复克里特之后的庆祝活动

伴随胜利而来的还有惩罚。元老院决心在其统治领域内彻底消灭敌党。惩罚的手段五花八门：酷刑折磨至死或斩首；拆散亲人；驱逐出境，不仅是逐出克里特岛，而且逐出"君士坦丁堡皇帝的土地、爱琴海公爵领地、罗得岛圣约翰骑士团的领地以及土耳其人的领地"。威尼斯试图抹掉格拉代尼戈和韦尼尔等家族在克里特的支系于档案中留下的所有痕迹。为了满足国内群众观看复仇的需求，一些犯人被披枷戴锁地押回威尼斯。帕拉迪诺·佩尔马里诺被斩断双手，然后被吊在双柱之间，以儆效尤。

庆祝和杀鸡给猴看的惩罚都为时过早。克里特岛上的各城镇已重新归顺威尼斯；在乡村，叛乱的余烬不停地迸发出火花，难以杜绝。在克里特西部山区，威尼斯叛军的一小群余党，包括叛乱始作俑者蒂托·韦尼尔，与希腊人

11. 圣提多之旗

卡莱尔吉斯氏族联手，在好斗农民的支持下，继续开展游击战，反抗威尼斯政府。他们袭击孤立的农场，杀害其所有者，焚烧他们的葡萄园，毁坏设防区域。威尼斯地主被迫退回城镇中，而乡村成了暴动和危险的区域；威尼斯的小队士兵遭到伏击，被全部消灭。为了彻底了断此事，威尼斯不得不增派越来越多的士兵，并不断调换军事指挥官。这是一场肮脏而旷日持久的战争，持续了四年，最终威尼斯依靠残忍和毅力赢得了战争。威尼斯人施行焦土政策，并悬赏鼓励平民交出叛军。饥饿的希腊农民开始与政府合作，交出抓获的叛军和他们的妻儿，以及成袋的血淋淋的首级。随着支持他们的农民越来越少，叛军被迫躲进克里特山区的隐秘处。1368 年春天，蒂托·韦尼尔和卡莱尔吉斯兄弟在西南部最偏远的要塞——安诺波利进行了最后的抵抗。威尼斯指挥官耐心地追踪他们，而当地平民出卖了他们。在崎岖山坡的一个洞穴内，克里特叛军度过了他们的最后时刻。虽已被包围得水泄不通，乔治·卡莱尔吉斯仍坚持不懈地向威尼斯士兵射箭，但他的兄弟意识到，再作抵抗是毫无意义的。他做出了象征着战败的举动，折断了自己的弓，说已经不需要它了。韦尼尔耳朵受伤，跌跌撞撞地出来投降。当他索要绷带时，有人回答说："你的伤不需要治疗，它完全无法治愈。"[28] 韦尼尔意识到对方的意思是什么，只是点点头。不久之后，在干地亚的公共广场，他被斩首了。

克里特岛精疲力竭、遍体鳞伤，终于回归和平。此后，那里再也没有发生过重大叛乱。威尼斯的雄狮旗将在干地亚的公爵宫殿上空再飘扬三百年；共和国用铁的手腕牢牢控制着它。那些曾经是叛乱中心的地区，如东部肥沃的拉西锡高原和斯法基亚山脉的安诺波利，都被刻意化为沙漠。政府以死亡相威胁，禁止在这些地区从事农耕。这种情形持续了一个世纪。

在这一切的动荡中，热那亚始终袖手旁观。叛军的桨帆船于1364年到达热那亚并乞求援助，但遭到了拒绝。威尼斯已经派遣使者来请求联合对抗叛军；热那亚抵制住了诱惑，可能更多是因为教皇要求天主教徒团结一致，而不是因为两个对手间出现了积极的合作精神。威尼斯和热那亚之间只是暂时的停火。克里特叛军最终投降五年之后，战争再一次爆发了。

12. 驯服圣马可

1372～1379

　　新一轮战争的导火索与之前历次战争十分相似，透着不祥的气息：两国商人在一个外国港口互相竞争，然后是一番口舌，随后发生肢体冲突和斗殴，最后竟发展为屠杀。区别在于结果不同——之前的历次战争均以勉强停战为结局，这一次是死战到底。在 14 世纪最后的二十五年里，双方均努力给对方致命一击。这场战争在历史上被称为"基奥贾战争"，两国商业竞争的所有咽喉要地均被波及，包括黎凡特沿岸、黑海、希腊沿海，以及风波不断的博斯普鲁斯海峡水道，但最终决战发生在威尼斯潟湖内。

　　矛盾激化的地点是法马古斯塔港。塞浦路斯由一个日渐衰落的法兰西十字军家族——吕西尼昂王朝统治，是两个共和国的一个贸易枢纽。威尼斯在此拥有棉花和糖料作物的重要商业利益，并且该岛是商品交换的市场，同时也是前往黎凡特路线上的中转站。法马古斯塔坐落于棕榈树群之间，紧挨波光粼粼的大海，距离贝鲁特仅 60 英里。在这里，在吕西尼昂王朝新君彼得二世的加冕典礼上，威尼斯和热那亚的矛盾突然爆发了。原因出在鸡毛蒜皮的次序问题上。当国王

被引领着前往教堂时，威尼斯人抓住了御马的缰绳；在随后
的宴会上，威尼斯和热那亚的领事为了争夺国王右侧的贵宾
位置争吵起来。热那亚人开始向他们的死敌投掷面包和肉，
但他们还携带了隐藏着的剑。塞浦路斯人攻击热那亚人，将
他们的领事扔出窗外，然后袭击热那亚聚居区，将其洗劫一
空。对热那亚人来说，这是无法忍受的侮辱。次年，一支相
当强大的舰队攻击了塞浦路斯岛，并将其占领。

　　威尼斯人没有被驱逐出塞浦路斯，但这次事件使气氛紧
张起来。这使他们在战略上十分令人忧虑。他们面临着被排
挤出重要贸易区域的危险。这种感觉又因君士坦丁堡的事件
而加深，在那里，两个意大利共和国疯狂地插手干预争夺拜
占庭皇位的无休止斗争。威尼斯和热那亚分别拥立不同的皇
帝：威尼斯支持约翰五世·帕里奥洛格斯；热那亚人支持约
翰五世的儿子安德罗尼库斯。

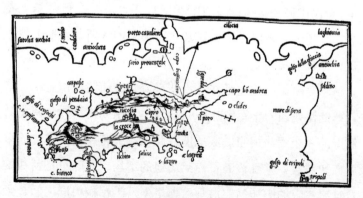

塞浦路斯

　　双方都为了一己私利而冷酷无情地行事。威尼斯尤其渴
望维持自己进入黑海的权利，而热那亚对黑海仍占统治地

位。1370 年，当约翰五世访问威尼斯时，威尼斯人因他未偿清一笔债务而将他扣押了一年。六年后，威尼斯人以恫吓的方式向约翰五世索要忒涅多斯岛（否则就派遣舰队进入博斯普鲁斯海峡），以此换取被他们扣留的皇室珠宝。忒涅多斯岛是与小亚细亚海岸相望的一个小岩石岛，具有关键的战略意义：它距达达尼尔海峡的出口 12 英里，是通向君士坦丁堡及更北方的关键要冲。因此，它"对所有希望航向黑海，及塔纳和特拉布宗的人来说，是至关重要的门户"。[1]威尼斯共和国想要以此来遏制热那亚的海上交通。

皇帝将忒涅多斯岛拱手相让。热那亚的回应同样迅速。他们废黜了约翰五世，让他的儿子当皇帝，并要求收回忒涅多斯岛。然而，当他们派遣舰队去取回自己的战利品时，却遭遇了直截了当的拒绝。忒涅多斯岛的希腊居民拥护威尼斯人，不肯服从热那亚，并将热那亚入侵者驱逐出岛。安德罗尼库斯逮捕了威尼斯人在君士坦丁堡的市政官。威尼斯要求释放他们的官员，并恢复约翰五世（他正在城墙附近一个阴暗地牢里苟延残喘）的皇位。1378 年 4 月 24 日，威尼斯共和国宣战了。

受黑死病的长期影响，双方能够出动的舰队的规模都比较小。令冲突升级的是，两个海上对手各自都拥有了一些陆地上的盟友。威尼斯越来越多地参与意大利各城邦复杂的权力政治。威尼斯共和国第一次不仅拥有海外属地，还拥有了面积不大的陆上属地，即在意大利本土的一些土地，以特雷维索城（位于威尼斯城以北 16 英里处）为中心。从特雷维索的周边地区，即所谓特雷维尼亚诺，威尼斯可以获得至关重要的粮食供应。粮食经布伦塔河运往南方，在基奥贾镇附近进入威尼斯潟湖。波河、布伦塔河和阿迪杰河这三条大河从遥远的阿尔卑斯山带来了淤积物，形成了威尼斯潟湖。这三条大河在基奥贾镇这个战略要地注入大海。这些水道，再加上互相连接的运河网络，构成了通往意大利核心地带的贸易主干道，威尼斯对这些水道严加防守。威尼斯共和国能够对意大利北部施加老虎钳一般的强大经济压力，控制盐的供应，征收水上交通的费用，以垄断的条件用平底小船将自己的商品运往水域的上游。相较于与其临近的地区，威尼斯太强大、太富裕、太骄傲了。威尼斯西面的邻居是帕多瓦，东面是在达尔马提亚海岸立足不稳因而紧张不安的匈牙利国王。如果说威尼斯让其他国家仰慕，那么它同时也让人心生嫉妒和恐惧。热那亚、帕多瓦和匈牙利之间的往来书信表达了他们深切的不安："如果（威尼斯）被允许在意大利大陆站稳脚跟，就如同他们在海上一样，很快他们就将成为整个伦巴第的主人，最后，成为整个意大利的主人。"[2]热那亚、帕多瓦领主弗朗切斯科·卡拉拉和匈牙利国王拉约什一世签署协议，从陆地和海上将威尼斯包围，"以此羞辱威尼斯和它的盟友们"。[3]

这个联盟为热那亚提供了新的战略选择。如今不仅可以通过陆战扼杀通往威尼斯的重要内河交通，还可以利用拉约什一世在达尔马提亚海岸的各港口，特别是扎拉，为热那亚舰队提供近距离袭击威尼斯的基地。这对威尼斯的威胁是相当大的。威尼斯也联合了自己的盟军。塞浦路斯国王仅仅能提供道义上的支持。更重要的是他的未来岳父——米兰公爵所提供的援助。

除了开展一场新的海上战争的花销之外，威尼斯共和国现在还不得不增加保护其陆地领土的开支。根据传统的做法，为了陆战，威尼斯为寻找一位有才干的雇佣兵首领而在意大利四处搜寻。这总是一个棘手的问题。正如马基雅维利指出的，雇佣兵的表现总是个变量。雇佣兵总是要价昂贵，而不可靠；"不团结，野心勃勃，纪律涣散，不忠实，在朋友面前耀武扬威，在敌人面前胆小如鼠；他们既不敬畏神灵，又不忠实对人……在和平时人们被雇佣兵抢劫，在战时被敌人抢劫"。[4] 在随后的几个月里，雇佣兵给威尼斯造成了很多麻烦。威尼斯希望请到最好的雇佣兵统领——英格兰人约翰·霍克伍德爵士，意大利人称其为乔万尼·阿库托（"锋利的"）。他的名声很是血腥，因为他总是超额完成合同规定的任务。一年前在切塞纳，他下令屠杀了 5000 人。然而对于目前囊中羞涩的威尼斯人来说，雇用霍克伍德太昂贵了，而且他与帕多瓦领主关系过于紧密。他们最后选择了贾科莫·德·卡瓦利，每月费用为 700 杜卡特。

陆战还将引进新的技术。两年前，威尼斯人在一次攻城战中第一次使用了火药武器。大炮在意大利是一件新玩意儿。"一种铁制的伟大工具，"一位当时的作家这样描述它，"整个身管是中空的，向其填入黑火药——由硫黄、硝石和焦炭制成，然后在火药上方装填石弹。通过火门点燃火药后，石弹便被巨大的力量推射出去。"[5] 巨型射石炮是铸铁制成的带有箍的长管，可靠性极差，每天只能发射一发石弹。它们将在随后的战事中发挥作用。

财富之城

　　宣战之前的日子里，威尼斯政府选择了两位海军指挥官，他们是威尼斯历史上履历最为丰富多彩的两位冒险家。1378 年 4 月 22 日，在圣马可教堂举行的盛大典礼上，七十二岁高龄的执政官安德烈亚·孔塔里尼授予韦托尔·皮萨尼海军总司令的职衔。执政官将威尼斯的战旗交至皮萨尼手中，宣布：

> 　　上帝赋予你神圣的使命，用你的勇气来捍卫这个共和国，并向那些胆敢侮辱它、侵害它安全的人复仇。共和国的安全源自我们先辈的美德。我们将这面胜利的、令人敬畏的战旗授予你，你的义务便是带着它凯旋，不得玷污它的荣誉。[6]

　　皮萨尼家族十分清楚，在为共和国服务时，命运是变幻无常的。二十年前隆哥港的灾难发生时，韦托尔一直在他父亲的身边。韦托尔自己也是个充满矛盾的人：直言不讳、勇敢无畏、爱国、敏感易怒、脾气暴躁，是一位身先士卒的海军指挥官。他是一位极其优秀的领导者，深受船员们爱戴，其他贵族却非常厌恶他。除了曾经受过谋杀未遂的指控之外，他在 1364 年担任克里特总督时还曾殴打过一位同僚官员。但他的军事经验极其丰富，无与伦比。后来的事实证明，任命他为海军总司令是一个饱受争议但非常聪明的选择。

　　同时，共和国还任命了另一位贵族冒险家——卡洛·泽诺，用威尼斯方言的读法是"泽恩"。四十五岁的泽诺已经

12. 驯服圣马可

在威尼斯海洋帝国全境经历过无数次非同寻常的冒险。父亲战死沙场，他成了一名孤儿。他与一位教皇结交，先后当过学者、音乐家、神甫、赌徒、雇佣兵，也曾结过婚。在帕多瓦学习时，他曾遭遇劫匪，差一点命丧黄泉。几年后在帕特雷，他又差点被活埋：在遭到土耳其军队围攻的战斗中，他身受重伤，别人以为他已经阵亡，用裹尸布将他裹起来，放进棺材。就在准备钉棺盖时，有人发现他还有生命的迹象。根据泽诺家族不可靠的回忆录记载，泽诺曾在君士坦丁堡用一根绳子爬进监狱，企图营救被囚禁的拜占庭皇帝约翰五世，但皇帝不肯抛下同样被囚禁、无法救出的儿子们。泽诺在忒涅多斯岛保卫战中起了重要的作用。大众认为泽诺是坚不可摧的。威尼斯老百姓将皮萨尼称作"父亲"，将泽诺称为"不可征服者"。他受命率领18艘桨帆船前往地中海东部，去担任内格罗蓬特总督，并尽可能地破坏热那亚航运。就这样，威尼斯的海上安全被托付给了这两位半神话的贵族冒险家。

威尼斯毫不犹豫地准备作战。米兰公爵的封臣们从陆路逼近热那亚，而皮萨尼沿着意大利西海岸北上，洗劫海港，散布恐惧。5月末，他在安济奥外海遇见一支热那亚舰队，将其击溃。消息传至热那亚，造成了一片恐慌：皮萨尼随时可能杀到无人防卫的热那亚海港护墙下；米兰士兵正在劫掠热那亚的乡村。热那亚发生了动乱（这种动乱周期性爆发，困扰着这个国家），导致执政官被废黜，并选出了新人替代他。但皮萨尼觉得自己的舰队规模太小，不能够进一步维持早期的胜利，于是再次转身向东，回到亚得里亚海。整个夏天，他在海上活动范围广泛，盲目地追踪猎杀小群热那亚海盗，炮击法马古斯塔，护送普利亚来的运粮船队，并根据威尼斯战争委员会发出的神经质的、常常自相矛盾的命令采取相应行动。

大规模战争越来越近了。到 6 月，已有 5000 名匈牙利士兵绕过威尼斯湾，与帕多瓦领主弗朗切斯科会合；7 月初，他们开始攻打潟湖岸边的梅斯特雷，此地距威尼斯仅 10 英里。但他们没能攻下梅斯特雷；威尼斯守军兵力远少于敌人，但坚守住了。据编年史家记载，威尼斯人在他们的城墙上安置了蜂箱，这使得侵略者放弃了最后的攻击。这是一次振奋人心的以少胜多的胜利，威尼斯市民知道，只要敌军的势力局限于陆地上，便不足为虑，因为潟湖可以保护他们。但他们得到消息，热那亚派出了一支新的舰队（由卢西亚诺·多里亚指挥），于是不得不三思。

在这期间，皮萨尼在达尔马提亚海岸马不停蹄地追踪敌军。他炮轰了扎拉，但该城防备森严，难以攻下；他又南下，去攻打匈牙利的其他基地。皮萨尼猛攻卡塔罗港，"像一位普通船长一样"在最前线厮杀。[7]战利品由所有船员共享，就是这样的做法让皮萨尼赢得了部下的绝对忠诚。此时，威尼斯政府下达给皮萨尼的命令日益迫切：阻止多里亚进入亚得里亚海，最重要的是阻止其到达扎拉，因为他一旦到了那里，就与匈牙利人建立了直接联系，而且拥有了一个距潟湖仅 150 英里的基地。不知疲倦的皮萨尼将其舰队部署于西西里岛的海峡，准备在意大利半岛的最南端拦截多里亚的舰队。他上当了，热那亚舰队悄悄绕过了岛屿的南端。皮萨尼又折回，试图猜测多里亚下一步会做什么，并在整个亚得里亚海海口搜集情报。他们多次瞥见多里亚，却始终未能将其抓获。整个秋季，双方都在进行猫捉老鼠式的追踪和反追踪，皮萨尼一直将自己的舰队摆在热那亚舰队和扎拉之间，再次回去炮击扎拉，洗劫了希贝尼克港，最后终于将多里亚堵在了戒备森严的特劳港，但多里亚坚守不出，不肯应战。皮萨尼强攻特劳未果，且损失惨重。多里亚下定决心死守不出，等待时机。皮萨尼再次北上，炮轰扎拉。

　　一年的艰苦航海结束了。船只已在海上行驶了九个月。尽管皮萨尼的领导鼓舞人心，但舰队的士兵们仍感到沮丧，因为他们无法与行踪诡秘的敌人决战，并且因为多次尝试而精疲力竭；士气处于低潮期。皮萨尼请求允许返回潟湖，但遭到拒绝。战争委员会急切盼望将多里亚舰队驱逐出去，

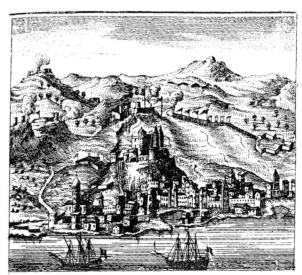

特劳

财富之城

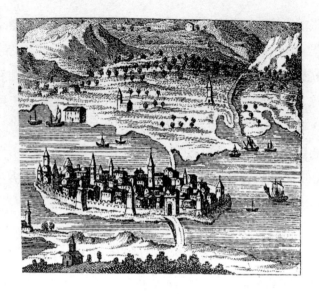

希贝尼克

担心他仍可能悄悄杀向潟湖，联合匈牙利军队，海陆并进，以钳形攻势包围威尼斯城。皮萨尼奉命在普拉过冬，以守卫威尼斯内湾。

这是一个灾难性的决定。1378～1379年之交的冬天格外寒冷。暴雪不断，霜冻刺骨，来自匈牙利草原的持续不断的寒风使得环境十分恶劣。饥饿、疾病、寒冷和疲劳使船员人数越来越少；很多人由于冻伤而失去了手脚；士兵和弩手们逃走；桨手们在严寒中受尽折磨。大家恳求起锚航行，而不是坐以待毙。仅仅是出于对皮萨尼的忠诚，舰队才保持了人员大体上齐整。海军司令将病员送回威尼斯，同时再次请求允许他返航。他的请求再一次被拒绝了。一方面，威尼斯当局害怕敌人舰队；另一方面，仇视皮萨尼的贵族们执意要继续折磨这位蒙受极大苦难的指挥官。威尼斯城的粮食供给

12. 驯服圣马可

越来越紧张；在 1 月份最难熬的日子里，皮萨尼奉命跨越亚得里亚海，前往普利亚，护送供应威尼斯的粮食。现在所有人的期望都落在了他的肩上。执政官亲自写信，恳求他继续坚持下去。热那亚的陆上盟友们一步步地掐断了威尼斯的主要补给线。特雷维索城遭到了围攻。皮萨尼备好桨帆船，再次从普拉起航。疾病、死亡和逃兵等问题越来越严重。到 2 月初，他可用的桨帆船从 36 艘减少到了 12 艘。

2 月，尽管有人强烈反对，皮萨尼还是再次当选海军总司令；另外，政府指派了两名新专员——卡洛·泽诺和米凯莱·斯泰诺协助他。他们带来了皮萨尼急需的粮食和 12 艘桨帆船，其中一些船是私人建造和购买的。整个春季，重整旗鼓的舰队遵照一系列互相抵触的命令，采取了行动：他们再次攻击在特劳的多里亚，护送粮食，破坏达尔马提亚海岸。捉迷藏的游戏继续进行；热那亚人只肯参加小规模交战。他们的目的是阻截威尼斯的粮食供应。在一次战斗中，皮萨尼腹部中了一箭，但多里亚逃走了。来自陆地上的消息越来越糟糕：特雷维索快守不住了；帕多瓦军队加强了对内河交通的控制。为了削弱敌人的控制力，泽诺奉命带着一队桨帆船去劫掠热那亚周边的海岸。威尼斯人这么做是希望围魏救赵，转移战场，迫使多里亚的舰队撤退。

从短期来看，这并没有带来什么改观。多里亚在自己选择的时机还未到来之前，一直拒绝交锋；皮萨尼的舰队问题重重，他接到的命令又太多，因此没有足够的力量采取行动。1379 年 5 月 7 日，多里亚的舰队突然出现在普拉外海的航道上，而此时威尼斯舰队又一次暴发了疫病。威尼斯人完全措手不及。多里亚的舰队排好阵型，嘲讽地要求敌军出来战斗。在威尼斯舰队经过几个月无果的搜寻、白白浪费了力气后，热那亚人现在的挑衅几乎无法抗拒："士兵和船员们就像被链条锁起来的獒犬一样，气喘吁吁地想去撕咬任何一个经过的人，大声疾呼，要求出战；船长和专员们也主张出战。"[8]

这给总司令带来了道德上的压力：不出战将是对威尼斯旗帜的蔑视。皮萨尼既谨慎又多疑。他几乎可以肯定，他拥有的船只数量少于敌人，且状况不佳；他们躲在一个安全的港湾，并且泽诺身在远方。他清醒地记得在隆哥港的失利（那就是听取了不周全意见的后果），因此争辩说，应当韬光养晦，等待泽诺回来。保全舰队是最重要的事情。舰队内部发生了激烈的辩论。有人怒气冲冲地吵嚷，互相辱骂、咆哮。最后，米凯莱·斯泰诺大肆嘲讽皮萨尼，超越了他忍耐的极限："皮萨尼想要避战，不是出于策略考虑，而是由于胆小。"[9]皮萨尼怒火中烧，伸手去摸他的剑柄。为保全个人荣誉，他做出了让步，决定出海。命令一出，船只立刻整装待发，缆索被解开。他呼喊着威尼斯的战斗口号："热爱圣马可的人，跟我来！"[10]下令进攻。

卢西亚诺·多里亚已经埋伏好了。他在战场外隐藏了10艘桨帆船。他的舰队主力在意气风发的威尼斯舰队进逼下步步后退，将敌人引出海，然后敏捷地转身迎战，同时隐藏的10艘桨帆船从侧翼和背后袭击威尼斯人。"我们的将士，吃惊又害怕，一下子从勇敢无畏变得惊恐万状，"威尼斯人的报告如此清醒地记载道。[11]恐慌导致威尼斯舰队溃不成军。其中一位曾经渴望战斗的专员布拉加迪诺如今魂飞魄散，在躲避包围他的敌船的轰击时落水。12 名经验丰富的船长战死或溺死；5 名船长被俘。威尼斯舰队七零八落，虽仍在交战，但已经快要狼狈逃窜。卢西亚诺·多里亚过度自信地掀起自己头盔的面甲，喊道："敌人已经被打败；我们离全胜只有一步之遥！"[12] 一位威尼斯船长趁着混乱猛冲向前，刺中了多里亚的咽喉。多里亚当场死亡，对于威尼斯人来说，这是小小的安慰。皮萨尼试图集合残余的桨帆船，但为时已晚。看到他们都溜走了，甚至斯泰诺都逃跑了，皮萨尼放弃了实力悬殊的战斗，也跟着逃走了。5 艘船逃到了北方 30 英里处的沿海城镇帕伦佐。

5 月 9 日，热那亚的新任指挥官写信给帕多瓦，总结了胜利的情况：

> 我们在很短的时间内便赢得了战役——仅花费一个半小时……敌军 21 艘桨帆船中，我们俘虏了 15 艘及其贵族船长，还缴获 3 艘载满粮食和腌肉的运输船；我们俘虏了 2400 人……除去这些俘虏，我们相信敌方另有七八百人死亡，或战死，或溺水身亡。[13]

5 月 11 日，帕多瓦领主弗朗切斯科和帕多瓦全体人民参加了前往教堂的游行，"歌颂并感谢上帝，保佑我们战胜了威尼斯人……到处欢天喜地，城市里大摆盛宴，教堂钟声齐鸣，在夜里，开阔地和整个地区都灯火通明"。[14]

皮萨尼肩负着向政府报告失利的沉重责任。没有时间可以浪费了。一艘船被派回威尼斯，另一艘被派往黎凡特的各殖民地。战败的噩耗令整座城市呆若木鸡。有诧异，有震惊，也有恐惧。人们为失去亲人而哭泣，也为城市即将面临的危险而伤心。现在，没有舰队可以保护城市了。许多本领最高超的船长和训练有素的水手要么被热那亚俘虏，要么已经丧命；皮萨尼的舰队已几乎全军覆没；泽诺的舰队还在遥远的外海某处。人们清楚地意识到，一场公共灾难即将降临，而一些贵族对皮萨尼家族抱有宿怨。潟湖雾时间寒气逼人。政府向帕伦佐发出命令，逮捕皮萨尼，罪名是"在短短一天，甚至是一个小时之内……丢掉了共和国海军的中坚力量，丢掉了海上的自由、航海、商业、公共税收和公民的信任……"[15]

7月7日，戴着手铐脚镣的皮萨尼叮当作响地被押解到圣马可广场的码头。大家对他的态度各不相同——普通老百姓示以安慰，而贵族对他只有恶意。仍戴着镣铐，他吃力地爬上宫殿的台阶，去向执政官和元老院解释。但他的政敌们不给他这个机会。他被投入了国家监狱的黑暗中。检察官开始对他进行审判。他们要求判皮萨尼死刑——这是针对临阵脱逃的指挥官的强制性刑罚；他应当在双柱间被斩首，"以此给公民们警示"。[16]元老院否决了判处死刑的提议——皮萨尼只是缺乏坚定性，并不缺乏勇气：原先是斯泰诺煽动出战，之后也是他带头逃跑的。刑罚最后被减轻为监禁六个月，五年不得担任公职。这令贵族们颇感满意，却激起了士兵和普通市民的不满，这种不满情绪很快将激发公开的反抗。

12. 驯服圣马可

当皮萨尼在地牢里受折磨时，热那亚人正一步步逼近。彼得罗·多里亚接替了阵亡的卢西亚诺·多里亚。他带着48艘桨帆船，收复了之前被皮萨尼夺取的所有达尔马提亚城市；他向北进军，进入威尼斯湾，收复了距威尼斯仅75英里的罗维纽、格拉多和考尔莱等城镇。8月初，多里亚在圣尼古拉岛外海现身，劫获了一艘载有埃及棉花的商船，威尼斯市民眼睁睁看着，却束手无策。他沿着利多南下航行，袭击了保护潟湖的各沙洲沿岸的其他居民点，离去时将圣马可的旗帜拖在船尾。这是对威尼斯的公开而强有力的羞辱。多里亚不仅清楚地证明，威尼斯如今连自己本土水域都无法保护，还强调了这样的事实，即一旦热那亚掌握了制海权，就可以用饥饿迫使威尼斯屈服。6月25日，多里亚俘获了两艘来自普利亚的运粮船，而匈牙利人和帕多瓦人正在扼杀通往威尼斯的内河交通。潟湖似乎也不再是一个安全的避难所。热那亚人还对威尼斯外围水道进行了勘测，测量了水深。

整个城市笼罩在民族存亡于旦夕的气氛中。皮萨尼的竞争对手——塔代奥·朱斯蒂尼安被任命为海军总司令；部队和指挥官被分配到不同防区。潟湖的两个入口被锁链封锁起来。坚固的帆船下锚停泊，作为浮动堡垒。利多沿岸建起了堡垒、木塔、栅栏和工事。贾科莫·德·卡瓦利的雇佣兵（价格非常昂贵），其中包括一队喜欢吵架的英格兰人，驻扎在那儿，进行防御。战争委员会在执政官宫殿全天候待命，并且设置了一个警备系统，从利多的圣尼古拉教堂钟声辐射开来，一旦观察到热那亚舰队，各教区的教堂便会敲响警钟，召集武装民兵到圣马可广场集合，爱国公民们将在这里做最后的抵抗。另外，威尼斯人还采取了与六百年前类似紧急状况下相同的措施：他们拆除了潟湖内标示可通航水道的所有木桩，让潟湖重新变成原始的迷宫，水面上没有任何东西能够向敌人警示水下的危险。

在准备军事防御的同时，共和国也使出了外交手腕。有没有办法破坏帕多瓦、热那亚和匈牙利的三国同盟？帕多瓦是一个满腹仇恨的新敌人，但匈牙利正为本国其他事情头疼，可能会脱离同盟。威尼斯大使急忙赶到布达。匈牙利人的反应却令人泄气：匈牙利人感到，这是彻底打垮威尼斯共和国的千载难逢的良机。他们要求巨额赔款——50 万杜卡特，另外还要每年 10 万杜卡特的贡金，割让的里雅斯特，并要求威尼斯执政官及其继任者成为匈牙利王室的附庸。为了羞辱他们，匈牙利人"热心助人地"提出，如果威尼斯人暂时拿不出这么多现金，也可以将六七个城镇（包括潟湖岸边的特雷维索和梅斯特雷）和执政官镶嵌宝石的官帽（一个自由共和国的终极象征）作为预付款。"这些要求完全不正当，"大使回答道，"我们不可能接受。"[17] 如果要在屈辱和死亡中做出抉择，那么共和国将战斗到底。一艘船奉命去寻找泽诺的舰队，并把它带回来。但问题是，没有人知道泽诺在哪儿。

8 月 6 日，圣尼古拉教堂的大钟开始发出不祥的鸣响。海平线上出现了一支六艘船的小舰队，悬挂着红白两色的热那亚旗帜。塔代奥·朱斯蒂尼安决定派出与敌人数量相当的战船迎战入侵者。双方战船接近时，威尼斯人发现一名男子正朝着他们的方向游过来。他叫希罗尼莫·萨巴迪亚，是一名在普拉被俘的威尼斯水手。他从一艘行驶的热那亚船上跳水，来警告他的同胞们不要前进。这 6 艘热那亚桨帆船只是诱饵，在海平面远方还有 47 艘桨帆船严阵以待。如今威尼斯人的希望就寄托在这样的爱国主义壮举之上。朱斯蒂尼安机敏地调转船头；封锁的铁链被升起；他驶回了潟湖。

从各个利多之间进入潟湖有三个主要入口；其中两个已被铁链和停在那里的帆船封锁；第三个入口位于潟湖的最南端，是基奥贾的出入口，仍然开放。彼得罗·多里亚就打算从这里进攻。基奥贾岛是威尼斯的一个缩影，有自己的利多保护它免受广阔大海的侵袭，二者之间有一座木桥连接。在这个利多上还有另一个居民点，被称为小基奥贾。再往南面还有比较大的布朗多罗村。基奥贾对威尼斯来说有巨大的战略意义；它控制着布伦塔河与阿迪杰河的河口，威尼斯就是通过这两条河的水道与意大利中部联系，但这两条河一天天落入正稳步推进的匈牙利和帕多瓦军队手中。帕多瓦人已准备了 100 艘全副武装的驳船，为他们下游的海军盟友运送给养。

多里亚希望，通过夺取基奥贾，他既能与前进中的陆军取得联系，又能建立一个基地，最终消灭威尼斯共和国。基奥贾坐落在潟湖边，遍布沼泽、盐田、芦苇地、沙洲、狭窄运河与秘密水道。威尼斯与热那亚一个世纪的海战就将在这里一决胜负。威尼斯人总是把自己的世界想象得极其巨大，如今它却只能困守几平方英里的沼泽地。

威尼斯人决心坚守基奥贾。他们武装了布伦塔河沿岸和潟湖岸边的一系列孤立的外围堡垒、水磨坊和塔楼。基奥贾的镇长——彼得罗·埃莫用岩石堵住了布伦塔河的通道。帕多瓦人顽强地克服了一切障碍。凭借大量的人力资源，他们将驳船拖上陆地，开凿新的运河以绕过障碍物，摧毁了一个个孤立堡垒。到 8 月初，他们占领了布伦塔河口具有战略意义的拜贝塔楼。此地离基奥贾只有 4 英里。他们在这里建造了控制运河通道和水道的堡垒，并击退小型武装船只的多次反击。只有一个要塞还没有被攻下，即潟湖最边缘的盐床城堡。基奥贾事实上已经被切断了，但威尼斯人对此地的浅水航道烂熟于心："夜间，许多小船在威尼斯和基奥贾之间偷偷穿梭来往，通过狭窄的水道前往盐床城堡，送去信件和建议。"[18]

8 月 8 日，帕多瓦士兵及其武装补给船来到布朗多罗村，与停泊在那里锚地的多里亚舰队会合，还运来了数千士兵和大批粮食，将来还会从帕多瓦顺流而下运来更多兵员和物资。此时反威尼斯联军拥有 2.4 万人。基奥贾的威尼斯守军总共大概有 3500 人（基奥贾总人口为 1.2 万），其中许多人负责守卫连接基奥贾岛与其利多（小基奥贾）的桥头堡。热那亚军队在利多登陆，卸下了他们的攻城器械——投石机和射石炮。他们很快就占领了小基奥贾；守卫基奥贾水道的武装帆船被烧毁了。8 月 12 日，他们开始进攻桥头堡。守卫桥头堡的是一座巩固的堡垒。在四天的战斗中，热那亚人遭受了巨大的损失。16 日，急于取得突破的热那亚人宣布，任何能够烧毁该桥的人将获得 150 杜卡特的赏金。据热那亚编年史家记载，有一个人自告奋勇：

一名热那亚士兵立即脱下他的盔甲，钻进一艘装有稻草和火药的小船，开始向桥划去。接近桥的时候，他点燃稻草，跳入水中，并将小船推向桥……于是桥被火焰吞没了。威尼斯人再也守不住桥梁，就放弃了它。[19]

匆忙之中他们没能升起他们身后的吊桥。"我们用火焰追击（威尼斯人），而且他们的损失很大，我们一直追到基奥贾的广场上。破坏很严重……广场的地面被基督徒的血液和对威尼斯人凶狠残忍的大屠杀染红。"[20]

此役中有 860 名威尼斯人丧生；4000 人被俘；妇女儿童蜷缩在教堂里。多里亚将他的桨帆船舰队带进了潟湖内部的安全锚地。热那亚人如今在离威尼斯只有投石之遥的地方有了一个安全的立足点，通过伦巴第水道与威尼斯城直接相连。这是一条深水主干道，纵贯潟湖，即使是吃水很深的热那亚桨帆船也可以直达威尼斯。多里亚距离圣马可广场仅12 英里。圣乔治旗帜在基奥贾广场上飘扬；基奥贾的执政官宫殿上方升起了帕多瓦领主的旌旗；邻近的塔上飘着匈牙利旗帜。帕多瓦领主弗朗切斯科·卡拉拉胜利入城，被热那亚士兵以齐肩的高度抬到主广场，士兵们高呼"卡拉拉！卡拉拉！"[21]他们对更丰厚的战利品垂涎欲滴，期待着将威尼斯洗劫一空，就像当年十字军洗劫君士坦丁堡那样。

消息于午夜传到威尼斯。钟楼开始回荡响亮的钟声；很快所有的教区都响起警钟。人们全副武装地跑到圣马可广场，了解基奥贾失陷的情况。人群中有恐惧和惊慌，有哭泣和混乱的叫喊，人们担心热那亚舰队随时都可能通过伦巴第水道，冲到威尼斯来。市民们预料将遭到不可避免的抢劫，便将细软埋藏起来。其他人则更加坚定，宣称"只要剩下的人能够驾驶一艘桨帆船，或者能够使用武器，国家就永远不会亡！"[22]渐渐地，老执政官以镇定的言辞和坚定的面容安抚了惊慌的人群。第二天，他派出三位大使，前往基奥贾，向敌人求和。一段冗长的演讲过后，他们递给多里亚一张纸，上面列出了他们提议的和平条件。纸上什么都没有写。只要让威尼斯保持自由，热那亚可以提出任何条件。但多里亚的目的是彻底消灭这个讨厌的对手。他的回答十分傲慢："在我们把马勒套在你们圣马可教堂门廊的马头上之前，不会有和平……然后，才可以有和平。这就是我们的目标，也是我们国家的目标。"[23]之后，提到被俘虏的热那亚人，他漫不经心地说道，"我不要他们。把他们锁好了，因为过几天我便会过来，把他们全都救走。"威尼斯将不得不战斗到最后一息。

城内敲响了钟声，传唤公民集会去听取热那亚人的回复。政府向聚集的人群直言不讳地阐明了他们目前的困境。一年前，热那亚在安济奥海战中的失利几乎将整座城市四分五裂。威尼斯此刻将面临类似的考验，考验它的品格、爱国主义和阶级团结。群众的情绪起初是坚决的。他们宁愿战死，也不愿坐以待毙："让我们武装自己；让我们给兵工厂里的所有桨帆船配上武器和装备；让我们前进；为保卫我们的国家而牺牲，总好过坐等着匮乏而死。"[24]每个人都做好了牺牲的准备。国家将实行普遍兵役制。行政长官和政府官员的薪水被停发；新的爱国主义国债开始认购；企业和商贸被抛弃；房地产价格跌至先前的四分之一。为了让他们的青铜马（是从君士坦丁堡抢来的）能够继续不受羁绊地在威尼斯湿润的空气里腾跃，整个城市都动员了起来。在圣尼古拉岛上，人们匆匆建起紧急防御工事；城市周围的浅水区树立起一圈木栅栏；武装小船奉命日夜巡逻各运河；信号系统被重新规定。兵工厂日夜开工，整修之前封存的桨帆船。

然而，这番在圣马可旗帜下团结一心、抵御外辱的爱国景象背后，其实隐藏着危险的裂痕。在需要为国牺牲的危急时刻，群众对贵族阶层令人无法忍受的傲慢怒不可遏。人民希望领导者能和他们共同承担相同的条件和危险。船员们宣称，除非贵族们一同前往，否则他们不愿意去防守圣尼古拉岛上新开挖的战壕。塔代奥·朱斯蒂尼安被任命为城防总司令，这几乎激起了人民的反抗。群众显然非常讨厌他；他们只愿意接受一个人。"你要我们上桨帆船，"圣马可广场上呼声高涨，"那就让皮萨尼船长带领我们！我们要求释放皮萨尼！"[25]人群越发壮大，反对的呼声越发高涨。根据民间流传的传记，皮萨尼在监狱里听到了群众的呼声。他把头靠近铁窗，高呼："圣马可万岁！"[26]人群以嘶哑的吼声做出回应。在牢房楼上的元老院会议厅里正进行着一场惊慌失措的辩论。群众将梯子搭在窗外，有节奏地敲打着会议室的门，持续不断地呼喊："韦托尔·皮萨尼！韦托尔·皮萨尼！"[27]元老们彻底惊慌了，最终屈服：皮萨尼将被释放。令人神经紧绷的一天终于结束，得知自己获释的消息时，皮萨尼只是平静地说，他宁愿在牢里度过这个夜晚，进行祈祷和冥想。明天再出狱也不迟。

8 月 19 日黎明，威尼斯历史上最难忘的场景之一上演了。在人群的欢呼声中，皮萨尼走出监狱，重获自由。桨帆船水手们将他扛在肩膀上，抬上宫殿的台阶。大家纷纷爬上窗台和胸墙，争相一睹这位豪杰的英姿，他们举起双手指向天空，大声呼喊地庆祝。皮萨尼被送到执政官面前。他们马上就和解了，并举行了庄严的弥撒。皮萨尼谨慎地扮演着自己的角色，谦逊地承诺效忠于共和国。之后，他再次被人群扛到肩膀上，抬回他的宅邸。

这是一个令人振奋的时刻，但同时也是危险的。仅仅二十四年前，一位执政官因为企图政变而被斩首，而皮萨尼也对个人崇拜表现出了非常谨慎的态度。在回家路上，他被一位老水手拦下了，这位水手向前一步并高声呼喊："现在是时候夺取城市的政权，为你自己复仇了。看哪，所有人都愿意为你效力；只要你做出决定，所有人都愿意在这时刻拥护你为君王！"[28]皮萨尼转身重重地给了老水手一拳。他提高了声音，喊道，"让所有祝福我的人不要再说'皮萨尼万岁！'——而应该说，'圣马可万岁！'"

事实上，元老院为民众的反抗而感到十分恼怒，在授予皮萨尼荣誉时非常吝啬，而群众起初没有理解这一点。皮萨尼并未被任命为海军总司令，而仅仅是利多的防御指挥官。水手们被命令仍听命于讨厌的塔代奥·朱斯蒂尼安。这一消息传开后，民众又一次掀起了反抗的浪潮。他们扔下手中的旗帜，并宣布，他们宁愿被砍成肉泥，也不愿服从塔代奥。20 日，元老院再次做出了让步。皮萨尼被任命为城防总司令。在圣马可教堂举行的激动人心的就职仪式上，他表示誓死效忠共和国。

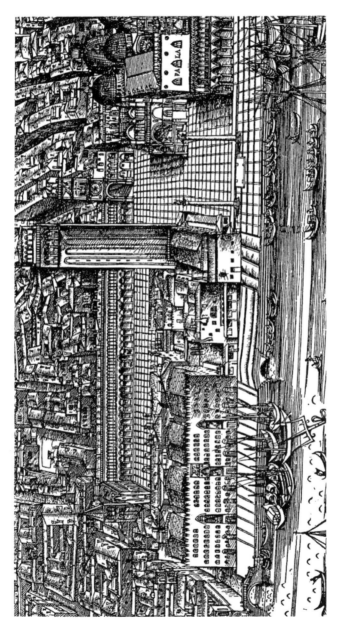

圣马可广场的码头。在双柱前的水边,搭起了招募士兵的长凳

皮萨尼的任命正式生效后，极大地鼓舞了士气。次日，按照惯例，招募台被设立在双柱旁边；书记员记录的速度都比不上志愿者报名的速度。各种各样的人都报名参军：艺术家和刀匠，裁缝和药剂师。缺乏技能的新兵在朱代卡运河接受划船训练；石匠们飞速地在圣尼古拉岛建起石质堡垒；30艘被封存的桨帆船重新装配完毕；栅栏和铁链环绕城市，并封锁运河；城市每个防区责任到人。防御工事日夜都有人守备。许多人还为保家卫国献出了自己的积蓄，妇女们献出自己的首饰，以购买食物和支付军饷。

这一切准备都不算早。8月24日，在黑暗中，多里亚发动了双管齐下的攻击。一支军队试图在圣尼古拉岛登陆。第二支部队乘着一大群轻舟，攻击保护城市南海岸的栅栏。两次攻击均被打退，但守军被迫放弃了利多沿岸的其他城镇。多里亚在马拉莫科建立了大本营，从那里他可以炮轰潟湖南部的岛屿。从圣马可教堂的钟楼上可以看到红白两色的旗帜。

威尼斯对外的联系几乎完全被切断；现在只剩下一条陆路通道，通过它可以接收物资补给。大海已被严密封锁。但是，战局有了一点变化。多里亚错过了一次机会。若在基奥贾陷落后，他便立即猛攻威尼斯，那么这座城市肯定早已投降了。他短暂的犹豫让皮萨尼有机会重整旗鼓，多里亚24日的失败也给了威尼斯一线希望。帕多瓦领主因为多里亚未能乘胜追击、一举得胜而恼怒，礼节性地将他的部队撤走，去攻打特雷维索。多里亚决定进行消耗战。他要将威尼斯活活饿死。随着冬天慢慢来临，他将部下从利多撤回基奥贾。威尼斯城内的供给开始变得越来越困难；绝望之下，有人竟建议放弃这座城市，全体移民克里特岛或内格罗蓬特。这提议立即遭到了拒绝。爱国的威尼斯人宣称："他们宁愿葬身于城市废墟之下，也不愿意放弃城市。"[29]

13. 战斗到底
1379 年秋～1380 年 6 月

　　缓慢地，无情地，威尼斯正在被渐渐榨干，因为"热那亚人将它紧紧封锁，无论从海上，还是从伦巴第方向的陆上"。[1]随着秋色渐深，小麦、葡萄酒、肉类以及奶酪的价格飙升到前所未有的水平。威尼斯人尝试获取给养，却遭遇大祸：11 艘在海岸远处装载粮食的轻型桨帆船被敌人拦住并摧毁。威尼斯人不分昼夜、神经紧绷地守护栅栏，等待教堂钟声的响起，在逐渐恶化的天气条件下坚守利多的战壕，这一切都开始消磨他们的力量和意志。与此同时，热那亚人持续收到沿着帕多瓦河顺流而下的丰富给养。但在基奥贾沦陷激发的民愤之后，威尼斯贵族也意识到，他们最好关注穷人的苦难，这样做符合他们自身的利益。人们被告知，"所有受饥饿所迫的人，到贵族的住所去；在那里，你将会找到朋友和兄弟，他们会与你分享最后一片面包皮！"[2]贵族与平民间维持着一种脆弱的团结。

　　唯一的救援希望就是泽诺的归来，但他依然在远方。11月，人们得知，他目前在克里特岛外海，在之前的几个月里，他一直在从意大利海岸到金角湾的广阔海域劫掠热那亚

13. 战斗到底

人的船只。又一艘船被匆匆派去召他回来。知道了他的下落，让人们有了些许期盼。

皮萨尼的水手们试图毁坏多里亚的补给链。他们运用自己对内层潟湖、小海湾、秘密航道、沙洲和芦苇滩的知识，拦截在布伦塔河顺流而下的补给船。基奥贾城内有威尼斯人的探子，在他们提供的情报帮助下，威尼斯人组织了由小船组成的若干小组，探测浅滩，黎明或黄昏时潜伏起来，袭击没有防备的为热那亚人输送粮食与葡萄酒的商船。在盐床城堡（遭到围攻的威尼斯前哨阵地，靠近基奥贾）附近，威尼斯人伏击了许多敌军补给船，迫使帕多瓦人为补给船提供武装护卫，也使得商人们不愿意冒险为热那亚人运输给养。威尼斯小船相对于吃水较深的热那亚桨帆船也有较大优势，再加上热那亚人不熟悉这里的水道，如果遇到浅水或者迷路，容易搁浅。威尼斯人密切关注着热那亚船只的行动，制定了雄心勃勃的计划，准备诱捕那些孤立的桨帆船，就如同猎人围猎大象一般。他们在夜间停靠在苇丛中，利用雾幕和夜色的掩护，突袭笨重而难以机动的敌人；派弓箭手小分队登陆，在茂密树林掩护下射击；点燃芦苇丛，扰乱敌人；抄小路阻截他们的猎物；在骤然响起的喇叭与鼓声中，出其不意地乘小船疾驰而出。这些游击战术开始摧残敌人的神经，令其风声鹤唳。威尼斯人包围并摧毁了一艘敌人桨帆船——"萨沃纳人"号，并俘虏了其贵族船长，一时间士气大振。

这是一个很小的胜利，对士气的鼓舞却很大。为了扩大战果，皮萨尼试图伏击 3 艘准备去炮击盐床城堡的桨帆船，然而，敌船发现了芦苇丛后威尼斯士兵的旗帜，计划失败了。热那亚桨帆船火速倒退，冒着两岸射来的箭雨和石弹，溜走了。皮萨尼也曾有过严重的挫败。在日渐增强的好奇心驱使下，他试图侦察基奥贾的防御工事，结果在战斗中损失了 10 条小船和 30 人，包括执政官的侄子。但在密切观察敌人阵地和潟湖出入口后，他确信一次大胆的袭击有成功的可能。两军兵力悬殊。敌人拥有 3 万人、50 艘桨帆船、七八百条小船、充足的粮食供应，而且木材、火药、羽箭、弩箭一应俱全。但他们也有一个隐蔽的弱点，皮萨尼确信敌人还没有发现自己的这个短处。

在深秋的一天，他向执政官和战争委员会提出了一个建议，希望采取积极的行动。整座城市已经快走投无路了。泽诺下落不明；人们因缺乏希望和食物短缺而萎靡不振；与其让他们的士气日渐低落，不如让他们血洒战场。威尼斯聘请的陆军将领贾科莫·德·卡瓦利支持皮萨尼的计划。元老院接受了提议。也许是仍未忘记水手们在会议厅大门外的呐喊，他们发布了一条不寻常的法令，以动员精神委顿的爱国群众。一百年来，威尼斯贵族是一个封闭的群体，平民无法获得贵族身份。现在，元老院发布一则公告：在共和国最危急的紧要关头，做出最杰出贡献的 50 位公民将被授予贵族身份。

于是，金钱、资源以及善意源源不断地流入，在短期内对人们起到了激励作用。装配桨帆船的工作在兵工厂里紧锣密鼓地进行；大运河里，划桨技术不熟练的志愿者们在接受训练。但形势仍然万分危急。饥寒交迫促使人们聚集于广场之上，人心惶惶，悲痛流涕。泽诺何时归来？人们担心，任何延误都将对这座城市的意志力造成致命打击。等待下落不明的泽诺舰队是不切实际的，同时从基奥贾那里传来消息：热那亚人和帕多瓦人为战利品的瓜分吵得不可开交，这表明出击的时机已经成熟。老执政官宣布，他将亲自担任舰队总司令，由皮萨尼担任副总司令，一同率军出战。

强制的命令被发布出去：所有桨手和士兵务必于 12 月 21 日中午前登船，违者一律处决。执政官安德烈亚·孔塔里尼把人们集合在广场上的圣马可旗帜下；人们在教堂里做晚祷，接着舰队在华丽的排场下准备起航。威尼斯舰队共有 34 艘桨帆船（船长都是贵族）、60 艘三桅帆船、400 艘小船和 2 艘大型柯克船①（是笨重的商船，但对行动的胜利至关重要）。现在是冬至日（白昼最短的一天）晚上八点，已是严冬，但夜色澄澈温和，海面静如明镜，只有微风习习。孔塔里尼一声令下，雄壮的威尼斯战旗便迎风招展。静静地，粗重的缆绳被解开，舰队出发了。舰队被划分为三部分。处于先锋位置的是皮萨尼的 14 艘桨帆船和 2 艘柯克船；后卫是 10 艘桨帆船；执政官则占据了中心位置，拥有必需的装备和经验较丰富的士兵。

皮萨尼的计划简单但风险极大。他曾密切观察热那亚人的出出进进；他们已经变得洋洋自得。多里亚相信威尼斯已是他囊中之物，现在不需要多少力气就能把饥肠辘辘的敌人的残余力量榨干。基奥贾有三个出海口。其中两个位于它的

---

① 柯克船是最早于 10 世纪出现在波罗的海地区的一种单桅帆船，汉萨同盟在北欧的海上贸易中大量使用这种船只。

利多的两端，直接通向大海；第三个就是伦巴第水道，在基奥贾岛背后，流经潟湖。皮萨尼的想法是封锁这三个出口，把敌人围困其中。围城军就会反过来被包围。

在漫漫黑夜的笼罩下，舰队逐渐推进，敌人毫无察觉。一段时间以内，浓雾模糊了一切，引起了暂时的惊慌，接着就像它突如其来一样，一切又变得明朗了起来。到十点钟，他们已经抵达基奥贾外海，即他们的第一个目标。没有敌船，没有干扰，也没有敌军守卫。12月22日黎明时分，威尼斯桨帆船开始将士兵送上基奥贾的利多。4800名士兵以及一些木匠和挖掘战壕的工人登陆了。与此同时，皮萨尼指挥柯克船驶向伦巴第水道的入口。

在利多上，威尼斯人开始修建防御堡垒。木匠发出的声响惊动了躺在沙丘的一小队帕多瓦士兵，战斗随即打响。匈牙利和帕多瓦军队从布朗多罗村推进。其余的从基奥贾过桥，蜂拥而至，热那亚的舰队也开始炮击。威尼斯人被打退了，试图撤退到船上，但惨遭屠戮。当他们逃跑时，有600人被杀、溺亡或被俘。威尼斯人的堡垒被迅速摧毁，但同时，趁敌人的注意力完全被战斗吸引时，威尼斯人的两艘柯克船被牵引就位——一艘靠近岸边，另一艘阻塞了主航道。第一艘遭到轰击，沉没了；一些热那亚人游向第二艘柯克船，将其点燃。它烧到了吃水线，最后也沉到了海里。"为了这带有欺骗性的胜利，热那亚人欢呼雀跃，却不曾觉察到真正的危险。他们就这样喜气洋洋地返回了基奥贾。"多里亚充斥着成功的自满。"威尼斯人在一天内所做的，我可以在一小时内毁灭，"他自以为是地评论道。[3]但他对敌人的

13. 战斗到底

战术安排和己方士兵的行动带来的意外影响一无所知。无论如何，沉没的柯克船已经有效地堵住了航道。威尼斯执政官又带来了两艘满载岩石、大理石和大磨盘的柯克船，将这些东西倒入沉船中，然后用铁链缠绕。它们现在变成了无法移动的障碍物。

24 日，威尼斯舰队南下去封锁基奥贾南端的出海口——布朗多罗村。又有两艘柯克船被拖到那里。多里亚意识到自己被逐渐包围，但为时已晚。他派出了桨帆船，去摧毁威尼斯人的特别任务部队，并用布朗多罗的地面炮台轰击威尼斯人，但威尼斯人再次设法沉下了船只，并以树干、船桅和铁链巩固了这障碍物。冒着猛烈炮火，威尼斯工程师们开始在弗索内（在布朗多罗的对面）岸边建造一座堡垒，称为洛瓦堡。到 12 月 29 日，工程即将完成。在圣诞节，或是圣诞节次日，皮萨尼绕利多航行，成功封锁了伦巴第水道，完成了他的任务。基奥贾如今被包围了；它唯一的对外通道是通过河流与意大利中部联系。

热那亚人的航道被一个接一个地封闭，焦虑和绝望的情绪开始弥漫在他们当中。对他们来说，打破封锁是至关重要的。而对封锁基奥贾的威尼斯人而言，尽管他们先前取得了胜利，但他们的士气仍旧岌岌可危。在背风的海岸，他们的桨帆船必须日日夜夜保持警惕。在弗索内和佩莱斯特里纳岛（与基奥贾邻近）尖端的战壕内，威尼斯人遭到持续轰炸。粮食依旧短缺；寒冷的天气导致士气低沉。很多人是平民志愿者，是工匠、商人和工人，而不是习惯于战事波折的军人。威廉·库克领导下的英格兰雇佣兵怨声载道。执政官力

269

图以身作则，拔剑起誓：除非占领了基奥贾，否则他绝不回威尼斯。即便如此，威尼斯内部依旧发生了分裂。泽诺杳无音信。士兵们想回到威尼斯。到 12 月 29 日，他们的苦难到达了极点：食物匮乏，寒气逼人，遭到敌人持续轰击，不得不涉水通过冬季运河，他们到了崩溃边缘。危险、劳累、缺乏睡眠、死亡，以及现在令人生厌的潟湖——喃喃的抱怨声变得越来越不祥。许多人想要完全放弃威尼斯，航行到海外领地，去内格罗蓬特或克里特岛。皮萨尼试图鼓舞部队：如果他们都离开，胜利的机会将一去不复返。他争辩说，援军就快到了；泽诺在驰援赶到。最终，执政官和他的副将与反对派达成了协议。如果泽诺在 1 月 1 日还没回来，他们将解除对基奥贾的围困，返回威尼斯。现在仅剩 48 个小时来拯救威尼斯。人人皆知，多里亚也在等待进一步的海军增援。

30 日和 31 日在寒冷和痛苦的等待中度过了。1 月 1 日的黎明到来了。对威尼斯人来说，这可不是新一年重要的开端——在他们的日历里，新年是 3 月 1 日——但他们仍然心急如焚地迎接这一天。借着冬季微弱的曙光，可以看到南方的海平线上出现了 15 张船帆。由于距离太远，很难确定飘扬的旗帜属于哪一方——圣马可的雄狮还是圣乔治的十字架。热那亚人从基奥贾的塔楼观察，威尼斯人则从他们的船只和战壕中眺望。焦急万分且满腹忧虑，皮萨尼派遣小船前去侦察。进入目力可及的距离后，他们可以看到，圣马可的旗帜飘扬在桅杆顶端。来船正是泽诺，他结束了在地中海东部的劫掠行动，给热那亚的商业以沉重打击，如今返回了。他已经在海上堵截了输送给多里亚的援军和给养，捕获了

13. 战斗到底

70 艘船，包括一艘满载极其贵重货物的商船——如今被他拖在一艘桨帆船后。这是战局决定性的转折点，它标志着战争风云中一个深刻的心理变化。

面对威尼斯的增援海军，热那亚人日渐绝望，拼命挣扎，寻求出路。城镇的两个出海口位于布朗多罗和基奥贾航道，分别由泽诺和皮萨尼把守。他们需要日夜维持一队桨帆船驻守，来对付热那亚人可能的突围。冬季天气极其恶劣；吹向陆地的大风和急流不断地威胁着要将威尼斯船只冲到敌方海岸。一天傍晚，西洛可风从南方劲吹，再加上海流湍急，泽诺的旗舰被扯离停泊处，冲向了热那亚人的堡垒。泽诺旗舰瞬间深陷枪林弹雨；泽诺本人也被箭射中了喉咙。船只在海浪中翻腾，慢慢地漂向死神的血盆大口。船员们在狂轰滥炸中畏缩不前，央求他们负伤的指挥官降旗投降。坚不可摧的泽诺绝不肯投降。他把箭从自己的喉咙里拔出，然后大声命令一名水手带着牵引绳游回系泊处。他大声训斥，让船员们陷入沉默，然后跑过甲板，从一个敞开的舱门摔了下去，背部重重着地，失去了知觉。泽诺头部的伤口流血不止，鲜血几乎使他窒息；离死亡只有一步之遥的时候，他昏昏沉沉地苏醒，爬了起来。他活了下来，继续战斗。

考虑到环境的恶劣以及布朗多罗水道的狭窄，威尼斯人最终决定只留两艘桨帆船守卫，如果有需要，就吹响喇叭；其余的舰船在一英里外的海岸停泊，可以听到喇叭的警报声。目睹了这一切，在 1 月 5 日的晚上，多里亚做了一次坚决的努力，尝试将障碍物移开。3 艘配备大抓钩和粗壮缆绳的热那亚桨帆船列队前进到水道入口处。他们的目标是将沉

船、船柱和树干从出口拖拽出来。第一艘热那亚桨帆船抵达
入口处时，最前方的威尼斯桨帆船吹响了军号，开始攻击。
威尼斯人设法登上了第一艘敌船，但随后赶到的两艘热那亚
船勾连着他们的对手，并将缆绳另一端送到运河岸上，那里
的一大群人将这艘无助的威尼斯桨帆船拖进了布朗多罗港，
其他威尼斯船只没来得及救援它。第二艘威尼斯桨帆船被一
排箭逼退，无计可施。热那亚人胜利地将战利品拖进自己的
港口，船上的许多威尼斯人自己跳河溺亡了。泽诺来得太晚
了。

就这样，在潟湖边缘的狭窄水道和沼泽地，双方你来我
往地激战。热那亚不断尝试寻找突破钢铁包围圈的出路；威
尼斯人则努力把包围圈收紧。第二天，匈牙利军队对基奥贾
水道发动了一次坚决的突袭。但他们被击退了。在热那亚，
战局的突然逆转引起了不安。1 月 20 日，他们派遣了一支
由 20 艘桨帆船组成的新舰队，由马泰奥·马鲁弗指挥；然
而就像泽诺一样，这位热那亚舰队司令的视野不局限于一
处，他跨越海洋，俘虏威尼斯的粮船，洗劫港口。遥遥四个
月之后，他才到达基奥贾。

威尼斯封闭了基奥贾的出口，但未能阻止敌人通过内河
为被围城镇提供给养。威尼斯人自己也迫切需要补给。他们
派遣 3 艘桨帆船溯波河而上，载着一队士兵，去收复具有战
略意义的拉雷多城堡，它控制着前往费拉拉城的河道。一旦
拿下拉雷多，就可以从河上输送人员和物资到威尼斯。随着
共和国包围了基奥贾的消息传播开，商人们开始冒险向城市
供应葡萄酒、奶酪和谷物。物价仍然很高，但希望也增加了。

13. 战斗到底

威尼斯人借助两门巨型射石炮摧毁了拉雷多要塞。其中一门射石炮叫作"特雷维萨娜"，可发射重达195磅的石弹，而略小的"维多利亚"可发射120磅的石弹。这两门原始的铸铁大炮（炮管捆绑着铁箍，以防炸膛）被运到布朗多罗对面的堡垒处，拆卸下船。威尼斯人的做法是在晚上装填炮弹（将一发巨大的石弹推入膛是一个漫长过程）然后在破晓时分发射，那时热那亚人仍集中在布朗多罗。在这"唤醒服务"的同时，还用投石机猛轰敌人。众所周知，射石炮的精度很差，但在合理射程内，对大型静态目标的命中率还是相当高的。1月22日上午，"特雷维萨娜"取得了重大成功。它的巨大石弹击中了布朗多罗的钟楼。一大块砖石坠落到广场上，杀死了彼得罗·多里亚和他的侄子。"在极度的哀伤与悲痛中，尸体被运到基奥贾，以盐腌保存，以便将来运回热那亚安葬。"[4]次日，在炮击中坠落的砖石又杀死了20人。一座被热那亚军队占据的修道院遭到炮轰，导致更多人丧生。加斯帕雷·斯皮诺拉接替了多里亚，但威尼斯人一天天加强了压力："在威尼斯射石炮和投石机的持续轰击下，热那亚人的桨帆船和补给船都无法离港。"[5]威尼斯人意识到，战局开始改变方向了。他们将自己的资源动员到了极限，抢在敌人援军抵达之前，于2月初雇用了5000名米兰和英格兰雇佣兵，来巩固他们先前取得的优势。现在轮到热那亚人焦急地向海面张望、等待救援舰队了；他们还可以从上游的帕多瓦获得补给，但他们插翅难飞。因为无法突破海上封锁，他们开始挖掘一条穿过布朗多罗岛、通往大海的运河。他们打算在运河竣工后，趁夜色将桨帆船偷偷驶

273

向扎拉，获取补给。

两个航海共和国之间的战争在意大利各地再次引起不安，教皇又一次开始了周期性的尝试，希望交战双方能够议和。威尼斯表示有意议和（战争的结局还很难说得清），但与匈牙利、帕多瓦和热那亚三国同盟谈判是一个缓慢的过程。

热那亚人在利多上挖掘的逃生水道令威尼斯非常焦虑。他们决定攻击布朗多罗，以消除这个威胁。2 月 18 日，泽诺被任命为共和国陆军总司令，奉命占领布朗多罗村，并夺取位于修道院的敌军指挥部。他手下有 1.5 万人听候调遣。次日黎明前，桨帆船和部队集合时，计划有了改变。新的目标是攻打小基奥贾的塔楼和堡垒（它们控制着通往基奥贾本身的桥头堡），以阻止敌军援兵通过。在桥头堡的战斗很快变得颇为激烈。一大队热那亚士兵从布朗多罗村向前推进；更多士兵从基奥贾赶来；这两拨人马都被威尼斯军队击退。热那亚人四处逃窜。一些人通过芦苇滩逃跑，蹚水渡过运河或被淹死；更多人惊慌之下调头，顺着桥逃回去了。太多的人涌上木桥，以至于它崩裂倒塌了。

> 在运河的深处，在桥面上，1000 多人在炮轰之下身亡或被俘；很多人跳入水中，四散逃命。其中一些人溺亡，其他人则在石块的轰击之下死的死，伤的伤。在木桥倒塌时仍在桥上的那些士兵，因为身披重甲，很快沉没到了水底；那些竭力从运河游出来的人刚一上岸，就被雨点般的石块砸死……如果不是木桥支撑不住，威

执政官宫殿，莫罗和圣马可湾，海平线上是遮蔽威尼斯的利多

1204 年占领君士坦丁堡，威尼斯历史上标志性的一刻，近四百年后由丁托列托绘制。

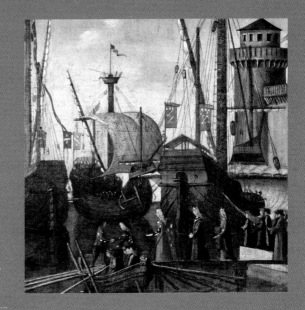

启程：
乘客准备登上高侧舷的柯克船，
这是威尼斯贸易的主要运载工具

归来：
一艘快捷、细长而非常低矮的威
尼斯军用桨帆船驶入港口。桨手
们在卷起船帆。

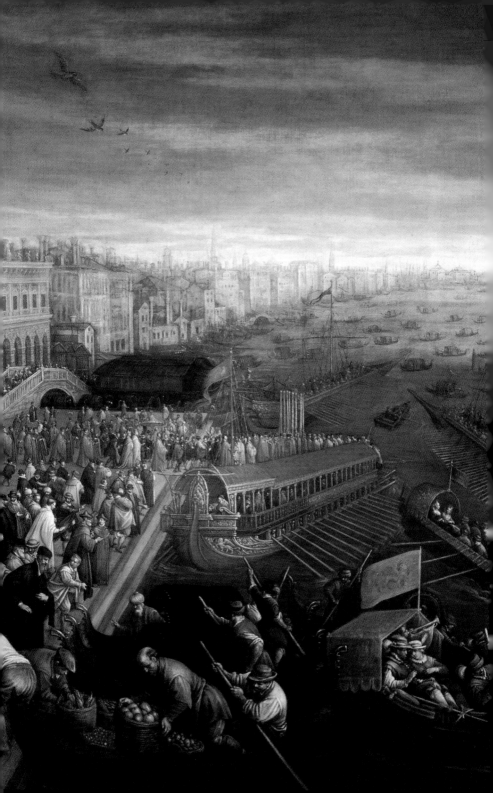

◁　耶稣升天节仪式。执政官登上金船。
圣马可湾熙熙攘攘，一派繁荣景象。

◁ 威尼斯，黄金之城。君士坦丁堡的青铜骏马被骄傲地展示于世人面前。商人们运来货物，进行交易。图的底部，马可·波罗启程前往远方。

兵工厂——"战争车间"的大门

兵工厂的木匠制作龙骨和桅杆、铺设船上的木板。
完工的船体被干燥储存在后面的工棚内。

威尼斯海洋帝国的领地。

罗维纽（今克罗地亚的罗维纽），威尼斯城的微型复制品，威尼斯据守此地达五百年。

莫东要塞（今希腊南部的迈索尼），共和国的"眼睛"，无价之宝。

在克里特岛干地亚（今伊拉克利翁）的海上要塞，守护着港口。

威尼斯帝国的标志——圣马可雄狮，在塞浦路斯岛法马古斯塔的海墙上。

充满异国情调的东方：大马士革的马穆鲁克总督接见威尼斯大使

宗奇奥海战：洛雷丹和德·阿默的战船与巨大的奥斯曼战船（中）搏斗，烈火将它们全部吞没。

13. 战斗到底

> 尼斯人在那些逃兵之后，可能已经进入基奥贾并重新掌控它，就像他们当初失去基奥贾那样。[6]

热那亚人的士气发生了突然的、灾难性的崩溃。据说，此役之后，"想买全副铠甲的人只消花几个铜板，就能从剥死人甲胄的人手中买到一套，想买多少套都可以"。[7]这场灾难后，布朗多罗村摇摇欲坠。热那亚人用桨帆船将他们的射石炮运到基奥贾。次日天亮前两小时，他们将修道院付之一炬，焚毁了自己的攻城武器，然后乘桨帆船离开——一些人前往基奥贾，但许多帕多瓦人完全放弃了攻城。威尼斯人不费一枪一弹便收复了布朗多罗。皮萨尼设法救下了热那亚人试图烧毁但未成功的两艘桨帆船"以及许多三桅帆船、小船和热那亚人慌乱中遗弃的其他东西"。[8]泽诺在与基奥贾仅有一条运河之隔的地方扎营，运来了射石炮和投石机，"不分昼夜地向基奥贾镇投掷巨大的石块，摧毁了许多房屋，死伤无数"。[9]一位目击者写道："我记得，我们的桨帆船有时非常接近基奥贾，向那里投掷了不计其数的石块。"[10]

在这个关键时刻，威尼斯人却犹豫不决起来，就像攻防战早期的多里亚那样。"大家普遍认为，如果威尼斯人在当时立刻攻击的话，就能拿下基奥贾；但他们没有冒这个险。"[11]就像热那亚人之前那样，他们选择了用饥饿迫使敌人屈服，紧紧地钳制基奥贾通往帕多瓦的陆路和水路，"就算一封信或任何一样东西，都不能从基奥贾送到帕多瓦；热那亚人插翅难逃，将会消耗完他们的物资"。[12]热那亚人在桥上溃败时，威尼斯人没有乘胜追击，这在基奥贾镇内产生了意想不到的影响。它实际上振奋了热那亚人的士气。他们驱逐了镇内的威尼斯妇女儿童，以尽可能久地维持补给，并固守待援。这场较量持续了整个春天。帕多瓦领主继续攻打威尼斯的关键城市——特雷维索；在曼弗雷多尼亚海岸，缓缓逼近的热那亚救援舰队俘虏了一整支威尼斯运粮船队；一个装扮成德意志人的威尼斯间谍身份暴露，遭受严刑后供出了共和国的作战计划。教皇继续施压，致力于和平。

现在，基奥贾的希望都寄托在热那亚的海上援军和帕多瓦领主身上。尽管威尼斯人竭力封锁，补给物资仍旧能设法顺流而下，运抵基奥贾。在一次大胆的行动中，当河水涨满时，40艘满载粮食、武器和火药的驳船漂浮着顺流而下。他们强行突破了一道薄弱的河上防线，成功抵达了基奥贾。威尼斯人的回应是用栅栏阻断了所有能抵达基奥贾的水道，并将他们的武装船只数量翻了一番。当热那亚补给船试图返回时，遭到了威尼斯人猛烈的抵抗，不得不退回基奥贾。基奥贾背后的沼泽地和水道变成了两栖作战的战场：乘船的士兵在河上对战；步兵在运河中挣扎前进；有人埋伏在莎草丛中。热那亚人占据着一系列设防的水磨坊，这都成了威尼斯人攻击的目标。4月22日，威尼斯人猛攻一座磨坊，但被逐退，"这场胜利让磨坊里的人欢天喜地，他们点燃了火把，基奥贾的人因此知道发生了什么"。[13]次日，战斗继续进行。威尼斯人再次攻击磨坊，而热那亚人从基奥贾派遣了80艘船去破坏栅栏、重新打开通向帕多瓦的水路。收到关于热那亚人举动的警报后，威尼斯人暂停了对磨坊的攻击；

13. 战斗到底

在芦苇的掩护下，他们偷偷潜行，伏击了热那亚人的突围队伍，"随着狂野的叫喊，石弹和羽箭横飞，他们展开了激烈的战斗"。[14]热那亚船员们丢弃了船只，通过芦苇滩和干涸的航道逃跑。仅有 6 艘小船得以逃脱。对于热那亚，这是不吉利的一天：4 月 23 日是圣乔治的宗教节日。从此以后，再也没有补给品能够到达被包围的基奥贾。

尽管热那亚人实施了不少成功的反击，但基奥贾承受的压力却始终没有缓解。威尼斯人意识到，战争正在接近尾声。老执政官的四个冬季月份都是在佩莱斯特里纳岛的临时营地度过的，他于 4 月 22 日写信给战争委员会，说自己年迈体衰，请求允许他返回威尼斯城。威尼斯人对待国家公仆如同对待敌人般不屈不挠，礼貌地拒绝了他。孔塔里尼被誉为国家大业的"生命之血、安全和士气的保障"。[15]于是他留在了攻防战前线。对于可憎的敌人，威尼斯人更不会做任何让步。基奥贾内部的补给已经告急。热那亚人和他们的盟友之间存在分歧，他们中的许多人想放下武器离开。威尼斯人直截了当地宣告：任何逃出基奥贾小镇的人若是被他们抓住，都将被绞死。他们要在热那亚救援舰队出现前，用最快速度饿死基奥贾镇里的人。基奥贾镇内，弹药即将耗尽。守军被迫吃老鼠、猫、螃蟹和海藻。从粗劣的贮水池里打上来的水又脏又臭。他们焦虑地盯着大海，但什么都没看到。

绝望的谈判接踵而至。基奥贾镇守军同意投降，条件是允许他们自由离去。威尼斯拒绝了他们的要求：投降必须是无条件的，并且有固定的最后期限——过了这最后期限，所有被抓获的人都将被处以绞刑。最后期限过去了。热那亚人仍一直眺望大海，盼望着救兵的出现。6 月 6 日，"上午九点"，马鲁弗的舰队出现在了人们的视线里。[16]热那亚人攀上了房顶，哭着喊着，挥舞着旗帜。热那亚舰队司令开了一炮，挑衅皮萨尼出战，但遭到了拒绝。马鲁弗每天都这样向对方挑衅。最终，皮萨尼率军出战，将热那亚舰队驱赶到了几英里外的海岸。在屋顶上，守军们带着难言之痛，眼睁睁看着圣乔治旗帜慢慢离去。

基奥贾的枪炮早已停火。弹药已经耗尽，守军已奄奄一息。威尼斯和热那亚军官们开始隔墙谈判。教皇使节再一次试图安排休战，但威尼斯人表示拒绝。马鲁弗于 6 月 15 日从扎拉再次赶来，并带来了一支规模更大的舰队，但他的桨帆船又一次只能在基奥贾外海转悠。守军决定孤注一掷，强行突围。他们用手边各种可用的木材——板条箱、床、房屋木料——临时建造了一批船。他们还向马鲁弗发去一条消息，让他派送船只前往利多救援。突围行动无望地失败了；拼凑起来的船只被运河里的栅栏阻挡住，遭到拦截、俘虏，或被击沉。马鲁弗撤军了。6 月 17 日，热那亚释放了战俘，并派出三位大使前往泽诺的营地。他们进行了最后一次逃出生天的努力，企图与雇佣军部队单独做一笔交易：他们可以让出基奥贾，任凭雇佣兵劫掠，以此换取安全撤离的自由。既然俘虏已经全部归还，威尼斯也需要允许雇佣兵洗劫基奥贾，来安抚他们。一名不听话的雇佣兵统领被威尼斯人绞死在双柱之间，以管束雇佣兵队伍。

6 月 21 日，热那亚人的代表团前往威尼斯执政官的营地，被迫接受无条件投降。次日，指挥官斯皮诺拉最后一次升起圣乔治旗帜；无计可施的热那亚舰队再一次出现了。斯皮诺拉命令降下旗帜，作为投降的信号。马鲁弗以烟雾信号做出回应，恳求守军再坚持一点时间。但是没有得到回应。"他们明白，基奥贾的一切都结束了。他们心灰意冷地回到了港口。"[17]

6 月 24 日，威尼斯执政官来到支离破碎的小镇；经历了十个月的占领后，圣马可旗帜又一次在基奥贾上空升起；面容憔悴、眼神恍惚、脸色苍白、骨瘦如柴、半死不活的守军跌跌撞撞地走出来投降。胜利者仔细地将战俘分类；他们以一种特殊的发音习惯，将帕多瓦人、匈牙利人、雇佣军与热那亚人区分开。他们要求俘虏们读出单词"capra"（山羊），热那亚人只能用自己的方言读作"crapa"。4000 名热那亚人被赶到了临时搭建的战俘营，很多人死在那里；那些可以正确读出"capra"的人则被释放了。

1380 年 6 月 30 日，执政官终于获准重返威尼斯。他乘坐专门为此场合装扮一新的金船进入城市。100 名俘虏桨手划着金船，后面紧跟着 17 艘垂头丧气的热那亚桨帆船，它们的旗帜被拖在水里，以示战败的羞辱。当初前来驯服圣马可的雄壮舰队如今只剩下这些残兵败将。在皮萨尼陪同下，在一大群小船的环绕下，金船在声声钟鸣、阵阵炮响和胜利的雷鸣般欢呼中凯旋。兴高采烈的人群如此拥挤，执政官的队伍几乎无法从人群中挤出一条道路走向圣马可教堂，在那儿将为威尼斯的胜利举行庄严的感恩弥撒。

对威尼斯人来说，还发生了一个令人痛心的事件。6 个星期以后，在跨越亚得里亚海追击马鲁弗舰队残部时，皮萨尼牺牲了。在海上连续作战两年多之后，他于 8 月 15 日在曼弗雷多尼亚死于伤口感染和高烧。威尼斯人民悲恸欲绝。从来没有一位威尼斯海军将领受到人民如此的爱戴和如此深切的哀悼。他一直受到人们的欢呼拥戴，直至最后也如此；他的葬礼队伍在前往圣安东尼教堂时引发了人民的集体悲恸。一队水手穿过拥挤的人群，抢走了棺材，高呼："我们是圣安东尼的孩子，我们要将英勇的船长送到他身边！"[18]

但是，次年于都灵签署的和约对威尼斯来说不算胜利，而只是避免了失败。威尼斯收复了在特雷维尼亚诺的陆地领土，但达尔马提亚海岸仍然在匈牙利手中。威尼斯恢复了在君士坦丁堡的地位，但再次被逐出亚速海。两个共和国之间的竞争又如同以前一样继续下去。曾引发了整个冲突的忒涅多斯岛几乎被人遗忘，现已被非军事化。它的堡垒被拆毁，其希腊居民被强行迁往克里特岛。唯一从这样的解决方法中得益的是土耳其人，他们现在使用废弃的忒涅多斯海港作为海盗行动的基地。

威尼斯比热那亚坚持得更久，不是因为它的军事力量更强，而更多得益于其体制的巩固、强大的社会凝聚力，以及人民对圣马可旗帜的忠诚。遭受了基奥贾的屈辱后，热那亚便崩溃了。五年内连续罢免了十名执政官；1394 年，热那亚投靠了法兰西国王。对威尼斯来说，这样的投降是不可想象的。它宁愿自己沉入潟湖也不会投降。到 16 世纪，当委罗内塞①为执政官宫殿增添一幅凯旋的油画时，基奥贾战役

① 保罗·委罗内塞（1528～1588），意大利文艺复兴时期的画家。他出生于维罗纳，原名保罗·卡利亚里，父亲是一名石匠，他因为出生地而获得"委罗内塞"（意思是"维罗纳人"）绰号，并以此而闻名。他和提香、丁托列托并称文艺复兴晚期威尼斯画派的"三杰"。

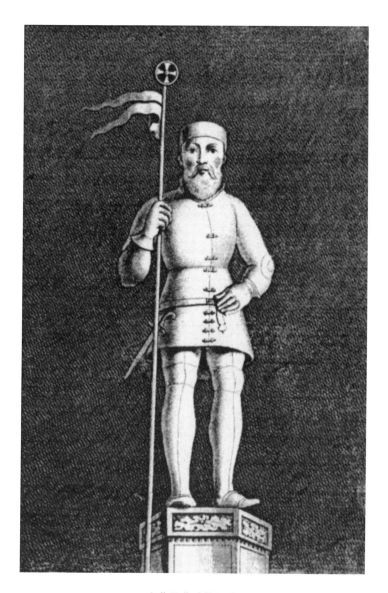

皮萨尼墓地的塑像

的意义便更加清晰了。作为几乎是灾难性失败的反弹，威尼斯最终赢得了争夺地中海贸易的竞争。威尼斯与热那亚的敌意仍然没有消除，但热那亚的竞争力逐步衰退了。

对两个共和国来说，这场战争在远方还产生了其他的后果，就像远处海面上酝酿的风暴一样。历次热那亚—威尼斯战争阻碍了教皇遏制日渐增长的奥斯曼人威胁的计划。到1362年，奥斯曼帝国实际上已经包围了君士坦丁堡；1371年，他们打垮了塞尔维亚人；到 14 世纪末，其领土从多瑙河一直延伸至幼发拉底河。

14. 海洋帝国

1381 ~ 1425

威尼斯被潟湖内漫长而艰苦的战争几乎拖得精疲力竭。两年里，所有的贸易都停止了。舰队被毁，国库空虚，连亚得里亚海的制海权也在1381年条约中正式转交给了匈牙利。与热那亚的战争、瘟疫、克里特的叛乱和教皇的贸易禁令让威尼斯人在14世纪举步维艰。但是，共和国还是挺了过来。在基奥贾战争之后，这座城市飞速地恢复了元气，令人瞩目。在1381年之后的半个世纪里，威尼斯海洋帝国经历了一段意气风发的殖民扩张，将其带上了海上繁荣和帝国霸业的巅峰。威尼斯再次让世界刮目相看。

15世纪初，地中海东部是一大群星罗棋布、如同镶嵌画的小国和互相争斗的利益集团。拜占庭帝国持续地衰落；匈牙利国王们渐渐失去了对巴尔干半岛的控制；土耳其人则在向西扩张，取代匈牙利人；机会主义的加泰罗尼亚人曾是地中海东部一支令人胆寒的力量，如今开始撤退。在其他地方，热那亚、比萨、佛罗伦萨和那不勒斯，以及一些冒险家和海盗，掌握着一连串岛屿、港口和要塞。随着匈牙利对亚得里亚海的控制减弱，而奥斯曼人又步步紧逼，达尔马提亚沿海地区许多曾经殊死抵抗威尼斯统治的小城市，如今开始寻求威尼斯的庇佑。当奥斯曼人因内战而方寸大乱时，威尼斯共和国愈发繁荣。从 1380 年到 1420 年，威尼斯的领土面积翻了一番，更重要的是，人口也差不多翻了一番。这些新吞并的土地多半在意大利本土，但使得威尼斯巩固其海上霸主和世界贸易轴心地位的，是它的海洋帝国实力的增强。

威尼斯吞并新土地的手段十分灵活：耐心的外交手段兼施以短暂而激烈的武力。1204 年之后，威尼斯一口气鲸吞了一个帝国，但 1380 年后的新领土是一点一点蚕食而来的。威尼斯派出大使去保证一个希腊港口或一个达尔马提亚岛屿的安全；距离自己地产很远的地主也许会被说服，将自己的地产卖给威尼斯政府，换取现金；几艘武装桨帆船可能足以说服一位身处困境的加泰罗尼亚冒险家，是时候回家了，或是在克罗地亚的某个港口操纵派系斗争；一位犹豫不决的威尼斯女继承人可能会被"鼓励"嫁给一位合适的威尼斯领主，或将她的财产直接捐给共和国。如果说威尼斯的手段是耐心而五花八门的，其核心的政治理念却是惊人地恒久不变：为了威尼斯的荣耀和利益，用最小的代价获取优良的要塞、港口以及防御地带。1441 年，元老院就像一家公司制定战略计划一样宣布："我们在海事方面的方针，考虑的是我们的共和国，是保护我们的城市和商业。"[1]

有些时候，一些城市自愿投入威尼斯的怀抱，以摆脱来自奥斯曼人或热那亚的压力。针对每一项申请，威尼斯都会做精细的成本效益分析，就像商人查验货物。这座城市有没有一个安全的港口？有没有良好的水源给船只提供补给？有可供农耕的内地吗？人民是否恭顺？城市的防御如何？是否控制一条战略海峡？再从反面想想，如果此地被敌国占了的话，会给威尼斯造成多大损失？达尔马提亚海岸的卡塔罗足足申请了六次才被威尼斯共和国接纳。而帕特雷则申请了七次。每一次，威尼斯元老们都严肃地听完陈述，然后摇头否决。当涉及全盘买入时，威尼斯会等待价格跌落。1408 年，匈牙利的拉迪斯劳开价 30 万弗罗林①，想把自己对达尔马提亚的权利主张卖给威尼斯。就在随后的一年，当达尔马提亚各城市掀起叛乱反抗匈牙利时，威尼斯仅花费 10 万弗罗林就买下了这些城市。有些时候，威尼斯会威逼利诱双管齐下地完成买卖；软硬兼施也是一种手段。通过耐心等待、讨价还价、恐吓威胁以及赤裸裸的武力，威尼斯扩张了自己的海洋帝国。

威尼斯几乎不费吹灰之力，就将达尔马提亚和阿尔巴尼亚沿海诸多红屋顶的港口、翠绿岛屿和微型城市收入囊中：希贝尼克和布拉扎，特劳和斯帕拉托，以及莱西纳岛和库尔佐拉岛，这两座岛屿以造船业和优秀水手而闻名，被誉为"像晶莹的珠宝般澄净闪亮"。[2]控制这一切的关键在扎拉，威尼斯为了维持对它的统治已经奋战了四百年。现在扎拉高呼着"圣马可万岁！"心甘情愿地归顺威尼斯。[3]为安全起

---

① 拉迪斯劳（1377~1414），那不勒斯国王，名义上的耶路撒冷国王、西西里里国王等，1390 年以后自称匈牙利和克罗地亚国王，绰号宽宏者。他的父亲那不勒斯国王查理三世也是匈牙利国王（称查理二世），因此拉迪斯劳对匈牙利有一定的继承权。当时实际统治匈牙利的是神圣罗马皇帝西吉斯蒙德。弗罗林，金币名，1252 年首先在佛罗伦萨铸造，后来欧洲许多国家均有仿造，币值不等。

见，威尼斯政府将扎拉那些爱惹是生非的贵族世家迁往威尼斯城，然后派他们去别的沿海城市当官。威尼斯执政官又一次可以自称"达尔马提亚领主"了。只有拉古萨高傲地保持独立，始终不受威尼斯控制。

这条海岸线的价值是难以估量的。威尼斯桨帆船舰队可以在这片海岸有遮蔽的水道航行。这里的一连串岛屿可以保护船只，帮助它们抵御亚得里亚海变幻无常的狂风——西洛可风、布拉风和密史脱拉风①，并让船只在这里的安全港口停泊。共和国的船只将用达尔马提亚的松木打造，桨手和水手也有很多是达尔马提亚人。人力和木材一样重要，只要共和国存在一天，亚得里亚海东岸居民的航海技能都将由其支配。

如果说扎拉对威尼斯来说很重要，那么科孚岛就更是如此了。1386 年，威尼斯从那不勒斯国王那里用 3 万杜卡特买下了这座岛屿。当地人民非常愿意接受威尼斯的统治，"因为时代动荡不安，人事反复无常"。[4]科孚岛是一系列基地组成的链条中的最后一环。1203 年，十字军在科孚岛停留时，维尔阿杜安说这个岛"非常富裕丰饶"。[5]它在威尼斯历史上享有举足轻重的地位，威尼斯人对它很有感情。11世纪，威尼斯在科孚岛与诺曼人展开海战，损失了数千人；他们在 1204 年得到该岛，占有时间不长便又失去了。科孚岛位于亚得里亚海的出入口，是一个至关重要的地点，可以

---

① 地中海北岸的一种干冷西风或北风，从法国南部起源。"密史脱拉"是法国南方奥克语的朗格多克方言，意思是"主人的"。

监视意大利和希腊之间的东西向贸易。在海峡的对面，威尼斯得到了阿尔巴尼亚的杜拉佐港——它拥有充裕的水资源和大片葱翠的森林——以及仅 10 英里之外的布特林托[①]。这三个基地互为犄角，控制着阿尔巴尼亚海岸以及通向威尼斯的海上航线。

科孚岛的要塞

青翠多山、冬季降雨充沛的科孚岛成了威尼斯航海系统的指挥中心和威尼斯人中意的任职地。他们称之为"我们的大门"，在此永久设立了一支桨帆船舰队，停泊在安全港口内，听候"海湾统领"的调遣。在危险之际，海湾统领要听从海军总司令的指挥，总司令驾到时战旗挥舞、号角齐鸣。所有经过的威尼斯船只都被强制性要求在科孚岛停留四个小时来交换信息。当看到这壮阔岛屿的轮廓一点点从平静的大海里浮现时，水手们很是激动，因为它预示着威尼斯城已经不远了。科孚岛为水手们提供淡水和娱乐。这里的妓女以两个特点出名，一是她们的美貌，二是她们携带的"法

---

① 原文如此，杜拉佐和布特林托之间的距离实际约 270 公里，即约 170 英里。

兰西病"①。虔诚而虚弱的水手在归途中会将船停靠在科孚岛以北海岸的卡西奥皮圣母神龛,为平安的旅行感恩。

在帝国扩张的这一波新浪潮中,科孚岛以南的爱奥尼亚群岛也被吞并:青翠的圣莫拉、崎岖的凯法利尼亚和意大利歌谣所称赞的"桑特,黎凡特的鲜花"。勒班陀是位于科林斯湾内的一个具有战略意义的港口,对奥斯曼人而言也具有潜在的诱惑。威尼斯政府派遣海湾统领率领 5 艘桨帆船前往,命令他要么强攻,要么将勒班陀买下。勒班陀的阿尔巴尼亚领主得到了两个选择:要么被斩首,要么交出勒班陀以换取每年 1500 杜卡特的年金。他选择了第二种方案,老老实实地离开了。

对新领地的占领像淘金热一样,延伸到整个希腊沿海地区。威尼斯在 1414 年买下了宗奇奥,这是靠近莫东的一座防御完善的港口;通过贿赂,威尼斯获得了位于阿尔戈斯湾的纳夫普利翁和阿尔戈斯;1423 年,萨洛尼卡乞求威尼斯保护它,以抵御土耳其人。阿提卡内陆地区主动臣服于威尼斯。但威尼斯元老院非常精明,知道共和国人力不足,而且对封建领地和头衔不感兴趣(毕竟希腊土地贫瘠,出产极少),因此拒绝接纳阿提卡。对于他们而言,唯一重要的,只有大海。

再往南,贫瘠的基克拉泽斯群岛(1204 年以后被分配给威尼斯的私掠者)日渐成了一个问题。这里的统治者有的狡诈,有的残暴,甚至疯癫,共和国与他们之间有不少冲

---

① 指梅毒。这种性病在欧洲第一次有据可查的暴发是在 1494 或 1495 年,在意大利的那不勒斯,当时正是意大利战争期间。法兰西军队将它传播至欧洲其他地方,因此称为"法兰西病"。

突。土耳其、热那亚和加泰罗尼亚的海盗也时常劫掠基克拉泽斯，拐卖岛上的人口，因而使这片海域非常危险。早在1326 年，一位编年史家就写道："尤其是土耳其人在这些岛屿肆虐……如果没有援助，它们便会易主。"[6]15 世纪初，佛罗伦萨教士布翁戴尔蒙蒂在爱琴海待了四年时间，带着"极度的恐惧和焦虑"旅行。[7]他发现基克拉泽斯群岛凄凉得令人难以置信。纳克索斯岛和锡夫诺斯岛缺少男性人口；塞里福斯用他的话说，"除了灾难什么也没有"，那里的人民过着牲口一般的生活。[8]在伊奥斯岛，每到晚上，人们全部退入城堡，以防海盗劫掠。蒂诺斯岛的居民则打算干脆放弃他们的岛。爱琴海期盼着威尼斯共和国的保护，"觉得天下没有比威尼斯的统治更公正和更好的了"。[9]共和国便开始重新接纳这些岛屿，但是与以往一样，它的手段是十分务实的。

　　威尼斯在第二波殖民扩张中建立起的帝国是靠强劲的海军实力维系的。在它价值无量的三角基地——莫东—科罗尼、克里特岛和内格罗蓬特之外，现在又多了一个科孚岛。但在更遥远的地方，威尼斯海洋帝国的疆界非常灵活，不断发生变化，就像钢丝网一样强韧而形状并不固定。威尼斯人始终生活在变幻无常的世事中，他们的许多领地也是来了又去，一如大海潮起又潮落。他们一度占据着希腊大陆上一百个地点；爱琴海大多数岛屿都经过威尼斯人的手。有些虽然从他们手中溜走过，但后来又重新获得了。对有些领地的占有则非常短暂。威尼斯断断续续地占据莫奈姆瓦夏礁岩（形似微型的直布罗陀）一个世纪之久，威尼斯人在雅典也进进出出。14 世纪 90 年代，当西班牙冒险家抢走帕提农神庙大门上的银片时，威尼斯人静观其变，后来自己统治雅典六年。五十年之后，雅典请求威尼斯接纳它，但那时已经太迟了。

黑海北岸的塔纳最能印证殖民事业的逆转。1348 年，威尼斯被蒙古人逐出塔纳。1350 年，一个商业定居点在那里恢复了，并维持了半个世纪。但塔纳过于偏远，信息很难传达到威尼斯本土。桨帆船舰队每年会到那儿一趟，之后便消失在海的边缘。这个据点一沉寂就是好几个月。当安德烈亚·朱斯蒂尼安奉命于 1396 年抵达塔纳时，他震惊地发现，那儿什么也没有：没有人，没有房屋，只有定居点烧焦的废墟，以及顿河上诡异的鸟鸣。在前一年，蒙古的帖木儿大帝袭击塔纳，将整个定居点夷为平地。1397 年，朱斯蒂尼安向塔纳当地的鞑靼领主请求允许建造一个新的设防定居点。威尼斯人在塔纳从头再来。塔纳就是这么重要。

但在地中海东部的中心地带，威尼斯实行着效率极高、无与伦比的帝国主义统治。在这整个地区，只要是圣马可旗帜飞扬的地方，就能看到威尼斯强大的经济、军事和文化实力的宣传象征物：港口的墙上、要塞和碉堡昏暗的大门上方雕刻着雄狮，向潜在的敌人咆哮，向朋友示好；闪亮的圆形杜卡特金币上，是执政官跪在圣徒前的图案，威尼斯金币的纯度和可靠性胜过了所有对手；威尼斯海军舰队定期巡航扫荡，商船队无比雄壮；身着黑衣的威尼斯商人操着方言为货物标价；各种仪式庆典和宗教节日的庆祝活动无比盛大隆重；威尼斯的建筑物彰显帝国气派。威尼斯人无所不在。

威尼斯城跨越海洋输出自己的形象。干地亚被称为"威尼斯人在黎凡特的另一座城市",也就是威尼斯第二。[10] 它复制了威尼斯的建筑和权力象征。干地亚也有自己的圣马可广场,它对面是圣马可教堂,教堂的钟楼上悬挂着圣马可的旗帜,就像威尼斯的钟楼一样,在工作日的开始和结束时都会鸣钟。还有公爵府邸和供商品交易和谈判的凉廊,都像极了威尼斯。公爵府邸旁的两根立柱是用来绞死犯人的,仿照威尼斯的滨水双柱,提醒公民和臣民们,堪称楷模的威尼斯司法是全世界通行的。干地亚是威尼斯国家的缩小复制版:用来为批发货物称重的办公室使用的是威尼斯的砝码和计量标准,有处理刑法和商业法的官衙,有克里特行政机关的接待室和分部,都和威尼斯执政官的宫殿差不多。旅途中的商人若是不注意,会真以为他们看到了威尼斯的幻影在黎凡特的明亮空气中闪闪发光,仿佛卡尔帕乔在埃及海岸重绘出了威尼斯,又仿佛英属印度土地上建起了一座英国教堂。外乡来的旅行者谈及了这种光线的把戏。西班牙旅行者塔富尔写道:"当一个人来到威尼斯的任何领地,哪怕是在天涯海角,也会觉得他身在威尼斯。"[11] 当他在达尔马提亚海岸的库尔佐拉停留时,发现甚至当地人也跟随着威尼斯的潮流:"男人们在公共场合的穿戴像极了威尼斯人,他们几乎都会说意大利语。"[12] 君士坦丁堡、贝鲁特、阿卡、推罗和内格罗蓬特都一度拥有自己的圣马可教堂。

这样的特点让旅行商人和殖民地官员们感到,他们占据着自己的世界;他们驱散思乡之情,向他们的臣民——不管

帝国的纪念碑：莱蒂莫的钟楼

他们说希腊语、阿尔巴尼亚语还是塞尔维亚—克罗地亚语——彰显威尼斯的权势。威尼斯庆典中的宗教仪式元素也加强了这种权势。精心安排的正式庆典被详细地复制在 15世纪的油画上，也被输出到各个殖民地。克里特岛的每一位新公爵上任时都会在号角齐鸣中，在一顶红丝绸伞下从他的桨帆船上踏步而出，在城市的海门与前任公爵会面，然后在前呼后拥之下，严肃地行进在通往大教堂的主干道上，在教堂涂抹上圣水和香。这种仪式是高度标准化的，严格按照规程办事，展现了威尼斯的荣光。庄严的游行，圣马可和诸位主保圣徒的旗帜，殖民地臣民向共和国发出的忠诚、恭顺与效力的誓言，在基督教历法中重大宗教节日时为颂扬公爵而吟唱的赞美诗——这些仪式融合了世俗和宗教的力量，来夸耀威尼斯的显赫，激起人们的敬畏。朝觐者彼得罗·卡索拉教士见证了 1494 年克里特岛政权交接的仪式，这场仪式"如此壮观，我仿佛置身于威尼斯的盛大节日"。[13]

殖民地的行政机构等级森严，每一级别都有精心管理的薪酬、特权与责任，以及一长串冗长而差别细微的不同头衔。最高层（也是殖民地系统中最有权力的职位）是克里特公爵；君士坦丁堡的威尼斯殖民地的市政官的薪俸与克里特公爵相同，是每年 1000 杜卡特，这是为了彰显君士坦丁堡的重要地位。科孚岛和内格罗蓬特也分别由一位市政官管辖；莫东和科罗尼分别由一位"代理城主"管理，而阿尔戈斯和纳夫普利翁则分别由一位市长管理。蒂诺斯岛、米科诺斯岛以及克里特岛的一些城镇则由镇长管理；在外国领土——如塔纳和萨洛尼卡——上建立的定居点由领事负责管辖。这些殖民地行政长官是从威尼斯贵族阶层非自愿地选举产生的，被选中者必须在相应职务上为国效力，若拒绝则会受到惩罚。在这些带有头衔的大官下面，是一级级公务员：

顾问和财务主管、殖民地兵工厂的将军、公证人、书记员和法官，所有人都宣誓为威尼斯的荣耀与利益工作，他们各自有特定的权利和职责，并受到一定限制。

这些国家官员虽然威风凛凛，但他们的行动自由却受到仔细的限制。每个人都能感到来自威尼斯的向心力；即便是在距离威尼斯 3 个月航程的塔纳，领事都被重重的规定束缚着。威尼斯是一个中央集权的帝国；每件事都被潟湖（威尼斯）统治、支配和管理着，并且用无尽的细致的法令条款精确地把握。爱国主义情怀深深地刻印在每个威尼斯人的灵魂中；所有殖民者都来自潟湖的那几平方英里的范围；他们都被期待着以毫不动摇的爱国主义为共和国效劳。共和国执着于其公民的种族纯正。它害怕自己的公民被殖民地土著同化，尤其是在 1363 年克里特岛的叛乱之后。共和国的法令中满是规定种族纯洁的条款。公民身份几乎从不授予外邦人，而种族的界限是被严格监控的。异族通婚和皈依希腊东正教是被人鄙夷的事情，而在克里特，则将受到法律的严厉制裁。高级的殖民官员两年一轮换，以免他们被当地的环境污染，中央也尽全力去维持文化的差异。在莫东，威尼斯人被禁止蓄须；威尼斯公民被要求将胡须剃干净，和胡须蓬乱的希腊人区别开。

官员服务的条件受到明确界定。总督职务的方方面面都有严格规定，他们随从中行政官员的人数、他们用来维持威望和日常使用所需的仆人和马匹数量（国家对一位总督能够拥有马匹的数量有着精确的要求，既不能少也不能多）、他们享有的金钱津贴和他们权力的界限都有规定。总督们被禁止参与任何商业活动，不得带家属赴任，并受到严格誓言的约束。共和国对个人影响力的增长保持警惕——这个最为铁面无情的国家非常讨厌个人的野心——对腐败则是零容忍。1396 年，乔万尼·博恩被派往干地亚管理财政。他不仅要发出惯常的捍卫威尼斯荣誉的誓言，还有责任将属于国家的货物以最高价出租，一年一度向公爵及其顾问事无巨细地汇报他在前一年处理的和注意到的所有事务；并且不得接受任何服务和礼物；他和他的雇员被禁止从事任何商业活动，还被禁止在干地亚或以干地亚为圆心、半径 3 威尼斯里范围内宴请任何人，不管是希腊人还是拉丁人。

在威尼斯体制中，连执政官本人都被严禁从外国人手里收受任何贵重礼物。上述这些禁令都是习以为常的。威尼斯体制的宗旨就是持续的监管和集体负责制。任何官员都不得单独行动。要打开干地亚财务室的房门，需要三把钥匙，分别由三个不同的财务官保管。克里特岛公爵需要三名顾问的书面同意，才能批准一项决议。所有的事情都是建立在书面文件的基础之上。在执政官宫殿深处，大群文书人员辛勤工作，抄写并发送元老院的各项法令到海洋帝国各个角落去。各个地方政府也有这样的文书团队，做着类似的工作。每一个威尼斯殖民地都有自己的公证人、抄写员和储存文件的地方。所有的决定、交易、贸易契约、遗嘱、法令和判词都被记载下来，形成数百万条目，就像商人无穷无尽的分类账本一样，这些共同组成了国家的历史记忆。每个人都负有责任，有案可查。每件事都被记录在案。到威尼斯共和国灭亡时，它存放文件的卷宗架长达 45 英里。

这些文件见证了帝国体制详尽的中央管理。那是一段不停地与腐败、裙带关系、贿赂和偶尔发生的叛国行为做斗争的历史。"国家的荣誉需要所有行政官员都出色"是它的箴言。[14]官员们频繁地被告诫不得从事贸易活动，说明违反此项禁令的人很多，情形也五花八门，政府对此种行为也顽强地追踪制裁。殖民地的各级官员都有很多机会去体验威尼斯审计的严谨和无情。司法正义是耐心、铁面无私而冷酷无情的。没有人能够避开审查。对公爵的审查就像对铁匠的调查一样客观公正。审查的手段无所不用其极。国家监察官们会定期展开调查。当这些身穿黑袍的官员走过船只的跳板、踏上内格罗蓬特或干地亚土地并开始问问题或查账时，最趾高气扬的殖民地权贵也会心急如焚。监察官的权力几乎不受任何限制。在 1369 年 5 月的档案记录中，我们可以看到，监察官的职责除了审查低级官员之外，

他们在黎凡特的任务还包括调查总督们有损国家利益的不端行为；若遭到指控，总督不得以任何借口拒绝回答问讯，即便这牵涉他们的工作。监察官有权前往他们认为有必要去的任何地方；他们的行动自由不受任何约束。但是（这是一个典型的威尼斯式的限制条件），监察官应当尽可能节约差旅费。若有官员罪行特别严重，监察官认为他不会自愿回到威尼斯接受审判，那么监察官可以在与当地总督商议之后，直接逮捕有罪官员，并强行将其押回威尼斯。[15]

海洋帝国的监察官

账目将得到细查，检举得到倾听，犯罪嫌疑人的通信被
没收和研读。监察官回到威尼斯后将有一年的时间去公布自

己的调查结果、传唤更多证人和弹劾罪人。令人眼花缭乱的是，监察官自己也受到监督审查，他们一般三人一同行动，被禁止从事贸易、接受礼物，甚至不可以单独居住。海洋帝国是个多疑的国家。

从威尼斯城到克里特岛要一个月，到内格罗蓬特需要六周，到塔纳需要三个月，但每个人都能感觉到威尼斯国家伸长的手臂。有时它真的能触及极远的距离。1447 年春天，元老院收到秘密报告，称克里特公爵本人——安德烈亚·多纳托正与米兰雇佣兵统领弗朗切斯科·斯福尔扎①秘密勾结，并收受贿赂。逮捕多纳托的命令简短而残酷：

致桨帆船船长贝内代托·达·莱杰，任务是逮捕公爵：

1. 应以最快速度前往干地亚，中途禁止停靠。

2. 抵达干地亚后，停在海湾内，不得登陆。不得允许任何人上岸，也不准任何人上船。

3. 派遣一个值得信赖的人去见安德烈亚·多纳托，请他到船上协商。

4. 约见多纳托的借口是获取关于黎凡特局势的信息，船长假装自己即将去土耳其觐见苏丹。

---

① 弗朗切斯科一世·斯福尔扎（1401～1466）是一位意大利雇佣兵首领、米兰公爵，也是斯福尔扎家族在米兰统治的开创者。弗朗切斯科的宫廷是文艺复兴的中心之一。弗朗切斯科是欧洲第一个以权力平衡为基础确立外交政策的统治者，也是第一个将外交扩展至意大利半岛之外的意大利统治者。

5. 多纳托上船后，贝内代托应立即扣押他，告知他必须去威尼斯一趟，但不用告诉他原因。

6. 离开干地亚之前，贝内代托应将托付给他的信送给克里特海军统领和顾问们。

7. 若多纳托拒绝或不能上船，莱杰船长应将另一封预先备好的信送给克里特海军统领和顾问们，这样公爵肯定得来。

8. 多纳托上船后，桨帆船立刻前往威尼斯……（船长）会将其带到拷问室。

9. 在航行中，禁止任何人与犯人交谈；如果途中必须靠岸的话，多纳托不得以任何理由上岸。[16]

达·莱杰奉命带给顾问的密令是："若安德烈亚·多纳托拒绝登船，那么船长和顾问们必须动用武力；他们应逮捕公爵，将他押送到船上，立刻前往威尼斯。"[17]达·莱杰以破纪录的速度到达克里特岛，将公爵劫走，迅速将他送回威尼斯，进行拷问。来去只用了四十五天，创了一项新纪录。这个故事传达的信息非常明确。

威尼斯政府坚持不懈地与其官员的渎职行为做斗争；档案中到处是振聋发聩的谴责、问讯、罚款、弹劾，以及拷问犯人的命令。许多条目的开头都是"严令禁止……"，接下来紧跟着不厌其烦的禁令——不得雇用亲属、变卖公共财产、从事贸易活动等。"太多的市政官、总督和领事得到了好处、金钱贿赂和形形色色的豁免。这是不可容忍的，这些行为是严厉禁止的。"[18]一位克里特公爵因粮食欺诈罪行而遭到传讯；莫东—科罗尼的一位官员犯下了敲诈罪；一位官员因未赴任而被罚款；另一位官员因为一笔钱款的丢失而被召回；莫东的代理城主弗朗切斯科·达·普留利遭到逮捕并被免职——投票决定是否用刑时，13 票赞成，5 票反对，5 票弃权。当然，对共和国的忠诚也会得到认可和奖赏。

威尼斯将它坚定不移的法律制度贯彻到海洋帝国的每个角落。总督们被告诫，对所有人秉公执法，无论对威尼斯殖民者还是土著臣民皆如此。当地人、犹太人和其他常住外国人，都受到同样的管理。从当时的标准来看，威尼斯共和国有强烈的正义感，它的司法相当客观公正。

威尼斯人是彻头彻尾的律师，以极强的逻辑运作着他们的体制。谋杀分为多个等级。杀人分为一般（过失杀人）和故意杀人，又细分为八个子类别，从正当防卫到意外、故意、伏击、背叛和暗杀；法官被要求尽可能透彻地确定作案动机（国家的秘密行动当然不受这种司法限制：1415 年 7 月的档案记载着买凶暗杀匈牙利国王的提议。暗杀者"希望隐姓埋名"。[19]如果发现布鲁奈佐·德拉·斯卡拉在国王随行队伍里，就将他一同杀掉。此提议被接受了）。共和国确实采用了恐怖的惩罚手段；他们使用刑讯来获取真相或至少迫使犯人招供，用刑的严厉程度取决于国家利益。1368 年 1 月，一个名叫盖斯图斯·德·博埃米亚的人被带到干地亚公爵法庭，原因是偷窃国库钱财。法庭对其严惩，以儆效尤：斩去他的右手，令其当众坦白罪行，最后在他偷盗的金库前将他绞死。第二年，克里特人埃玛努埃尔·西奥罗吉特因为放走了一名叛军俘虏，被砍掉了一只手，戳瞎了双眼。

托马·比安科因为说了大逆不道、有损威尼斯荣誉的话，被割掉了舌头，接着是入狱和无期流放。[20]

威尼斯的司法也具有极高的道德性：1419 年 1 月，一个叫"内格罗蓬特的斯塔马蒂"的屠夫及其共犯"干地亚的安东尼奥"因为强暴一名男童而被处死；四个月之后，尼科洛·佐尔齐因为相同的罪行被活活烧死。死刑是以执政官的名义执行的，目的是教化民众。干地亚的刑场在两根石柱之间，这是模仿威尼斯城圣马可广场的双柱。威尼斯的刑罚制度虽然严酷，但做出裁决时也可能有细微的考虑。未满十四岁的未成年人和智力有缺陷者可以免除死刑，即使是在暗杀类的案件中。精神病人被监禁起来，并打上烙印，以示众人。每个人都有权利向威尼斯上诉；证人可以被召回母城；案件封存几年后可以重审；即使是在威尼斯国家里被边缘化的犹太人，在法律面前也会得到应有的尊重。司法工作运转缓慢，但极其重视正当程序。1380 年，当威尼斯舰队停靠在莫东时，一个名叫乔万尼诺·萨林贝内的人被指控杀害了莫里托·罗索。对萨林贝内的审判被认为"严重失当，因为事件本身的情况复杂，而且最重要的是缺少证人"。四年之后，这起案件被重审，高层命令对"城市夜间警察队伍的军官进行新的审查"。

在威尼斯司法体制中，案件可以撤销，可以考虑情有可原的情况而从轻发落，也可以根据上诉团体的投票来推翻之前的判决。1415 年 3 月，"内格罗蓬特的犹太人"莫迪凯·德雷梅德戈被判处罚款，但随后判决被撤销了，因为"评审团无权处置犹太人"。[21]同一年，纳夫普利翁的马泰奥在担任公职期间出租国家财产，被判处罚金，判决后来也被撤销了，因为"现已查明，马泰奥在进行此项交易时已经辞去公职"。[22]潘塔莱奥内·巴尔博受到的判决——十年内不得担任公职——被认为"过于严酷，毕竟他一辈子为共和国效劳，忠贞不贰"；[23]克里特岛人贾科莫·阿帕诺梅里蒂强奸了一名女子并拒绝娶她，被判罚款或入狱两年，后来得到了从轻发落。"上诉法官们重新审查了此案，鉴于男孩的年轻与贫穷，如果他愿意立即娶这个女孩，便会免除所有处罚。"[24]

因为共和国境内天主教徒、犹太人和东正教徒混居，所以共和国非常重视保持社会的平衡。威尼斯海洋帝国本质上是一个世俗社会。它没有令其他民族皈依的计划，也没有传播天主教信仰的政策——除了偶尔为了得到教皇的支持、获得某种利益而传教之外。威尼斯镇压克里特岛上的东正教会，是因为害怕泛希腊的、民族主义的反抗，而不是出于宗教狂热；在其他地方，威尼斯的宗教政策是较为宽容的。在恭顺服帖的科孚岛，威尼斯规定，希腊人"享有信仰自由，只要他们不公开表示反对共和国或拉丁信仰"。[25]跟随着威尼斯的扩张而前进的天主教僧侣修会的过度狂热却令威尼斯警觉，有时甚至是震惊。1420年8月从干地亚传来报告："夜巡队不得不逮捕4名方济各会修士，他们拿着十字架，全身一丝不挂，后面跟着一大群人。这种行为令人生厌。"[26]方济各会修士们威胁到了威尼斯海外领地在文化和宗教上的平衡。任何形式的民众骚动都令政府紧张。两年后，执政官直接写信给克里特岛行政机关：

14. 海洋帝国

> 有时我收到一些关于拉丁教会某些教士不端行为的
> 丑闻报告；此种行为在克里特岛尤为危险；我刚得知，
> 某些教士的宣讲……对共和国大为不利；丑闻影响到了
> 岛上的威尼斯人；当局应立刻采取严厉的手段来制裁这
> 群教士，恢复克里特岛的和平安定。[27]

威尼斯内心深处希望维持臣民间的平衡：和平和安宁，
荣耀和利益——这些理想总是两两相伴。

只要在安全稳定的允许范围内，共和国可以做到宽容仁
慈，但经济的压力无处不在。各殖民地是经济剥削的对象，
苛捐杂税不停，最沉重的负担压在犹太人身上。在金钱方
面，无人能够逃避宗主国的压榨。中央政府无穷无尽地征
税。他们几乎完全不关心这些税钱在地方上是怎么征收来
的，而各地方的人民也无权决定这些税金的用途。国家像精
明的商人般掌控着钱财，积攒得越多越好，开销越少越好。
资源掠夺是一个核心问题。

威尼斯从它的海洋帝国各地搜罗食物、人力和原材
料——达尔马提亚沿海地区的水手、克里特岛的小麦和硬奶
酪（水手的主食之一）、葡萄酒、蜡、木材和蜂蜜。对潟湖
一带饥饿的城市居民来说，这些资源是至关重要的。克里特
岛在基奥贾战争中是重要的补给来源。在严格的条件下，所
有物资被直接运回潟湖，即使是各殖民地之间的贸易也要通
过威尼斯城周转，而且货物只能用威尼斯船只装运。货物受
到一丝不苟的检查，违者被处以大笔罚金；每一次有船只登
陆，在海关都有一笔税金要进入国库。关键货物——盐和小

麦——的价格标准是由国家强制性规定的，克里特地主们对此很不满，因为如果在自由市场上交易的话，他们能赚得更多。国家档案详细地描述了这个压迫性的制度如何运作。宗主国决定何时、何地、何种货物能以何种价格被运过爱琴海和亚得里亚海。威尼斯坚持要求各地使用他们规定的度量衡，并迫使殖民地臣民使用威尼斯货币。杜卡特金币像武装桨帆船一样，成为威尼斯实力的强大象征。

中央的这些控制手段的效果十分明显。希腊沿海地区的经济发展陷入停滞，工业发展迟缓（除了克里特的造船业），当地企业家阶级的发展空间受到压制。威尼斯集中力量在其主要领地开发农业。但它的国土并不是很理想：海洋帝国的大部分地区是多山、贫瘠、缺水以及被干燥热风影响的土地，但在克里特、科孚岛和内格罗蓬特的肥沃山谷里，威尼斯政府努力发展水利、保持土壤肥力。在前一个世纪因为叛乱而被放弃的拉西锡高原重新得到开垦耕种。当弗朗切斯科·巴西利卡塔在 1630 年访问那里时，这样描述道："那是一块美丽的、平坦的地区，几乎是大自然的鬼斧神工。"[28]

海洋帝国农业的发展总是受到人力短缺的阻碍。人们从田间消失。瘟疫、饥荒和恶劣生存环境下一向的高死亡率造成了很大影响：被压迫的农民不停试图逃避威尼斯的剥削统治；奴隶逃跑；海盗拐卖整片地区的人口。人口的不断流失是一个长期难以解决的问题。1348 年，共和国政府哀叹道："克里特岛爆发了凄惨的疫病，死者甚众，十室九空，必须采取措施来增加人口。尤其需要让逃跑的债务人恢复信心，这样他们才能回到自己的土地上工作。地主们缺少劳动力。"[29]到14世纪末，黑海的奴隶被贩卖到克里特，在类似种植园的体制下耕种土地。一直以来，希腊本土的农民就过着艰苦的生活；在威尼斯人的殖民统治下，他们的日子也不轻松。威尼斯统治者对农村的劳动力重视不够；这些劳动力在他们眼里就和木材或钢铁一般，仅仅是资源而已，无须大惊小怪。后来，一些更有同情心的观察者来到克里特岛，被他们看到的一切震惊了。威尼斯四百年的统治没有为它的臣民带来多少进步。"克里特人民的赤贫令人难以想象，"17世纪的一位观察者这样描述道，"世界上一定极少有人像他们一样处于此等水深火热之中。"[30]而威尼斯为克里特人提供的，仅仅是一些基本的防备海盗袭扰的安全措施。

　　殖民地的行政工作就是持续不断的监督管理，中央政府从遥远的潟湖对其进行遥控。国家档案的详尽细节足以证明威尼斯对整个海洋帝国的高度重视。档案中数以百万计的条目呈现出政府高度关注的对象。其中包括对桨帆船舰队的精确指示——何时起航，靠岸多久，可以贩卖哪些东西，还有为鼓励运输克里特小麦而给出的优惠价格、贸易许可、用来维修城墙的税费、对腐败和街头斗殴的记述，以及关于土耳其海盗和海难的记载。人们惋惜损失，也责任到人、追查到底。人们无穷无尽、不屈不挠地要求得到赔偿。在政府望远镜般的观察下，事无巨细，统统由书记员们（他们在执政官宫殿深处没有窗户的房间里辛苦工作）记录在案：在君士坦丁堡发生了一桩谋杀案；在基克拉泽斯群岛发现了一艘热那亚私掠船；100名弩手奉命前往克里特岛；必须为桨帆船准备 4700 袋航海饼干；内格罗蓬特的财务官工作过于忙碌；一位勇敢的桨帆船船长在一次战斗中失去了一只胳膊；克里特公爵的遗孀偷窃了属于国家的两个金杯子和一块地毯。

"利益与荣耀"是贯穿庞大而详尽的威尼斯殖民事业的两条亘古不变的主线。如果说利益是最终的驱动力的话，那么共和国的荣耀则是为一个个殖民地命名，像商人清点自己宝箱里的金杜卡特一样骄傲地点数着殖民地。威尼斯授予这些殖民地一些高贵浮夸的称号，来强调它们在帝国结构中的重要性——"我们城市的右手""共和国的眼睛"——仿佛它们是威尼斯身体的一部分。对威尼斯人而言，威尼斯绝不仅仅是有限的几平方英里的狭窄潟湖，而是生动地想象出的一个极其庞大的空间，延伸到"凡水流经之地"，就好像从圣马可教堂的钟楼上就能清楚地看到科孚岛、科罗尼、克里特岛、内格罗蓬特、爱奥尼亚群岛和基克拉泽斯群岛一般，这些城市就像是点缀在丝绸般海洋上的一颗颗钻石。对于威尼斯人来说，海洋帝国受到了伤害，就好像他们自己受了伤；领地丧失就像被截肢一般。

海洋帝国是威尼斯独一无二的创造物。如果说它沿用了拜占庭的税收制度，那么在其他所有方面，它的管理无不映射着威尼斯自身的形象。这个帝国代表着欧洲第一次充分发展的殖民扩张的实验。它用海上霸权维系各个殖民地，对臣民的福祉大体上漠不关心，高度中央集权，对殖民地进行经济剥削。这预示了欧洲将来的殖民活动。威尼斯对这个殖民帝国的付出也许多于它从税收、粮食和葡萄酒中直接获取的利益，但最终这都是值得的。除了粮食作物和税收之外，殖民地为威尼斯提供了跨越地中海东部的一块块垫脚石、用来保护舰队的海军基地、桨帆船的停靠点、储存货物的仓库货栈，以及在艰难时期可供遮风挡雨的落脚点。这第二轮殖民扩张使得威尼斯可以做一件新的事情：它一度主宰了世界贸易。

15."如同泉中水"

1425 ~ 1500

15 世纪，开往亚历山大港的商用桨帆船在看得到陆地很久之前，便能远远地感觉到海岸。尼罗河溢出的淤泥使得离岸很远的海面也变得混浊；离岸 25 ~ 30 英里时，船上的瞭望员就能看到破败倾颓的法罗斯灯塔，那是古典世界留存的最后奇观，然后可以看见花岗岩的庞培石柱①从海平线上耸立；最后，这座城市从晨雾中颤抖着显现出来，大理石在阳光下闪闪发光，边缘点缀着棕榈树，犹如一幅东方的图景。在靠近海岸的地方——当然也取决于接近角度——航船可能会驶过一群被冲到海里的河马身侧，或迎上一股燥热的沙漠风。

这艘船很快就会被陆地上的人发现。港口塔楼上的信号旗会通知港口官员乘小船前来调查接近的船只，询问它从哪里来，装载了什么货物，有多少乘客和船员。在小船的甲板上，官员们会携带一个鸟笼。当得到必要信息后，官员便会

---

① 庞培石柱是位于埃及亚历山大港的古罗马胜利纪念柱，被错误地认为是著名政治家和军事家庞培时期建立的，实际上是 297 年为纪念戴克里先皇帝成功镇压亚历山大港一次叛乱而建造的，高 26.85 米，是最高的独立石柱之一。

15. "如同泉中水"

放飞两只信鸽——一只飞往亚历山大港的埃米尔身边，另一只带有马穆鲁克苏丹本人的徽标，将信送往南方110英里外的开罗，送交苏丹本人。随后，船只获准进入港口，但舵和帆要交给港口当局代管，乘客们则被海关官员彻底地搜身，"一直搜到我们的赤膊"，看看有没有私藏杜卡特或宝石，商品也要卸载查看之后存放到保税仓库。[1]停靠费和税费缴过之后，船上的人才可以下船，通过拥挤的街道来到为基督徒访客准备的安全住宿地。亚历山大港是开启新世界的大门。

威尼斯人对登上亚历山大港土地已有数百年经验。据说，在828年，两个雄心勃勃的威尼斯商人从这里偷走了圣马可的遗骸；在中世纪，来到这座城市的朝觐者会去参观圣马可被乱石打死的那条宽阔街道，以及在他殉教和被埋葬的地点建起的教堂。亚历山大港和埃及紧紧地吸引着威尼斯人无尽的想象；它们的主题元素出现在圣马可教堂的镶嵌画上——棕榈树和骆驼、沙漠和贝都因人的帐篷、约瑟被卖到埃及，以及法罗斯灯塔，用碧绿和金黄、宝石红和湛蓝来诠释。亚历山大港不仅在宗教上很重要——《圣经》在这里被译为希腊语，而且是像君士坦丁堡一样的贸易中心。几个世纪以来，威尼斯商人的船队从干地亚向东航行，去冒险，去赢利。但这旅程常常因为十字军东征、教皇禁令以及更东方的贸易路线的改变而中断。威尼斯与埃及的法蒂玛王朝①和马穆鲁克王朝的关系总是很紧张，但潜在的利润是极其丰

---

① 法蒂玛王朝于909年~1171年统治埃及，中国史籍称之为绿衣大食，得名自先知穆罕默德的女儿法蒂玛。后被大臣和将领萨拉丁以政变推翻，被阿尤布王朝取代。阿尤布王朝则被本文中的马穆鲁克王朝推翻。

厚的。

1396 年，安德烈亚·朱斯蒂尼安凝望着黑海北岸凄凉的塔纳城废墟时，来自远东的贸易大潮正在改变方向。一百年来，蒙古人治下横跨亚洲的大道和波斯的市场将货物流引向了北方。到 14 世纪末，蒙古帝国已经支离破碎；在中国，蒙古人的统治被明朝取代，明朝闭关锁国，不再对外部世界开放。香料贸易恢复了原来的南方路线，印度的单桅三角帆船将货物转运到阿拉伯海岸的吉达，从那里通过小型沿海船只运过红海，在西奈半岛登陆后换为骆驼运输。西班牙人佩罗·塔富尔自称曾走过这条路线，据他说："骆驼太多，我根本就数不出有多少，驮着从印度来的香料、珍珠、宝石、黄金、香水、亚麻、鹦鹉和猫。"[2]

这些财富中的一部分向北流入叙利亚城市大马士革和贝鲁特。但大部分货物的终点是开罗，商品在那里会被装上平底船，顺着尼罗河驶向亚历山大港，那里是与异教徒世界联系的桥头堡。基奥贾战争结束后，威尼斯人将其商业活动集中于亚历山大港，并击败了它的对手们，不是通过武力，而是通过耐心、精明的商业头脑和过人的组织能力。在 1381 年与热那亚缔结和约之后的一个世纪里，共和国微调了它商业体制中所有独特的机制，取得了东方贸易中的主导地位。威尼斯独特的集体进取精神、航海业的突飞猛进，以及商业和金融技术上的繁荣——这些因素强有力地结合在一起，推动了威尼斯的兴盛。

贸易对于威尼斯人来说是深入骨髓的；威尼斯的英雄便是商人，威尼斯为自己构建的神话也着重强调了这种价值

15. "如同泉中水"

观。威尼斯的史学家描摹出了一个往昔的贸易黄金时代，"在那时，所有威尼斯人，无论是穷是富，他们的财产都在增加……海上没有盗贼，威尼斯人将货物运到威尼斯，而世界上其他所有国家的商人都云集威尼斯，购买所有种类的货物，运回他们自己国家"。[3]威尼斯的标志性时刻是用商业的眼光去衡量的。编年史家马蒂诺·达·卡纳尔描写了1204年丹多洛在君士坦丁堡城墙下最后鼓舞士气的讲话，他将宗教和商业利润视为合为一体的价值："勇敢地去吧，在耶稣基督和我主圣马可的帮助下，凭借你们自身的力量，明天你们就会拥有这座城市，你们都会发大财！"[4]威尼斯人的创设神话就是，他们生来就有权利去追逐利润。

到中世纪，意大利的各个商业共和国已经摆脱神学的桎梏，不再视做生意为可耻之事。基督不再是将兑换银钱之人逐出圣殿的先知①，而是被视作一位商人；在威尼斯人的世界观里，海盗行为才是商业犯罪，高利贷不算罪过。利润是一种美德。1346年，一位来自封建制的、重视地产的佛罗伦萨的访客惊讶地说："威尼斯人人都是生意人。"[5]执政官们做生意，工匠、妇女、仆人、教士——只要是手上有点钱

---

① 即《圣经·新约》中耶稣洁净圣殿的典故，见"马太福音"第21章第12节，"耶稣进了神的殿，赶出殿里一切做买卖的人，推倒兑换银钱之人的桌子和卖鸽子之人的凳子。"当时圣殿的祭司允许商人在圣殿的外邦人院子做买卖；又因圣殿不收希腊和罗马的钱币，犹太人缴纳殿税或奉献，须用指定的希伯来钱币，故有兑换银钱的人，为那些外来朝觐者提供方便。买卖是在圣殿的范围内进行，神圣之地因而被玷污；占用外邦人的院子，剥夺了外邦人敬拜神的权利；祭司和商人勾结串通，祭司给予商人各种方便，而商人高价剥削，然后共分暴利。耶稣大力谴责这些利欲熏心的商业行为。

的人，都可以拿钱来投资；船上的桨手和水手在他们的长凳下私藏小批货物，运到外国港口售卖。只有殖民地官员在任期内被禁止从事商业活动。威尼斯城里没有商业行会，这座城市自身就是一个商业行会，政治和经济已经高度地无缝融合了。2000 名威尼斯贵族（他们组成的元老院实际掌管着国家）就是威尼斯的富商巨贾。这座城市表现出的具有现代性的人类行为发展方式令外邦人惊愕不已，甚至是警觉。这座城市的纯粹是非常突出和醒目的，似乎它展现着一种全新的现象："看起来好像……人类的全部贸易力量都集中在那里。"[6]彼特罗·卡索拉记载道。日记家吉罗拉莫·普留利则直言不讳地写道："共和国的核心组成部分……就是钱。"[7]

威尼斯是一个合资企业，一切都是为了经济利益。它的立法毫不动摇地维护其人民的经济利益，而这个立法体制也与时俱进，不断调整完善。从 14 世纪开始，威尼斯发展出了一种海外贸易的模式，贸易由集体组织，并由国家严格控制，目标始终是赢得经济战争："要改善和提高我们城市的条件，最好的途径是尽一切努力、把握一切机会，将我们城市的商品运到这里，在这里采购，而不是在其他地方，因为国家和个人都能从中受益无穷。"[8]通过运用制海权，威尼斯建立了自己的垄断市场。一个世纪的航海革命——从航海图和罗盘的发展，到新的操舵系统和船舶设计——带来了新的机遇。从 14 世纪初开始，船只无论在夏天还是冬天，都可以行驶于波涛汹涌、距离不长的地中海。一种更大的商用桨帆船被制造出来，主要靠风帆航行，进出港口和逆流航行

时用桨，可以承载更多货物，还缩短了航行时间。13 世纪
90 年代，一艘桨帆船可以在甲板下运载 150 吨货物；而到
了 14 世纪 50 年代，载货量达到了 250 吨。这种"重型桨帆
船"对人力的需求很大。一艘这样的船一般需要 200 多名
船员，包括 180 名有战斗力的桨手和 20 名专业弩手，以抵
御海盗。但这种船相对来说速度很快，高度灵活，非常适合
安全地运输贵重货物。除桨帆船之外，还有柯克船和克拉克
帆船①，它们是高侧舷的帆船，只需要少量船员即可航行，
主要被用来运送大宗物资，如小麦、木材、棉花和盐。帆船
为威尼斯提供赖以生存的主要物资，而创利主要靠桨帆船。

商用桨帆船在兵工厂制造，是国家财产，每年通过拍卖
承包给私人。这是为了让国家和人民都从商业活动中获益，
防止出现那种摧残了热那亚的两败俱伤的内部竞争。这个体
制里的每个细节都被严密监控着。竞标获胜的财团的组织者
必须是 2000 名贵族中的一员，他的家庭必须是被记录在黄
金之书中的，也就是记录在案的贵族，但真正从事航行的船
长则是国家雇员，负责航船的安全返航。船员的数目和薪水
等级、船只携带的武器装备、运价、即将运送的商品、停靠
的口岸、航行时间、目的地以及停靠时间都要遵循严格规
定。海事立法非常复杂而精确，触犯后的刑罚也很重。桨
帆船按照固定的航线行进，就像有时刻表的服务一样，在
14 世纪初规定的详细路线时间表整整使用了两个世纪。在 14

---

① 克拉克帆船是 15 世纪盛行于地中海的一种三桅或四桅帆船。它的特征
是巨大的弧形船尾，以及船首的巨大斜桅。克拉克帆船体型较大，稳定
性好，是欧洲史上第一种可用作远洋航行的船只。

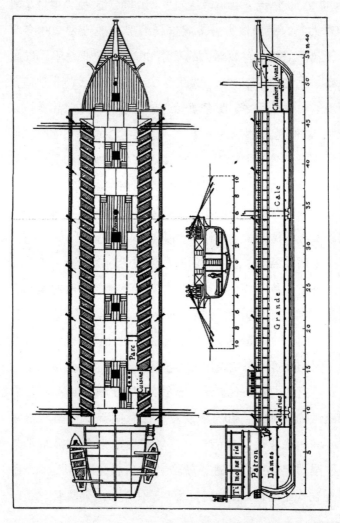

商用桨帆船。它的中部舱室被改为宿舍，供前往圣地的朝圣者游客使用

15. "如同泉中水"

世纪末，有四条航线：分别通向亚历山大港、贝鲁特、君士坦丁堡和黑海，以及前往伦敦和布鲁日的艰苦的大西洋远途航线（一趟来回需要五个月之久）。一个世纪后，四条航线变成了七条，停靠地中海所有重要港口。1418 年之后，威尼斯还垄断了运送朝觐者的市场。每年有两艘桨帆船前往雅法，送满船的虔诚游客去瞻仰圣地景观，这门生意利润可观。在 15 世纪，威尼斯桨帆船载着贵重商品纵横四海，柯克船则负责运输大宗商品。

威尼斯的天才之处在于，它紧抓几个世纪以来商业活动的供需规律，并以无以匹敌的效率去遵守这种规律。秘诀在于规律性。威尼斯商人对于时间是非常敏感的。圣马可广场和里亚尔托的大钟固定了工作日的模式。从更大范围来看，每年的航行模式由季节规律控制，而这种季节规律在欧洲之外遥远的地方发生作用。印度大陆规律性极强的季风推动着一系列有规律的、循环的贸易活动，好比一台巨型机器里互相咬合的齿轮一般，这些贸易将货物和黄金从中国一路运送到北海。每年 9 月，在季风平息之后，航船从印度出发，乘着秋风西进，将东方的香料和货物运往阿拉伯半岛。这些货物随后得到转运，于 10 月抵达亚历山大港和叙利亚的市场。威尼斯商船队会于 8 月末或 9 月初出发前往亚历山大港，其具体时间由元老院严格控制，一个月后抵达，正好赶上东方的货物运抵亚历山大港。前往贝鲁特的威尼斯商船队也遵循同样的规律。停靠时间也都是严格设定好的——在贝鲁特通常停留 28 天，亚历山大港是 20 天——并且很严格地执行。商船队在 12 月中旬返程，也会有一个月以内的变动范围，避开冬季航程可能的危险。在大雪漫山的时节，重型桨帆船会驶回威尼斯，以便与另一个规律性贸易活动对接。德意志商人穿着皮衣和长靴，从乌尔姆和纽伦堡出发，赶着驮兽，跨过布伦纳山口，前往威尼斯的冬季集市。去往佛兰德的远途航行的起程和抵达也会与这些集市、鲟鱼捕捞季节和塔纳丝绸商队的活动时间对接。

威尼斯人理解，可靠的交货时间是非常有必要的，这样外国商人就有信心，知道威尼斯会有值得购买的商品，值得他们在严冬穿越布伦纳山口过来购买。威尼斯将自己发展成了各国商人的最佳选择。个人从每一次贸易中获利，国家则对所有货物的进出抽税获利。"我们的桨帆船绝不能耽误时间"就是威尼斯人的公理。[9]

这个系统从来都不是完美的。兵工厂装配船只可能会有延误，风向可能不利，海盗的威胁始终存在，桨帆船前往的任何一个国家都可能产生政治动乱。往返行程大致可以合理预测：贝鲁特往返一趟需要三个月，布鲁日往返一趟需要五个月。如果遇上意外，时间就难以控制了。塔纳航线来回行程最短是 131 天，最长是 284 天；1429 年，前往佛兰德的桨帆船在 3 月 8 日起航，后来在国外越冬，直到第二年 2 月 25 日才回到威尼斯潟湖。在归途延误的情况下，货物几乎总是会被封存，这样当商人来威尼斯参加正常时间的商贸会时，就能确定有很大一批库存的商品可供购买。顾客的满意是关键。

每条航路都遵照自己一定的规律，威尼斯将这些周期性的航运活动称为"穆达"，这个词有丰富的含义。"穆达"

15. "如同泉中水"

既指香料采购和交易的季节，也指运送香料的商船队。形形色色的"穆达"在威尼斯城市生活中扮演着激动人心的角色。在穆达起航之前，整座城市做着紧锣密鼓的准备工作。在炎热的夏季，兵工厂加班加点，为去往黎凡特的航行做准备；当出发时间将近时，水边总是喧闹非凡。四处开始准备招募船员；商品、粮食、木桨和航海用具都包装好，运到停靠在岸边的桨帆船上。圣马可教堂或利多上的圣尼古拉教堂（水手们钟爱这座教堂）将为航行祈福。起航时，将会有大量群众欢送，对于其中一些人而言，这场航行承载着他们的财富。1498 年，德意志朝觐者菲利克斯·法布里乘坐一艘朝觐桨帆船起航时，船上装点着五颜六色的旗帜，一派节日气氛：

> 桨帆船装饰好后，船员们准备出发了，因为我们顺风，旗帜被高高吹起。起锚时，水手们喧哗着将它拉到甲板上，升起帆桁，展开主帆，然后从海中吊起桨帆船的小艇；所有的工作都异常辛苦，大家都大声地喊着号子，直到桨帆船脱离锚地，船帆展开，被风吹得鼓起，我们欢呼雀跃地离开陆地：号角手吹着号角，好像我们要去参加一场战斗，船上的奴隶大声喊叫着，所有朝觐者一起唱道："我们以上帝的名义出发。"……因为顺风且风力很强，船开得很快，三个小时之后，我们……就只能看到蓝天和大海了。[10]

对威尼斯人而言，航船出发的仪式和跨过潟湖的门槛、进入大海是公众生活中的关键时刻，对外来者也是一样。大家既激动，也满怀恐惧和担忧。有人写下遗嘱。船上的有些人可能永远回不来了。

商用桨帆船经常会带着一些年轻的贵族，他们作为弩手被招募上船，也作为学徒学习贸易技能和熟悉航海生活。对许多这些"艉楼贵族"来说，这是他们的第一次出海体验。15世纪末，当安德烈亚·萨努多准备他第一次前往亚历山大港的旅行时，他的哥哥贝内代托给了他许多忠告，例如行为举止的注意事项、应当有哪些期望、应当避免什么东西。这些内容涉及范围极广，从船上的生活（尊敬船长，只和神甫玩双陆棋，怎样应对晕船）到港口生活的危险——不要碰干地亚的妓女："她们染有法兰西病。"[11]还有在亚历山大港不要吃鹌鹑。

关于外国，无论是文化上，还是商业上，都有很多要学的东西。安德烈亚被建议跟随在当地的威尼斯代理人："一直跟着他们，学会去识别所有种类的香料和药品，这对你会非常有用。"[12]对于商人而言，信息和现金一样重要，尤其是在异地用不熟悉的度量衡和货币、通过翻译来进行交易时。有人撰写了实用指南，提供旅行商人关心的各种贸易信息，这种指南传播极广。其中涉及当地的货币兑换、度量衡、香料的质量、如何防止被骗等。其中的一本《卡纳尔琐记》描述了在外国做生意时的困难重重。比如，它对在突尼斯做生意提供了如下的有益信息：

这里的货币种类很多。有两种金币，一种叫多普

15. "如同泉中水"

拉，值 5 个拜占特①，而 1 个拜占特值 10 个米亚雷希，所以 1 个多普拉值 50 个米亚雷希。另一种金币叫作马萨穆提纳，值半个多普拉，所以 2 个马萨穆提纳值 1 个多普拉，1 个马萨穆提纳值 2.5 个拜占特。所以一个马萨穆提纳值 25 个米亚雷希。[13]

当地的度量衡也一样烦琐，特别是和狡诈的小亚美尼亚的基督徒商人打交道时：

> 小麦和大麦的销售是按照一种叫"玛泽帕尼"的单位计重的。由于亚美尼亚人作祟，没有人能准确说出这种计量单位到下个月会发生什么变化，因为没有任何一种计量单位能与其换算，而且"玛泽帕尼"会根据亚美尼亚商人的心情随意增减，所以他们能牟取暴利。[14]

在交易中需要大量的实用信息：一桶或一捆狐狸皮毛、鱼、席子、木块、长枪和核桃的具体单品数量，来自英格兰城市斯坦福的布料是按照什么方式称重的，亚历山大港的橄榄油以及内格罗蓬特的紫色染料的计重法与威尼斯度量衡的换算方式，往突尼斯走私金子的好处，如何避免受骗，如何鉴别香料。乳香粉可能掺了大理石粉；肉豆蔻应该是"又大又硬的……用针刺穿它的外壳，如果往外溢水就是好的；

———————————

① 拜占庭帝国的一种货币。

否则一文不值……桂皮片……摇晃的时候不会发出声音"。[15]商人必须反应机敏，要有过目不忘的记忆力和出色的计算能力（有培训这方面技能的商业课程）。长途航海跋涉之后，他通过跳板上岸时可能因为晕船而东倒西歪，即便在这种情况下也仍然要保持敏锐的头脑。

对所有威尼斯人来说（不管是初学者还是老手），最终的目的地，无论是贝鲁特或塔纳，亚历山大港或布鲁日，都不是他们控制的土地。他们是在反复无常的外国势力的容忍之下做生意的。仇外、敲诈、欺骗、政治动荡和经济竞争都使得威尼斯商人的生活极不安全，即便是在基督徒的土地上也是如此。威尼斯在伦敦的聚居区可能遭到洗劫，15 世纪就发生过这样的事情，但威尼斯商人冒险家受到的最严峻挑战发生在穆斯林的黎凡特。双方的交易跨越了宗教信仰的鸿沟，由于互相猜忌和十字军东征的历史问题，造成了许多摩擦冲突。安德烈亚·萨努多从海上第一次遥遥望见亚历山大港时，一定觉得它很美丽，但实际上这是一座日益衰落的城市。菲利克斯·法布里在 1498 年记载道："每天都会有房子倒塌，宏伟城墙之内是凄凉的废墟。"[16]如此破败的原因是 1365 年基督徒对这座城市的洗劫①——当年威尼斯强烈反对这次远征，但开罗的马穆鲁克王朝苏丹也因此事怪罪威尼

---

① 即所谓"亚历山大港的十字军东征"，1365 年 10 月，塞浦路斯国王彼得一世与医院骑士团攻克并洗劫了亚历山大港，大肆屠杀、破坏和掳掠，但因为无法守住城市，很快撤退了。威尼斯事实上为彼得一世提供了船只和其他支持。

斯。贸易过程十分紧张,双方互相猜疑,但谁也离不开这种贸易。在中世纪黎凡特的海岸上,威尼斯发展出了第一种有效的世界贸易活动。

在亚历山大港、阿勒颇、大马士革或贝鲁特的欧洲商人生活在层层戒备之中。除了他们的领事和一小群长住居民之外,他们一般被禁止在其聚居区——为了他们的安全而提供的一个很大的有围墙的住宅区——之外生活。每个国家都有自己的聚居区,其中包括宿舍、仓库、厨房、面包房、澡堂、一座小教堂,往往还有一个相当大的花园,可以蓄养有异国情调的动物。在15世纪80年代,亚历山大港的阿拉贡人在自己的花园里养鸵鸟和豹子(用铁链拴起来)。开罗的苏丹为外国商人提供这些聚居区,作为一项服务。他这么做是为了保护这些能够给他带来丰厚利润的客户,以免他们遭到群众的袭击,同时也是为了控制这些外国商人。聚居区通往外界的大门钥匙由一名穆斯林保管;夜间和星期五的祈祷期间,外国商人被锁在他们的聚居区内。在聚居区里面,他们可以过着类似外交使团的生活;他们可以喝酒(有时到访的穆斯林客人也会偷偷和他们一起喝酒),甚至还有更糟的事情。当法布里参观威尼斯人聚居区时,他惊讶地发现,有一头猪在院子里哼哼。威尼斯人出于蔑视养了这头猪,但为此他们给了苏丹一大笔钱,"否则撒拉森人不会允许这只猪出现在这里,甚至更糟的是,会因为这头猪把整个房子给拆了"。[17]互相的挑衅行为时有发生。

基督徒商人们从聚居区出发,在一名翻译的陪同下走上亚历山大港的街道,去购买和出售货物。协商总是很艰难,时不时夹杂着谩骂。交易开始时,他们要欢迎海关官员;结束时要送别他们。这些官员动辄克扣金钱,收双倍税费或者没收货物。对鲜红色布料和克里特奶酪,海关盯得尤其严。香料交易是一个令人焦虑的过程。香料的质量鉴定可能会非常棘手,据一位商人描述,威尼斯人一般大宗购买香料,"无法分拣和挑选……货物从印度来时是什么样,就只能照什么样买下。在我们购买之前,他们也不准我们提前看货"。[18]双方都需要交易,但这是一场边缘政策①的博弈。埃及商人知道威尼斯"穆达"的时间表是固定的(威尼斯元老院在这方面的法令是强制性的),所以可以等到威尼斯商船起航前的最后一天才把价格定下来,这样买家就没有时间讨价还价了,不然就要空手而归了。交易可能要一直到最后一刻才能敲定。法布里目睹了一次香料交易的最后转运。巨大的麻袋躺在岸边,大约有 5 英尺宽,15 英尺长,被拥挤和急切的人群注视着。香料已经被检查、称重过,而且已经通关。桨帆船就在海岸边停泊。水手们划着长艇,将货物运到船上。最后关头,发生了一件突如其来的事情:

> 在聚居区,在撒拉森官员的面前,尽管所有的麻袋刚刚被装满和称重过,并且在大门处检查过了,但当它们正要被送上船去时,撒拉森人却命令将麻袋里的所有货物倒在地上,让他们看清,被运走的是什么东西。周

---

① 所谓边缘政策,是指(一般在国际政治中)将危险的政策推到极限(如战争的边缘)也不肯让步,从而获利的政策。

> 围挤满了人，当麻袋……被倒空时，许多人在这里到处
> 乱窜，一大群穷人一拥而上，有妇女和男孩，阿拉伯人
> 和非洲人，哄抢着他们能抓到的一切东西，还在沙子里
> 搜寻散落的姜、丁香、肉桂和肉豆蔻。[19]

　　另一方面，威尼斯人是坚忍不拔的对手，而且深谙贸易心理学。当法布里和他同行的朝觐者带着一个生病的男孩，与威尼斯船长协商返回威尼斯的路费时，发现船长们"比撒拉森人或阿拉伯人索取的价格更严苛，更不通情理。有些船长收每一位朝觐者50杜卡特，当我们就这个价格僵持时，另一个傲慢的船长说，少于100杜卡特他不接受"。[20]男孩死在了港口。商人可能会狡猾奸诈，擅长在海关官员眼皮底下走私宝石和黄金，往往贪污、逃税和在谈好价格后出尔反尔，如果不是严厉的威尼斯法律对其加以约束，情况还会更糟糕。

　　然而，在外国的土地上，竞争往往是不平等的。尽管存在贸易协定，苏丹仍可能武断地定价。1419年，亚历山大港的胡椒价格被强行定在每单位150～160第纳尔，而市场价仅为100第纳尔。开罗有时会对来往的商人实行强买强卖。在叙利亚，威尼斯人的遭遇往往更惨。他们在贝鲁特登陆，前往大马士革购买货物。返回时，他们可能遭到袭击，或者赶骆驼和驴子的人可能偷走他们的部分货物。面对盗窃、谩骂和贪婪敲诈的压力，威尼斯人的耐心经常超越极限。1407年，在一次斗殴之后，所有在大马士革的欧洲人都被监禁；1410年，他们遭到棍棒殴打的刑罚。威尼斯领事常常前往大马士革，一再恳求释放威尼斯公民，或要求对

方履行商定的交易条款。大马士革的官员可能会对他表示理解，也可能根本不以为意。当一位领事威胁将从亚历山大港撤出所有威尼斯商人时，苏丹回应说："你们威尼斯人，以及其他所有基督徒的能量，我认为……也抵不上一双旧鞋子。"[21]这句话包含了虚张声势的成分——马穆鲁克王朝需要欧洲黄金的流入——但谩骂仍在继续。有时威尼斯领事本人也会遭到殴打和监禁。

遭受了种种困扰之后，一些贸易国决定报复。热那亚人劫掠了叙利亚海岸；1426 年，一支加泰罗尼亚舰队攻击了亚历山大港。威尼斯人与这些武装侵略划清界限，但他们毕竟是基督徒，所以会被穆斯林揪住，为之付出代价。1434 年，所有威尼斯人被逐出叙利亚和埃及，损失高达 23.5 万杜卡特。他们的策略是耐心和无尽的外交。当他们的商人被囚禁时，他们将长期遭受折磨的领事派往开罗交涉；当货物被盗时，他们索取赔偿；当香料中掺杂的垃圾太多时，他们使用筛子；局势太过紧张时，他们准备将整个社区撤离。短时期内，他们完全暂停桨帆船的航运业务。15 世纪 30 年代，他们与贪婪的拜巴尔苏丹进行了长期而紧张的博弈，拜巴尔苏丹在所有香料的出口上实行了一揽子定价的垄断政策，还企图强行规定必须使用他本国的黄金货币进行交易。威尼斯人挫败了苏丹的企图。在纯度和可靠性上，威尼斯杜卡特都优于它的竞争者。在双方斗争的表象之下，有一个暗藏的真相：不得民心的马穆鲁克统治者需要丰厚的税金来支撑自己的统治，对贸易的需求丝毫不亚于威尼斯。威尼斯人也从来没有动用过武力。当热那亚派出武装桨帆船时，威尼斯则一次又一次地派出外交官。

在与黎凡特权贵们无休止的交涉过程中，共和国运用了从拜占庭人那里学会的高超的外交技能。在它与伊斯兰世界漫长而复杂的关系中，这种外交技能对威尼斯助益极大。他们预先备好给苏丹的贿金，用奢侈的礼物和庄严而令人印象深刻的排场来讨好他。1508 年，威尼斯大使在大马士革得到当地统治者的接见。这个场景被再现在油画中，极其生动形象地捕捉了这种外交活动中富含异国情调的仪式。威尼斯领事身穿红色托加袍，以彰显最尊贵共和国的全副威仪，他向端坐在高台上的马穆鲁克总督呈上文书，周围是一大群戴着圆锥形红头巾、穿着五颜六色丝绸长袍的穆斯林显贵。背景中有清真寺、超现实的天空和生动的树木，以及黑奴和动物（猴子、骆驼和鹿）代表着那些令威尼斯人心醉神迷的东方景象。这是一个给人的感官留下深刻印象的世界：有香蕉的美味（"精美得无法形容"[22]），有长颈鹿，有美丽的马穆鲁克花园。当这位领事彼得罗·泽恩后来因与波斯人密谋而被囚禁时，一个更加华丽的威尼斯代表团被派去拜见开罗的苏丹。

这段记录读起来就像是《一千零一夜》里的故事。威尼斯人随行带着八名号角手，他们身穿鲜红衣服，吹着响亮的号角，宣告大使的到来，但是他们的隆重排场与觐见苏丹时的场景相比就相形见绌了：

> 我们爬上楼梯，走进一间最为华丽的房间——比我们威名赫赫的威尼斯政府的接见厅还要美丽。地上是斑

岩、蛇纹石、大理石和其他价值连城的石头构成的镶嵌
画，镶嵌画上还铺着地毯。高台和镶板上面满是雕刻和
镀金；窗花是青铜而不是铁的。苏丹坐在这个房间里，
旁边是种有橘子树的小花园。[23]

新任大使多梅尼科·特雷维桑用一大批珍贵的礼物换来
了泽恩的释放，这些都是精挑细选、适合马穆鲁克人口味的
礼物：50 件色彩鲜艳的长袍，材料为真丝、绸缎和金线织
物；75 件黑貂毛皮；400 件貂皮；50 块"每块重 80 磅"的
奶酪。[24]

礼物固然非常丰厚，内在的外交原则却是耐心和不屈不
挠：威尼斯人坚持要求严格遵守协议；永不放弃索赔，无论
索赔的金额多么小；绝不坐视自己的公民被囚禁而不管；与
其他国家的不端行为保持距离——加泰罗尼亚人的海盗行
径、热那亚人的咄咄逼人、圣约翰骑士团的圣战；以严格的
纪律管束自己的公民。商人被严格禁止在埃及除亚历山大港
以外的地方购买商品，不得赊账，不得与穆斯林建立贸易伙
伴关系。任何威尼斯人欠债潜逃，都会极大地影响整个贸易
社区的安全和声誉。不同于奉行个人主义的热那亚人，威尼
斯商人都来自相同的狭小广场和教区，因此集体意识很强，
非常团结。他们把钱共同存入一个保险基金，马穆鲁克官员
对整个威尼斯社区的敲诈或财政处罚而产生的费用将由基金
成员共同承担。就像佛罗伦萨布道者以挖苦的方式所形容
的，他们"像猪一样"[25]聚集在一起。在当时的情况下，这
是一种美德。

15. "如同泉中水"

在黎凡特做生意让人筋疲力尽，并且风险巨大——苏丹一次专断的心血来潮，商人就可能倾家荡产。贸易过程需要持续的监督和无尽的元老院辩论，让人如履薄冰。这常让人灰心沮丧，而且始终很不稳定。当彼得罗·迪耶多于1489年出使外邦时，他的报告里体现出了极端的悲伤。"有这么多的障碍挡在客商面前，他们可怜极了……我觉得，在这个国家，装腔作势多，善始善终少……除非他们找到办法来补救在亚历山大港的错误和敲诈，不然我们应当放弃这个国家。"[26]迪耶多和他的许多同胞一样，再也没有回国。他在开罗去世。

但外交手段是有用的。威尼斯人的自律、诚信和诉诸理智而非武力，赢得了开罗宫廷勉强的尊敬，但也使得威尼斯被大多数基督教国家视为马穆鲁克王朝的朋友，遭到睥睨。15世纪，日复一日，年复一年，威尼斯人慢慢拉开了与对手的距离。他们周期性极强的桨帆船航线推动了商业的运转。"穆达"在亚历山大港受到埃及人的欢迎，返航时受到德意志人的欢迎。到1417年，威尼斯已成为地中海东部最重要的贸易国；而在15世纪末，他们已经彻底打败了竞争对手。在1487年，亚历山大港只剩下三个外国人聚居区，两个是威尼斯的，一个是热那亚的；其他国家已经从这场竞争中撤出。威尼斯击败了热那亚，主要的决胜地不是基奥贾，而是旷日持久、看似波澜不惊的贸易战的发生地黎凡特。利润非常丰厚：在里亚尔托转售给外国商人时，棉花的利润可达80%，香料的利润达到60%。

从黎凡特运回香料的冬季船队快要抵达威尼斯城时，会有快速小艇先回来报告。人们在圣马可广场的钟楼上可以最先看到船队，教堂欢迎的钟声便会如雷鸣般隆隆响起。不同的穆达船队的回归——从贝鲁特返航的运输棉花的柯克船，从郎格多克、布鲁日、亚历山大港或黑海来的商用桨帆船——被安排在宗教游行、宗教节日和重大历史事件纪念日之间，也是一年中的重大事件。从亚历山大港回来的穆达船队会在 12 月 15 日到 2 月 15 日之间抵达，它的到来将激发一连串繁忙的商业活动。成群小船前去迎接桨帆船的归来；所有货物必须在海关大楼（dogana da mar）处登陆，也就是伸入圣马可湾的那个海岬上。"dogana"这个词是一个具有异域风情的阿拉伯舶来品，就像海关内的货物一样。所有的货包在没有缴纳进口税并加盖海关印章之前都不能上岸（税率为 3% ~ 5%），其中舞弊现象很多。

纵观几百年的港口生活，圣马可湾是一个相当混乱又丰富多彩的海事活动的舞台。威尼斯人把它当作一台工业机器，外界则惊叹不已。圆材和桅杆、索具和船桨、一桶桶一包包的货物堆放在码头上，船只和商品的喧嚣被艺术家重现在威尼斯的全景图中，15 世纪的木刻画细节丰富，18 世纪加纳莱托的海景画则鲜明艳丽。威尼斯是航船的世界。喜爱精确数字的卡索拉教士试图清点船只的数量，从刚朵拉开始，但还是放弃了，尽管他已经排除了"那些长途航行的桨帆船和远洋船，因为它们数不胜数……没有一座城市能在船只的数量和港口的宏伟程度上和威尼斯相提并论"。[27]

交税和通关之后，货物被装上驳船，经过大运河运往里亚尔托，或通过富商宫殿的水门，卸到宫殿底层把守严密的

海关大楼

仓库里。里亚尔托位于大运河宽阔的 S 型拐弯的中点，是整个商业系统的中心。在 15 世纪，里亚尔托的木桥是大运河上唯一的渡口。这里是威尼斯的第二海关大楼，所有通过意大利内河运输的货物，或者用马匹运过阿尔卑斯山的货物，都要经过这里。这个汇集点成了世界贸易的轴心和转盘。用日记家马里诺·萨努多的话说，这里是"世界上最富有的地方"。

这里丰富的商品令人眼花缭乱。世界上的一切东西似乎都在这里卸下、买卖，或重新包装、装船并销往别处。里亚尔托好比阿勒颇、大马士革或中世纪巴格达的投影，是世界的露天市场。有专门卸载大宗商品——油、煤、铁、酒——的码头；存放面粉和木材的仓库；不计其数的货捆、桶和麻袋装着五花八门的商品——地毯、丝绸、生姜、乳香、皮草、水果、棉花、胡椒、玻璃、鱼、花卉；熙熙攘攘的人群

329

让这里显得生气勃勃；水面挤满驳船和刚朵拉，码头到处是船夫、商人、香料检查员、搬运工、海关官员、外国商人、盗贼、扒手、妓女和朝觐者；码头上，人们嘈杂地装卸货物，喊叫，抬起重物，小偷小摸，总是一派热火朝天的景象。

这里是欧洲的集市，是威尼斯创立神话的历史地点。据传说，威尼斯城于 421 年 3 月 25 日（星期五）正午时分创立，最初奠基地点在里亚尔多圣雅各教堂的位置，这座商人的教堂据说也在同年于此修建。教堂墙壁上的铭文告诫人们永守正直、公平交易："在此圣殿周围，让商人们秉承公正法律，计量准确，严守承诺。"教堂旁的广场是国际贸易的中心，"这座城市的所有贸易，或者说是全世界的贸易，都在这里开展"。[28] 国家的宣告在这里公布。在这里，银行家坐在长桌旁，在他们的账目上存款和支付，通过汇票从一个客户到另一个客户进行数量相当大的资金转移，无须动用现金；在这里，公债被发布，每日香料的价格被编纂起来，整理成表格，分发到许多商人手中，无论是本地还是外国商人。不像零售市场的喧哗吵闹，这里的一切都静悄悄地完成，这也体现了威尼斯的荣耀："没有喧哗，没有噪音……没有讨论……没有辱骂……没有争议。"[29] 在凉廊的对面，挂有一幅世界地图，似乎在确认，可以在此纵横捭阖地经营贸易；还有一座钟"显示所有在里亚尔托的著名广场做生意的不同国家的时间"。[30] 里亚尔托是国际贸易的中心：如果在这里被除名，等于结束了自己的贸易生涯。

从这个中心，所有使得威尼斯成为世界集市的贸易、活

木桥左侧就是里亚尔托。右侧有字的房屋是德意志人聚居区

动和交换辐射出去。里亚尔托的大桥上张贴着穆达航线的消息和桨帆船拍卖的信息。拍卖由一名拍卖师主持,他站在长凳上,并燃烧蜡烛计时。在运河对岸,共和国将德意志商人安置在他们自己的聚居区内,并对其进行小心仔细的管理,差不多像马穆鲁克王朝管理威尼斯人一样;周围的街道则进行一些专业活动——海运保险、金匠服务、珠宝买卖。物质财富上绝对的繁荣、显而易见的丰饶富庶让来访者,如朝觐者彼得罗·卡索拉,心醉神迷。卡索拉觉得里亚尔托大桥周边地区"难以估量……似乎全世界的人都聚集于此"。[31]他从一个地方跑到另一个地方,希望能尽览全景。商品的数量、色泽、尺寸、品种都让他赞叹不已。他用令人眼花缭乱、程度越来越高的形容词记录了自己的印象:

> 别处按磅和盎司售卖的(货物),在这里都是按桶

和麻袋（一麻袋容积为 1 莫焦①）……五花八门、种类繁多的布——挂毯、锦缎和不同设计的挂饰，形形色色的地毯，各种颜色和质地的毛丝混纺织物，各式各样的丝绸；到处都是装满香料、杂货和药品的仓库，还有这么多美丽的白蜡！这些东西让看过的人惊叹，完全无法准确地向没有看过的人描述出来。[32]

里亚尔托感官上的丰富给外来者以巨大的冲击。

在这里，威尼斯控制着从莱茵河谷到黎凡特的贸易轴心，影响了从瑞典到中国的贸易，运输着整个世界的货物：印度胡椒被运往英格兰和佛兰德；科茨沃尔德的羊毛织物和俄罗斯皮毛被卖给开罗的马穆鲁克王朝；叙利亚棉花被运到德意志市民手中；中国丝绸被穿到美第奇家族银行家的情妇身上，塞浦路斯的糖成为他们餐桌上的调味料；穆拉诺岛②的玻璃被做成阿勒颇清真寺的灯；斯洛伐克的铜；纸张、锡和鱼干。在威尼斯，任何东西都可以成为商品，甚至连从帝王谷出土的磨成粉的木乃伊，也可以作为药材销售。一切都以里亚尔托为轴心，再由穆达运送到另一个港口，或横跨潟湖、通过中欧的内河和道路运输。而对于每一宗进口和出

---

① 1 莫焦相当于 1 蒲式耳，约合 36.4 升。

② 穆拉诺在威尼斯以北约 1.6 公里处，名义上是岛，其实是群岛，岛与岛之间由桥梁连接，形同一岛。穆拉诺的玻璃制造业称雄欧洲几个世纪。由于穆拉诺玻璃大受欢迎，穆拉诺的玻璃工匠很快成为穆拉诺岛上的显赫公民。在 14 世纪以前，玻璃工匠被允许佩剑，并享有豁免权，他们的女儿可以嫁入威尼斯豪门。穆拉诺的玻璃师傅对威尼斯如此重要，以至于被禁止离开威尼斯共和国，但仍然有人冒险迁往英国和荷兰等国落户。

15. "如同泉中水"

口，共和国都要征税。"这里的财富如同泉中水一样流淌。"[33]卡索拉写道。事实上，威尼斯唯一缺的就是合适的饮用水。"虽然嘴边就是水，但人们经常受到干渴的折磨。"[34]

在14世纪60年代，彼特拉克曾惊叹，威尼斯人的贸易横跨广袤的世界。"我们的葡萄酒闪耀在不列颠人的杯子里，"他写道，"我们的蜂蜜取悦着俄罗斯人的味蕾。虽然难以置信，但我们森林里的木材被运送给埃及人和希腊人。从这里出发，油、亚麻和藏红花被我们的船运到叙利亚、亚美尼亚、阿拉伯和波斯，并将各种商品带回来。"[35]这位伟人已经掌握了威尼斯人贸易的天才所在，不过他诗意地艺术化了一些细节（比如蜂蜜实际上是从俄罗斯进口的）。一个世纪后，这一进程已修成正果。到处都是威尼斯商人。他们采购、销售、议价、谈判，对利润贪得无厌，一心一意又冷酷无情，抓住一切机会赚取黄金。他们甚至垄断了神圣骸骨的市场。他们盗窃圣徒的遗骨——可疑的泛黄的头骨、手骨、整具尸体或切开的部分（前臂、脚、手指、头发）——以及一些跟基督生平有关的物件，用来提高城市本身的地位，并增加了在有利可图的朝觐者旅游贸易中的潜力。828年圣马可遗骸被偷到威尼斯之后，又有一连串圣徒骸骨被偷到那里，其中许多是在第四次十字军东征期间携得的，这使得威尼斯成为虔诚基督徒钟爱的一个停留地。威尼斯收藏的所谓圣徒骸骨极其丰富，以至于他们自己都搞不清楚自己拥有什么东西了：1971年，美国学者肯尼斯·塞顿在圣乔治·马焦雷教堂的一个壁橱里发现了圣乔治的头骨。

在视觉上，威尼斯城已然成为奇观。沿着大运河顺流而下，途经大富商的豪华宅邸，比如覆盖着金叶子、在阳光里熠熠生辉的黄金宫，犹如观看了一出令人惊艳的由活动、色彩与光线构成的戏剧。"我看到，400 吨级船舶从运河旁房屋前通过，我觉得那是世界上最美丽的街道了，"法兰西人菲利普·德·科米纳①写道。[36]人们在圣马可教堂参加弥撒，或者见证威尼斯一年中诸多盛大典礼，如耶稣升天节庆祝活动、执政官的就职典礼、海军总司令的任命仪式，喇叭齐鸣，红金两色的旗帜随风飞舞，战俘被游街，战利品得到公开展示；各行会、神职人员和威尼斯共和国的所有官方机构在圣马可广场周围庄严肃穆地游行——如此戏剧化的表演似乎在印证，这是一个蒙受独特神恩的国家。"我还从未见过一座城市如此高奏凯歌，"德·科米纳写道。一切都建立在金钱的基础之上。

吉奥索法特·巴尔巴罗的旅行最有力地证明了彼特拉克对威尼斯物质主义的论断。巴尔巴罗是一名商人和外交官，他带着 120 名劳工从塔纳出发，去探索草原上的一座斯基泰坟堆，寻找财宝。1447 年，他在冰冻的河上乘雪橇前行，但"发现地面非常坚硬，我们不得不放弃计划"。[37]第二年，他再次前往。他的工人在坟堆里挖了一个深深的开口。他们失望地发现，这里只有一些黍壳、鲤鱼鳞片和一些手工艺品的残片："用砖做成的、橙子那么大的珠子，表面用玻璃覆

① 菲利普·德·科米纳（1447～1511），勃艮第和法兰西政治家、外交官和作家。他的回忆录是 15 世纪欧洲历史的主要资料来源之一。

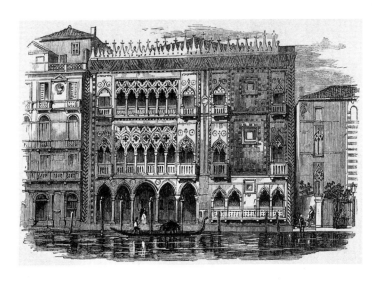

黄金宫

盖……还有一个银质大口水罐的半个把手,水罐顶端有一个蝰蛇的头。"他们再次被天气打败。巴尔巴罗的人这次挖到了一堆垃圾上边。离他们的发掘点只有几百码的地方,是一位斯基泰公主的墓室,那里埋藏着丰富的珠宝,足以点燃威尼斯人对东方黄金的最狂野梦想。这个墓室直到 1988 年才被发现。

16. 尼普顿之城
1500 年时的景象

1500 年，也就是奥西奥罗执政官开始自己的征服之旅的整整五百年之后，威尼斯艺术家雅各布·德·巴尔巴里出版了一幅巨大而令人惊叹的地图，长近 3 米。地图的视角有所倾斜，是俯瞰威尼斯城的。在飞机发明以前，人类还无法鸟瞰威尼斯全景。从 1000 英尺高空俯视的视角，巴尔巴里从容地以详尽的、自然主义的细节还原出了这座城市。这幅木刻全景图基于从城市多个钟楼所做的细致勘察。它展示了城市的一切：教堂、广场、水道、执政官宫殿、圣马可广场和里亚尔托、海关大楼和德意志人聚居区、慵懒的大运河 S 形曲线，以及运河中心位置的木桥。

尽管地图很详细，但不太真实。德·巴尔巴里扭曲了一些透视构图，以着重强调着这个地方的海洋景观，以至于它像极了一只张大嘴的海豚，其形状鲜明的尾巴落在最东端。就像这座城市的视觉宣传物——它的建筑和旗帜、精细的典礼、宗教节日和节庆活动——一样，这幅地图是一个大有深意的发明。德·巴尔巴里笔下的威尼斯是一个船舶之城，在举行海事繁荣的庆典。在吉祥的周年庆典中，它歌颂着威尼

16. 尼普顿之城

斯从泥泞沼泽崛起成为世界上最富裕城市的伟大历程。这座城市似乎是永生不死的，似乎不会受到光阴流逝的影响。图中几乎看不见什么人，也没有喧闹和繁忙的贸易。它展示着不需要人为努力的财富。

潟湖十分平静，只有微风轻轻拂过。这风是天使的呼吸，推动船队走向繁荣。像水壶一样圆滚滚的帆船停在锚地，粗缆紧绷，时刻准备出发：有些帆船的索具和风帆已经装配完毕，有些拆掉了桅杆，其他的停放在干船坞，或是倾斜摆放着；后倾的流线型桨帆船停靠在帆船旁边；在象征着威尼斯与海洋姻缘的金船上，正义之神手持长剑，屹立在船首；一艘商船在大运河上被拖走。在这些远洋船只周围，一群小船在木刻画上激起了阵阵涟漪。威尼斯人划船的各种风格一一在列：一场四人快艇的划船比赛；两人划桨的平底的潟湖小艇；单人撑竿的刚朵拉；还有小型帆船，就像带有鸟嘴的腓尼基商船，载有潟湖蔬菜园的产品。大陆被置于边缘，仿佛并不重要。

地图上有吉祥的神祇守卫。在地图的最上方，威尼斯的守护神墨丘利，即贸易之神，大手一挥，宣告着："我，墨丘利，最为垂青此地，佑护它的商业繁荣。"[1] 下方标示着意义重大的年份：1500 年。但地图中心的海神尼普顿才是最引人注目的神。肌肉强健的尼普顿骑着有鳞片和拱鼻的海豚；他的三叉戟高举朝天，宣示着："我，尼普顿，居于此，守护着这片海洋和这个海港。"[2] 这是海权大国的胜利宣言。在德·巴尔巴里的图画中，这座城市处在鼎盛时期。

船只绘制得相当仔细，朝觐者彼得罗·卡索拉无法清点

337

尼普顿之城

船只的总数。这些船只是威尼斯的生命线。这座城市买卖、建造、消耗，或制造所需要的一切，都是用船运来的——鱼、盐、大理石、武器、橡木栅栏、掳掠来的圣物，以及古老的黄金；德·巴尔巴里用的木版，贝利尼①的绘画颜料；用来冶炼并打造成船锚和钉子的矿石、为大运河河畔宫殿准

---

① 此处指的是乔瓦尼·贝利尼（1430～1516），文艺复兴时期威尼斯艺术家。他的父亲雅各布·贝利尼和兄弟真蒂莱·贝利尼都是著名画家。他的姐夫安德烈亚·曼泰尼亚也是大画家，所以他的早期作品受到曼泰尼亚作品的影响。新颖的笔法和神韵的气质是他后期画作的特色。贝利尼家族出了很多艺术家，乔瓦尼可能是其中最有名的一位。

16. 尼普顿之城

备的伊斯的利亚石材、水果、小麦、肉类，用来做桨的木材和制绳用的麻；到访的商人、朝觐者、皇帝、教皇和瘟疫。世界上没有第二个国家如此痴迷于经营航海业务。男性中有一大部分人以此为生；所有等级和阶层的人都参与其中，从贵族船主到最低贱的桨手。1423 年，执政官托马索·莫切尼戈在临终前发表演说，历数了共和国的航海资源，尽管有些地方可能有些夸大："在这座城市里有 3000 艘载重较小的船只，配备 17000 名水手；300 艘大船，配备 8000 名水手；常备 45 艘桨帆船，以保护商业，雇用了 11000 名水手、3000 名木匠和 3000 名敛缝工人。"[3]

在德·巴尔巴里的地图上，最醒目的建筑便是有围墙环绕的巨大的国家兵工厂，位于"海豚"的尾部。三百多年来，为了满足共和国的航海需求，兵工厂在不断扩建。在 1500 年，兵工厂占地 60 英亩，环绕着 50 英尺高的全封闭砖墙，墙顶端砌有城垛，这是世界上最大的工业基地。它能够以其他任何竞争对手都无法匹敌的速度和质量建造、武装并交付 80 艘桨帆船。这座"战争车间"负责制造威尼斯国家所有的航海装备。[4] 它拥有干船坞和湿船坞、用于建造和储存桨帆船的工棚、木匠工坊、制造绳索和船帆的工厂、熔炉、火药厂、木材仓库和用于存放造船过程中所有组件和相关装备的仓库。

通过不断改良，威尼斯人已经很接近流水线生产。这在中世纪国家组织动员资源的局限下，已经是最高水平。这其中的关键在于专业化和质量控制。技能分工至关重要，从在遥远森林里种植树木和选择木材的林业人员，到专业的造船

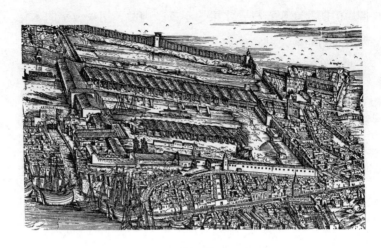

兵工厂

工匠、锯木工人、木匠、敛缝工人、铁匠、织绳工和制帆工人，再到跑腿搬运的普通劳工，每个团队的工作都受到严格检查。威尼斯人深知，大海是个铁面无情的法官，无时无刻不在腐蚀着铁和锚索，考验着接缝，撕碎帆布和索具。严格的规定保证了材料的质量。每个纺线机的卷线轴都做好了标记，这样每个个体的工作都能被确认识别；每一位麻绳制造工人的线轴都有标识，以识别它出自何人之手；每根绳子出厂时，便被附上一个彩色的标签，说明它的正确用途。共和国对每一个生产环节的严格监管和高度关注，反映了它对航海生活的深刻理解。若是造船时偷工减料，船只、船员和船上价值数千杜卡特的商品都可能毁于一旦。尽管常常使用神话般的言辞，威尼斯实际上是极其实事求是的。这是一个木材、铁、绳子、风帆、舵和桨组成的共和国。它宣称："制绳业是船舶安全的保证，同样也是水手和资本的安全保障。"国家提出无条件的要求；敛缝工人需要对断裂的连接处负责，木工则需对崩断的桅杆负责。如果工作不达标，就可能被解雇。

兵工厂是威尼斯物质上也是心理上的核心。圣马可广场钟楼每天敲响"木匠钟"，宣告工作日的开始和结束，全城人听到这钟声，就知道"工厂"在运作。兵工厂的工人在劳动人民中算得上是贵族阶层。他们享有特权，和权力中心有直接的联系。他们受到一组选举产生的贵族的监督，享有把新执政官扛在自己肩上走过广场的权利；他们在国家庆典游行队伍中有自己的位置；兵工厂的司令去世后，他的遗体会由工头们抬进圣马可教堂，并在空中举起两次，一次是表示他承担这份责任，又一次则是表明他履行了他的责任。造船匠的技能和秘密知识往往一代一代流传下去，他们是威尼斯一直小心守护的瑰宝。

兵工厂让这座城市的形象多了几分钢铁意志和军事上的强悍。兵工厂的城堞将世界隔绝在外，夜间有警卫巡逻，每隔一小时互相呼唤提醒；在兵工厂威严的大门上方，圣马可雄狮爪中握着的福音书没有打开以宣示和平，而是紧紧闭合的；兵工厂的雄狮时刻准备着战争。这个地方的工业令参观者叹为观止。1494 年，彼得罗·卡索拉到访时在军械仓库里看到"盖起来的和没盖起来的胸甲、剑、弩，大小不一的箭、头盔、火绳枪和其他火器"；每一个用于储备桨帆船的棚屋都有 20 个单元：

> 每一个单元内只有一艘桨帆船，但体积很大；在兵

工厂的一个部分里，有一大群高级工匠和普通工人，他们专门建造桨帆船或其他各种船只……也有一些高级工匠专门制造弩、弓和大小各异的箭……在一个室内工坊，有十二名高级工匠，每个都带着自己的工人，负责自己的熔炉；他们的工作是不断制造船锚和各种铁器……还有一个大而宽敞的房间，有很多妇女专门制作风帆……还有一台漂亮的机械，可以将任何重型桨帆船或者其他船轻易抬出水面。

他还看到了称为"塔纳"的制绳厂，这是一座狭窄的大厅，有1000英尺长，"太长了，以至于我从一端几乎看不到另一端"。[5]

兵工厂的工作原则是实时管理、以需定供；桨帆船的所有部件以模块的形式储藏在干燥仓库里，战时可以迅速将其组装起来。井然有序的安排是至关重要的。为了保证能在短时间内迅速组建一支桨帆船舰队，兵工厂可能随时储备着5000个划桨长凳和脚撑、5000支桨、300具帆、100套桅杆和船舵、索具、沥青、锚，武器、火药和舰队快速部署所需的器物。1436年夏天，西班牙旅行家佩罗·塔富尔目睹了威尼斯兵工厂快速建造一队桨帆船的过程：船体一个接一个地下水，数组木工安装船舵和桅杆。塔富尔然后观察着每一艘桨帆船通过装配线的情景：

航道两边的兵工厂房屋的窗户都打开着，一艘小艇拖着一艘桨帆船出来，人们从窗户把东西送出来，有绳索、面包、武器、弩炮、白炮，桨帆船需要的所有东西都这样从两边的窗户里送出来，当桨帆船到达航道尽头时，所有需要的人都上船了，连同全套船桨，它从一头到另一头都已装配完毕。以这种方式，在三点到九点之间，十艘全副武装的桨帆船就准备就绪了。[6]

兵工厂不仅制造战船，也生产国有的走定期穆达航线的商用桨帆船。在威尼斯，航运是二元的，威尼斯人深谙二者择一之精髓。有桨帆船和帆船；军用桨帆船和商用桨帆船；私人船只和国有船只；武装船和非武装船——战船和商船之间并不一定是绝对的对立关系，因为商船也可以用于作战，所有船只都携带一定数量的武器。更准确地说，武装船指的是在出发时携带全套人员、重甲、火绳枪和训练有素的弩手的船只，非武装船则没有这样的全套配备。国家对它们进行严密的管理。《航海法》在1255年首次颁布，并不断完善。关于装卸货、船员人数、携带的武器数量、船长和其他船上官员的责任和义务、需要支付的税费和纷争的处理，都有相应的法律条款。

每艘船都有明确规定的载重量，在15世纪是用数学公式计算出来的，承重线标在船侧，这是载重吃水线的前身。出发前，船只会接受检查，以确保它的载重是合法的，以及载有适合其规模的船员和必备数量的武器。这样的规定可以根据情况随时微调；1310年的法律规定船只必须携带更多武器，于是允许它们可以多吃水1英寸；从1291年开始，船员必须以帽子取代原先的兜帽，作为头部的防具；当大型

圣马可湾内的圆船和桨帆船

帆船开始用机械手段（如螺丝和杠杆）压缩体积大、重量轻的货物（如棉花）时，出现了专门的立法，以防此种手段对货物和船体造成损害。根据《航海法》，手工装船和工具装船被区分开来，根据船龄规定机械装船的载重量上限。

海上贸易和海洋帝国自身一样，通过管理、持续的监督和法律手段，受到政策贯彻始终的经营。威尼斯体制的这些标志——外国人对它的良好秩序和正义感颇为仰慕——渗透于他们海事管理的全部工作中。威尼斯海上贸易的经营管理与整个国家的典型运作很类似，由执政官和执政官议事会密切关注。一系列选举产生的官员对国有和私营部门进行监督、检查、组织和处罚：他们检查船员，核查货物，收取税款和货运手续费，划定额定负载，并且处理托运人、船主及船员之间的法律纠纷。

国营航线由国家最高层官员——大议事会（威尼斯的

16. 尼普顿之城

中央管理机关）选举产生的官员来组织。这些官员被称为"贤者"，他们根据持续不断的情报（主题是战争威胁、目的地的政治稳定性、市场情况、粮食储备和海盗猖獗程度）来筹划下一年的穆达航线。他们的职权范围很广。他们可以规定舰队规模、路线、停靠码头、停靠时间、所运货物和运费率。运输高价值货物（布料、现金、金银块或香料）时，以及运送国家要人、大使和外国显贵时的条件极其严格。任何承揽海运业务的财团都不得拒绝商户运输合法货物的要求。即使船只已经出租，一旦发生战争，国家仍可以强制性征用船只和船员。国家任命自己的官员为舰长，即船队的航海和军事领导人，负责保护共和国的财产和公民的生命安全。每一位船员，哪怕是最低级的桨手，都要宣誓遵守合约。

在兵工厂的物质生产过程中的监管、安全措施和质量控制，以及针对人性弱点、欺诈、剥削和贪婪的立法，都是长期航海积累出的经验。在海上，只需一次风向变化，利润就能变成急转直下的亏损，安全就能变成极度的危险。戏剧性的失败最能让威尼斯体制为之战栗。1516 年春天，一艘叫作"马尼亚"号的船龄较老的商用桨帆船被安排去跑亚历山大港的航线。从 3 月到 7 月，它一直在兵工厂接受船体检查。检查人员一致认为，该船很危险；它需要维修，但转租此船的财团不愿花维修的钱，而且他们不想错过香料集市的时间。兵工厂当局最终准许了它的航行，开出了空头支票：在亚得里亚海的普拉港对其进行维修。"马尼亚"号经过了普拉，却没有维修。它载着一系列货物，包括一批铜条，是否超重不得而知。船上大约有 200 名船员。

　　12 月 22 日，在距塞浦路斯 250 英里的海上，"马尼亚"号遭遇了一场风暴，船身开始进水。它在波涛汹涌的大海上跌跌撞撞，铜条冲开了固定物，散落在船舱内；次日黎明时，船断成了三截。人们奋力抢夺救生艇，小艇一下就超载了。一些幸运的船员爬上了小艇，而其他人则被已上小艇的人拔剑强行制止。后来的人跌回海里溺亡。在这死亡之筏上挤着 83 人。他们用麻袋、桅杆和桨做成了舵和粗糙的帆，试图航行到塞浦路斯。在接下来的一个星期内，他们不分昼夜地在惊涛骇浪的海上剧烈颠簸，"浪头高得像圣马可教堂"。[7] 他们没有食物，也没有淡水。他们开始一个接一个地死于饥饿、干渴和寒冷。他们喝自己的尿，吃掉了身上的衬衫；他们开始产生幻觉：他们看到圣徒手持明亮的蜡烛，划过天空。文明崩溃了。一封从塞浦路斯发出的信含糊地解释道："有可能，一些人减轻了别人的饥饿。他们已经决意杀死小船的文书，因为他年轻、肥胖而且肉嫩多汁，然后喝他的血。"在第八天，他们发现了陆地，但他们身体过于虚弱，没办法选择一个安全登陆点。有人在海浪里淹死；有人跪伏着爬到岸上。原先的 83 人中，只有 50 人存活。"一个姓索兰佐的青年活了下来，"报告称，"但他命悬一线、生命垂危。还有船主、高贵的维琴佐·马尼奥也活了下来，但病入膏肓，命不久矣……其他的幸存者中有人将逃生的小艇奉献给真十字架，有人会赤脚步行去一处朝觐，其他人去另一处。他们全都发了各种各样的誓言。"这封信的作者得出了冷静的结论：

16. 尼普顿之城

> 这是件极其悲惨的事情。航海造成了太多巨大的危险，全都跟人们对金钱的贪得无厌息息相关。我将如何回家，我现在也说不准。今天早上，我又一次向圣灵和圣母祈祷，因为在看过这艘驶往亚历山大港的桨帆船的残骸后，我非常害怕乘坐旧桨帆船航行。

尽管德·巴尔巴里赞颂尼普顿，但威尼斯人对大海总是有一种矛盾的心理；大海是他们存在的基石，也是他们的命定之处。他们认为自己拥有从威尼斯一直到克里特岛和君士坦丁堡的大海，但它也是极度危险、无边无际和难以安抚的。16世纪经验丰富的船长克里斯托福罗·达·卡纳尔写道，大海是"一个看起来无边无际，又令人胆寒的区域"。[8]如果耶稣升天节仪式是威尼斯人占有大海的宣示，那么它的潜台词就是恐惧。风暴、海难、海盗和战争依旧是基本的事实。多少个世纪以来，桨帆船上的生活特别困难，也日渐不受欢迎。大家同心同德的观念越来越破碎。随着船员专业化程度越来越高，以及贵族阶层财富和权力的日见增长，桨手（不管天气多么糟糕，他们都必须坐在狭窄的长凳上划桨）的地位逐渐下降。他们食用葡萄酒、奶酪、粗面包、航海饼干和蔬菜汤来维持生存。随着航海技术的革命，冬季航行越来越常见，桨手的生存状况更加恶化。例如，皮萨尼的水手们由于冻伤和营养不良，死于严寒。他们的工资少得可怜；不过每个桨手都可以携带一个袋子或箱子上船，所以他们可以自己做点生意来挣点钱。

在军用桨帆船上，备受尊重的船长——例如韦托尔·皮萨尼和一个世纪后的特立独行的贝内代托·佩萨罗——知道桨手需要什么才能生存。说得过去的饮食、不至于在环境最恶劣的冬季挨冻、有获取战利品的机会，这些会赢得桨手们持久的忠诚。如果指挥官愿意与桨手们分享自己的食物和战斗的风险，和他们同甘共苦、同生共死，桨手们会为指挥官赴汤蹈火。正是桨帆船的水手们猛锤议事会的大门，要求释放皮萨尼，后来又索要他的棺材；面对那些冷淡倨傲的贵族，水手们偶尔也会罢工。他们希望获得同志友谊、身份认同和共同的命运。他们对圣马可怀着无限的忠诚；当1499年威尼斯海权面临终极挑战时，辜负国家的绝不是那些坐在长凳上的普通水手。

到15世纪末，桨手形成了名副其实的社会底层。商用桨帆船上的许多桨手是属于船长的债务奴隶，尽管他们很少被锁起来。由于黑死病使得威尼斯人口减少，越来越多的水手来自殖民地。达尔马提亚和希腊的沿海地区是人力资源的重要来源地。1494年，德意志朝觐者菲利克斯·法布里仔细观察了前往圣地的桨帆船上桨手的生存状况：

> 他们人数很多，都是大个子；但他们要承担的体力劳动只适合驴来做，他们经常被咆哮、拳脚相向和咒骂。我从来没有见过如此残酷的事情，他们做牛做马，被殴打得比牲口还要厉害。他们经常被迫脱下自己的外套和衬衫，光着上身工作，好让工头的鞭子能直接打到他们身上、胳膊上、肩膀上。这些桨帆船奴隶大部分是船长买下的奴隶，或者是地位低下的人、囚犯，以及出

逃的人。如果害怕他们逃跑，就用铁链将他们锁在长凳上。他们已经习惯了自己的悲惨生活，他们有气无力地工作，没有目的，除非有人站在他们头上呵斥他们。他们吃着最劣质的食物，始终睡在他们划桨的长凳上。无论白天和黑夜，他们总是露天工作，当有暴风雨来临时，他们便处在海浪正中间。当他们不工作时，就坐着玩纸牌和骰子，赌真金白银，嘴里不时冒出一些脏话和对神灵的亵渎……[9]

这位善良的修士对桨手们的脏话赌咒最为烦恼。一艘商用桨帆船的船长对他的朝觐者乘客应尽的合同义务之一，便是保护他们免遭水手的伤害。

不安全感是深植于航海生活的；任何与不明身份船只的相遇都可能引发惊慌失措。在不确定的情况下，桨帆船会倒退着进入一个外国港口，弩手们蓄势待发，桨手们做好准备，只听哨子声响，便立即驾船撤离。随着拜占庭帝国的衰落，在地中海始终是个严重问题的海盗行径泛滥成灾，对航海造成了巨大影响。1300年之后，四处劫掠的加泰罗尼亚海盗、被驱逐的热那亚派系、希腊人、西西里人、安茹人，以及越来越多以小亚细亚海岸为基地的土耳其人，将地中海变成了海盗的乐园。1301年，威尼斯的所有船只都被命令增加武装防御；1310年，国营桨帆船不得不将自己船员中弩手的比例提高到20%。所有船员都应当能够战斗，并且也会配备武器；法律规定，船只必须配备若干数量的板甲。在穆达系统中，商用桨帆船在战舰的护卫下航行，可以确保它们在一定程度上互相保护。穆达桨帆船的船员人数较多，约200人，对所有海盗（除了一整队热那亚军用桨帆船之外）都能起到震慑作用。单独航行的私人帆船更可能在经过一个小海湾时成为潜伏在附近的海盗的目标。对威尼斯而言，海盗行径是最可恶的犯罪，是对贸易和法治的公然侮辱。共和国希望自己的海上暴力活动都由国家来组织，私人不要掺和。政府档案中记载了数千起抢劫案，或是对货物的非法充公，以及因此导致的其他国家的赔偿要求（这些国家的公民犯下了海盗罪行，威尼斯要求这些国家对此负责，扣押其船只等），但在海上常常是适者生存。

海军舰队和商用桨帆船共同承担清剿海盗的责任。对抗是血腥的，处罚也是严酷的。被抓获的海盗将在他们自己的甲板上被砍成肉泥，或被吊死在他们自己的桅杆上，然后他们的船会被烧毁。威尼斯海外领地的基督徒海盗面临着尤其残忍的惩罚，但在1501年，一个令人憎恶的土耳其海盗的命运让最铁石心肠的威尼斯人都为之胆寒。海军总司令贝内代托·佩萨罗写信叙述了这个海盗的命运。

土耳其海盗艾里奇在从巴巴利返回的途中偶然在米洛斯岛登陆。他的船在一次风暴期间在岛上搁浅。船上有132名土耳其人。他和另外32人被生擒。其余的人被淹死，或者被岛上的人杀死了，但我们还是设法抓住了他。12月9日，我们将艾里奇绑在一支长桨上，活活烤熟了。他在极大的痛苦中挣扎了三个小时，最终以这种方式结束了自己的生命。我们还将海盗领航员、大副和一名来自科孚岛的背叛了自己信仰的桨手插死在尖木桩上。我们用箭射伤另一个，然后将他溺死……海盗艾里奇在和平时期给我们的航运造成了相当大的损失。[10]

佩萨罗进一步解释说，之所以对艾里奇下这样的狠手，是为了给一位遭受类似痛苦的威尼斯贵族复仇。

对意气风发的威尼斯桨帆船指挥官来说，捕捉海盗几乎可以被称为一种运动了。1519 年 2 月，祖安·安东尼奥·塔亚皮拉写信给弟弟，讲述了自己最近的战功：

那是在圣保罗的宗教节日，也就是上个月 25 日。在黎明时，我看见了"发罗拉①的摩尔人"的弗斯特船（一种小型桨帆船）。在离杜拉佐不到 1 里的地方，我冲了上去。那船逃回了杜拉佐的背风处。它逃跑时，我朝它开了两炮，不过都没打中。当我看到它已经到了城墙边，就调转船头，按照自己的路线去往科孚岛。但他们（海盗）想为他们在塞斯塔角被摧毁的另一艘船报仇，就往船上装了他们觉得足够多的勇士，开始追赶我的船。我看到他们追来，便让我的船做好准备，向外海方向撤退 5 里。在那里，双方互相攻击，战斗非常激烈，持续了七八个小时，我把他们全部杀掉了。死者中

---

① 发罗拉是阿尔巴尼亚的重要海港城市，曾是阿尔巴尼亚的首都，是有两千六百年历史的古城。

有"摩尔人"和弗斯特船的 4 位其他指挥官……我的
桨帆船上有 7 人死亡，93 人受伤，但只有 3 人是致命
伤，其中包括我的主炮手，我（出于怜悯）了结了他
的性命。其他人的伤也很重。他们会失去眼睛或者变成
瘸腿，但我们希望他们能活下去。我只在大腿上有一个
长矛刺出的伤口，虽然那是实打实的一次重击，但我只
受了点轻伤。但我很满意的是，在最后一次进攻中，他
们跳上了我的船头，我亲手宰了两个人——就在那时他
们用长矛刺中了我。我缴获了海盗的响板、战鼓和旗
帜，还得到了"摩尔人"的首级，我按照自己理应享
有的权利，把它高高挂在我的船头。[11]

作为比腐烂的头颅更长久的纪念，塔亚皮拉特意嘱咐弟
弟"为我制作一幅底色为黄色和蓝色的旗帜，三等分，点
缀着土耳其头巾，把它做得大大的，并在第一时间送到科孚
岛，这样我就能在 5 月 1 日的游行中使用这面旗帜"。他当
然要大肆宣传自己的这次胜利。

乘船旅行是许多威尼斯人每天司空见惯的事情，太熟悉以
至于不需要做任何详细说明。对中世纪末期威尼斯航海生活留
下最生动记录的，往往是外国人，特别是那些不谙水性、初次
乘船前往圣地的朝觐者们，比如德意志僧人菲力克斯·法布里
和佛罗伦萨人彼得罗·卡索拉。法布里好奇心非常强，经历过
两次这样的旅行，记录了所有遇到的危险和船上的情绪波动。

威尼斯有去往圣地的定期航运服务，用的是改装过的商

用桨帆船。威尼斯当局想维持好的名声，也知道贵族船长们寡廉鲜耻的天性，所以非常重视对圣地航线的监管。它提供了一种航线套餐服务，包含沿路的饮食和雅法与耶路撒冷之间的交通。此种服务要签合法的契约。即便如此，每次单程也要花五六个星期，依然是一种炼狱——有时则是向地狱的一瞥。朝觐者们被安置在主甲板下方缺乏照明的长舱室里，每个人睡在一个 18 英寸宽的空间里，舱底往上散发出阵阵恶臭，头顶上的厨房渗下的油烟更是令人窒息。在夜里，甲板之下恶臭难当，再加上同行乘客的哭喊和呻吟、船只摇晃的陌生动作、打翻的夜壶传出的呕吐物和尿的骚臭味、争吵、斗殴、臭虫和跳蚤，一位英格兰朝觐者称其为"简直是邪恶的，炙烤般炎热，恶臭刺鼻"。[12]

　　风暴到来的时候，是非常突然且惊天动地的。1494 年 6 月，卡索拉乘坐的桨帆船在达尔马提亚海岸遭遇狂暴的海浪，被往西冲出了 70 英里，到了意大利的边缘。在漆黑一片的隔舱里，朝觐者们被从一边甩向另一边；他们能感觉到船被"暴怒的海洋扭曲着"，船板嘎吱作响，呻吟阵阵，"仿佛随时可能断裂"。[13]海水透过舱口灌进来，将可怜的朝觐者们全身浸湿。尖叫声非常惨烈："仿佛所有在地狱受折磨的灵魂就在这里。"[14]卡索拉对当时的一个情景回忆道：

> 死亡对我们穷追不舍，大海是那么的狂躁，所有人都抛弃了生的希望；我再说一遍，是所有人……夜间，巨浪拍打着船身，艉楼都被海浪淹没了……整艘桨帆船都被水浸透……水从天空和海洋而来；四面八方尽是

水。每个人嘴里都喊着"耶稣"和"怜悯我",尤其是
当巨大的海浪冲向桨帆船,带着恐怖的力量,在那个时
刻,所有人都似乎要葬身海底。[15]

桨手们全身都湿透了,他们乞求到甲板下面去。留在甲
板上以稳定船只的人整个暴露在如山高的骇浪里;三个舵手
在艉楼甲板的水中挣扎,才能勉强操舵。

法布里热衷于见证万事万物,有时他在观看狂暴大海时
体验到一种几乎是审美的愉悦。"海水比其他地方的水来得
更激烈,更喧嚣,也更美妙。在风暴期间,我或坐或站在上
层甲板,观看接连不断的惊人阵风和令人恐惧的巨浪,把这
当作一种乐趣。"晚上的情况就大不一样了。在科孚岛以北
不远处,法布里的桨帆船遭遇了狂风。

天还黑着,看不见星星;我们转到迎风面时,一阵
极其恐怖的风暴降临了,海洋和天空都被撼动了。无比
狂暴的风将我们高高抛起,闪电劈下,雷鸣震耳欲
聋……船的两边都降下了可怕的雷霆,海上的很多地方
看起来就像燃起了大火……猛烈的风持续撞击着桨帆
船,用海水淹没它,从船的两侧不断地冲击着船身,犹
如巨石从山上滚下,直接砸向了木质船身。[16]

暴风冲击船的巨响"犹如磨盘被直接砸向了船身……如
此凶猛的风不停地折腾着桨帆船起起伏伏,让它左右摇晃、
四处飘移,人们根本没办法躺在自己的卧铺上,更不用说坐

着了，站着就更不可能了"。朝觐者的甲板陷入一片混乱。

> 我们不得不紧紧抱住船舱正中心的柱子，它们支撑
> 着上层结构；或者整个人蹲伏起来，用双臂和双手紧紧
> 抱住我们的箱子，让我们保持相对静止；有时候，又大
> 又重的箱子会整个翻过来，紧紧抱住它的那个人也会随
> 之翻倒。

在黑暗中，物品从舱壁上飞落，重重地砸下来；海水灌
进舱口，"整艘船上没有不被打湿的东西；我们的床和所有
的东西都被浸透了，我们的面包和饼干都被海水泡坏了"。
木头的咯吱作响让所有人呆若木鸡。"在风暴中，没有什么
声音比船的嘎吱声更让我害怕了，声音如此之大，以至于大
家觉得，船一定是哪里坏了"。此时就是对兵工厂质量控制
程序的终极考验。

甲板上的情况更恐怖。主帆被撕成了碎片，桁端"弯
得像一张弓……我们的桅杆制造了许多可怕的噪音，帆桁也
同样如此；整艘船所有的连接处似乎都要裂成碎片了"。[17]
船只的管理陷入了一片混乱。

> 桨帆船奴隶和其他水手东奔西跑，竭尽全力地大声
> 呼喊，仿佛他们马上就要被剑刺死；一些人顺着侧支索
> 爬上了帆桁，试图将帆降下来；下方甲板上的一些人四
> 处乱跑，试图抓住布面；一些人将绳索穿过滑轮，用卷
> 帆索收拢船帆。

在这张皇失措、六神无主、电闪雷鸣之际，一个鬼影突然出现，让船员们惊呆了。一束固定的光——几乎可以肯定是"圣艾尔摩之火"①——在船头徘徊。"从那里，它慢慢地移动，从船头到船尾，然后在船尾消失。这光是一线火焰，大概有一腕尺②宽。"[18]风暴肆虐的过程中，人们大感震惊和敬畏，甲板上的所有人"停止了自己手边的活计，停止了喧闹和呼喊，双膝跪下，高举双手向着天空，用低沉的声音祈祷着'神灵！神灵！神灵！'"这被认为是上帝恩典的迹象。风暴仍在咆哮，"这之后，桨帆船奴隶们继续他们惯常的工作……并且以欢快的号子配合着工作"。

法布里的船在这场风暴中幸存下来，三天之后，它面临着另一场灾难。随着夜幕降临，达尔马提亚海岸的风焕然一新，船在"一座险峻的山脚下颠簸……当我们靠近山脚并试图将船头迎向风时，风浪如此剧烈，船失控了，船头径直冲向岸边，狠狠地撞向陡峭的岩石"。[19]一瞬间，船上的纪律就荡然无存了；桨手们"开始到处乱跑，准备逃命"。下方隔舱内传来呼喊："各位大人，快到甲板上来！船已破损，正在下沉！"每个人都跑到船尾，混乱不堪；升降梯上一声巨响，救生艇已经被放下了，"船长带着他的弟弟、弟媳和他自己的追随者，想要抢先逃跑"。法布里听过许多关于海难的故事，知

---

① 圣艾尔摩之火是一种自古以来就被海员观察到的自然现象，常发生于雷雨中，在桅杆顶端之类的尖状物上，产生如火焰般的蓝白色闪光。它其实是一种冷光现象，是由于雷雨中强大的电场造成场内空气离子化所致。

② 腕尺是一个古老的长度单位，以人的手肘到中指顶端的距离为准。在中世纪及近代世界各地都使用"腕尺"这个单位，但长度不完全一样（45~55厘米）。

道"马尼亚"号惨剧并非绝无仅有。"上了救生艇的人会拔出自己的剑和匕首,阻止其他人上船……落水者抓住救生艇的桨和侧舷,手指和整只手都被救生艇上的人砍断了。但是,"法布里接着写道,"这一次上帝又救了我们;混乱平息了下来,船在岩石旁停了下来,帆收了起来,并抛下了船锚。"

当船被拖向海岸背风处时,船上所有人的性命都依赖缆绳和船锚的质量。船只会携带许多锚,它们会受到极限的考验。1516 年,多梅尼科·特雷维桑乘坐一艘桨帆船去觐见马穆鲁克王朝的苏丹。当他的船在伯罗奔尼撒外海时,"刮起了猛烈的西洛可风,尽管已经落锚,船只用坚固的缆绳固定在岸边,而且我们把锚的数量增加到 18 只,但我们仍然害怕船锚脱落、缆绳崩断、我们的桨帆船被抛向礁石"。[20]

船只配有极长的缆绳——卡索拉所在的船有一根 525 英尺长的缆绳——但什么也无法对抗变幻莫测的大海。船锚未能抓住海底而是在海底缓慢地拖动的令人头皮发麻的声音,以及在眼前耸立的海岸,能让最坚强的水手都心惊胆寒;水手们将最重的锚称为"希望之锚":它是最后的依靠。法布里沮丧地看到他们最大的锚缓缓落下,却没能固定住船身;水手们花费了很大力气,将船锚又缓缓收回,换了另一处落锚点。

船锚又是跟着桨帆船走,就像犁跟在拉着它的马后面一样。我们又把它拉上来,第三次下锚,这一次它抓在了一块岩石上;但当桨帆船停了下来,慢慢放出缆绳、左右摇摆着转向时,锚爪从岩石上脱钩了,又开始拖动,但突然之间,遇上了另一块岩石,锚在那里紧紧地固定住了。我们就这样在那里停靠了一整夜……船长、所有官员和桨帆船奴隶都彻夜无眠，每时每刻等待着自己和我们的死亡。[21]

有时生存真的取决于一时的侥幸。

几乎同样可怕的是完全无风的情况，船一动不动地在烈日下枯坐，大海平静得"像一杯水"。[22] "所有的风都停了，大海哑了，周遭无比平静，"法布里记述道，

> 除了真正的海难，这比任何危险都更让人痛苦……所有东西都腐烂、发霉、发臭；水开始发臭，酒变得无法饮用；肉，即使是已经干燥和烟熏过的，也长满蛆虫；无数苍蝇、蚊子、跳蚤、虱子、蠕虫、小鼠和大鼠突然就出现了。此外，船上所有人在高温之下变得懒惰、困乏和邋遢，在忧郁、恼怒和嫉妒的情绪下变得焦躁不安，并受到其他类似不良情绪的困扰。我很少看到船上有人因风暴而丧命，但我见过很多人在这样无风的窘境中患病、死亡。

还拥有净水的船员们把它卖得比酒还贵，"尽管这水微温、发白，颜色也不对劲"。[23] 任何桨帆船都必须每隔一段时间就靠岸补充淡水，不可能长期连续航行，所以这种无风状况造成了极大的痛苦。法布里已经口渴到产生幻觉，仿佛回到了他的家乡乌尔姆，"我会立刻到布劳博伊伦，在湖边坐下，消解我的干渴"。[24]

16. 尼普顿之城

晕船、酷热、寒冷、污秽的环境、糟糕的饮食、睡眠不足、船只颠簸都会让人付出惨重的代价。法布里的桨帆船变成了"一所挤满可怜病号的医院"。[25]死亡突然降临,频频出现。不适应航海生活的朝觐者容易染病,死于高烧或痢疾;由于寒冷或海上事故,水手们死在自己的长凳上。法布里眼睁睁地看着一位贵族朝觐者"凄惨地死去"。

> 我们用床单裹住他的遗体,用石块压重,然后哭泣着将遗体投入海中。在这之后的第三天,另一个已经神志不清的骑士,恐怖地尖叫着、在无比的痛苦中离世了。我们用小船把他的遗体运到岸边掩埋了。[26]

不久之后,"当船上的指挥官们正在处理风帆和调整桨帆船时,突然间,一个木块从桅顶掉下来,砸中了我们最好的指挥官,他当场毙命……桨帆船上的恸哭之声不绝于耳……船上也根本没人能取代他的位置"。[27]当他们登陆时,法布里不止一次在长凳上发现溺死的划桨奴隶。海上的安葬仪式取决于死者的身份和地位。普通桨手连一块裹尸布都没有;在一阵简短的祷告过后,他们"赤裸着身子被扔下船,任由海里的动物吞食";[28]而威尼斯驻亚历山大港的领事安德烈亚·卡布拉尔在返乡途中逝世后,他的尸体被除去内脏、做了防腐处理,放在朝觐者甲板下的压舱沙里,成了这次可怕的归乡途中厄运的象征。

在航行途中,朝觐者们看到了人世间所有的奇迹,经历了最严重的危险。卡索拉看到水龙卷风"像一根巨柱"[29],

从大海里吸出了大量的水；他还经历了干地亚一次地震的余波，许多船只在港内互相碰撞，"好像它们全都会撞成碎片一样"[30]，并且将海水翻搅成一种奇怪的颜色；他经过了圣托里尼，据说那里的海湾深不见底，船长曾在那里见证过一次火山喷发，目睹一座"漆黑如煤"[31]的岛屿从深渊自然地上升形成。法布里的船差一点就被科孚岛附近的一处旋涡吸了下去，在罗得岛海岸被当作土耳其海盗船，并且差点撞上一支去往意大利的土耳其入侵舰队。在这一切之中，经历了无风困境和风浪颠簸、晕船和对海盗的恐惧，他们可以间或在威尼斯海洋帝国的各港口登陆，在漫长的劳顿之后放松一下，并得到食物和新鲜饮用水。

朝觐者有充足的机会去观察海上的生活是多么艰辛。他们看到了桨手们高强度的体力劳动，他们依据口哨的号令工作，做每一件事都行色匆匆、大呼小叫，"因为他们工作的时候总是叫喊"。[32]水手们起锚、降低和升起风帆、快速安置索具、在高处吊着摇晃、汗流浃背地划桨以操纵船只逆风进入一个安全的港口时，旅客们要学会不挡着他们的路，否则就可能被撞得跌落海中。水手们发出"西班牙誓言"，可怕到让虔诚的朝觐者目瞪口呆；水手忍受着寒冷酷热、逆风造成的无数延误，只能得到片刻的放松——登陆或者享用一桶酒。所有海员都很迷信；他们不喜欢他们船上载着来自约旦河的圣水，也不喜欢偷来的圣人遗骸和埃及木乃伊；溺死的尸体是不吉利的；舱中装着的尸体注定会带来灾难——航行中的所有不幸均可归因于此。他们恳求一大批圣徒来保佑他们的航行，用意大利语说祈祷词，而不是拉丁语。在冬季，希腊沿岸海域变得狂躁，水手们说那是大天使米迦勒在扇动他的翅膀；在 11 月末和 12 月初的恶劣天气里，他们向圣白芭蕾、圣则济利亚、圣克雷芒、圣凯瑟琳和圣安得烈祷告；12 月 6 日，他们向圣尼古拉祈祷，两天后向圣母玛利亚求援；他们很警惕美人鱼，因为她们的歌声是致命的，但是她们很容易被扔进海里的空瓶子分散注意力，因为美人鱼喜欢玩这些瓶子。在每一个港口，他们从箱子和麻袋里拿出少量商品，来试试运气。

不管天气好坏，法布里日日夜夜都坐在甲板上，密切关注着船上复杂的生活。他把海上生活比作修道院生活。在干地亚，他观看了在水下修理船舵的过程：

> 船工脱得只剩下内裤，随身带着一把锤子、钉子和钳子，跳进海中，下潜到船舵损坏的地方，然后开始在水下工作，拔出钉子，之后敲入新的钉子。过了很久，修理完毕后，他又从海中浮出，从船舷爬到船上我们站的地方。这是我们看到的；但是他如何在水下呼吸，并且在咸水中待那么久，我百思不得其解。[33]

他向水手讨教如何借助波特兰海图①导航，并近距离观

① 波特兰海图（portolan chart）是写实地描绘港口和海岸线的航海图。自 13 世纪开始，意大利、西班牙、葡萄牙开始制作这种航海图，并视其为本国的机密。它们描绘了大西洋与印度洋海岸线。这些资料对于航海事业起步较晚的英国和荷兰而言是具有无上价值的珍宝。portolan 源自意大利语的形容词 portolano，意思是"和港口或海湾相关"。

察领航员如何通过"海水的颜色、海豚及飞鱼聚集和移动的行为、燃烧形成的烟、舱底污水的气味、夜间缆绳的发光和船桨插进海中的闪光"来判断天气。在黑夜里，他经常避开臭气熏天的朝觐者宿舍，坐在船侧的木头上，双脚悬空，朝向大海，手里紧握着绳索。海上虽然有风暴和无风的危险，但也有喜悦和美丽的瞬间，大海像丝绸一样泛着涟漪，起伏不定，水面上明月皎洁，领航员看着星辰和指南针，

> 旁边总有一盏灯在夜间长明……领航员一直盯着指南针，吟唱着一首悦耳的曲子……船静静航行着，没有犹豫……一切都那么平静，只有领航员盯着指南针，舵手还掌着舵，还有人在祷告感恩……持续地迎接微风，赞美上帝、圣母玛利亚和其他圣徒，互相应答，只要一直风平浪静，就不会安静下来。[34]

法布里和卡索拉在去往雅法的途中停靠的几乎全是威尼斯港口。他们沿着达尔马提亚海岸南下，绕过科罗尼和莫东，经过克里特和塞浦路斯。在他们驶进的所有港口，都有圣马可的旗帜在咸咸的海风中飘扬。他们目睹了威尼斯海洋帝国宏伟的运作。他们观察到了威尼斯海军舰队悄无声息潜行的威慑、国家盛典、殖民地高官、旗帜和喇叭声。他们看到海洋产出的触手可及的硕果在威尼斯的仓库高高地堆起。对外邦人来说，德·巴尔巴里地图上的威尼斯似乎就是繁荣的极致了。但这是最后一代能够如此自由地航行的朝觐者。就在尼普顿的三叉戟耀武扬威地高高举起的同时，威尼斯海

洋帝国却在悄悄走向衰落。七十年来，阴影慢慢爬过了这片阳光明媚的大海。这其中有社会因素（海上生活的艰苦就是其中之一），威尼斯雄狮的爪子现在牢牢地抓着干燥的陆地；陆地上的生意开始越来越多地消耗共和国的资源。但最重要的是，奥斯曼帝国在不可阻挡地步步紧逼，在威尼斯的海上霸权到达顶峰之时，威胁要解除威尼斯和海洋之间的婚姻。

第三部

月食：升起的月亮
1400 ~ 1503

17. 玻璃球

1400 ~ 1453

1416 年 6 月 1 日，威尼斯人第一次在海上与一支奥斯曼舰队交锋。威尼斯海军总司令彼得罗·洛雷丹奉命前往位于加里波利半岛的奥斯曼港口，讨论不久前内格罗蓬特遭到袭掠的事情。他写了一封信给执政官和共和国政府，叙述了接下来发生的事情。

那是黎明时分。当他靠近港口时，发出的谈判信号却被误以为是恶意攻击。领头的船遭到了一阵箭雨的攻击。没过多久，遭遇战升级成一场大规模战役。

作为指挥官，我向敌人打头阵的那艘桨帆船发动了猛烈的攻击。敌船的抵抗非常顽强，船上有很多勇敢的土耳其人，打起仗来像恶龙。但感谢上帝，我最终战胜了这艘敌船，并且杀掉了很多土耳其人。这是一场艰难而激烈的战斗，因为敌军其他桨帆船咬住我的左侧船首，朝我射出了非常多的箭。我当然能感受到这压力。我的左脸颊眼睛下方中箭，刺穿了我的脸颊和鼻子。另一支射穿了我的左手……但我凶猛地战斗，逼退了这些

367

桨帆船，俘获了最前面那艘，在它上面插上了我们的旗帜。之后快速调转船头……我用（我的桨帆船上的）冲角撞击了一艘轻型桨帆船，砍倒了很多土耳其人，打败了这艘船，让我的部下登船，升起了我方的旗帜。

土耳其人的反抗异常顽强，到了令人难以置信的程度，因为他们船上的水手都是土耳其的精锐。但蒙上帝的恩泽和圣马可的支援，我们打得敌人整个舰队抱头鼠窜。很多人跳入了海中。战斗从拂晓开始，一直打到上午八点。我们俘获了他们的6艘桨帆船和所有船员，以及9艘轻型桨帆船。船上的土耳其人全部被杀死，包括他们的指挥官……他的所有侄子和其他许多重要的指挥官……

此次战斗之后，我们驶过加里波利半岛，用如雨的箭和飞弹攻击岸上的人，挑衅他们出来应战……但没人有这样的勇气。看到这情况……我们行驶到加里波利半岛外海1里处，好让我们的伤员得到医疗和休整。[1]

此役的后续事件同样凶残。洛雷丹顺着海岸南下50英里，到达忒涅多斯岛，将自己俘虏的奥斯曼船只上的所有非土耳其人全部处决，以儆效尤。"在俘虏当中，"洛雷丹写道，"有一个叫乔治·卡莱尔吉斯①的反对威尼斯共和国的叛贼，伤势严重。我很荣幸有机会手刃逆贼，在我自己的艉楼甲板上将他斩杀。这个惩罚就是对其他坏基督徒的警告，

---

① 与本书第十一章"圣提多之旗"中的乔治·卡莱尔吉斯不是同一个人。

让他们不敢为异教徒效力。"[2]还有许多俘虏被钉死在尖木桩上。"那是一幅可怕的景象",拜占庭历史学家杜卡斯写道:"整个海岸沿线,一根根不吉祥的木桩上挂满了死人,像一串串葡萄。"[3]那些被奥斯曼人强迫为其服务的人则被释放了。

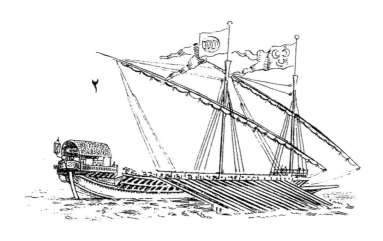

一艘奥斯曼桨帆船

在威尼斯与奥斯曼人的第一次交战中,洛雷丹几乎摧毁奥斯曼海军以及让它得以快速重建的手段。威尼斯人很清楚,奥斯曼人的海军力量来自何方。土耳其舰队里很多名义上的土耳其人实际上是信基督教的海盗、水手和领航员——没了这些航海专家,还处于萌芽阶段的苏丹海军根本无法运转。共和国的政策在这方面是坚定不移的:只要扼杀技术人才的供给,奥斯曼海军的实力就会萎缩。正是出于这个原因,他们才这般无情地屠杀敌方水手。洛雷丹写道:"我们现在可以说,在这片海域,土耳其人的实力将在很长一段时

间内萎靡不振。"[4]在随后五十年内，没有一支规模较大的
奥斯曼舰队出海。

　　加里波利的这场意外爆发的战役使得威尼斯人对自己的
制海权颇为自负。在随后的几十年里，威尼斯桨帆船的指挥
官认为，"他们（奥斯曼人）需要四五艘桨帆船才能与我们
的一艘抗衡"。[5]威尼斯人常被指责不是好的基督徒（因为
他们与穆斯林做生意），于是他们用此次胜利向南欧的权贵
证明，他们是"基督徒抵抗异教徒的唯一支柱和希望"。[6]
在第四次十字军东征之后的乱局中，奥斯曼人快速而悄无声
息地横穿小亚细亚西进，因而他们的扩张在一段时间内几乎
没有被欧洲人注意到。他们介入了拜占庭内战以及威尼斯和
热那亚的贸易竞争。他们趁乱牟利，在14世纪50年代，加
入了热那亚的阵营。热那亚的船只载着奥斯曼人穿越达达尼
尔海峡，将他们送到加里波利半岛，他们从此在那里站稳了
脚跟。奥斯曼人加快速度，攻入保加利亚和色雷斯，包围了
君士坦丁堡，将拜占庭皇帝变成了自己的附庸。到1410年，
杜卡斯声称，在欧洲定居的土耳其人比在小亚细亚的还要
多。仿佛君士坦丁堡赛马场的柱子上长出了第四条蛇，它像
巨蟒一般束缚着所有的竞争对手，要将它们慢慢扼杀。基督
教欧洲受困于错综复杂的利益纠葛和宗教分裂等问题，没有
能够及时做出反应。连续多位教皇逐渐意识到"土耳其人"
的威胁，但由于天主教和东正教之间的敌意、威尼斯和热那
亚无休止的战争，他们只能扼腕叹息，却无计可施。没有各
航海共和国的海军资源支持，十字军东征的计划在梵蒂冈的
接待厅就胎死腹中了。

17. 玻璃球

　　威尼斯对这股蓬勃发展的力量保持着警惕。到 14 世纪
40 年代，他们就对"土耳其人日益增长的海军力量"忧心
忡忡。[7]"土耳其人实际上已经消灭了罗马帝国（爱琴海）
的岛屿。由于几乎没有其他基督教国家与之抗衡，他们正在
建立一支强大的舰队，意图攻击克里特。"威尼斯在 1204 年
制造的权力真空现在正在被填充起来。共和国的政策与热那
亚人相反，是永远不和奥斯曼帝国缔结军事联盟，但威尼斯
也不能反对它。由于总是被其他战争和贸易利益牵绊，并且
担心不稳定的十字军联盟可能让他们暴露于危险之中，威尼
斯人选择观望、等待。1396 年，法兰西和匈牙利联合组成
一支十字军去讨伐奥斯曼人，威尼斯人在一旁怀疑地观望，
这次东征果然命途多舛；威尼斯人对此次东征的唯一贡献是
一定程度的海军支援——十字军在尼科波利斯战役惨败之
后，威尼斯人从多瑙河沿岸营救了一小群幸存者。对于保卫
基督教世界的呼吁，威尼斯人的回应千篇一律：他们没有能
力单独行动。但每次教皇提出理想化的十字军东征计划时，
威尼斯人都会婉言谢绝。

　　到 1400 年，奥斯曼帝国已经扩张到了威尼斯海洋帝国
和贸易区域的边缘。在巴尔干安营扎寨的奥斯曼人实际上是
多民族多文化的，但威尼斯和欧洲其他国家都将其称为
"土耳其人"，将奥斯曼苏丹称为"大土耳其苏丹"。在各自
的狮子和新月大旗下，这两个帝国是两股完全相对的势力：
基督徒和穆斯林；注重贸易的航海商人和地位高低取决于地
产多少的陆地武士；珍视自由、不带个人好恶的共和国和被
单单一个人的专制和心血来潮掌控的苏丹国。威尼斯人很快

意识到，奥斯曼人和不思进取的马穆鲁克王朝极不相同，前者咄咄逼人、不安分、热衷于领土扩张，他们的帝国建立在持续扩张的基础上，其帝国霸业和宗教使命互相交织、被奉为天定，即不断开疆拓土，扩大穆斯林国度和奥斯曼领地。土耳其人孜孜不倦的坚持注定会将威尼斯逼到极限。"我们与土耳其人的关系依然非常不顺利，"后来一位被派驻苏丹宫廷的威尼斯大使根据自己的多年经验评论道，"因为无论是在战争还是在和平时期，他们总是消耗你的力量，抢劫你，总是希望事情按照他们的意愿发展。"[8]没有哪个欧洲国家像威尼斯那样，花费了这么多的时间、精力、金钱和资源去理解奥斯曼人。威尼斯渐渐对奥斯曼人的语言、心理、宗教、技术、仪式和习俗有了非常深刻的把握；威尼斯人对每一位继任苏丹的个性进行实用性的分析，以趋利避害。除了威尼斯人，没有人能如此完美地理解外交活动的细节，或者能够用如此娴熟的技巧进行大使之间的博弈。对于威尼斯来说，外交的价值永远都比得上一整队桨帆船，但成本却少得多。

　　早在 1360 年，共和国便派遣大使去恭贺苏丹穆拉德一世在阿德里安堡①定都。奥斯曼人占据了阿德里安堡，等于是完成了对君士坦丁堡的包围。威尼斯人很快就明白，他们面对的是一个冷酷固执的对手。1387 年，威尼斯大使们前往穆拉德一世的宫廷，去抗议奥斯曼人对内格罗蓬特的洗劫，随行携带着礼物：银质的盆和水壶、长袍、一件配有珍

---

　　① 它的土耳其语名字是"埃迪尔内"。

17. 玻璃球

珠纽扣的毛皮大衣和两只分别叫帕萨拉夸和法尔孔的大狗。狗很受欢迎；穆拉德一世立即要求威尼斯人献上相应的母狗来配种。但是，他没有释放威尼斯人请求他放掉的俘虏，而且威尼斯元老院随后收到了令人惊恐的来信，宣称其大使已经承诺，共和国将自费派遣一支军队来支持奥斯曼人。大使并没有做这样的承诺。游戏的规则很复杂，并且需要从头学起。随着奥斯曼人把巴尔干地区和希腊大陆变为自己的附庸，威尼斯需要小心谨慎，因为他们依赖于希腊的谷物。它既不能放弃其作为基督教世界捍卫者的身份，也不能被视为"土耳其人的帮凶"。[9]威尼斯人务实、玩世不恭，性格中充满矛盾——相对于冠冕堂皇的事业，他们更关注贸易——所以需要和双方都保持良好的关系。和奥斯曼帝国之间的外交手段是至关重要的。后来有人说："与土耳其人谈判就像玩玻璃球，当对方猛力将球抛过来时，你不能猛烈地把它扔回去，也不能让它落到地上，因为这两种方法都会让它摔得粉碎。"[10]

威尼斯人后来培养了自己的奥斯曼语言学家，但在15世纪，威尼斯人与奥斯曼帝国谈判时依赖翻译，以希腊语为媒介。他们琢磨清楚了应当向谁行贿，为什么行贿，以及什么时候行贿。他们知道杜卡特金币的吸引力，于是预先准备好具体数额的贿金；他们专业地评估奥斯曼使臣赠送的礼物，并赠送与之价值相当的回礼；他们根据每次外交使命的重要性匹配相应的排场。他们极其关注每一位苏丹的逝世；因为吃不准苏丹的哪个儿子可以最终赢得皇位，他们事先准备多份委托书和贺信，每封信上写着不同的皇位候选人的名字——或者姓名留白，让大使到时填写。他们在威胁和承诺两者之间仔细思量，保持着平衡。在奥斯曼内战期间，他们遵循拜占庭人的做法，支持觊觎皇位者，以增加混乱。他们拉拢小亚细亚地区与奥斯曼帝国竞争的其他突厥王朝，与其结盟，试图从东西两边挤压奥斯曼人。他们见风使舵，一边以金钱诱惑，一边以武力相威胁。

这从来都不容易。随着奥斯曼帝国加强对希腊的控制，萨洛尼卡人在 1423 年主动归顺威尼斯；萨洛尼卡的港口是战略和商业中心，非常有价值。元老院"收到此提议，备感喜悦，承诺要保护、滋养和繁荣这座城市，将它变成第二个威尼斯"。[11]然而苏丹穆拉德二世坚持萨洛尼卡是属于他的，要求威尼斯归还。一连七年时间，威尼斯向萨洛尼卡投入了大量粮食和防御资源，同时努力与苏丹找到一个解决方案，但苏丹拒绝协商。威尼斯人表示愿意交纳贡金，但被苏丹拒绝。威尼斯人派遣大使，大使被苏丹关进监狱。威尼斯派遣舰队去封锁达达尼尔海峡，苏丹只是耸耸肩。他们增加了贡金的额度，还是遭到了拒绝。他们攻击了加里波利半岛；同时继续对萨洛尼卡投资。他们与奥斯曼帝国在小亚细亚的竞争对手卡拉曼王朝结成同盟；穆拉德二世苏丹派海盗去劫掠希腊的海岸。

年复一年，威尼斯在战争与和平之间来回切换，一直对奥斯曼帝国旁敲侧击。但苏丹的意志毫不动摇：

> 这座城市（萨洛尼卡）是我的遗产，是我的祖父巴耶济德一世亲手从希腊人手中夺过来。所以，如果说

17. 玻璃球

希腊人是这座城市的主人，他们还可以理直气壮地指责我不义。但你们这群来自意大利的拉丁人，和世界的这个部分有什么关系？要么你们自己离开；如果不离开，我很快就来。[12]

1430 年，他果然御驾亲征萨洛尼卡。威尼斯人且战且退，打回港口，之后就撤离了，让希腊人自生自灭。一位编年史家称，就算这座城市被地震和海啸毁坏，也不会更糟了。奥斯曼帝国又吞并了希腊的另一部分。

次年，威尼斯主动求和，向穆拉德二世朝贡。奥斯曼帝国正式保证不攻击威尼斯海洋帝国本身，但仍然继续西进，进逼希腊西海岸和阿尔巴尼亚南部，兵临亚得里亚海的门户。肇事者不明的海盗掠夺仍在持续。这是奥斯曼帝国的惯用手段：先发动不领朝廷军饷的非正规军越过边界袭掠外邦，为日后的征服打前站。在海上，尽管威尼斯的海洋霸权不受威胁，但土耳其人唆使的海盗依然是个麻烦。从萨洛尼卡沿海岸而下的下一个基地内格罗蓬特成了令人担忧的焦点。这个岛与希腊大陆只有一条狭窄的海峡相隔，之间由一座桥连接。元老院禁止岛民去大陆收割庄稼，并命令一个18 人的分遣队日夜看守大桥。

元老院档案记录着这许多微小的破坏行为。一年又一年，劫掠、军队调动、海盗肆虐和绑架的传闻甚嚣尘上。这是 1449 年关于内格罗蓬特的记录："在过去的三年里，这个岛一直深受土耳其人的抢掠之苦，他们掳掠牲畜，然后声称他们是以苏丹之子的名义与威尼斯共和国作战，这都是土耳其非正规军根深蒂固的劫掠恶习，尽管威尼斯与苏丹在表面上是和平共处的。"[13]威尼斯人派了另一位大使去抗议。次年，这些岛屿遭受的苦难得到了审视："土耳其人和加泰罗尼亚人在袭掠那些岛屿；在蒂诺斯岛，30 人被绑架和贩卖为奴，渔船被抢走，牛、驴和骡子被宰杀或掳走——没有船只和牲口，蒂诺斯人无法劳动，他们无奈只能吃掉他们剩下的牲畜。"[14]很多这样的攻击是由对威尼斯帝国心怀不满的臣民主导实施的。早在1400 年，就有记载指出："许多克里特岛民……逃向土耳其人的土地，自愿在土耳其船只上服务；他们很熟悉港口和威尼斯领土的情况。他们为土耳其人带路，帮助他们烧杀抢掠。"[15]像乔治·卡莱尔吉斯那样的人，一旦被威尼斯桨帆船长抓住，就会被钉死在尖木桩上，或者在自己的甲板上被砍成肉酱。

15 世纪40 年代，奥斯曼帝国缓慢却无情的扩张引发了新一次十字军东征的号召。对威尼斯来说，这需要对风险和回报做一番细致评估。教皇、塞尔维亚人和匈牙利人利用奥斯曼帝国皇位继承争端造成的混乱，决定做出新的努力，将奥斯曼人赶出欧洲。威尼斯人对此次东征抱着极端现实的态度。他们表示愿意帮助十字军封锁达达尼尔海峡以阻止奥斯曼军队从亚洲赶往欧洲，条件是十字军必须为船只提供现金报酬，并且一旦得胜，必须将萨洛尼卡和加里波利半岛交给威尼斯。关于战略上的先决条件，威尼斯人看得很清楚："如果我们太晚收到资金，就不可能及时派遣桨帆船到达海峡，那样土耳其人就可以从亚洲进入欧洲，基督徒就注定失败。"[16]为了这件事，共和国和教皇之间又爆发了一场激烈争吵，双方长期以来的互相猜忌和不信任又一次浮出水面。教皇指责威尼斯的表现不符合基督徒的身份；威尼斯人做出了暴跳如雷的回应："威尼斯共和国为了捍卫基督教世界的利益，不惜一切代价……教廷的这些指责极不公正，令人悲叹……威尼斯的荣誉遭到了诽谤。"[17] 最终，威尼斯不情愿地准备了船只，但钱没有到账。"让教皇付账是一个荣誉问题……他的行为是纯粹的忘恩负义！"[18] 威尼斯人咆哮道。教皇与威尼斯的关系从此开始愈发恶化："尤金四世假称，威尼斯欠了罗马教廷的债。这显然不是事实：恰恰相反，教皇欠了共和国的债。"[19] 商人心态与虔诚而不谙世事的红衣主教们之间的鸿沟依然不可逾越。威尼斯人没有忘记教廷未偿清的债务。十年后，在更悲剧的情形下，这个问题再次浮出水面。

事实证明，威尼斯的顾虑很有道理。此次十字军东征搞得一塌糊涂，威尼斯未能及时封锁海峡，奥斯曼军队乘坐热那亚商人提供的船只，渡过了博斯普鲁斯海峡。据传言，威尼斯的一些私人船主也参加了运送奥斯曼军队的行动。在黑海附近的瓦尔纳，十字军惨遭全歼。这一次再也没有威尼斯舰队去营救幸存者了。土耳其人留下了一个由头骨堆成的金字塔。这是西方世界将土耳其人赶出欧洲的最后一次尝试。

绞索在君士坦丁堡的脖子上越勒越紧。1451 年，穆拉德二世驾崩，威尼斯仍旧十分谨慎地审时度势。7 月 8 日，元老院派遣了一名大使向新任苏丹穆罕默德二世示好并吊唁他的亡父；第二天，大使又奉命出发，去君士坦丁堡觐见内外交困的拜占庭皇帝君士坦丁十一世，也就是穆罕默德二世

的新对手。一天之后，元老院又指示另一位大使与穆罕默德
二世在小亚细亚的敌人——卡拉曼君主①取得联系。威尼斯
派遣桨帆船出动，以确保达达尼尔海峡的畅通。威尼斯人可
以说是四面下注、左右逢源。

　　登基后的第二天，穆罕默德二世就命人将他年幼的同父
异母弟弟杀死在浴室中。威尼斯人对时局极其敏感，迅速地
嗅到了风向的改变。穆拉德二世在执政末期已经变得不那么
咄咄逼人了。二十一岁的新苏丹既雄心勃勃又聪明过人。他
渴望征战，心里只有一个目标。到 1452 年 2 月，威尼斯潟
湖从君士坦丁十一世皇帝的大使那里得到警示："苏丹穆罕
默德二世在陆地和海洋都做了大量的准备工作，毫无疑问意
图攻打君士坦丁堡。这一次如果无人前来援救希腊人，这座
城市必将沦陷。威尼斯英勇无畏的帮助将是弥足珍贵的。"[20]
到了秋天，大使再次回来，更加绝望地求援。他们恳求威尼
斯人拯救君士坦丁堡。元老们踌躇不决，骑墙观望，对大使
再三搪塞。威尼斯人借口自己在意大利本土的战争十分紧
迫，让拜占庭人去找教皇和佛罗伦萨人，但作为让步，准许
向拜占庭出口胸甲和火药。威尼斯人不停地游说各方，希望
多国联合对抗奥斯曼帝国："教廷和其他基督教国家务必精
诚团结。"[21]

----

① 卡拉曼王朝是 13 世纪末至 15 世纪末土耳其人统治的一个国家，位于安
　　纳托利亚中南部，范围大致相当于今天土耳其共和国的卡拉曼省。该国
　　的统治者称号为"卡拉曼贝伊"，一度具有独立地位，1468 年（穆罕默
　　德二世在位时）被奥斯曼帝国吞并。本节故事发生的时候，在位的卡
　　拉曼贝伊是易卜拉欣二世（在位：1424～1464）。

17. 玻璃球

1452 年夏天，穆罕默德二世忙着在博斯普鲁斯海峡建造一座城堡，目的是封闭通往黑海的水道。奥斯曼人将这座新建筑命名为"割喉堡"。威尼斯对这情况了如指掌。间谍向威尼斯发去了详细的建筑布局草图；布局图前景中非常显眼的位置上，是一排展开的大型射石炮，任何不肯停下来的船都将被击沉。在割喉堡竣工的前一天，元老院报告称："君士坦丁堡现已完全被穆罕默德二世的部队和船只包围。"[22] 威尼斯人相应地加强了他们的海军部署，但仍没有明确表态。元老院中有人提议放弃君士坦丁堡、任其自生自灭。此提议没有通过，但足以证明威尼斯人的犹豫不决。

威尼斯很快对穆罕默德二世的封锁造成的影响有了切肤之痛。11 月 26 日，一艘从黑海向君士坦丁堡运送给养的威尼斯商用桨帆船被割喉堡的大炮击沉。船员设法登陆，但被俘虏，并被押解到阿德里安堡的苏丹面前。威尼斯大使抵达奥斯曼宫廷为这些水手求情的时候，他们被斩首后的尸体已经在城墙外地面上腐烂了。船长安东尼奥·里佐被穿刺在尖木桩上。

在 1453 年最初的几个月，欧洲外交渠道的交流仍旧尖锐、自我辩护而毫无建树。威尼斯人告知教皇、匈牙利国王和阿拉贡国王，"威尼斯正在积极准备，并请求他们立即与共和国联手；否则，君士坦丁堡将会沦陷。"[23] 梵蒂冈打算派遣 5 艘桨帆船去援救君士坦丁堡，期待威尼斯能有所表示。但威尼斯没有忘记瓦尔纳战役时教廷欠下的债务，不肯赊账。4 月 10 日，元老院这样回应道："对于他们的意向，我们非常欣喜，但我们不会忘记，教皇尤金四世在1444年不断延迟支付船只费用的令人不快的行为。"[24]基督教世界的所有内部问题尽数浮现。5月初，威尼斯出于自身考虑开始准备桨帆船，但下达了自相矛盾而谨慎的命令：前往君士坦丁堡，"前提是，航线不至于过度危险……不得在海峡内交战……但应参加君士坦丁堡的防御"。[25]同时，在穆罕默德二世宫廷的威尼斯大使奉命强调"威尼斯的和平倾向；共和国虽然派遣了几艘桨帆船到君士坦丁堡，但这纯粹是为了护送黑海的桨帆船和保护威尼斯的利益；大使必须尽力引导苏丹和君士坦丁十一世达成和平协议"。[26]

但这一切都为时过晚。4月6日，穆罕默德二世率领庞大的军队和令人胆寒的火炮，在君士坦丁堡城外安营扎寨；12日下午1时，一支规模相当大的舰队从加里波利穿过海峡而来。这是四十年来奥斯曼人首次对威尼斯的海军力量发出有组织的挑战。在君士坦丁堡的威尼斯人看到这支舰队带着"迫切的呼喊、响板和手鼓的喧嚣"快速驶来，不禁目瞪口呆。[27]穆罕默德二世是后勤和作战协调的大师。他很快就意识到，如果不从海上封锁君士坦丁堡，就永远攻不下这座城市。在加里波利半岛，苏丹已经着手建设一支相当强大的海军，这令威尼斯人震惊惶恐，因为它挑战了威尼斯的海上霸权。威尼斯人第一次明确地感受到了土耳其人掌控范围之广、可调动资源之多，他们的创新能力以及利用臣民的技术和军事技能的能力之强。

如果说共和国的反应是迟缓且矛盾的，在君士坦丁堡的威尼斯居民则在他们的市政官吉罗拉莫·米诺托领导下，和他们在金角湾的桨帆船水手们一起，为了保卫拜占庭帝国陷入困境的残余部分而英勇作战。他们或许没有意识到这种局面的讽刺意味：两百五十年前，威尼斯前来掠夺这座城市，而如今，威尼斯的公民却和希腊人肩并肩守卫城墙、保护横跨金角湾的铁链，击退前来围攻、旨在征服的侵略军——而威尼斯人参与的 1204 年十字军东征恰恰帮助了奥斯曼人的西进。正如爱国的日记家尼科洛·巴尔巴罗所说，他们"怀着为世界荣耀而战的心情"挖掘战壕；[28]他们沿着城墙举着圣马可旗帜游行，鼓舞守军的士气，"为了对上帝和共和国的爱"；[29]他们把自己的船只停在铁链附近，击退敌人的舰队，从陆地和海上发动攻击，防守布雷契耐宫，无比英勇地战斗。在威尼斯的历史传说中，威尼斯人与这座城市的关系源远流长而又充满矛盾，威尼斯人对它的感情深厚而真挚。在 1453 年，他们为了丹多洛遗骨和共和国的利益与荣誉而战。正是威尼斯水手假扮成土耳其人，乘着一艘轻型帆船溜出包围圈，去观察是否有救援舰队的迹象。经过三个星期对达达尼尔海峡的搜寻，他们意识到，不会有任何援助到来了。此刻的形势很明朗：返回君士坦丁堡，就是拿生命冒险。按照典型的威尼斯的习惯，船员采取了民主投票。多数人的决定是"必须返回君士坦丁堡，不管它在土耳其人还是基督徒的手中，不管我们此行是生是死"。[30]君士坦丁十一世对他们的归来很是感激，但听闻并无援军赶来的消息，不禁失声痛哭。

威尼斯人与热那亚人的摩擦一直持续到最后。有些热那亚人与威尼斯人并肩作战，双方关系总是处于紧张的状态；而在金角湾对岸的加拉塔，热那亚殖民地保持着惴惴不安的中立，暗中同时帮助双方，也遭到双方的斥责。在 4 月中旬，威尼斯人与热那亚人的关系到达了最低点。奥斯曼舰队虽然自吹自擂，但表现并不理想。它未能截获教皇派来的 4 艘热那亚补给运输船，也无法打破由威尼斯舰队守卫的封锁金角湾的铁链。沮丧之下，穆罕默德二世在一夜之间将 70 艘船经由陆地运送到了金角湾岸边。当奥斯曼战船在 4 月 21 日上午水花四溅地进入金角湾时，守军目瞪口呆。威尼斯对自己海军实力的自信遭到了进一步打击；巴尔巴罗记述道：“我们被迫在海上昼夜守备，对土耳其人万分畏惧。”[31] 威尼斯人计划对这支停泊在金角湾的敌人舰队发动夜袭，不料走漏了风声，几乎可以肯定是热那亚人发出信号向奥斯曼人通风报信；打头阵的桨帆船被炮火击沉，幸存者游向岸边，被敌人俘虏。第二天，穆罕默德二世将 40 名威尼斯水手钉死在尖木桩上，并展示给君士坦丁堡全城人看。受刑者的战友们惊恐万分地看着他们最后的痛苦挣扎，指着他们老对手（热那亚人）说：“是（加拉塔的）可恶的热那亚人背叛了我们，他们是背弃基督教信仰的逆贼，是为了向土耳其苏丹讨好！”[32]

居住在君士坦丁堡的威尼斯人支持拜占庭，一直到最后。圣马可的雄狮旗和拜占庭的双头鹰旗在布雷契耐宫并排飞扬。在奥斯曼人总攻的前一天，“所有自称是威尼斯人的人都去陆墙，为了我们对上帝的爱，为了基督教信仰的荣誉。希望大家全都坚守岗位，视死如归”。[33] 他们的确这样做了。1453 年 5 月 29 日，在激烈战斗之后，城墙终于被突破，君士坦丁堡沦陷了。巴尔巴罗记述道："当他们的旗帜升起，而我们的旗帜被砍倒的时候，我们知道，这座城市已经被攻破了，并且再没有重新夺回来的希望。"[34]少数人侥幸逃回他们的桨帆船，起航逃走，经过了漂浮着尸体的海面，那些尸体"如同运河中漂浮的西瓜"。[35]威尼斯的幸存者们自豪地列出了死者的名单，"他们中有些人被淹死，有些人在敌人的炮击中牺牲，或者在战斗中捐躯"。[36]米诺托被俘获并斩首；62 名贵族和他一起被处死；一些船由于人手不足，几乎无法升起船帆，仅仅由于穆罕默德二世的新海军纪律涣散、擅离职守、上岸参加抢劫，这些威尼斯幸存者才得以逃脱。

1453 年 6 月 29 日夜，一艘快速单桅帆船把消息送到了威尼斯。据目击者称，它在满怀期望人群的注视下进入大运河，来到里亚尔托大桥：

所有人都在他们的窗前和阳台边等待，在希望和恐惧之间挣扎，想知道这艘船究竟带来了什么消息，君士坦丁堡城和爱琴海地区的桨帆船到底命运如何，他们的父亲、儿子和兄弟是死是活。帆船驶来时，有人喊，君士坦丁堡已经沦陷，六岁以上的人全部惨遭屠戮。顷刻间，到处传来大声而绝望的恸哭和呻吟，所有人捶胸顿足、捶打手掌，为了死去的父亲、儿子或兄弟，或者为了他们的财产，撕扯着自己的头发和脸颊。[37]

得知这个消息时，元老院震惊得陷入沉默。尽管威尼斯已经对其余欧洲国家发出了警示，但威尼斯人似乎和其他人一样不敢相信，这座已经完整屹立了一千一百年的基督教城市就这样不复存在了。在巴尔巴罗看来，正是由于威尼斯人的盲目，土耳其人才夺下了君士坦丁堡。"我们的元老们不相信，土耳其人有能力组织一支舰队前来攻打君士坦丁堡。"[38]这是对未来的一大警示。

惊魂甫定，这座商人之城就表现得像以往一样务实，派遣使者去拜见穆罕默德二世，向他的胜利表示祝贺，并以合理的条件签订了新的贸易特权条约。

18. 基督教世界之盾

1453 ~ 1464

君士坦丁堡陷落几年之后，一个叫贾科莫·德·兰古斯琪的威尼斯人拜访了这座城市，对年轻苏丹（共和国不得不与他打交道）的外貌、性格和野心做了分析。德·兰古斯琪的描述令人战栗但十分敏锐：

> 统治者苏丹穆罕默德贝伊是个二十六岁的青年……身材强健，体格魁梧，精通武艺，令人生畏的相貌难以让人心生敬意，很少有笑意，极其小心谨慎，非常慷慨大方，执行自己的计划时无比执拗，在所有事业中都大胆无畏，像马其顿的亚历山大一样渴望荣耀。每天他都让一个叫"安科纳的齐里亚科"[①] 的人和其他意大利人朗读罗马和其他国家的历史著作给他听……他会说三种语言：土耳其语、希腊语和斯拉夫语。他努力学习意大

---

① 也叫齐里亚科·德·皮齐科利（1391 ~ 1453/1455），意大利人文主义学者和考古学家，被称为"现代考古学之父"。他在南欧和近东（尤其是奥斯曼帝国境内）游历极广，研究各地的古代遗迹，后来整理成书。1422 年奥斯曼帝国攻打君士坦丁堡期间，他曾为奥斯曼人效力。

385

利的地理……了解教皇和神圣罗马皇帝居于何处，以及
欧洲有多少王国。他拥有一副欧洲地图，上面标注了各
个国家和省份。他最热衷和喜爱学习的就是世界地理和
军事。他渴望统领天下；他审时度势，非常精明。我们
基督徒要对付的就是这样一个人。他说，三十年河东，
三十年河西；他宣布，他将从东方进军西方，就像西方
人曾经向东方进军一样。他说，世界上应当只有一个帝
国、一种信仰和一位君主。[1]

德·兰古斯琪生动鲜明的描述被证实很有先见之明。它
精准地捕捉到了这位新苏丹的个性：聪明、冷漠、愚狭、城
府极深、雄心勃勃，并且让人感到深深的畏惧。穆罕默德二
世是自然力量的化身，冷酷无情、百折不挠、喜怒无常，有
时暴怒起来杀人如麻，有时却慈悲为怀。他将亚历山大大帝
视作偶像，力图逆转世界征服的大潮。他对地图和军事技术
（主要由意大利籍顾问提供）的兴趣纯粹是出于战略考量。
对穆罕默德二世来说，知识必须是实用性的。一切必须有利
于他的征伐大业。他的目标是加冕成为罗马的恺撒。

在他三十年的统治时期内，穆罕默德二世穷兵黩武，几
乎持续不断地南征北战，他亲自领导了十九次战役。直到他
疲惫的士兵们拒绝继续战斗，他才暂停。他挥金如土，导致
货币贬值、国库空虚。他过着没有节制的个人生活——沉迷
于饕餮、酒精、女色和战争，到了后期，痛风甚至让他肿胀
毁容。在他统治下，大约80万人死于非命。在他晚年，第
二个威尼斯人描绘了他的形象，这个人就是画家真蒂莱·贝

利尼。在这两个威尼斯人的记录相隔的这段时间里，穆罕默德二世给威尼斯共和国的军事和外交能力以毫不留情、濒临极限的严酷考验。

尽管威尼斯获得了和平贸易的条件，但它并没有盲目乐观。现在的共和国身处前线。威尼斯海洋帝国在希腊海岸和爱琴海群岛周围延伸数千英里，与拜占庭帝国的残余部分直接接壤，而这部分疆域也一直是穆罕默德二世所觊觎的。威尼斯人此前对奥斯曼帝国的手段已有所了解，知道战争的边界总是模糊不清。奥斯曼帝国总是先驱使"身份不明"的骑兵不断蚕食边疆地带，拖垮敌人的力量，然后公开发动战争；我行我素的海盗则洗劫各岛屿。威尼斯元老院一直这样申明："我们与奥斯曼帝国总是处于交战状态，所以和平始终无法得到保障。"威尼斯随即开始重新巩固它的殖民地和岛屿。

君士坦丁堡沦陷的余震波及了整个欧洲。威尼斯海洋帝国的内部立即感受到了此事件的影响。一波波希腊移民准备在奥斯曼帝国入侵之前逃跑。据记载，"希腊教士和地主源源不断地来到科孚岛"。[2] 这一现象在克里特岛表现得尤为突出。难民的到来引发了新的暴动，希腊人希望在远离土耳其人势力范围的地方建立一个拜占庭核心基地。威尼斯当局对希腊人的民族主义情绪非常警惕，采取惯用的残暴手段应对：严刑拷打、判处死刑、流放他乡和利用告密者，很快扑灭了暴动的火焰。但共和国在每个角落都处于高度戒备的状态。海洋帝国的管理覆盖面广、一刻不停息，令当局焦虑不安。当时的档案显示，这一地区麻烦不断：一个向苏丹发送密文信件的人被抓获，他在信中请求苏丹派桨帆船到克里特岛；在叛乱被先发制人地镇压下去之后，一名双重间谍请求威尼斯当局保护；新移民被逐出克里特岛；克里特岛的财务官在海难中失踪；来自莱蒂莫的犹太人约瑟夫·德·迈尔被指控对威尼斯的荣誉大不敬；"事情还没搞清楚，要给他上刑。"[3]克里特岛未有片刻安宁，麻烦重重。岛上居民素来无法无天，土耳其人更是加大了不安定的因素。1454年4月的一份档案指出："许多由于谋杀或其他罪名被流放的克里特岛人住在山区。这些人是不安定的因素之一，也是将来在军队里很有用的人。如果收到此法令的时候，还未与苏丹穆罕默德二世达成和平协议，当局必须宣布大赦。"[4]克里特生活的背景始终无法改变：贫困、粮食歉收、瘟疫、苛政、强征到令人憎恶的桨帆船上服役。拉西锡高原和斯法基亚被强制荒漠化一百年之久，1463年，共和国终于重新允许人民在这些地区开垦耕作。

当局也必须对瘟疫提高警惕，详查最新瘟疫病例的消息，并寻找瘟疫的源头。1458年9月，他们发出警告，一艘来自内格罗蓬特的船即将抵港靠岸，"瘟疫已经导致船上书记和四分之一水手死亡"。[5]1461年6月有报道称："一名德意志商人在三天内死去，其他人也得了重病。被传染的风险很大。所有从希腊、阿尔巴尼亚或波斯尼亚过来的乘客都被禁止上岸。其他方面，最好切断与安科纳的所有联系。瘟疫威胁到了威尼斯。"[6]但1453年之后威尼斯海洋帝国的档案中最多的还是连续不断关于奥斯曼帝国的严重警报。穆罕默德二世的侵略步伐不断向前推进。他征服了塞尔维亚，并向伯罗奔尼撒半岛挺进，那里是拜占庭最后的军事要塞。到 1460 年，几乎整个伯罗奔尼撒半岛都被穆罕默德二世收入囊中。只剩下有战略地位的威尼斯港口，包括莫东、科罗尼和内格罗蓬特等重要殖民地，还没有被奥斯曼帝国吞并。

"奸诈的土耳其人要求我们每个人都做好战斗准备"成了威尼斯人的口号。[7] 国家忙于向各个战略枢纽分发炮弹、火药和船桨，忙于建造桨帆船和招兵买马；忙于补给航海所需的饼干，忙于紧急征集石匠和用于修复防御工事的建筑材料，还忙着指示海军司令跟踪奥斯曼舰队，"但只能在远处谨慎地进行"。[8] 共和国的所有珍贵领地似乎一瞬间都变得无比脆弱。据记载，"很有必要防卫克里特岛，最近的报告显示，那里缺乏武器。桨帆船的船主们必须赶在 1462 年 3 月末之前，往那里运送 500 副铁胸甲"。[9] 莫东港也安装了射石炮。

没有哪个地方比内格罗蓬特更让元老院担心了。1453 年之后，希腊东海岸外的这个长带形岛屿成了共和国的前沿阵地。内格罗蓬特具有关键的战略意义，它不仅是军事、行政中心，还是桨帆船基地和商业枢纽。在君士坦丁堡陷落的六周内，内格罗蓬特居民便要求为他们派遣一位军事工程师和若干石匠。到了这一年底，形势变得很明朗，"君士坦丁堡的失陷已经把内格罗蓬特摆在了最前线，土耳其人想拿下它……也正是因为它的至关重要，必须采取重大措施来巩固这座城市"。[10] 在内格罗蓬特城墙外，奥斯曼土匪继续抢夺粮食。1458 年 8 月，元老院给内格罗蓬特送来了"4 门射石炮、600 支火枪、150 桶供射石炮使用的火药、100 桶供火枪使用的火药，以及长矛和弩"。[11] 土耳其人开始到处加倍地蹂躏希腊乡村。1461 年 1 月传来了这样的报告：

> 来自海湾统领和莫东—科罗尼当局的信息很清楚地表明：苏丹企图占领整个伯罗奔尼撒半岛，他是威尼斯的死敌。土耳其人就在威尼斯领土的边界，相当自由地越界袭掠，造成破坏、抢夺奴隶；他们刚刚攻克了一座离莫东很近的城堡。[12]

在 15 世纪 50 年代后期和 60 年代初期，共和国高度紧张、神经紧绷，时刻观望着苏丹下一步会怎么做。1462 年 10 月的报告写道："虽然土耳其舰队解除了武装，但是没人能对穆罕默德二世的意图掉以轻心。"[13] 无论他走到哪儿，都留下许多关于他残酷暴行的故事。据说男人被锯成两半，妇女和儿童被屠杀。有时，甚至协商投降的安全保障也会毫无价值。但有时，穆罕默德二世又有可能出乎意料地开恩。1461 年，他打到了科罗尼和莫东城墙外；一些居民举着停战的旗帜出城，他不予理会，杀了他们。1458 年 9 月初，他和平占领了雅典，出于对古老希腊文化的尊重，出人意料地宽恕了这座城市的居民。此后，他率领 1000 骑兵，"友好地"造访了内格罗蓬特。当地人魂飞魄散，以为自己大限将至。他们带着丰盛礼物出城迎接苏丹。他骑马跨过了连接这个岛屿和希腊大陆的桥梁，查看了这个地方。这是一个警告。这种访问都是有目的的。1452 年，穆罕默德二世曾在君士坦丁堡城墙外坐了三天，亲自评估它的防御工事。威尼斯继续储备火药、加深壕沟和加固城墙。

**内格罗蓬特（左）与希腊大陆之间由一座吊桥相连，
桥的中间有一座堡垒**

穆罕默德二世毫不停歇地鲸吞东西方的土地——1461
年占领黑海南岸，1462 年攻克瓦拉几亚（穿刺公弗拉德①的
领地），1463 年吞并波斯尼亚，而威尼斯共和国则继续玩弄
着外交手段。玩玻璃球的游戏变得越来越危险，就像和一只
吃人巨怪玩耍。君士坦丁堡的威尼斯人聚居区的市政官是威
尼斯政府整个系统中最重要、待遇最丰厚却最不值得羡慕的
职位。市政官同时是领事、商业代理和派驻奥斯曼宫廷的大
使，其最重要的任务是确保在帝国境内，威尼斯人能够尽可
能平稳地进行商业活动。正是因为威尼斯人担心丢掉在穆罕
默德二世领地内利润丰厚的生意，才如此谨小慎微。市政官

---

① 即瓦拉几亚大公弗拉德三世·采佩什（1431～1476），即后世传说中
　　"吸血鬼德古拉伯爵"的原型。

的职位要求他们必须耐心而且判断准确。苏丹的臣民向威尼斯领地开展了非官方的掠夺、盗窃和侵犯，市政官为了这些事情需要不厌其烦地向苏丹抗议和进言。元老院不断就上述事件要求市政官向苏丹抗议。在苏丹位于博斯普鲁斯海峡沿岸的装饰一新的宫殿中拜见他，就如同马穆鲁克王朝的仪式一样隆重，但更让人心惊胆战。每一位市政官都不会忘记吉罗拉莫·米诺托的命运，他在 1453 年君士坦丁堡沦陷后被斩首。所以说，市政官见风使舵，净拣穆罕默德二世喜欢听的话说，不足为奇。但元老院对市政官的要求也很严苛。1456 年，市政官巴尔托洛梅奥·马尔切洛被拖到元老院讯问，罪名是"为了一些被合法监禁于内格罗蓬特的土耳其人与苏丹谈判，损害了共和国的荣誉"。[14] 他遭受的惩罚是：一年监禁，巨额罚款，褫夺所有荣誉，永远不得担任公职。

在这场游戏中，双方都缺乏诚意。穆罕默德二世一直对威尼斯虎视眈眈。他的宫廷有一些佛罗伦萨和热那亚人，他们都很乐意向苏丹报告关于他们的竞争对手威尼斯的情况。他们助长了穆罕默德贪婪的战略胃口。据说，"穆罕默德二世希望准确地知道，威尼斯的位置在哪里、离陆地到底有多远、怎样才能够通过水路和陆路攻进威尼斯"。[15] 苏丹得到的建议已经足够详细，以至于可以得出这样的结论："可以轻易架设一座桥梁，连接马格拉（在大陆上）和威尼斯，以便军队通过。"对于一个在 1453 年曾将 70 艘桨帆船在陆上拖行 3 英里的人来说，没有什么是办不到的。在他的想象中，世界在他手中，就像握着一只熟透的苹果。穆罕默德二世已经自诩为两海（黑海和地中海）之王，这样的傲慢令威尼斯人尤其感到不快。

在双方表面上客气的外交话语之下，进行着一场阴影里的战争，这也是几个世纪里威尼斯和奥斯曼帝国关系的一大特征：密信、间谍和贿赂，情报收集和假情报扩散，酷刑、暗杀及破坏——这些手段在国家政策中都发挥了作用。奥斯曼人在威尼斯境内雇用了许多间谍，建立了有效的情报网络，而威尼斯也有类似的部署。对每个商人来说，为自己的国家刺探情报是义不容辞的爱国责任。威尼斯政府一掷千金地贿赂具有战略意义的显要人物。犹太人作为没有利益纠葛的中间商，由于没有特定的国籍或爱国主义的约束，被认为是特别有前途的间谍，但也相应地被认定为潜在的叛徒。元老院寻求通过非正式的途径与解决方案来影响苏丹。1456年，君士坦丁堡的威尼斯市政官接到指示，若能就伊姆布罗斯岛和利姆诺斯岛与穆罕默德二世达成令人满意的谈判结果，应以 1000 杜卡特的巨款酬谢苏丹的犹太御医“贾科莫大夫”。

同年，威尼斯人还开始密谋暗杀穆罕默德二世。他们接受了“犹太人 N”提出的刺杀穆罕默德二世的建议，“表示满意……因为他的死不仅对共和国，对整个基督教世界都大为有利……一切必须暗中行事。必须万分谨慎，必须没有目击者，没有书面证据留存”。[16] 此次刺杀并未成功，但共和国每隔一段时间就会重新动这个念头。1463 年，多明我会教士“N”提出了一个类似的提议，被认为是“一个值得称赞的计划”[17]，一旦成功，值得给此人 1 万金杜卡特的酬金，以及每年 1000 杜卡特的津贴。1456～1479 年，威尼斯十人议事会授权了十四次毒杀穆罕默德二世的行动，具体执行人员千奇百怪，包括一名达尔马提亚水手、一名佛罗伦萨贵族、一名阿尔巴尼亚理发师，以及一个来自克拉科夫的波兰人。这其中最有可能得手的是穆罕默德二世的御医，就是之前提到的贾科莫，他可能是一个双重间谍，也有可能就是"犹太人 N"。这些暗杀的计划显然没有获得成功（尽管穆罕默德二世的实际死因仍然笼罩在迷雾中），但共和国乐此不疲。用一个小药瓶干掉穆罕默德二世仍然是一个很有吸引力的想法。

整个南欧因为穆罕默德二世的持续推进而大受震撼。奥斯曼人步步紧逼，一会儿踏破波斯尼亚，一会儿又在距离意大利仅 60 英里的阿尔巴尼亚海岸建立基地。恐怖的前景吓坏了教皇。借助丰富的想象力，他仿佛看到戴头巾的骑兵从阿庇乌斯大道①杀向罗马。穆罕默德二世，"撒旦、地狱和死亡之子"[18]，离得越来越近。未来的教皇庇护二世恐惧得喘不过气来，他这样写道："现在穆罕默德二世统治着我们。现在土耳其人俯瞰我们的脑袋，黑海已经对我们封闭，我们再也无法进入顿河流域。现在瓦拉几亚人必须臣服于土耳其人。接下来，苏丹的敕令将传到匈牙利，然后传到德意志。与此同时，我们内部却兄弟阋于墙，互相争斗和仇恨。"[19]

---

① 阿庇乌斯大道是古罗马时期一条把罗马及意大利东南部阿普利亚的港口布林迪西连接起来的古道，得名自开始兴建此工程的罗马监察官和演说家"盲人"阿庇乌斯·克劳狄·凯库斯（前 340～前 273）。

18. 基督教世界之盾

　　1453 年以后，奥斯曼人的严重威胁一直充斥着连续多位教皇的脑海，而威尼斯始终在向意大利其他地方宣传这种危险局势。君士坦丁堡陷落之后，威尼斯人当即发出了一份直率的报告："我们极其担心威尼斯人在爱琴海地区的财产……如果这些地区沦陷，那么就没人可以阻挡奥斯曼人登陆阿普利亚……我们邀请教皇向基督教君主们宣扬团结，敦促他们联合起来对抗奥斯曼人。"[20] 教皇高声疾呼，呼吁发动新的十字军东征，但庇护二世本人也承认，基督教国家间的争斗和仇恨始终是无法逾越的障碍。威尼斯发出这些呼吁的时候，正与米兰和佛罗伦萨连番恶战，而且威尼斯与伊斯兰世界有历史悠久而可疑的关系。意大利四分五裂，由许多在商业和领土上互相竞争的对手组成。威尼斯努力将自己展现为前线国家——基督教世界的盾牌，其他国家却认为他们太过傲慢、富裕、自私自利，是异教徒的朋友。

　　意大利的外交气氛很恶劣，各方都极度虚伪。威尼斯只关心进一步扩大自己的贸易利益，并且更稳固地控制伯罗奔尼撒半岛；它大肆宣扬自己基督教捍卫者的身份，但只是利用它为自己的利益服务。威尼斯的对手们同样难辞其咎。意大利的几乎所有国家都曾在某时期准备和苏丹做交易。佛罗伦萨人希望取代威尼斯，成为奥斯曼帝国境内拥有优先权的商人；安科纳人向君士坦丁堡输送战争物资；后来，那不勒斯国王表示愿意为穆罕默德二世开放港口。威尼斯的对手们做梦都希望威尼斯的巨额财富在孤身苦战中消耗殆尽。

　　教皇庇护二世本人是一个十字军东征的狂热者，他抱着不合时宜的想法，认为基督徒会像古时一样，响应教皇慷慨

在潟湖保护下的威尼斯被视为基督教欧洲的最后一道防线

陈词的号召，加入十字军，为了夺回君士坦丁堡的神圣使命，自发捐献钱财、资源和人力。在异想天开之中，他甚至起草信件，劝诫穆罕默德二世皈依基督教。教皇相对于他的时代落后了数百年。在 1201 年已经很困难的事情在 15 世纪

60 年代更是完全不可能了。欧洲太过民族主义，太分裂，过于功利而且太世俗化。1461 年，威尼斯人拦截了画家马泰奥·德·帕斯蒂乘坐的船，他从里米尼出发，前往伊斯坦布尔为苏丹画肖像。他们在他的行李中发现一部《军事论》——关于军事策略和作战器械的现代专著，以及一张详细的亚得里亚海地图。他此行是遵从了里米尼领主西吉斯蒙多·马拉泰斯塔的命令，而马拉泰斯塔人称"里米尼恶狼"，是意大利最狡诈、最令人生畏的雇佣兵领袖（意大利政治瞬息万变，恶狼将在三年后为威尼斯效力）。

威尼斯下定决心，只有在其他所有国家都参加十字军东征的情况下，它才会加入进来。只要基督教国家的团结还不能最终确定，元老院就禁止在其境内宣扬十字军东征。毕竟有太多奸细随时准备向君士坦丁堡报告，威尼斯人破坏了"和平"协约。1463 年 6 月，波斯尼亚沦陷之时，威尼斯执政官就警告可恨的佛罗伦萨人：如果没有顽强的抵抗，穆罕默德二世将"几乎直接推进到意大利的大门口"。[21] 但佛罗伦萨人充耳不闻。此刻的共和国已经忍无可忍，面临着一个严峻的选择：要么孤军奋战，要么眼睁睁看着自己的海洋帝国被蚕食。7 月，投票表决以微弱多数决定，威尼斯将投入战斗。威尼斯人立刻对庇护二世的倡议重新表示了兴趣。在接下来的一个月里，他们在圣马可广场积极宣扬十字军东征，这是威尼斯历史的重演。元老院熟知威尼斯的历史，决定让年迈的执政官克里斯托福罗·莫罗效仿当年丹多洛的壮举，在自己的尖角帽上佩戴十字架。然而，除了同样年迈，莫罗和他这位知名的前辈没有什么相似之处，所以礼貌地拒绝了。元老院直言不讳地表示："对我们来说，我们土地的荣誉和福祉比你的个人安危更重要。"[22] 执政官和其他人一样，可能受到如此粗暴的对待。

在其他地方，十字军东征的建议仍然不受欢迎。在博洛尼亚，教皇强征的什一税被称为"纯粹的抢劫"[23]；此次冒险被广泛认为不过是威尼斯人的帝国主义计划。佛罗伦萨大使拼命反对它：

> 圣父①，您到底是怎么想的？您向土耳其人发动战争，是为了强迫整个意大利臣服于威尼斯人吗？一旦把土耳其人赶走，我们在希腊赢得的一切都将属于威尼斯人，而在此之后，他们肯定会把爪子伸向意大利其他地方。[24]

威尼斯针对这样的说法予以猛烈的反驳，详细列举了自己五十年来对土耳其人侵略的历次抵抗（尽管其中有些是虚构捏造的）：

> 某些人在罗马发出的指控令我们无法忍受：共和国始终尽职尽责。（大使）应强调，在 1416 年，我们在加里波利获得胜利，土耳其舰队几乎被全歼；但其他基督教国家只是在一旁喝彩，没有对威尼斯的号召做任何回应；1423 年，我们占领了萨洛尼卡……付出了难以

---

① 指教皇。

置信的巨大努力，付出了高昂的费用，保护它长达七年，却没有得到任何人的帮助；1444～1445 年，威尼斯武装了自己的桨帆船，并在整个冬天保持战备状态，但教皇并没有兑现承诺，支付舰队的开支。教皇不应该听信这些诽谤者的恶意中伤，而应该考虑到，奥斯曼帝国正在压榨威尼斯的所有财产：威尼斯的情况和其他基督教国家截然不同……事实上，没有哪个国家付出的努力能和威尼斯相提并论。[25]

庇护二世明白，威尼斯在自私自利地寻求保护自己的帝国霸业，但是和 1201 年的英诺森三世一样，他需要威尼斯人支持他的十字军东征计划，于是采取了务实的态度。"我们承认，威尼斯人和其他肉体凡胎一样，是贪得无厌的……（但是）如果威尼斯得胜，基督也会得胜，这对我们已经足够了。"[26] 但私下里，他对威尼斯人的评价极低。在他的著作《评述集》里有这样一段，在印刷版本里被删掉了：

生意人对宗教毫不在乎，一个守财奴的民族也不会花钱为宗教事业复仇。只要他们的钱财安全无虞，那么他们就不认为受辱有什么不好。正是对权力的贪婪和难填的欲壑，才让威尼斯人舍得这样装备部队，并承受这样的代价……他们支出是为了赚更多的钱。他们跟随着自己的天性，他们的目标就是贸易和交换。[27]

两百五十年前的英诺森三世完全可能写下这样的话。

但在战略上，威尼斯是正确的：如果共和国的海外领地被削弱，穆罕默德二世将会进攻意大利。威尼斯人比其他任何人都更了解奥斯曼人。然而他们扮演的角色可能有些矛盾，因为他们是基督教世界唯一的海上防线。十六年后，意大利半岛在危急中将会想起这个事实。

此次十字军东征计划始终未能真正落实。庇护二世是个糟糕的组织者，擅长慷慨陈词，却不懂得战争的实际筹划。1464 年夏天，只有一群乌合之众出现在了安科纳的十字军召集点。打算亲自参加十字军东征的庇护二世看到这景象，越发绝望。8 月 12 日，24 艘威尼斯桨帆船带着他们满心不情愿的执政官来到安科纳，此时的庇护二世已经是个垂死之人。他不得不让人抬到主教宫殿的窗口，才看得到圣马可的雄狮旗向着明亮的海湾飘扬。三天后，他便与世长辞。这次冒险极不光彩地失败了。他垂死的那些日子象征着十字军东征梦想的死亡。克里斯托福罗·莫罗乘船回家了，无疑庆幸自己躲过一劫，但威尼斯注定要在很长一段时间内单打独斗。佛罗伦萨人、米兰人和那不勒斯国王隔岸观火，在他们认为安全的距离冷漠地观战。

19. "如果内格罗蓬特沦陷"
1464 ~ 1489

战争的开端颇为振奋人心。威尼斯人成功地攻入伯罗奔尼撒半岛，但战争很快变得难以为继。"里米尼恶狼"指挥的雇佣军部队很不可靠。当然，鉴于威尼斯没有及时支付酬劳，他们表现出不可靠也就一点都不让人意外了。威尼斯桨帆船控制着海洋，但它在陆战中没有多少用武之地，而奥斯曼舰队对1416年的大败心有余悸，拒绝出战。打仗是件烧钱的事：到1465年，战争开支高达每年70万杜卡特。十年后，这个数字翻了将近一倍。

奥斯曼帝国境内的威尼斯人处境凄惨。市政官死在君士坦丁堡狱中；被俘的士兵和定居的商人被当众处死，他们的尸体被扔在路上，任其腐烂。威尼斯人在奥斯曼帝国的贸易活动几乎绝迹，商业公司纷纷倒闭。威尼斯人在伯罗奔尼撒的进攻被阻挡住，随后被打退。骁勇善战的海军司令韦托尔·卡佩洛也无法阻止敌人夺回西海岸的帕特雷。帕特雷失守对他打击很大：卡佩洛是主战派的领袖。帕特雷失陷以后，他就再没有笑过；1467年3月，他在内格罗蓬特死于心脏病后，威尼斯人的斗志已大不如前。在这一年7月，穆罕默德二世离阿尔巴尼亚海岸的威尼斯港口杜拉佐已经仅有 5 英里。此刻，只有 60 英里宽的亚得里亚海将奥斯曼军队与意大利海岸的布林迪西分隔开。一船一船的贫困难民开始抵达布林迪西。在那不勒斯，人尽皆知，穆罕默德二世"恨极了威尼斯共和国，如果他能在阿尔巴尼亚那个地区找到一个合适港口，势必将战火烧到威尼斯领土"。[1] 到 1469 年，奥斯曼劫掠者已经打到了相当靠近威尼斯的伊斯的利亚半岛。穆罕默德二世在潟湖上架桥的计划看来完全可能实现。

共和国时而顽强抵抗，时而努力和谈，时而与穆罕默德二世在小亚细亚的伊斯兰竞争对手进行外交沟通，试图找到一个解决方案来结束这场漫长的战争。战争有时暂停，有时再度开始，取决于穆罕默德的战略考量和他的健康状况。当他跨过博斯普鲁斯海峡，逐鹿亚洲或黑海时，威尼斯就能暂时松一口气。而他的归来总是不祥的。间歇性发作的病态肥胖会影响这位苏丹的健康，他不能骑马，在托普卡帕宫闭门谢客，于是征战就会暂停。

穆罕默德二世在外交游戏中表现得技艺娴熟。他宫廷内的佛罗伦萨和热那亚顾问以及间谍为他提供了大量情报，所以他对意大利政治了如指掌。他玩弄威尼斯人的希望于股掌之间，鼓励他们的大使，然后撒手不管，接收了礼物之后重新板着一副沉默的面孔，周期性地争取时间重组军队，或者提出明知对方会拒绝的和平条件。不时有来历不明的使者来到威尼斯的前哨阵地，释放一些"和谈不是不可能"的信号。之后，这些使者又销声匿迹。穆罕默德二世试探威尼斯人的决心，考验他们的厌战情绪，并散布虚假信息，让元老院费劲地甄别一条又一条信息。在战略上,他讳莫如深,让间谍们揣摩他每个新的作战季节的目标。每个人都知道,他很有戒心,极有城府。据说,曾经有人询问穆罕默德二世关于未来一场战役的情况,他答道:"请君谨记,假如我的一根胡须知道了我的秘密,我就会把它拔下来,丢进火焰。"[2]里亚尔托变成了谣言的战场。

威尼斯人很快掌握了他的处事方法。1470 年考虑一个新的和平提议时,元老院这样决定:

> 我们很清楚,这是土耳其苏丹惯用的狡猾伎俩。考虑到目前的情况,我们坚信,对他不应当报以任何信任……但是,我们觉得,最好的办法是和他一样装模作样,迎合他玩这场游戏。[3]

威尼斯的势力如日中天,与马穆鲁克王朝的贸易也持续繁荣。但战争造成了极大破坏。由于拜占庭和黑海地区的贸易被彻底扼杀,战争的恶果更加严重。"目前的情况"始终是,与疆域更广、资源更雄厚的奥斯曼帝国相比,共和国总是屈居下风。

到 15 世纪 60 年代末,在外交圈里,警报声此起彼伏,日渐紧迫。希腊人、塞尔维亚人和匈牙利人——所有生活在被奥斯曼帝国不断侵蚀的边疆的人——承受着死亡和苦难。威尼斯向教皇申请物质援助、圣战什一税和支持,"因为一旦苏丹占领了阿尔巴尼亚海岸(上帝保佑,不要发生这样的灾难),只要他愿意,随时可以长驱直入攻打意大利,意大利随时会覆灭"。[4]

1467 年，韦托尔·卡佩洛在内格罗蓬特去世后，威尼斯任命了一位新的海军司令——雅各布·洛雷丹。从君士坦丁堡得到的情报显示，穆罕默德二世迟早要进攻内格罗蓬特——"我们在东方领地的屏障和堡垒"。[5] 当务之急是不惜一切代价保住这座岛屿。共和国为内格罗蓬特任命了一位新的总督，对他发出了这样的指令。他是尼科洛·达·卡纳尔博士，此前曾任驻梵蒂冈大使。作为保障措施，共和国给达·卡纳尔发出了另外一套命令：

> 上帝保佑，若海军总司令突然病倒或感到不适，以至于不能坚持执行使命，又或者他不幸死去，我们命令你……立刻接管桨帆船舰队指挥权……履行其职责……直到总司令恢复健康。[6]

这是一个事关重大的决定。达·卡纳尔是个学识渊博的律师，是曾经被委任为威尼斯舰队指挥官的人当中受教育程度最高的。然而，他不是皮萨尼或卡洛·泽诺。很不幸，当穆罕默德二世果真发起攻击时，正是达·卡纳尔在指挥威尼斯舰队。

1469 年 2 月，希俄斯岛上的一名威尼斯商人——皮耶罗·多尔芬向共和国提供了重大情报。他的情报非常具体：

> 12 月初，我们从加拉塔得知，土耳其人已经开始筹备一支舰队，并召集陆军。苏丹已经亲自驾临君士坦

19. "如果内格罗蓬特沦陷"

丁堡，不顾瘟疫的危险，安排相关事宜……他准备建一座桥，把军队从大陆调遣至内格罗蓬特岛。[7]

他继续列举了相应的战备情况：奥斯曼人为了制作航海饼干，调集大量面粉，导致民间面粉短缺，街头甚至发生了骚乱；为了制造火药，准备了大量木炭；60 名船只敛缝工人已被派往加里波利的兵工厂；成千上万的人被动员起来；火炮被运往萨洛尼卡。他重申了每个人都已经知道的关于内格罗蓬特的情况："整个国家的安全系于此城。如果内格罗蓬特沦陷，黎凡特的其他所有地区都将陷入危险。"[8]

1469 年 3 月 8 日，律师兼海军将领尼科洛·达·卡纳尔被委任为海军总司令：

> 我们通过信件和其他途径得知，土耳其人——基督之名最残忍的敌人，正在筹建强大的舰队和陆军，意图攻打我们的城市内格罗蓬特……由于事态紧急，我们命令你以最快的速度航行……赶到莫东和内格罗蓬特，凭借你惯常的审慎、勇猛和上帝的仁慈，迎战很可能已经在那里等待我们的危险敌人。[9]

1469 年和 1470 年，耸人听闻的消息甚嚣尘上。据夸张的估计，苏丹麾下拥有十万大军和 350 艘舰船，这是一股潮水般宏大的军事力量。威尼斯已经因为七年的战争而元气大伤，拼命做着绝望的准备。"我们不仅从各个源头挤出资金，甚至从我们的血管里挤出血液来援助内格罗蓬特，以免

（在内格罗蓬特的）所有基督徒遭到屠戮和灾难。"[10]共和国一次又一次强调，内格罗蓬特的损失对意大利沿海地区意味着什么，以及联合行动的必要性，但一切都无济于事。1470年春，威尼斯处于最高警戒状态。兵工厂的两名高官奉命住进工厂，日夜赶工，第三名高官则被派去采购舰队的给养。2000人乘坐10艘圆船，运载着火药和500名雇佣步兵，前去增援内格罗蓬特。6月3日，一支奥斯曼舰队从加里波利起航了。

一队威尼斯桨帆船在爱琴海北部发现了这支奥斯曼舰队。桨帆船指挥官杰罗尼莫·隆哥被他看到的情景深深震慑了：

> 我已经看到了土耳其舰队，如果上帝不怜悯我们，它注定要毁灭基督教世界……我们长久以来辛苦得到的一切，将在几天之内丧失殆尽……起初我判断敌军有300艘船，现在觉得有接近400艘……大海就像一片森林；这可能令人难以置信，但这情景真的很壮观。虽然和我们有差距，但他们的桨划得也算是又快又好。不过，帆和其他的一切都比我们的好。我认为他们的人数也比我们多。[11]

"我们现在需要的是行动，而不是空谈。"他火急火燎地继续说道，并对敌人的大炮和其他装备做了评估。

> 我可以发誓，保守估计，整个舰队从头到尾超过6

英里长。我估计，要在海上对付这么庞大的舰队，我们至少需要100艘上好的桨帆船。即使有了这么多桨帆船，我也不知道究竟会鹿死谁手。要确保胜利，必须还要有70艘轻型桨帆船、15艘重型桨帆船、10艘1000桶①的帆船，这些船都必须装备精良……我们现在要做的就是展现自己的力量……以最快的速度投入舰船、士兵、粮食和金钱；否则，内格罗蓬特将岌岌可危，我们在黎凡特的帝国，一直到伊斯的利亚，都将沦陷。

隆哥在预测整个海洋帝国的土崩瓦解。亚得里亚海本身将会陷入可怕的危险之中：伊斯的利亚就在威尼斯的门口，只有一夜航程的距离。

在威尼斯，政府要求大家举行公共祈祷。当天晚些时候，意大利大陆的人们终于觉察到了危险。现在每个人都明白，战败会是什么后果。红衣主教贝萨里翁写道："土耳其海军很快将兵临布林迪西，然后是那不勒斯，然后是罗马。威尼斯人被打败之后，土耳其人将会统治大海，就像他们已经主宰了陆地一样。"[12]教皇保罗倡议全意大利都做祷告。7月8日，一支红衣主教的忏悔队伍赤着脚从梵蒂冈步行到圣彼得大教堂；一位土耳其人受了洗礼，给大家鼓劲；每个人都被告诫去祷告；参加战斗或者为战争捐资的人得到了免罪符。尽管对方舰队阵势庞大，而且隆哥的话透出事态危急，

---

① 古时常用船只能够容纳木桶的数量来衡量船的尺寸，类似于今天说某船能够搭载多少个集装箱。1000桶约合600吨。

但加里波利半岛海战的记忆令威尼斯人十分自信。它的海上霸主地位从来没有在战斗中受到过挑战。

内格罗蓬特，意思是"黑桥"，是威尼斯人给希腊的优卑亚岛及岛上主要城镇取的名字。在地中海的地质史上，这个岛算是个畸形的特例。它紧靠希腊东海岸，以至于根本不能称为一座岛，而是一块长条形的土地，与大陆交互错落。一个被海水淹没的山谷，即尤里普斯海峡，将内格罗蓬特与大陆分隔开。尤里普斯海峡也算海洋世界中的一个微型奇观。狭窄的海峡像水锤泵一样，以一系列潮涌将海水冲过，一天十四次，来回各七次。在海峡最狭窄的地方，岛与大陆之间的海面仅有 50 码宽，水流湍急，如同磨坊水车驱动的水流。威尼斯人的城镇就建在此处，在古希腊居民点哈尔基斯的遗址之上。它像一个迷你版的意大利城邦，防御非常巩固，令人印象深刻，拥有一个港口和一座连接大陆的桥。桥中间有设防的塔楼和双吊桥，可以把入侵者拒之门外。

君士坦丁堡沦陷之后，这个岛屿的战略重要性不可估量。它的人口不多，或许连 3000 人都不到，但它是威尼斯在爱琴海北部的中心。根据当时一份赞扬内格罗蓬特的文献记载："这个地方聚集着富豪和大商人……所以非常繁荣昌盛。"[13]

6 月 8 日前后，奥斯曼舰队抵达内格罗蓬特，在城市的下游停泊，把人员和火炮送上岸。和几个月前的情报预测的一样，土耳其人立即开始建造自己的横跨海峡的舟桥，位置在黑桥以南。此时黑桥上的吊桥已经被升起，停止使用了。守军不知情的是，这支奥斯曼海军不过是钳形攻势的一翼而

19. "如果内格罗蓬特沦陷"

**内格罗蓬特与希腊大陆之间由尤里普斯海峡隔开。
奥斯曼人在黑桥右侧建造了自己的桥梁。达·卡纳尔的
舰队从北面驶来，也就是在桥的左侧。**

已。6月15日，一支大军出现在对岸大陆的地平线上，由穆罕默德二世亲自指挥。威尼斯人的言语挑衅和咒骂戛然而止。苏丹的出现为整个军事行动增加了分量，没有十足把握，他是不会御驾亲征的。他在山脊上勒马驻留，花了两个小时俯瞰下方的全景：狭窄的海峡；中间建有堡垒的堤道；然后是远处有护城河环绕的城市，外墙上刻着圣马可的雄狮，塔楼上飞扬着雄狮旗；他自己的舰队停泊着。精细完美的协同是穆罕默德二世的作战风格。他的目标是在威尼斯舰队做出反应之前，发动闪电战，将内格罗蓬特一举打垮。

他的大约两万人的军队走下山坡，来到尤里普斯海峡岸边，身后跟着长长的骆驼和骡子队，搬运着攻城军队需要的全部辎重。他穿过浮桥，支起了营帐，开始调兵遣将，紧紧包围这座城市。按照惯例，劝降的喊声飞过城墙：如果主动

投降，所有居民都不会受到伤害；他们十年内不需要上缴任何赋税；"任何拥有一栋别墅的贵族，将获得两栋别墅。如果尊贵的市政官和指挥官想留在这里，他们将被任命为领主；如果不想留在这里，苏丹也会在君士坦丁堡给予他们莫大的荣耀。"[14]穆罕默德二世非常明白，没有哪个威尼斯总督在乖乖投降之后还能活着回到家乡。

守军的反应十分激烈。市政官保罗·埃里佐明白，达·卡纳尔的舰队正在驰援的路上。他宣布，内格罗蓬特是威尼斯的领土，不会改变。他承诺在两周之内烧光苏丹的舰队，将他的营帐连根拔起，之后他又邀请苏丹"去吃猪肉，并且和我们在壕沟相会"。[15]这样的侮辱被翻译出来之后，穆罕默德二世眯起眼睛，决心不让岛上任何人活着离开。

随后发生的是君士坦丁堡攻防战的一场微型重演，非常残忍而血腥。穆罕默德二世带来了 21 门重型射石炮，日夜不间断地轰击这个城镇高耸的中世纪城墙，令城内的人魂飞魄散，逐渐将他们的堡垒化为废墟。威尼斯的大炮也赢得了一些胜利，摧毁了敌人的一些火炮，打死敌人炮兵。但是，奥斯曼军队的强大火力排山倒海。燃烧弹和臼炮袭击了城市的中心地带，迫使心惊胆寒的居民躲避在外墙的背风处，"因为炮弹大多击中的是城市中心"。[16]"火炮数量极多，而且由于炮火持续不断，"这次围城战的一名幸存者焦万一玛利亚·安焦莱洛写道，"炮火从正面和两翼猛轰城市，我们的很多人死于非命，所以我们没有办法对工事进行系统性修理。"[17]土耳其人缓慢移动他们的云梯，不停向前挖掘战壕，突入了外墙的瓦砾堆。6 月 29 日，伴随着震耳欲聋的巨响——高亢的喇叭声和极有节奏感的低沉鼓声，穆罕默德二世命令发起总攻。守军打退了这次进攻，但伤亡惨重。

很快，市政官不得不同时对付城外连续的攻击和城内的"第五纵队"。守军的一支关键力量是 500 名雇佣步兵，他们中的大部分是从达尔马提亚海岸招募来的，指挥官是托马索·斯基亚沃。有人发现，斯基亚沃曾派特使前往奥斯曼军营。政府秘密侦破了这个阴谋，逮捕并拷打了他的同伙，揪出了一个间谍和阴谋网络，这一网络已运作多年，而且一直渗透进了威尼斯城。穆罕默德二世在威尼斯国家机关安插了潜伏很深的间谍。在严刑逼供下，斯基亚沃的弟弟吐露了一项计划，即在土耳其人发动下一次进攻的时候，里应外合，放他们进城。他被秘密处死了。

现在，市政官必须对付斯基亚沃本人。与斯基亚沃的较量必须极度隐蔽，因为这个叛徒手握重兵。埃里佐召他前往城镇的行政中心——凉廊，讨论防御的细节问题。斯基亚沃显然已经生疑，带着大批全副武装的部下来到了中心广场。进入凉廊后，市政官热烈而友好的态度让他放下了警惕。经过一段冗长的讨论，斯基亚沃命令他此番带来的随从原地解散，回到各自的岗位上去。斯基亚沃转身时，12 个隐蔽在一旁的人冲了上来，将他打倒。他的尸体随后被倒挂在广场上。

而此时，穆罕默德二世对这个变故仍然一无所知。他还在等待一个事先商量的信号，即某座堡垒将不作抵抗、举手投降。市政官设下了陷阱。信号旗照常升起；据一位编年史家称，当奥斯曼人冲向前时，他们"像猪一样"惨遭屠戮。[18]

事后，城内当局开始处死叛国案的其他主谋，但整个事件还是导致城内人心不稳、士气低沉。街上一片哗然，市民和一些克里特人与达尔马提亚雇佣兵相互攻击。当局不得不处死越来越多的斯拉夫雇佣兵。随着人力逐渐减少，街头公告员在街上走动，命令十岁及以上的男孩前往兵工厂。500名少年被选中，快速接受了手枪射击训练，并被派去守护城墙。他们每杀一个土耳其人，奖励两个阿斯普尔①。据一位目击者描述："市政官每晚会发给这些男孩共 300～500 阿斯普尔。"[19] 土耳其人的又一次总攻宣告失败。

奥斯曼人继续轰击城墙，每天都造成人员伤亡。但埃里佐知道，如果他能再坚持一点时间，达·卡纳尔的援军就会抵达。正是由于这个原因，穆罕默德二世变得越来越焦虑。为了巩固自己的阵地，他把船只拖上岸，在黑桥的另一侧建造了第二座桥，用来抵挡威尼斯人从北方沿海峡而下的援兵。他加强了对城内的轰炸，昼夜不间断地狂轰城墙并组织进攻，以消耗守军的力量。他还不时散布消息，承诺饶投降守军不死。7 月 11 日上午，在连续三天的猛烈炮击之后，穆罕默德二世打算发动致命的最后一击，可是他却突然被迫停下了进攻的步伐。

奥斯曼警戒哨突然发现，威尼斯舰队从尤里普斯海峡的北端呼啸而来。威尼斯人有 71 艘船，虽然没有隆哥建议的 100 艘那么多，但仍是一支相当雄厚的力量。它包括 52 艘强悍的武装桨帆船和一艘令土耳其人非常忌惮的重型桨帆船。威尼斯海军顺风顺水，气势汹汹地穿过海峡。穆罕默德

---

① 拜占庭等国的一种金币，单数称"阿斯普隆"，复数称"阿斯普尔"。

二世的阵地一下子变得极其脆弱。威尼斯舰队只需摧毁浮桥，就能切断奥斯曼人撤退的路线，并且把他们的孤军困在岛上。据说，穆罕默德二世意识到他的计划即将破灭之后，留下了无力而伤心的眼泪；他骑上马，准备逃离这个岛。城堡护墙上的守军斗志高涨。援兵到来看上去是板上钉钉的事情。再过一个小时，奥斯曼人的桥梁将被摧毁。

这时，发生了令人匪夷所思的事情：威尼斯舰队停下了，在上游抛锚，静坐观望起来。

海军总司令尼科洛·达·卡纳尔是一名学者兼律师，而不能算是一名航海家。他更习惯于仔细权衡各种法律抉择，而不善于果断行动。在那一刻，律师的本能发挥了作用。他担心自己的船只抵挡不住炮火，也应付不了湍急未知的水流。他命令舰队停下来。他手下的船长们敦促他前进，却遭到拒绝。两名克里特人请求借着劲风和潮涌的力量，驾驶重型桨帆船攻击第一座浮桥。有些水手的亲眷就在城内，对于他们来说，这是生死存亡之战。最终，达·卡纳尔不情愿地同意了这个建议。桨帆船开始行进，但在途中，达·卡纳尔又改了主意。他用信号炮命令桨帆船回撤。

在城墙上，守军目睹了这一切——起初带着得救的欢愉，后来变成不敢置信，最后变成了恐惧。他们向静止不动的救援舰队发出了越来越绝望的信号——火炬被点燃又被熄灭，圣马可的旗帜被升高又降下。最后，据安焦莱洛说，"一个真人大小的耶稣受难像被树立了起来，高高举起，面向我们的舰队，就是希望舰队的指挥官可怜可怜我们，以他们能够想象的方式救救我们"。[20]但这一切无济于事。达·

卡纳尔把他的舰队开到上游，并在那里停泊。安焦莱洛回忆道："我们的精神崩溃了，几乎没有任何得救的希望。"[21]一些人诅咒道："愿上帝宽恕那些不能履行职责的人！"[22]

穆罕默德二世第一时间做出反应。由于战局的突然转变，他立即宣布，第二天一早全军尽数出动，发动总攻。他亲自骑马巡视营地，承诺士兵们，所有在城内抢夺的财物都归他们所有。之后他派遣了大量手枪兵去保护上游的桥梁，防止达·卡纳尔舰队突袭。在黎明前黑暗的几个小时里，在惯常的战鼓和喇叭的喧嚣中，他命令他最不可靠的部队（"乌合之众"）率先前进，去损耗对方的防御力量。当他们倒下时，正规军便践踏着尸体，猛冲上去。城内所有人，不管男人、妇女还是儿童，都参加了最后的抵抗，在狭窄的巷道内设置路障。当敌军一步一步、一条街道一条街道地逼近时，他们向敌人泼洒滚水、生石灰和沸腾的沥青。上午九十点钟的时候，敌人已经攻到了中央广场。在桥上的堡垒处，守军升起一面黑旗，作为最后绝望中的求援。达·卡纳尔回应得太少，也太迟了。他只是三心二意地对浮桥发起了进攻。当水手们看到奥斯曼旗帜在城墙上飘动的时候，海军司令居然解开船锚撤退了，留下绝望的民众独自面对可怕的命运。城防司令阿尔维斯·卡尔博被杀死在圣马可教堂，财务官安德烈亚·扎内则死在圣巴斯蒂亚诺教堂。街道上死尸成堆。穆罕默德二世想起了关于猪肉的侮辱。他下达了严厉的命令：不抓俘虏，全部处死。投降者被当场屠杀。其他人则被刻意带到圣使徒教堂处决。死者的首级被堆在主教宅邸门外。穆罕默德二世仍然怒不可遏。他下令，任何为了私利藏匿俘虏的士兵将和俘虏一起被斩首。相应地，他命令对桨帆船进行了搜查。

试图跨过大桥逃跑的人太多了，以至于桥体轰然倒塌，反将他们投入大海。处于桥中间位置的要塞难以接近，仍在坚持抵抗。最终，守军同意投降，奥斯曼人承诺饶他们不死。当穆罕默德二世听到这个消息时，他愤怒地训斥做出此承诺的帕夏："如果你说了（饶恕他们生命）这样的话，那么你肯定忘记了我的誓言。"[23]最终，所有人都被处决。在一些文献里，据称市政官在桥上的人群里，而穆罕默德二世已经同意不砍他的人头。他果然兑现了自己的诺言：市政官没有被砍头，而是被夹在两块木板之间，然后被锯成了两截。更有可能的情况是，市政官在城墙上就已经阵亡了。苏丹实施了可怕的报复。苏丹对曾经非常有效地射杀其麾下士兵的男孩们特别恼火，他命人将所有十岁及以上的男性幸存者，共计约800人，带到面前。他们的手都被绑在背后，被迫跪成了一个大圈，之后被一一斩首，死尸也成了一个大圈。尸体被扔进大海，幸存的妇女和儿童沦为奴隶。

尽管穆罕默德二世发出了屠城誓言，但仍有少数人幸存下来。其中就有焦万—玛利亚·安焦莱洛，他被掳走并卖为奴隶。还有一个叫雅各布·达拉·卡斯泰拉纳的僧人可能成功地伪装了自己。他的简短叙述中以自传形式结尾："我，雅各布·达拉·卡斯泰拉纳兄弟①，目睹了这所有事件，有幸逃出了小岛，因为我会讲土耳其语和希腊语。"[24]

---

① "兄弟"是修道会和教会属下的骑士团成员互相之间的称呼，因为他们情同手足。

　　威尼斯舰队毫无成效地追踪敌人的船队回到加里波利半岛，然后带着耻辱回国了。

　　从内格罗蓬特传来的噩耗比十七年前从君士坦丁堡传来的消息更令人心碎。一开始都只是谣言。7 月 31 日，一名失事船只上的水手带着勒班陀总督的湿漉漉的信出现了：敌人的海岸线上出现了火光，这是敌人已经取胜的不祥征兆。[25] 消息很快得到了证实。元老院目瞪口呆。

　　共和国议事会的成员们回家途中经过圣马可广场，被很多想知道事态究竟如何的人拦住。他们拒绝回答，默默走开，仿佛被吓坏了一般低垂着头。整座城市因此充满了惊慌和沮丧，不知道发生了什么不得了的事件。有人开始传言，说内格罗蓬特沦陷了。消息在全城不胫而走。威尼斯人的叹息和哀痛无法用言语表达。

　　钟声响彻整座城市；忏悔的游行在广场进行；布道者们哀叹着基督徒的罪孽。米兰大使写道："整座城市魂飞魄散，居民都伤心欲绝。"[26] 内格罗蓬特的沦陷是帝国衰落的第一个征兆，让人感觉像是末日的开端。编年史家多梅尼科·马利皮耶罗写道："现在，伟大的威尼斯受挫了，我们的自豪感被摧毁殆尽。"[27] 在那一刻，有远见的人们预测到，海洋帝国将日渐没落。借助新问世的威尼斯印刷机，内格罗蓬特沦陷的惊人消息传遍了意大利。

　　元老院试图保持镇定。它传达给意大利各邦的信息是坚决果断的：

## 19.	"如果内格罗蓬特沦陷"

我们既没有被这样的损失击垮,也没有在精神上瓦解,相反,我们变得更加斗志昂扬,决心迎接这巨大的危险,增强海军实力,派遣新的驻军,以便加强和维护我们在东方的其他领地,也是为了援助其他生活受到无情敌人威胁的基督徒。[28]

但元老院很快就开始更加绝望地请求援助、团结、金钱和人力。执政官给米兰公爵写信称:"整个意大利和所有基督教国家同在一条船上。任何一条海岸线、任何一个行省、意大利的任何一个部分,无论它的地理位置多偏远、多隐蔽,都不比其他地方安全。"[29]教皇又再次鼓吹十字军东征,但这次还是没有收到任何回应。每一个国家都会毫不犹豫地与穆罕默德二世订立协约。达·卡纳尔也逃过了死刑判决。元老院承认,大错一早就已经铸下——他们本不该任命达·卡纳尔为海军总司令。他被永久放逐到距离威尼斯30英里的一座尘土飞扬的城镇——波尔托格鲁阿罗。对于这个"生来就该读书,而不该做一名水手"的精英律师来说,这个地方简直和黑海一样遥远。[30]但是错误地任命他的教训并没有被世人牢记:一代人以后,这样的错误又再次被重复。

威尼斯孤军作战,渐渐丧失了很多领土。在战争初期获得的大多数堡垒一去不复返;科罗尼、莫东和勒班陀坚持下来,因为它们能从海路获得源源不断的补给。和谈来了又去,与意大利各邦、匈牙利和波兰的联盟都毫无建树。1473

年，穆罕默德二世战胜了乌尊哈桑①——威尼斯在波斯边疆的盟友，随后便将全部注意力转向威尼斯在阿尔巴尼亚的领地。1475 年，他终于消灭了黑海地区的热那亚和威尼斯殖民地。到 1477 年，形势已经变得十分严峻。

在威尼斯不断走下坡的过程中，也有一些小的胜利。1472 年初，新任海军总司令彼得罗·莫切尼戈遇到了一个名叫安东内洛的西西里人。安东内洛向莫切尼戈提出了一个建议。这位年轻人在内格罗蓬特沦陷之后成为奥斯曼人的奴隶。他志愿去破坏位于加里波利半岛的兵工厂。莫切尼戈同意了他的提议，并且提供给他一条小船、6 名志愿者、数桶火药、硫黄、松节油和大量橙子。他们将其他材料隐藏在水果下面，在达达尼尔海峡航行，并于 2 月 20 日夜间到达加里波利半岛。安东内洛深知，兵工厂防卫松懈。他们爬上岸，每个人肩扛一袋火药，用钳子打开锁，潜入弹药库中。他们把火药放置在帆、武器和索具当中，在地上播撒出一些火药，然后从外面点火引爆。但什么都没有发生，因为火药在随船运输过程中已经受潮。最终，他们成功地点燃了大量沥青和油脂。夜色中，火光冲天。土耳其人赶来之际，安东内洛又开始焚烧敌人的桨帆船，然后乘小船逃走。

在撤退途中，破坏者们遭遇了一场灾难。一包火药点燃了他们的小船。他们设法划回岸边，凿沉了小船，但被抓住并被带到愤怒的穆罕默德二世面前。安东内洛直到最后都无

---

① 乌尊哈桑（1423～1478），土库曼白羊王朝的苏丹。他统治着今天的伊朗西部，以及伊拉克、土耳其、阿塞拜疆和亚美尼亚的部分地区。

所畏惧。他没有遭到酷刑就坦然承认了所做的事情,勇敢地直面"世界的灾星",并宣称:

> 有了伟大的精神力量,任何人都会这么做,因为(苏丹的)存在是全世界的灾祸,他劫掠了所有邻国君主,对所有人背信弃义,甚至企图消灭基督之名。这也是他(安东内洛)做这一切的动机。

穆罕默德二世对这必死之人表现出的勇敢的反应很典型。"苏丹耐心并赞赏地听完他的话,然后命令将他斩首。"[31]大火在加里波利半岛燃烧了十天。它几乎摧毁了兵工厂,造成了数十万杜卡特的损失。

在其他地方,威尼斯坚持战斗,遏制奥斯曼帝国的强劲势头。安东尼奥·洛雷丹,一位老派的威尼斯指挥官,在敌强我弱的情况下,在阿尔巴尼亚的斯库塔里要塞打了一场充满英雄气概的防御战。1478 年,穆罕默德二世亲自督战,攻打令他烦恼而具有战略意义的斯库塔里,威尼斯人又一次进行了慷慨英勇的抵抗。但是,战争的代价也不断上升。截至 15 世纪 70 年代中期,每年的军事开支上升到 125 万杜卡特。威尼斯被战争拖垮,士气低落;和平的前景让人们一次次心生希望,却又一次次梦碎。不断有传言说穆罕默德二世已经死了,但谣言总是被苏丹新的侵略行动粉碎。年复一年,苏丹集结了一批又一批军队,其目标无法预测。而威尼斯人的精神趋近崩溃。他们在海上仍然享有战略优势,却始终无法抓住奥斯曼人进行正面对垒。也许,到了现在,失败的后果已经不堪设想，所以没有一位指挥官敢冒险出战。像莫切尼戈一样，他们宁愿选择偷袭破坏，也不愿意进行海战。

奥斯曼人不断逼近。1477年，奥斯曼非正规军骑兵进入弗留利平原①，大肆掠夺和杀戮，烧毁房屋、森林、农作物和农场。俘虏被带回，献给了苏丹。这些袭击令威尼斯城居民大为恐慌。在圣马可广场钟楼的顶部，威尼斯人可以看到潟湖30英里以外的一条行进中的火焰线。穆罕默德二世对战争的欲望似乎无法满足。第二年，威尼斯人同意和他达成和平协议，他却突然改变了主意，命令再次对弗留利发动攻击，并且亲自率军围攻斯库塔里。那不勒斯国王向穆罕默德二世提供港口，好让他最终击垮威尼斯共和国。在君士坦丁堡，苏丹正派人模仿威尼斯无懈可击的货币，铸造金杜卡特。这些金币带有"苏丹穆罕默德，穆拉德汗之子，他的胜利光芒万丈！"的铭文，金币背面的字样则宣示了凌驾四海的皇权："黄金的铸造者、陆地和海洋之上权力与胜利的王者。"[32]

威尼斯的坚持已经到达了极限。它苦战到了绝望的境地。悲观情绪和瘟疫在城市的每一条死水河中蔓延。弗留利被烧的景象吓坏了群众。此前，威尼斯人过于自豪，不愿屈尊就任何不合理的条件进行谈判。而现在，威尼斯人几乎愿意全盘接受对方提出的条件。为了和平，他们愿意放弃大国

---

① 在意大利东北部。

19. "如果内格罗蓬特沦陷"

尊严。元老院派出了他们最精明强干的政治家,克里特岛人乔万尼·达里奥,全权负责谈判,他的权限几乎不受任何节制。元老院对他的唯一要求是,尽可能地维护威尼斯的商业利益,而其他的一切差不多都可以让步。穆罕默德二世开出的条件极为苛刻。威尼斯人曾英勇保卫的斯库塔里被放弃了,内格罗蓬特一去不复返,共和国在战争中夺得的所有领土又回到了土耳其人手中。1479 年后,共和国在伯罗奔尼撒半岛只控制着 26 座堡垒,而奥斯曼帝国拥有 50 座。此外,他们一次性向苏丹赔款 10 万金杜卡特,并且每年还需支付 1 万金杜卡特,以获取在奥斯曼帝国境内的贸易权。威尼斯市政官又重新前往君士坦丁堡,与他同行的是画家真蒂莱·贝利尼。作为和约的一部分,贝利尼将会装饰穆罕默德二世的宫殿,并为这位征服者绘制肖像。

威尼斯总算松了口气,也已经疲惫不堪。这场战争持续了十六年。威尼斯人把它看作他们历史中的一个特殊事件,将它称为"漫长战争"。但他们搞错了,这场战争只不过是个序曲,一场初期的小冲突。

他们孤军奋战,没有从基督教欧洲获得任何援助或贷款。第二年,穆罕默德做出了威尼斯人已经预测到的举动:他派遣了一支侵略军进入意大利。威尼斯舰队受命跟踪奥斯曼舰队,但不进行任何干涉;威尼斯外交官们奉命对自己观察到的奥斯曼帝国的准备工作缄口不语。这支奥斯曼舰队攻击并洗劫了奥特朗托城,屠杀了该城市民,并在祭坛前杀死了当地的主教。这次直插基督教心脏的进攻,离罗马只有300 英里,令人惊愕不已。恐怖气氛触手可及,指责之声四起。曾不时扮演基督教世界之盾角色的威尼斯，如今却因为坐视奥斯曼帝国胡作非为而遭到口诛笔伐。之后，有人宣称，"此事因威尼斯共和国而起"。[33]威尼斯人被其他基督徒连声痛斥，指责他们毫不作为，甚至串通敌人。法兰西人怒吼道："（威尼斯人是）将人血视为货物的奸商，基督教信仰的叛徒。"[34]但是威尼斯人独自奋战了十六年，自然不会听取任何人的训斥，更再也不会考虑基督教联盟的事情。他们为了与奥斯曼帝国议和，已经付出了大量金钱和鲜血的代价。实际上，八分之三个罗马帝国的领主已经被更强大的力量挤到了中立的位置。1481年5月19日，一名使节到达威尼斯，宣布了穆罕默德二世的死讯，整个城市陷入狂欢的海洋。没有人比威尼斯人更欢乐。"雄鹰死了！"[35]的喊声响彻整座城市。教堂的钟声铿锵作响；人们举行得到救赎的礼拜仪式，大街上灯火通明以示庆祝。奥特朗托的滩头阵地被抛在脑后，反复无常的十字军东征的概念也不再被人们提起。

与此同时，虽然困难重重，但威尼斯与马穆鲁克王朝的贸易正处于巅峰。威尼斯人非常勤勉地搜集关于贸易条件和政治动荡（可能扰乱香料贸易）的商业情报，但是，世界贸易中还是有一些事情逃过了他们的火眼金睛。在1487年的穆达时节，威尼斯香料交易商在亚历山大港购买姜和胡椒。在城市的另外一个地方，两名摩洛哥商人因为高烧而奄奄一息。城市的总督认定他们时日无多，因而行使相关权力，没收了这两个人的财产。然而这两人竟然奇迹般地痊愈，要求归还他们的财物，并起程前往开罗。

事实上，他们既不是摩洛哥人也不是商人。他们的名字

19. "如果内格罗蓬特沦陷"

分别是佩罗·达·科维良和阿方索·德·派瓦，而他们的真实身份是葡萄牙间谍。因为操着一口流利的阿拉伯语，他们被里斯本派去探索通往印度的香料路线。在过去七十年里，葡萄牙航海家们已经渐渐熟悉了非洲西海岸，他们在海角上留下石制十字架，来标记他们的航海所到之处，同时也鼓励后来者继续前行。第二年，巴尔托洛梅乌·迪亚士绕过了非洲的最南端——他将其命名为好望角——但是没有能够继续前进。他的船员拒绝前进，因为担心他们可能会从世界的边缘跌落。两个间谍则尽己所能，寻找跨越印度洋和非洲东海岸通往印度的航线。他们的任务要秘密进行，不仅要避开阿拉伯人的眼线——因为一旦被发现就意味着死亡，也要避免让克里斯托弗·哥伦布和西班牙国王知道，因为他们与葡萄牙人存在利益竞争。葡萄牙人想赢得这场竞争，不再求助于阿拉伯和威尼斯中间商，直接从原产地印度购买大宗香料。

在两年时间里，科维良伪装成一名阿拉伯商人，纵横印度洋，在印度各港口和非洲海岸之间穿梭往返，了解季风、洋流、港口和香料集市的分布格局，并把他的发现记录在一个秘密图表上。他回到开罗的时候，派瓦已经死了，死因不明。1490年，科维良把他的图表和报告交给了到开罗来找他的犹太间谍。科维良这个间谍高手再也没有回国。他沉迷于旅行，伪装成一个穆斯林朝觐者去了麦加，然后又到了埃塞俄比亚的基督教王国。但在那里，国王却不允许他离开。三十年后，一个葡萄牙使团发现科维良还活着，而且像一个埃塞俄比亚人一样生活。但他搜集的情报回到了里斯本，填补了葡萄牙航海家地图上至关重要的空白。

20. 火的金字塔
1498 ~ 1499

1498 年 10 月 31 日，安德烈亚·格里蒂从君士坦丁堡写信给威尼斯的扎卡里亚·迪·弗雷斯基："生意和投资的情况，我之前已经告诉过你，现在没有新的信息；如果价格下跌，我会通知你。"[1]四十一岁的格里蒂是一位威尼斯粮食贸易商，在君士坦丁堡根基牢固。他也是一个间谍，以加密或隐藏消息的形式将情报发回给元老院，收件人则是虚构的业务合作伙伴。威尼斯方面轻松地解读了这一信息："苏丹在继续集结舰队。"[2]

在穆罕默德二世去世之后的近二十年内，威尼斯与奥斯曼人维持着和平。在 1481 年继承皇位的巴耶济德二世最初承诺为基督教欧洲创造一个更宁静的时代。巴耶济德二世被称为"苏非派"；他对宗教很是虔诚，甚至表现得很神秘，对诗歌和冥想的生活有浓厚的兴趣，很长一段时间内他与基督徒邻居的关系都很融洽。他甚至免除了威尼斯每年需要缴纳的 1 万杜卡特贡金。在此期间，共和国于 1489 年得到了塞浦路斯①，觉得这大大弥补了内格罗蓬特的损失。

---

① 塞浦路斯吕西尼昂王朝的末代君主詹姆斯二世于 1473 年驾崩，此后威尼斯便控制了塞浦路斯，以詹姆斯二世的遗孀凯瑟琳为傀儡。1489 年，威尼斯强迫凯瑟琳退位，正式吞并塞浦路斯。

20. 火的金字塔

但巴耶济德二世的按兵不动，有完全世俗的原因。由于他的父亲对战争的强烈欲望，他即位时国库空虚，军队也精疲力竭，并且他害怕有人以他流亡的弟弟杰姆的名义发动一场战争，夺走他的皇位。杰姆被扣留在欧洲宫廷，对西方人来说是一个有用的人质。在这些限制之下，新苏丹知道，在爱琴海还有未竟的事业：只要威尼斯在希腊仍有立足之处，奥斯曼边境就不完整。1495 年杰姆去世，巴耶济德二世在敌视威尼斯的佛罗伦萨人和米兰人鼓动下，认为是时候将威尼斯共和国从希腊赶出去了。如果没有一支强大的舰队，这个目标是不可能完成的。

而准备工作是不可能隐瞒得住的。对安德烈亚·格里蒂来说，毫不夸张地讲，证据都在他眼前。君士坦丁堡被占领之后，所有欧洲人被禁止在那里居住。他们改为居住在老的热那亚定居点加拉塔的山上，与君士坦丁堡之间隔着金角湾，即城市的深水港。格里蒂可以俯瞰还没有完全被高墙环绕起来的新兵工厂，可以看到准备工作在进行：人员和材料的到达，锤子和锯子发出的声音，沥青的沸腾声和持续不断的牛车的声响。

格里蒂从 1494 年开始为威尼斯元老院提供源源不断的精细情报。进入 1499 年之后，情报变得越来越精确——他估算了土耳其人的进攻时间表和目标，情报的传递也变得更加危险。1498 年 11 月 9 日，他写道："海盗俘虏了一艘载货量 200 桶的船"[3]，意思是"苏丹正在准备 200 艘船"；在 20 日这天，他表示自己说不准奥斯曼人的目的。1499 年 2 月 16 日，他用暗语写道："它将在 6 月出发……水陆并进

425

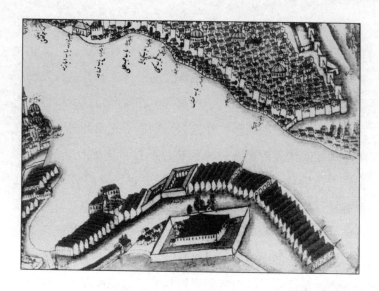

君士坦丁堡的奥斯曼兵工厂

的强大力量，人数还不清楚，去向也不明了。"[4] 3 月28 日，他用暗语说，他因为债务在狱中服刑，但是希望在 6 月被释放，意思是"敌人舰队将于 6 月出发"。通过陆路寄信是很危险的。格里蒂的方法是让信使沿着古罗马道路前往杜拉佐港，然后渡海前往科孚岛。这些信使一旦被抓获，必死无疑。1498 年 10 月，科孚岛市政官报告了两名给格里蒂送回信的信使的下场。有人发现，第一名信使被埋在沿途一个村庄的粪堆里；第二名信使则是到了君士坦丁堡之后立刻被逮捕。他现在正派遣第三个信使。1 月，格里蒂回信说，"因为风险太大，将不再通过陆地送信"。[5]

双方都在准备战争的同时宣扬和平。在君士坦丁堡，官方散布消息，称正在准备一支舰队，以清剿海盗。威尼斯人没有上当；如果单纯是为了维持治安，这支舰队的实力也太过强大了。格里蒂指出："他们花钱如流水。钱款还没有申请，就已经支付完毕。这是明显的信号。"[6]然而，没有人能确定奥斯曼人的目标。五花八门的理论、间谍报告和迹象从大海彼岸的情报站大量涌入威尼斯，这是些模糊而不祥的杂音。谎言数不胜数。4月，最新的威尼斯大使抵达君士坦丁堡的时候，日记家吉罗拉莫·普留利记载道："苏丹史无前例地热情款待了这位威尼斯大使，之前从未有任何一位大使受到过这样的礼遇。苏丹还承诺，永远不会背弃与威尼斯的和平条约……但威尼斯人深思熟虑后，决意绝不相信这样的承诺。"[7]但正在准备中的行动是不是针对威尼斯的呢？罗得岛和黑海都可能有危险。甚至有传言说，打击的目标可能是穆斯林的马穆鲁克王朝：5月，大马士革和亚历山大港发来信件称，大量土耳其骑兵出现在叙利亚边境。这些情报最终证明是无用的，这只不过是护送苏丹的母亲去麦加的卫队罢了。但显而易见的是，庞大的陆军正在集结。有人担心扎拉；也有人猜测，目标是科孚岛；弗留利居民也做好了抵抗袭击的准备。

1499年注定是威尼斯历史上充满灾难的一年。这从两位威尼斯元老逐月记录的日记中可见一斑：银行家和商人吉罗拉莫·普留利，他对共和国的财政状况高度关注；马里诺·萨努多，他长达四十年的日记生动地描绘了威尼斯的生活。还有一位记录者则是桨帆船指挥官多梅尼科·马利皮耶罗，他是唯一在前线记载时事的人。

他们记录了一连串恶性事件。这一年开年不利，然后开始走下坡路。威尼斯深陷大陆事务的泥潭，国库吃紧。2 月初，加尔佐尼家族和里佐兄弟的银行破产了。5 月，里波马诺银行倒闭；第二天，当阿尔维斯·皮萨尼银行开门营业时，"伴随着巨大的吼声，一大群人跑到银行去取钱"。[8]里亚尔托处于动荡之中。普留利觉得这个现象造成了极大的破坏：

> 因为全世界都知道，威尼斯现在像大出血一样损失大笔金钱，现在那里没有钱了。因为第一家宣布破产的银行是所有银行里最著名的，有最高的可信度，所以整个城市里，信心几乎荡然无存。[9]

在这种气氛中，奥斯曼威胁的流言甚嚣尘上，甚至脚踏实地的威尼斯人也开始受到迷信的影响。在普利亚，人们观察到一场秃鹫和乌鸦之间的空战；据马利皮耶罗说："人们捡到了 14 只死鸟，但秃鹫比乌鸦多。上帝保佑，但愿这……不是预兆着，基督徒和土耳其人之间要发生什么邪恶的事情！"[10]更多的恶兆接踵而来。有消息称奥斯曼舰队日渐壮大。威尼斯在 3 月选出了一位新的海军总司令。在圣马可教堂举行的为战旗赐福的仪式上，新任总司令安东尼奥·格里马尼把总司令的权杖拿反了。老人们回忆着其他这样的例子和它们导致的灾难。

格里马尼是一位巨富，是名利场的老手，并且政治野心很重。他在叙利亚和埃及的香料市场上发了大财。他的精明简直是个传奇。据普留利说："泥土和污垢经他触摸后，就变成了黄金。"[11]据说，在里亚尔托，人们试图搞清楚他在做什么买卖，然后跟着学，就像模仿一位成功的股票交易商一样。格里马尼已经证明自己在战斗中足够勇敢，但他不是一位经验丰富的海军指挥官，也不知道如何调遣大舰队。在1499年初几个月的银行业危机中，他精明地提出自费武装10艘桨帆船，并向国家贷款1.6万杜卡特（以国家食盐贸易的收入为抵押），以此获得了海军总司令的职位。毫无疑问，他把这个位置当成登上执政官宝座的踏脚石。他在执政官宫殿前方的码头（称为"莫罗"）摆开了招募士兵的长凳，拉开了花哨的表演排场，用普留利的话说，是"极尽浮华"。[12]他身着鲜红色华服，站在五堆闪闪发光的金币（共3万杜卡特）前，仿佛在宣传他点石成金的本领，邀请群众参军入伍。不管采用了什么方法，格里马尼在组织舰队上非常成功。尽管存在人员和金钱短缺、水手间暴发瘟疫和梅毒等一系列问题，到7月他在莫东集结了威尼斯史上最庞大的海军力量。格里马尼被吹嘘为"又一个恺撒和亚历山大"。[13]

然而这些安排里还是能找到裂纹。共和国有权征用国营商用桨帆船，为战争服务。6月，所有这些已经被拍卖给各财团、用于前往亚历山大港和黎凡特的穆达航线的桨帆船被强行征用，他们的投标人被授予船长的头衔和薪水。投标人们对这一做法十分不爽。这表明，国家大事和自私自利的贵族寡头的商业利益之间已经出现了冲突。对圣马可旗帜的爱国精神受到了很大的挑战。不服从国家命令的下场是非常严厉的惩罚：不愿意为国效力的投标人将被驱逐出威尼斯五年，罚款 500 杜卡特。但仍然有不服从的人。普留利相信（或许他是在事后回忆的，所以知道后来发生的事情），威尼斯当时正在被引向灾难。"我虽然怀疑，但觉得在这座光荣而尊贵的城市里，我们的贵族歪曲正义，我们的城市将会因为罪孽而遭受一些伤害和损失，威尼斯将被带到悬崖的边缘。"[14] 整个夏天，所有商业活动暂停，黎凡特的货物（姜、棉花、胡椒）价格开始飙升。海军防御的需求使得城市的商业系统压力陡增。

从君士坦丁堡传来的消息愈发令人沮丧。普留利写道："土耳其人的力量强大而令人恐惧，雄霸陆地和海洋。"[15] 6 月，君士坦丁堡城内所有威尼斯商人被逮捕，他们的货物也被没收。按照惯例，威尼斯潟湖的各教区举行了忏悔的宗教仪式。与此同时，格里蒂的好运已经耗尽。一名走陆路的信使携带着未加密的信件，遭到拦截，并被处以绞刑；另一个在去往勒班陀的途中被处以刺刑。消息传到城内，格里蒂被逮捕，他很快被关进博斯普鲁斯海峡边的一个黑暗地牢里，性命堪忧。

据报告，土耳其舰队于 6 月 25 日通过了达达尼尔海峡，同时一支庞大的陆军正向希腊推进。毫无疑问，土耳其人企图发动某种钳形攻势。当奥斯曼舰队绕过伯罗奔尼撒半岛时，许多被强征来的希腊水手逃跑了。很快，格里马尼了解到，敌军行动的目标要么是科孚岛，要么是科林斯湾入口处具有战略意义的小港勒班陀。8 月初，奥斯曼陆军出现在勒班陀城外，于是敌人的目标和战术就一下子明朗了。勒班陀的城墙固若金汤，从希腊山区运送大炮是行不通的。奥斯曼舰队的任务是运送大炮，而威尼斯舰队的目标则是阻止他们。同一天，元老院得知，格里蒂还活着。

6 月间驶出达达尼尔海峡的奥斯曼舰队在准备之时，正是海军战术发生变革的时期。传统意义上的海战是桨帆船之间的较量，但到了 15 世纪晚期，人们开始试验，将"圆船"——使用风帆动力、高船舷的帆船，被称为克拉克大帆船，传统上用于商业——投入作战。奥斯曼人建造了两艘这种类型的巨型帆船。像奥斯曼造船厂中大多数创新一样，这些船很有可能是仿照威尼斯的蓝本改造而来的，而且出自一名叛逃的造船匠（名为詹尼）之手，"他在威尼斯看过造船的过程，在那里学到了这方面的技艺"。[16] 这些帆船拥有高耸的艏楼和艉楼，以及尖塔状的桅杆瞭望台，按照当时的标准是非常巨大的。据奥斯曼编年史家哈只·哈利法①记载："每艘船长 70 腕尺，宽 30 腕尺。桅杆是好几棵树叠加在一起的高度……主桅楼能够承载 40 名穿盔甲的士兵，他们可以居高临下地用弓箭和火枪射击。"[17] 这些船是不同类型船只混血的产物，是船舶进化过程中的一个缩影：除了风帆之外，它们还有 24 支巨大的船桨，9 个人划一支桨。它们体积巨大——估计排水量为 1800 吨——可以装载 1000 名士兵，并且第一次可以携带大量火炮，从侧舷的炮门射击。

---

① 哈只·哈利法（1609~1657），即卡迪布·切莱比。"哈只"是对曾经去过麦加圣地的朝觐者的尊称。他是奥斯曼帝国的历史学家和地理学家。他的名著《真理的平衡》包含对伊斯兰教法、伦理和神学的研究，比较开明和宽容，常常批评伊斯兰宗教当局的狭隘。该书对研究 16 和 17 世纪奥斯曼社会的发展很有帮助。

奥斯曼人相信，他们的两艘有护身符作用的巨舰遇到威尼斯桨帆船，一定所向披靡。

巴耶济德二世在海军发展上做得很是细致全面：他所做的不仅仅是建造船只。他网罗航海的专业人才，从爱琴海招募穆斯林海盗到他的海军司令部；这些私掠海盗以圣战的名义四处劫掠基督教船只，无论对实际的船只操作还是公开海战都非常精通。正在缓缓绕过希腊南部海岸的庞大舰队中有两位经验丰富的海盗船长——凯末尔雷斯①和布拉克雷斯，他们因为经常袭击威尼斯船只而臭名远扬。专业人士的加入增加了苏丹的信心，他调动舰队向西进入爱奥尼亚海——威尼斯本土水域的门槛。

奥斯曼舰队虽然规模宏大，但质量参差不齐。一共有大约 260 艘船，包括 60 艘轻型桨帆船、2 艘硕大无朋的圆船、18 艘较小的圆船、3 艘重型桨帆船、30 艘福斯特战船（小型桨帆船）和一大群小船。重型桨帆船和圆船除了载着水手和桨手，还装载着大量近卫军——苏丹自己的精锐部队。巨大的圆船每艘装载了 1000 名士兵。这支大舰队一共约有 3.5 万人。

格里马尼的舰队就小得多，一共有 95 艘船，是桨帆船和圆船的混合，包括 2 艘他们自己的千吨级的克拉克帆船，船上载着火炮和士兵。威尼斯人前不久曾运用成队的克拉克帆船来追捕海盗，但他们从未召集过规模如此之大的桨帆船和帆船的混合舰队。格里马尼大约有 2.5 万人。尽管双方在

① "雷斯"原意是"船长"，后来变为对海军高级将领的尊称。

舰队规模上有差距，他还是志在必得。他从希腊水手那里得知，他手下的重型船只——克拉克帆船和重型桨帆船——比敌人多，有能力粉碎对手的防线。因此他写信给元老院说："诸位大人明鉴，蒙上帝洪恩，我们的舰队将赢得一场光荣的胜利。"[18]

7 月末，在希腊的西南角，格里马尼在莫东和科罗尼之间发现了奥斯曼舰队的踪迹，并且开始跟踪它，伺机攻击。世界上最大的两支海军——共计 350 艘船和 6 万名士兵——沿着海岸并列前行。局势很快就明朗了：土耳其人对海战没什么兴趣，他们的任务就是把大炮送到勒班陀；他们采取了相应的行动，紧贴着海岸线航行，以至于一些船只搁浅，希腊船员弃船逃走。7 月 24 日，奥斯曼舰队司令将他的舰队驶进萨皮恩扎岛上的隆哥港躲避。那是威尼斯历史上的一个伤心之地。正是在这里，尼科洛·皮萨尼——韦托尔·皮萨尼的父亲，在一百五十年前被热那亚人击溃。

在威尼斯，人们焦急地等待着。普留利感到，这个世界处于不祥的骚动之中："目前在世界各地发生着剧变和战争的动荡，许多大国也在行动之中：威尼斯人对阵土耳其人，法兰西国王和威尼斯对阵米兰，神圣罗马皇帝对阵瑞士，奥尔西尼家族①在罗马对阵科隆内西家族，（马穆鲁克）苏丹反对自己的人民。"[19]8 月 8 日，他从另一个来源获知了一

---

① 奥尔西尼家族是意大利的一个贵族家族，在中古时期的意大利以及文艺复兴时期的罗马皆有强大的影响力。家族成员包括切莱斯廷三世、尼古拉三世、本笃十三世三位教皇，三十四位红衣主教，为数甚多的雇佣军首领以及其他重要政治人物及宗教人士。

个令人不安的传言，就像世界远端的地震传来的沉闷的震动。从开罗寄出、在亚历山大港中转的信件称："来自印度的人声称，属于葡萄牙国王的三艘卡拉维尔帆船①已经抵达亚丁和印度的卡利卡特，它们是被派去寻找香料群岛的，指挥官是哥伦布。"[20] 其中两艘船已经遇难，而第三艘船因为逆流一直无法返回，船上人员被迫改走陆路，取道开罗。"这消息如果是真的，将对我影响很大；但我并不相信。"

与此同时，格里马尼一直在等待奥斯曼舰队从萨皮恩扎继续推进。当奥斯曼舰队出动时，他驾船出海，继续一个又一个海岬地跟踪它们，像猫捉老鼠的游戏一般。在炎热的夏日，希腊海岸边中午就不再起风，海军总司令不得不等待一股持续的向岸风来袭击他的猎物。1499 年 8 月 12 日上午，机会似乎来了，奥斯曼人离开了威尼斯人所谓的宗奇奥海湾，撞上了一股强劲的向岸风。

格里马尼的目标已经进入了他的视线；列成长长一排的敌军舰队在他面前的开阔水域分散开，而且处于下风处。在指挥舰队时，他遇到了一些特殊的困难——风帆动力的大帆船、重型商用桨帆船和轻而快的军用桨帆船的组合很是让人头疼——但他还是按照惯例排兵布阵：重型战船（帆船和重型桨帆船）作为先锋来撕裂敌人的阵线，较轻的快速桨帆船紧随其后，等到敌人被打散时出击。他给指挥官们下达

---

① 卡拉维尔帆船是 15 世纪盛行的一种三桅帆船，当时的葡萄牙和西班牙航海家普遍用它来进行海上探险。

20. 火的金字塔

了明确的书面指示，前进时"要保持足够的间距，避免挤在一起或折断船桨，尽量保持良好秩序"。[21] 他明确表示，在战斗中谁要是敢争抢战利品，将被处以绞刑；任何怯战避敌的指挥官也会被绞死。在开战前，这是标准的命令，但格里马尼也许听到了一些风声：被征用商船的老板们对他有怨言。他的命令是否清晰明确，之后引起了很大的争论。多梅尼科·马利皮耶罗认为他的命令"充满漏洞"[22]；阿尔维斯·马尔切洛是所有圆船的指挥官，心里有鬼，因此宣称这些命令在最后一刻被混乱地改变了。不管真相如何，格里马尼刚刚升起十字架，吹响了进攻的号角，就发生了意外的事情，打破了他的镇静：一队小船在其指挥官安德烈亚·洛雷丹——一位实战经验丰富的航海家，很受水手们欢迎——带领下，不请自来。

洛雷丹这么做实际上违反了军纪。他擅离科孚岛的岗位，想去分享战场的荣耀。格里马尼对攻击被扰乱很是恼火，而且也因为被抢了风头而恼羞成怒。他责备洛雷丹不听命令，但还是决定让他指挥名为"潘多拉"号的圆船，与另一艘圆船（指挥官为奥尔本·德·阿默）一同冲锋。这两艘是舰队里最大的船，每艘排水量约1200吨。洛雷丹此行也有个人恩怨要了结。他花了很多时间抓捕海盗凯末尔雷斯；现在他相信自己的猎物就在眼前，而且指挥着詹尼制造的最大的那艘帆船；而事实上这艘船的船长是另一个海盗首领——布拉克雷斯。威尼斯水手们看着自己的大帆船逼近敌人那艘1800吨的无敌浮动堡垒时，"洛雷丹！洛雷丹！"的呐喊响彻整个舰队。

随后发生的是海战演化过程中的一个历史性时刻，是特拉法尔加海战①的预演。随着三艘庞然大物接近，双方都打开了舷侧的炮口，用猛烈的轰击展现了火炮的强大威力：近距离下大炮发出的震天怒吼、浓烟和闪烁的火光让在其他船上观看的人魂飞魄散。在盾牌的保护下，数百名士兵聚集在甲板上，发射出暴雪般的子弹和箭矢；在 40 英尺高的桅杆瞭望台上，在圣马可的雄狮旗和奥斯曼新月旗下，双方士兵在半空中互相攻击，或向下方的甲板投掷木桶、标枪和石块；一大群奥斯曼轻型桨帆船围攻基督教圆船高耸而坚固的木质船身。人们奋力攀上船沿，却跌回海里。绝望的落水者在船只残骸中露出头来。

相比之下，威尼斯其他的一线指挥官却几乎没有前进。基督教舰队的先锋似乎被他们眼前的骇人景象吓倒了，踌躇不前。圆船的指挥官阿尔维斯·马尔切洛俘虏了一艘奥斯曼轻型船之后就撤退了，不过马尔切洛后来自吹自擂，把自己的表现大大渲染了一番。只有一艘重型桨帆船在英勇的船长维琴佐·波拉尼带领下加入了激战。这艘船遭到一大群奥斯曼桨帆船的袭击，鏖战了两个小时。在浓烟和混乱中，"每个人都认为它输定了；一面土耳其旗帜已经在船上升起，但

① 特拉法尔加海战是 1805 年拿破仑统治的法国与英国的一场海战。拿破仑计划进军英国本土，为牵制住强大的英国海军，拿破仑派海军中将维尔纳夫率领的法国和西班牙联合舰队与英国海军周旋。1805 年 10 月 21日，双方舰队在西班牙特拉法尔加角外海相遇，战斗持续 5 小时。由于英军指挥、战术及训练皆胜一筹，法西联合舰队遭受决定性打击，主帅维尔纳夫以及 21 艘战舰被俘，但英军主帅霍雷肖·纳尔逊海军中将也在战斗中阵亡。此役之后，法国海军精锐尽丧，从此一蹶不振，拿破仑被迫放弃进攻英国本土的计划。而英国海上霸主的地位得以巩固。

20. 火的金字塔

这艘船顽强抵抗，消灭了很多土耳其人……上帝开恩，送来了一阵风；它顺势扬起了帆，从土耳其舰队的手掌心逃了出来……被烧伤，而且残破不堪；"[23]马利皮耶罗继续写道，"而且如果其他重型桨帆船和圆船跟着它冲上去，我们早已经把奥斯曼舰队击溃了。"

其他桨帆船和克拉克帆船几乎没有一艘冲上去与敌人交锋。没有人理会格里马尼疯狂的喇叭召唤，指挥体系坍塌了。命令发出之后无人执行甚至遭到抵触，格里马尼没有身先士卒，而许多更有经验的船长被堵在了后方。后面的桨帆船上的桨手大喊着"攻击！攻击!"[24]，敦促重型船舰前进。但这没能激起任何反应，于是"绞死他们!"[25]的喊声响彻水面。只有8艘船参加了战斗。大多数是从科孚岛过来的轻型船，很容易被炮火击伤。有一艘船很快就沉没了，这进一步压制了战斗的热情。当波拉尼的船出现时，船被烧焦，严重受损，但奇迹般地没有沉没，其他重型桨帆船随后跟着它开到了上风处。

与此同时，"潘多拉"号和奥尔本的船继续和布拉克雷斯的克拉克帆船缠斗。三艘船撞在了一起，船上的人们开始了船和船、人与人之间的近身肉搏。战斗持续了四个小时，威尼斯人似乎开始占上风；他们用锁链钩住了敌人，准备登船。接下来具体发生了什么，并不清楚；三艘船纠缠在一起，难解难分，这时奥斯曼战船上燃起了大火。要么是偶然，要么是刻意自毁——因为布拉克雷斯受到极大压力，已经接近绝望——奥斯曼战船上的火药仓爆炸了。火焰爬上了索具，烧着了收拢的船帆，把前桅楼上的士兵活生生地烤熟了。熏黑的残破的桅杆折断了,坠落到甲板上。下面的人要么在他们站立的地方立刻被火焰吞没,要么赶紧跳海逃生。其他船上的人们注视着这活生生的火的金字塔,呆若木鸡、心惊胆寒。这是一个新的层级的海上灾难。

但土耳其人表现得很镇定。当他们载有 1000 精兵、坚不可摧的战舰就在他们面前熊熊燃烧时,他们的轻型桨帆船和快速帆船迅速地东奔西走,从残骸中营救自己的士兵,杀死落水的敌军。基督教一方则只是呆呆地看着。洛雷丹和布拉克雷斯消失在火海中。据传说,洛雷丹临死时还举着圣马可的旗帜。更令人痛心的是,没有人为解救幸存者付出过一丝努力。另一艘克拉克帆船的船长德·阿默,逃离了他燃烧着的船,乘坐小船离开,但被抓住并杀死。马利皮耶罗悲伤地写道:"土耳其人用长船和双桅帆船营救他们自己的人,屠杀我们的士兵,因为我们这一方没有表现出这样的怜悯之心……所以给我们的共和国和基督教带来了巨大的耻辱和伤害。"[26]

事实就是如此。宗奇奥之战中,威尼斯人并没有被敌人打败,而是被自己打败了。威尼斯错过了阻止奥斯曼帝国扩张的机会。在心理上,8 月 12 日是一场彻头彻尾的灾难。懦弱、优柔寡断、混乱、不愿为圣马可旗帜捐躯:宗奇奥的惨败对威尼斯人的航海灵魂留下了深深的不可磨灭的伤痕。内格罗蓬特的灾难可以归因于一次糟糕的任命,或者单个指挥官的能力不足;而在宗奇奥的崩溃则是系统性的。它显示出威尼斯整个体制的裂痕。元老院大体上为了金钱利益,重蹈覆辙,任命了一个毫无经验的人。但是责任不全在格里马尼身上。在这一天结束的时候，主要指挥官手里还拿着火药的时候，已经感到可怕的耻辱。他们开始起草报告。

所有这些报告都包含着条件句，比如"如果其他人做了（或没有做）某事，我们早已赢得了一场光荣的胜利"。格里马尼的报告是通过他的神甫发来的。他指责道，失败的原因是商用桨帆船的贵族船长们的不作为态度和集体的胆怯："除了维琴佐·波拉尼以外的所有商用桨帆船闻风而退，不肯参战……整个舰队高声疾呼'绞死他们！绞死他们！'……上帝知道，他们活该被绞死，但那样的话就必须处死我们舰队中五分之四的人。"[27]他对商船的贵族老板们的谴责尤其激烈："我不会隐藏真相……贵族们自始至终争执不休，毁了我们国家的就是这些人。"

阿尔维斯·马尔切洛写了一份自吹自擂的报告，指责了命令的混乱，并将自己扮演的角色做了戏剧加工：他独自冲入混战，被敌人包围。"在枪林弹雨中，我将一艘敌船击沉，船上人员全部丧生；另一艘船来到了我的侧舷；我的一些士兵跳上敌船甲板，斩杀了很多土耳其人。最后我放火烧毁了那条船。"[28]最后，巨大的石弹击碎了他的船舱，砸伤了他的腿，他的同伴不断在他身旁倒下，于是他不得不撤退。其他人则对他的所谓壮举严加指责。"他进去就又出来了，自称俘虏了一艘船，"神甫这样嘀咕着。[29]多梅尼科·马利皮耶罗是此役中少数声誉没有受损的人之一，他认为原因主要在于格里马尼的指挥混乱。普通水手们相信，格里马尼完全是出于嫉妒，把洛雷丹推向了绝路。

这一天结束的时候，威尼斯舰队撤退到了外海；遍体鳞伤的奥斯曼舰队沿着海岸缓慢地向勒班陀港前进，陆军部队在岸上跟随着它，为其提供保护。战役还在继续，但威尼斯已经士气全无，这次失败的代价被证明是极其高昂的。他们还发动了几次无效的进攻，希望把敌人引诱到开阔水域；火船闯进了敌方舰队，几艘桨帆船被击沉，但奥斯曼舰队大体上完好无损。在科林斯湾的入口处，奥斯曼舰队不得不冒险进入开阔海域，驶入勒班陀。这是威尼斯人的最后一次机会；这一次，有一支法兰西的小型舰队伴随他们。只有少数几艘勇敢的战船向土耳其人发起了进攻，击沉了 8 艘桨帆船，但其余的船显然还对宗奇奥之战的熊熊烈火心有余悸，不敢闯入重炮轰击的火网。法兰西人看到如此混乱的形势，同样拒绝参战。他们对威尼斯人的安排做出的评价也极具羞辱性："（法兰西人）看到我们的舰队毫无纪律可言，说我们的舰队很壮丽，但他们不指望我们的舰队能做任何有用的事情。"[30] 机会稍纵即逝。马利皮耶罗再次扼腕叹息道："如果我们所有其他的桨帆船都参与袭击，我们一定会打败奥斯曼舰队。这就像上帝是上帝一样肯定。"[31] 结果，大部分的奥斯曼战船绕过最后一个海岬，进入了勒班陀港。在海上，威尼斯人等待着不可避免的结果。马利皮耶罗回忆说："舰队里的很多好人都忍不住流下了眼泪，他们说总司令就是一个叛徒，没有精神去尽力履行他的职责。"[32]

在城里，四面楚歌的守军已经打退了奥斯曼军队的几次进攻，并期盼着西边海平线上出现风帆。当他们看到威尼斯舰队驶近时，欢呼着敲响了教堂的钟。随着船越来越近，令他们魂飞魄散的是，船上的旗帜不是狮子，而是新月。当他

20. 火的金字塔

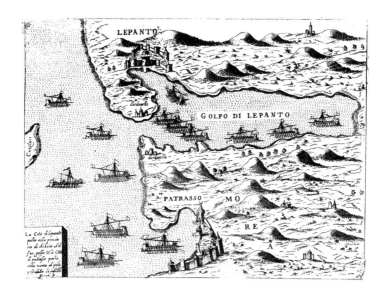

勒班陀

们得知这些船只携带着攻城炮的时候，勒班陀迅速投降了。

格里马尼没有绞死任何人，也没有斥责任何贵族指挥官。

21. 扼住威尼斯的咽喉
1500 ~ 1503

在威尼斯，勒班陀的沦陷可谓是惊天丑闻。后续调查和审讯一片混乱，各方互相指责。人们都把矛头指向了安东尼奥·格里马尼和他的家族。格里马尼宫殿遭到大量暴民围困；殿内财产都被匆匆转移到附近一座修道院中保管；一名忠心耿耿的阿拉伯奴隶遭到攻击，横尸街头；格里马尼的宫殿和商店都被涂鸦。街头顽童们高喊："安东尼奥·格里马尼，毁掉了基督教世界的人……威尼斯的叛徒，但愿你和你的儿子被狗吃掉。"[1]家族的其他成员因为太害怕而不敢在元老院露面。

格里马尼回到威尼斯已经是四个月之后的事情。他被强硬地告知，如果他乘着自己的旗舰驶入圣马可湾，将被当场处死。他只得乘上小船，和所有一败涂地的海军指挥官一样，身披枷锁，狼狈而归，场面之戏剧性，不亚于当年皮萨尼兵败的惨状。而这天恰好是 11 月 2 日，万灵节①。

和皮萨尼不同，当格里马尼在夜幕中跌跌撞撞地走下甲

① 天主教用作纪念亲人的瞻礼日。

板时，没有同情他的祝福者出现在道路两旁。没有人像他一样，在公众心目中陨落得如此迅速、如此彻底。普留利曾说这位海军将领"就如同伟大的亚历山大、著名的汉尼拔或者是了不起的尤利乌斯·恺撒"，而如今人们都说，他一看到敌人就立马变成了废物。[2] 这正是世事无常之所在，人们见证了"这位将军从炙手可热到一蹶不振……须臾之间，时过境迁"。他身披枷锁，在儿子的搀扶下走到执政官宫殿，一路叮当作响，不得不由四名仆人抬他前往会议室。尽管天色已晚，当他被宣布关进潮湿的地牢时，还是有 2000 人在一片死寂中见证了这一刻。

接下来的诉讼很是苦涩漫长。满腔怒火的控方要求将他处以极刑，称他是"国家的灾难、共和国的叛徒、国家的敌人、导致勒班陀沦陷的渎职指挥官、腰缠万贯却满腹虚荣的家伙"。他们用格里马尼曾经担任过的诸多光荣公职——"桨帆船指挥官、亚历山大港护航队指挥官、食盐管理官、陆地上的贤者、拉文纳总督、十人议事会的领导人、公社的律师，海军总司令"——来对比他此刻的丑态：身陷囹圄，因饥寒而患病。公诉词以鼓点般的激烈言辞结束："他的墓碑上将会这样写道：这里埋葬着一个在圣马可广场被处决的人。"[3] 对财富的斥责在威尼斯人的公共生活中有了新的定义。富裕一直被认为是一种美德，而现在它却成了道德上的一个污点。摆放在征兵长凳前大肆炫耀的大堆黄金如今也变成了麻烦。在这一切背后，是统治阶级核心内部的矛盾和派系斗争。有人要把格里马尼家族赶出商业圈。

格里马尼辩称，他的命令没有得到遵守；贵族船主们消极避战，指挥官们因为懦弱和不服从而临阵脱逃。其他人也都有自己的一套说法。阿尔维斯·马尔切洛尽管极力为自己辩解，但终究还是难辞其咎；马利皮耶罗认为，格里马尼的错不是懦弱而是缺乏经验：他组织舰队不力，而且他升起十字架不符合常规——升起他在圣马可广场得到的战旗才是船长们习惯的进攻讯号。可以确定的是，格里马尼没有训斥作战不力的贵族指挥官们，这也许是因为他不想得罪那些能够在未来支持他政治前途的人。最后人们达成了共识：责任是集体的，而不是个人的。格里马尼最后没有被判死刑。他被驱逐出威尼斯，并向在战争中有成员牺牲的贵族家庭支付高额赔偿费。

战局差不多还是像以前一样糟糕。新指挥官走马上任，却无力扭转大局。占领了勒班陀之后，奥斯曼帝国在爱奥尼亚海边缘就有了一个用于海军作战的安全的前沿基地。在这段紧张的时期，列奥纳多·达·芬奇来到威尼斯，作为军事工程师，为威尼斯效力。他的脑子里装满了奇特的城市防卫计划，比如以竹子作为呼吸管的猪皮潜水服，以及潜艇的草图。不过，他的创意最终没有付诸实践（两年后，他为苏丹巴耶济德二世拟定了建造横跨金角湾的单拱桥的建议书）。

威尼斯元老院更关注当前的局势。在 1500 年的头几个月，人们越来越为科罗尼和莫东的安全担心。当年 7 月，一位新的指挥官吉罗拉莫·孔塔里尼在同一片海域，带着桨帆船、圆船和商船的混合舰队重演了宗奇奥之战。当他们全线进攻时，风停了，圆船无法继续战斗，四艘重型桨帆船撤退，两艘船被敌方俘虏。孔塔里尼的船被打得伤痕累累，渐渐下沉，被迫选择撤退。指责声再次不绝于耳。

巴耶济德二世接着亲自带领人马，来到了莫东城墙脚下。他带来了大量火炮和从孔塔里尼手中缴获的战船旗帜，来打击守军的士气。从城镇里，总督发出了简短而绝望的消息，来描述他们所处的困境：城墙之外的乡间漫山遍野尽是帐篷……日夜不停的炮击……三分之一的人或死或伤……其他人也都坐以待毙……火药所剩无几。在外海，贵族船主们害怕奥斯曼舰队，又一次拒绝战斗。只有一名叫祖阿姆·马利皮耶罗的船长带着 4 艘桨帆船穿过封锁线，愿意"为国家牺牲生命"。[4]这样超群的勇敢得到了回应，"顷刻间，桨帆船水手们高喊着，他们自愿和他一起牺牲，愿驾船冲锋"。普留利在安全距离之外苦涩地记录道："其他人缺乏精神和勇气，都留在了舰队中。"马利皮耶罗的几艘桨帆船英勇地刺穿了奥斯曼舰队的封锁，进入莫东的小型环港。精疲力竭的守军看见救援来到，丢弃了他们的岗位，开始跑向船只。这造成了灾难性的后果。

8 月 29 日晚上八点，消息像往常一样传到了威尼斯：一艘轻型快速帆船借助风势，驶入了圣马可湾。这一天正好是圣约翰被斩首的那一天，是基督教日历中象征厄运的一天。当莫东沦陷的消息传到十人议事会金碧辉煌的大厅时，这些平日里威风凛凛地领导最尊贵的威尼斯共和国的政要们大哭起来。莫东甚至比内格罗蓬特更加重要。它的重要性既是感情上的，也是商业上的。损失掉的不仅仅是 6000 人、

150 门大炮和 12 艘桨帆船。莫东是第四次十字军东征的遗产，是威尼斯最早的殖民霸业的一部分，它可以说是威尼斯海洋帝国最宝贵的财富之一。普留利说："他们仿佛眼睁睁看着自己的航海能力丧失了，因为莫东是所有船只、所有航行的中转港口和交通枢纽。" 当苏丹出现在距莫东 20 英里的科罗尼城下时，威尼斯人觉得大势已去，科罗尼不战而降。共和国的双目已经被戳瞎了。对于商人普留利来说，这是预测到厄运的一瞬间："如果威尼斯人不能从事航海，他们的维生手段将逐渐丧失，在很短的时间内将化为乌有。"[5]

在这个噩耗传来的前夜，共和国又选出了一位新的海军总司令。没有人自愿出任这个职位；所有被提名的人用年老、疾病等理由回绝。如今，这个职位实在声名狼藉，而人们对土耳其舰队的恐惧竟如此严重。最终，人们推选了贝内代托·佩萨罗（民间称他为"伦敦的佩萨罗"），他也愿意接受这个职位。佩萨罗是一位很有经验的指挥官，他苛刻、坚定，对贵族阶级的政治毫无兴趣，而且非常冷酷无情。他七十岁了，却依然包养着好几个情妇。普留利谴责他"这么大年纪了，真是为老不尊"。[6] 其实，佩萨罗很像皮萨尼和泽诺那个更加强硬年代的人——他是水手中的水手，既能得到水手的尊重和爱戴，也能让船长们心生畏惧。鉴于先前的失败，他被赋予了极大权力："不需要征求威尼斯的同意，可以处死任何不服从指挥的人，不管他们是高官、船长还是桨帆船指挥官。"[7] 这样的话语早已经变得形同虚设，人们也不再相信这些话，但佩萨罗偏偏很认真。和皮萨尼一样，这个年迈的风流浪子理解普通水手的心态：他允许水手掳掠财物，极大地提升了士气，同样自己也大发横财。他屡建战功；他扫荡希腊海岸，摧毁了奥斯曼人的造船成果，恢复了威尼斯对一些爱奥尼亚岛屿的控制，阻止敌人进一步巩固其海权地位。他无所畏惧、不偏不倚。两位贵族下属，其中一个是执政官的亲戚，不战而降，将堡垒拱手让人，他直接处死了这两个人。他捕获了土耳其海盗艾里奇之后，把他活活烤死。他保障了亚得里亚海的安全，有效地控制住了爱奥尼亚海，因此到 1500 年底，大型桨帆船去往亚历山大和贝鲁特的航线得以恢复。但是，他最终没能够扭转奥斯曼征服的大潮。

1503 年，威尼斯接受了不可避免的事实，和巴耶济德二世签署了屈辱的和平条约，巴耶济德二世牢牢掌控了他赢得的一切。很快，威尼斯人在海上遇到奥斯曼船只时，会降下旗帜，默默承认自己是奥斯曼帝国的附庸，尽管骄傲的威尼斯人在公开场合不肯这样承认。从现在开始，与他们强大的穆斯林邻居合作将成为威尼斯外交政策的一个不变真理，这座城市将逐渐打造一个陆地帝国。

1500 年 5 月 9 日，和过去五百年里的每一个耶稣升天节一样，庆典活动在威尼斯如期举办，精心设计的庆典表达了这座城市与海洋的神秘联姻。像往常一样，执政官穿上他的全副华服宝器，乘着金船起航，将一枚金戒指扔到大海深处，来象征这联姻。同一年，德·巴尔巴利刻画的胜利的航海之城的图片在威尼斯的印刷机上大量印制。这些故事听起来很美，但随着 16 世纪的到来，实情有些不同。海洋不再平静，威尼斯与海洋的婚姻也不再一帆风顺。在早些时候，君士坦丁堡已经很好地概括了这一真相。当一位威尼斯大使来到巴耶济德二世的宫廷，希望促成一项和平协议时，他被告知待在这里没有任何意义。维齐尔①直截了当地说："到目前为止，是你们和大海结婚，从现在开始轮到我们了，我们的海比你们更多。"[8]

威尼斯与奥斯曼帝国的和约标志着海军力量上的重大转变。从今以后，没有一个基督教国家可以单独与奥斯曼人一较高下。奥斯曼人只花了五十年时间，就战胜了地中海经验最丰富的海军，并打破了几个世纪以来基督教势力对地中海东半部的统治。然而，在这期间，他们并没有建立真正的海上优势，他们打的海战数量有限，而且没有一场决定性的海战胜利。但穆罕默德二世和巴耶济德二世都把握住了在封闭海域作战的一个基本原理：没有必要主宰大海，陆地才是最重要的。依靠强大的陆军和舰队开展两栖登陆作战，他们扫荡了桨帆船所依赖的诸多战略基地（因为桨帆船需要频繁靠岸补充给养和淡水）。现在奥斯曼人在亚得里亚海的边缘站住了脚，为进一步向西进犯威尼斯的其他重要岛屿做好了准备。五十年来，威尼斯曾警示并恳求过教皇、其他意大利城邦、法兰西国王和任何有可能倾听的人，希望他们认识到

---

① 维齐尔最初是阿拉伯帝国阿拔斯王朝哈里发的首席大臣或代表，后来指各伊斯兰国家的高级行政官员。维齐尔代表哈里发，后来代表苏丹，执行一切与臣民有关的事务。奥斯曼帝国把维齐尔的称号同时授给几个人。

这种潜在的危险："上帝保佑，一旦苏丹占领了阿尔巴尼亚海岸，就没有别的东西可以阻挡他了。只要他愿意，随时都可以进入意大利，消灭基督教世界"。[9]巴耶济德二世除了苏丹的通常头衔之外，还得到了一个新头衔："所有海洋王国的领主，包括罗马人的国度、小亚细亚和爱琴海。"[10]从今以后，欧洲商船未经许可几乎不能在地中海东部航行。只有少数几个大岛——科孚岛、克里特岛、塞浦路斯和罗得岛——还在基督徒手中。

宗奇奥海战中火球的景象仍然在威尼斯人的想象中燃烧。一幅非常精彩的木刻画定格了火苗刚刚开始升腾的那个瞬间。在这个时刻，威尼斯海军的自信降到了冰点。威尼斯人已经被火药的爆炸威力和对手的强大吓破了胆，而他们自己的指挥体系也逐渐从内部瓦解。说到底，与其说是兵力不如敌人，还不如说是意志的失败、不肯为国捐躯。桨帆船指挥官多梅尼科·马利皮耶罗毫不留情地分析道："如果当时我们的舰队更大，混乱就会更大。这发生的一切都源于我们缺少对基督教和我们的国家的爱、缺少勇气、缺少纪律、缺少自豪感。"[11]普留利在总结1501年夏天战事时说："这次与土耳其人的交战意义极其重大；这不仅在于一座城市或者堡垒的得失，还在于一些更重要的东西"——他指的是威尼斯的海洋帝国本身，以及流经它的水道的那些财富。[12]

宗奇奥之战还留下了另外一个更大的影响。巨型帆船毁灭的惨烈景象让双方都不敢继续往这个方向做实验。从此以

后，地中海的战争变得循规蹈矩；规模越来越大的桨帆船舰
队猛冲向对方，等到靠近的时候用轻型火炮射击，然后尝试
通过白刃战打败对方。在直布罗陀海峡之外，首先是葡萄
牙，然后是西班牙、英格兰和荷兰，开始运用风力驱动、配
备重型火炮的盖伦帆船①。它们将创建庞大无比的世界帝
国，而这在被陆地包围的地中海是无法想象的。

最初的迹象发生在宗奇奥海战不久之后。普留利搞错了
名字，但记对了事迹：不是哥伦布，而是瓦斯科·达伽马，
于1499年9月从印度绕行好望角回到欧洲。威尼斯共和国
派遣一名大使到里斯本宫廷调查；直到1501年7月，他的
报告才送回威尼斯。事实像晴天霹雳一般震撼了潟湖。可怕
的预感笼罩了这座城市。对于特别热衷自然地理的威尼斯人
来说，这个发现的意义是显而易见的。普留利在他的日记中
写下了大段的悲观预测。这是一个奇迹，是当时最不可思议
的、最重大的消息：

> 以我的智慧，无法理解这一切。收到此消息的时
> 候，整个城市的人……都目瞪口呆，最聪明的人都认
> 为，这是他们听过的最坏的消息。他们明白，威尼斯取
> 得如今的名声与财富，靠的就是海上贸易，靠的是买进

---

① 盖伦帆船是至少有两层甲板的大型帆船，在16~18世纪期间被欧洲多
　国采用。它可以说是卡拉维尔帆船及克拉克帆船的改良版本，船身坚
　固，可用作远洋航行。最重要的是，它的生产成本比克拉克帆船便宜，
　生产3艘克拉克帆船的成本可以生产5艘盖伦帆船。盖伦帆船被制造出
　来的年代，正好是西欧各国争相建立海上强权的大航海时代。所以，盖
　伦帆船的面世对欧洲局势的发展亦有一定影响。

大量的香料，再倒卖给来自各地的外国人。从这些外国人那里，从贸易中，威尼斯获得了巨大的利益。而现在，印度的香料可以通过新航路直接输送到里斯本，匈牙利人、德意志人、佛兰德人和法兰西人都能去那里购买，而且价格更便宜。因为发往威尼斯的香料经过叙利亚和苏丹的领土，要面对层层关卡与高额课税，当香料到达威尼斯时，价格已经上涨了很多，原来只值 1 杜卡特的货物涨到了 1.7 甚至 2 杜卡特。而这条海上航线并没有这些障碍，所以葡萄牙人能给出更低的价格。[13]

减掉了成百上千的小中间商，抛弃了贪婪而善变的马穆鲁克人，批量采购，直接运输：在威尼斯商人看来，葡萄牙人的优势是不言而喻的。

也有一些相反的声音，一些人指出了这条航线的缺点：

葡萄牙国王不会继续使用去往卡利卡特的新航路，因为他派出的 13 艘卡拉维尔帆船只有 6 艘安全返回；损失大于收益；愿意冒着生命危险踏上这一漫长而危险航程的水手少之又少。[14]

但普留利很确定："这个消息传出之后，在威尼斯，各种香料的价格都会锐减，因为知道了这个消息的老买家会选择不买。"[15] 在结尾处，他就自己的行文冗长向未来的读者道了歉："这些新事实对于我们的城市来说是如此重要，以至于我烦躁不安，没有控制住自己。"

　　普留利和其他很多威尼斯人，富有远见地预测到了一个系统的终结，一个模式的转变：不仅仅是威尼斯，整个长途贸易的网络都注定要没落。所有自古兴盛的古老商路和蓬勃发展的沿线城市突然成了一潭死水，开罗、黑海、大马士革、贝鲁特、巴格达、士麦那、红海诸港口、黎凡特的各大都市，甚至君士坦丁堡本身，全都面临着被盖伦帆船逐出世界贸易圈的威胁。地中海会被绕过，亚得里亚海将不再是通向任何地方的重要通道，像塞浦路斯和克里特岛这样的重要集散地也将陷入衰退。

　　葡萄牙人幸灾乐祸，给威尼斯人伤口上撒盐。葡萄牙国王邀请威尼斯商人到里斯本购买他们的香料；他们再也不需要和反复无常的异教徒做生意。一些人的确被吸引到了，但是共和国已经深陷黎凡特的投资泥沼，不能轻易脱身，如果他们从别的地方进货，他们在黎凡特的商人就会成为苏丹出气的靶子。而从地中海东岸派自己的船前往印度又不现实。威尼斯的整个商业模式一下子显得过时了。

　　新模式的效果几乎立竿见影。1502 年，去往贝鲁特的桨帆船仅仅运回来四大包胡椒；在威尼斯，物价已达到高峰；德意志人的订单缩水；许多人前往里斯本。1502 年，共和国派遣了一个秘密使团前往开罗，指出当前的危机。打破葡萄牙人的海上威胁势在必行。威尼斯使节表示愿意提供财政支持，提议挖通一条从地中海到红海的运河。但丧失民心的马穆鲁克王朝也处于衰退之中。它已经无法阻挡入侵者了。1500 年，马穆鲁克王朝的编年史家伊本·伊亚斯记录了一个非凡的事件。开罗城外的香脂花园，从远古时期就开始存在，出产一种功效神奇的油，深受威尼斯人推崇。这门贸易象征着几个世纪以来存在于伊斯兰世界与西方国家之间的古老商业关系。然而这一年，香脂树集体枯萎，就此绝种。十七年之后，奥斯曼人在开罗城门前吊死了马穆鲁克王朝的末代统治者。

一个名叫托梅·皮莱资①的葡萄牙探险家兴高采烈地讲述了这些对威尼斯产生的影响。1511 年，葡萄牙人征服了马来半岛上的马六甲，即香料群岛的市场。他这样写道："谁是马六甲海峡的主人，谁就掐住了威尼斯的咽喉。"[16] 它带来的压力看似缓慢而不均，但葡萄牙人和他们的后继者将最终消灭威尼斯与东方的贸易。普留利的担忧在日后会显得很有道理，而奥斯曼帝国同时也将有条不紊地蚕食威尼斯的海洋帝国。

德·巴尔巴里的地图带有对古典世界的指涉，已经包含了怀旧的印记。它们暗示了一种怀旧的情绪，将曾经强势而雄健的海洋帝国变成了外强中干的花瓶。它们也许反映了威尼斯社会的内在结构变化。周期性爆发的瘟疫意味着这座城市的人口无法实现自我增长，只能依赖移民，而来到威尼斯的许多意大利人对航海生活一窍不通。这一问题在基奥贾战争中已经表现得很明显，志愿参军的公民需要先接受划船训

---

① 托梅·皮莱资（1465？～1524 或 1540），葡萄牙药剂师、作家、航海家。他是首批到达东南亚的欧洲人之一，也是中国明朝以来，葡萄牙乃至整个西方世界首位进入中国的使者，时为明代正德年间。1517 年，他与假马六甲使者、翻译火者亚三随船来到广州近海，向明朝政府要求建立关系。1518 年，他获准在广州登陆，不久抵达南京，经贿赂宠臣江彬后获得正在南巡的明武宗的接见，然后随武宗来到北京。1521 年，武宗驾崩，中葡爆发屯门海战，皮莱资被明世宗下令押解到广州听候处置。嘉靖三年（1524）5 月，皮莱资因病死于广州监狱，也有些记载说他在江苏住到 1540 年并死于那里。

练。1201 年，第四次十字军东征时，威尼斯的男性大多数是海员；而到 1500 年，他们大多数都不是海员。在耶稣升天节仪式中表现出的那份对大海的感情依赖将会持续到共和国灭亡，但是到了 1500 年，威尼斯开始把注意力转向陆地；不到四年后，一场灾难性的战争在意大利爆发①，敌人再次逼近潟湖边缘。造船业面临危机，国家更加注重工业。曾经标志着威尼斯命运的爱国团结精神已经出现裂痕：相当一部分统治精英表现出，尽管他们仍然渴望弥补海上贸易失去的利润，但他们不准备为了海上贸易所依赖的基地和航道而浴血奋战。那些在 15 世纪发迹的人们，不再送他们的儿子去海上当见习水手和弓弩手。越来越多的富人更愿意投资陆地上的房产，拥有一座门上有纹章的乡间别墅。这些是贵族阶层受尊重的标志，是所有白手起家的人都会向往的东西。

又是敏锐而深感悔恨的普留利察觉到了这一潮流，并且意识到，它所暗示的是荣耀的衰退。他在 1505 年写道："如今，威尼斯人更倾向于陆地，而不是大海——大海是他们所有荣耀、财富和荣誉的古老根源，因为陆地比大海更具吸引力，更令人愉悦。"[17]

彼得罗·卡索拉在 1494 年写道："我不认为有任何城市

---

① 即所谓"意大利战争"，又称哈布斯堡—瓦卢瓦战争，是 1494～1559 年一系列战争的总称，参战国包括多数意大利城邦、教皇国、西欧各主要国家（法兰西、西班牙、神圣罗马帝国、英格兰与苏格兰）以及奥斯曼帝国。战争起源于米兰公国与那不勒斯王国间的纠纷，随后迅速转变为各参战国间争夺权力与领土的军事冲突。

可以和在海上建立的威尼斯比肩。"[18] 15 世纪末，外界曾试图解读这个地方的意义所在，却发现这里不能和他们已知的世界相提并论，因而处处遇到悖论。威尼斯物产贫瘠，却显得很富庶；这里财富横流，但饮用水却很缺乏；无比强大却又很脆弱；没有封建制度，但却监管严格。它的公民节制、务实，经常玩世不恭，但他们却打造出了一座梦幻城市。哥特式的拱门、伊斯兰式的圆顶和拜占庭式的镶嵌画让人仿若同时造访布鲁日、开罗和君士坦丁堡。威尼斯自成一派。它是唯一一座在古罗马时代结束之后才兴起的意大利城市，它的居民通过盗窃和借鉴，创造了他们自己的"古典"文化；他们创造了自己的创立神话，并且借鉴了希腊世界的神祇。

在某种意义上说，它是第一座虚拟城市：一个没有实体经济支撑的离岸保税仓库——现代化程度令人震惊。正如普留利所说，这座城市停留在抽象的基础之上。这是一个现金的帝国。名为杜卡特的小小金币就相当于今天的美元，杜卡特金币上的图案是历任执政官在圣马可面前跪拜。它在去往印度的路上都能得到尊重。印度人把杜卡特金币上模糊的图案解释为一位印度教神明和他的配偶。共和国对财政管理的高度关注领先同时代几百年。它是当时世界上唯一一个政府政策完全配合经济目标的国家。它的商人阶层和政治阶层之间没有隔阂。威尼斯是一个由企业家运行，并且服务于企业家的共和国，并据此进行管理。权力的三大中心——执政官宫殿、里亚尔托和兵工厂，分别是政府、贸易和军事的所在地，由同一个统治集团管理。威尼斯人比任何人都更早地了解到一系列基本的商业规则：供应和需求的原则；对消费者选择、稳定货币、准时交货、理性的法律和税收的需求；长期有效、控制得力的政策。它用一种新型英雄取代了中世纪骑士：商人。在圣马可的徽章里，所有这些品质都得到了体现。外界无法对威尼斯的崛起做出充分的解释。于是，他们对这座城市自己编织和推销的神话深信不疑：这份伟大纯属命中注定。像所有的长期繁荣景象一样，他们坚信此番盛世必将长驻。

杜卡特金币

正是海上冒险使这一切成为可能。而在这个过程中，威尼斯改变了世界。它不是单独作用，而是作为原动力，作为推动全球贸易增长的引擎。靠着无与伦比的效率，共和国刺激了对物质的需求，并促进了商品的远途交易，以满足这种需求。威尼斯作为中央核心，使得欧洲与东方两个经济系统联系在一起，在东西半球之间输送商品，促进崭新的品味的产生和选择概念的形成。威尼斯是不同世界的中间人和诠释者。费利克斯·法布里在描述他的航行时写道："我通过一面双面镜看了世界。"[19] 威尼斯是第一个与伊斯兰世界不断积极互动的欧洲国家。它把东方的味道、思想和影响，以及某种浪漫的东方主义，带到了欧洲世界。视觉理念、材料、食品、文学主题和词语，通过威尼斯的海关关卡得到传播。

这样的交流有决定性的影响。潟湖的商人也加快了中东伊斯兰世界经济力量的下滑和西方世界的崛起。几个世纪以来，那些曾使黎凡特富庶一时的产业——肥皂、玻璃、丝绸、纸和糖制造业——要么被共和国篡夺，要么被其海运体系瓦解。威尼斯商人从购买叙利亚玻璃转为进口其关键原材料——叙利亚沙漠的苏打灰，直到穆拉诺岛优质的玻璃被出口到马穆鲁克王朝的宫殿。肥皂和造纸业也遵循着同样的趋势。糖的生产则从叙利亚转移到了塞浦路斯，在那里，威尼斯企业家运用更高效的生产流程，满足西方市场的需求。商用桨帆船帮助欧洲产业利用新技术，比如水力和自动纺轮，来削弱黎凡特的竞争对手，促使他们陷入持续衰弱。每艘从威尼斯出发向东航行的货船都逐渐改变着力量的平衡。对东方商品的支付手段从银条变成了易货——这是对西方人来说越来越有利的付款方式。

威尼斯海洋帝国的功能既是维护海上贸易通畅，也是以自己的力量创造财富。这是欧洲的第一次全面的殖民冒险。除了少数例外——比如达尔马提亚人受到的待遇肯定比希腊人的好一些——这个殖民系统是剥削成性、冷漠无情的。它为后继者——特别是荷兰和英格兰提供了一个榜样，那就是小国也可以通过航海来称霸全球。但它也是留给世人的一个教训，即通过海权维系的遥远殖民地是很脆弱的。威尼斯的商业模式突然变得过时，其供应链显得脆弱不堪。最终，威尼斯很难保卫自己的海洋帝国，就像英国无法保住自己的北美殖民地一样。航海帝国的没落和它的崛起一样极富戏剧性：到1505年，普留利已经在为威尼斯起草墓志铭了。

结语：归程

　　在伊拉克利翁以西几英里的沿海大道上，可以望见一座从海面上突出的岩石。如果你跨过公路，沿着岩石底部周围的小路前进，会经过一座拱门和拱形隧道，来到一个开放的平台，可以纵览爱琴海的广阔景色。克里特人把这个地方叫作帕雷欧卡斯特洛，意思是"旧堡垒"。它最初由热那亚人在1206年建造，后来威尼斯人将其开发，用于守卫从海上接近干地亚的通道。这是个人迹罕至的地方。在它的外围边缘，石堡向着山崖底部的方向急转直下；微风夹杂着百里香的芬芳；涛声阵阵；拱形弹药库的遗迹；一座地下教堂。从远方望去，现代的伊拉克利翁城就像从一片蓝色海湾中蔓延而生。

　　1669年夏天，经历了世界历史上最漫长的围城战之后，威尼斯海军总司令弗朗切斯科·莫罗西尼同意投降，放弃了威尼斯对克里特的统治。二十一年来，威尼斯一直为了帝国的中心奋力与奥斯曼人抗争，但结果正如普留利所言。它的殖民地终将一个接一个地惨遭吞并。在统治了不足半个世纪以后，塞浦路斯在1570年落入奥斯曼帝国之手；威尼斯在爱琴海最北端的岛屿——蒂诺斯岛支撑到了1715年；截至此时，其余的殖民地均已沦陷，贸易也不复存在。到 16 世纪 20 年代，穆达航线开始衰败。不久，最后一批桨帆船在泰晤士河下锚。海盗开始纵横四海。

1648～1669 年的干地亚攻防战

唯有威尼斯本土领海得以保全。世纪轮回，奥斯曼帝国屡屡进军科孚岛，但是亚得里亚海的门户固若金汤。而拿破仑最终入侵圣马可广场，烧毁了执政官的金船，用大车把青铜骏马运回了巴黎，悲伤沿着达尔马提亚海岸蔓延开来。在派拉斯特①，总督用威尼斯方言发表了满怀深情的演讲，把圣马可旗帜埋葬在祭坛之下，人们纷纷潸然泪下。

威尼斯海洋帝国的遗迹散落在大海之上；数以百计的哨塔与堡垒摇摇欲坠；令人肃然起敬的干地亚和法马古斯塔防

---

① 今属黑山共和国。

御工事、布局精巧的堡垒和深壕最终没有敌过奥斯曼帝国的大炮；在勒班陀、凯里尼亚和干尼亚，整洁的港口紧紧环绕着美丽的海湾。教堂、钟楼、军火库和码头；数不清的威尼斯雄狮或纤瘦颀长，或敦实矮胖，或有翼或无翼，或粗暴或凶狠，或愤怒或惊诧，守卫着海港的城墙，屹立在大门之上，从优雅的喷泉口中喷出水来。在遥远的顿河河口，考古学家还能从俄罗斯土地中发掘出胸甲、弩箭和穆拉诺玻璃，但总的来说，威尼斯帝国霸业留下的痕迹实在少得可怜，令人惊异。海洋帝国总是飘忽不定，和威尼斯本身相仿，注定变幻无常。港口得到了又失去，它在海外领地终究扎根不深。克里特岛上，不只一处倒塌的房屋门楣上刻着一条拉丁文箴言："尘世皆云烟。"就好像他们在内心深处都已参透，军号、舰船和枪炮的喧嚣终究只是虚幻。

几个世纪里，成千上万的威尼斯人走上了这个舞台——商人、水手、殖民者、士兵和官员。这主要是男性的世界，但也不乏家庭生活。和丹多洛一样，许多人再也没能回到威尼斯，他们或死于战争和瘟疫，或葬身大海，或客死异国他乡。但威尼斯是个中央集权的国家，对它的臣民有磁石般的吸引力。困守亚历山大港聚居区的商人，观察着蒙古草原的领事，划着桨的桨手——对于所有人来说，这座城市显得如此突出。他们归心似箭——船终于再次驶经利多，感受着大海不同的悸动，看那熟悉的天际线上，一抹苍白缥缈的光明冉冉升起。

在码头上，人们或随意或专注地望着迫近的船只。在船首的水手离岸足够近、可以呼喊之前，岸上的人们焦急地竖起耳朵，心急如焚、惴惴不安地等待喜讯或是噩耗——是某人的丈夫或儿子葬身大海，还是某笔买卖大获成功；是哀恸，还是喜悦。登陆的一刻交织了一切悲欢离合。人们带回的既有黄金和香料，也有瘟疫和悲伤。败军之将身披枷锁而来，迎接凯旋之师的则是号角与礼炮，缴获的敌国军旗被拖在水中，圣马可的旗帜随风飘扬。奥德拉弗·法列罗①走下甲板时带来了圣司提反②的遗骨。皮萨尼的遗体被保存在食盐之中带回国。安东尼奥·格里马尼背负着宗奇奥之战的羞辱生存了下来，最终成为一位执政官；间谍格里蒂后来也登上执政官宝座。马可·波罗瞪圆了眼睛推开自家大门，就像尤利西斯回家一样，没人能认出他来。费利克斯·法布里在1480年跟随着一艘香料商船回来了，因为严寒，途中必须用桨敲碎运河中的坚冰。他在圣诞节之后的夜里到达威尼斯。那天夜空晴朗明亮，从甲板上眺望，白雪皑皑的多洛米蒂山脉的峰峦在巨大的月亮下忽隐忽现。那夜无人入睡。黎明来到时，乘客可以看到阳光下闪闪发光的钟楼金顶，在屋顶的加百列天使像正在欢迎他们回家。威尼斯的所有大钟都为船队的回归敲响。船只被横幅和旗帜装饰着；桨手们开始唱歌，并按照习俗，把自己被盐和风暴腐蚀的旧衣服扔到船舷外。"然后我们支付了旅费和小费，"法布里写道，

---

① 奥德拉弗·法列罗（卒于1117），威尼斯第三十四任执政官。他执政时从匈牙利手中夺回了扎拉和希贝尼克，还远征叙利亚，掳掠大量圣物。他建立了后世的兵工厂的核心部分。最后他在扎拉与匈牙利人交战时阵亡。

② 圣司提反是基督教会首位殉道者。

　　打赏了照顾过我们的仆役，向桨帆船上的每个人——无论是贵族和仆人——都说了再见，我们把所有行李搬进一艘小船，自己也爬了上去……虽然我们很高兴终于从这令人不安的监狱里解放了出来，但因为我们和桨手以及其他人在长久航行中培养的情谊，我们的欢乐中夹杂着些许悲伤。[1]

引文来源与参考文献

The bibliography contains all the sources quoted in the book. The sources for the quotations can be found at www.faber.co.uk/work/cityoffortune under the resources section.

ORIGINAL SOURCES

Andrea, Alfred J., *Contemporary Sources for the Fourth Crusade*, Leiden, 2008

Angiolello, Giovan-Maria, *Memoir*, trans. Pierre A. Mackay, at http://angiolello.net, 2006

Barbara, Josafa and Contarini, Ambrogio, *Travels to Tana and Persia*, trans. William Thomas, London, 1873

Barbaro, Nicolo, *Giornale dell'assedio di Costantinopoli 1453*, ed. E. Cornet, Vienna, 1856; (in English) *Diary of the Siege of Constantinople 1453*, trans. J. R. Melville Jones, New York, 1969

Canal, Martino da, *Les Estoires de Venise*, Florence, 1972

Casati, Luigi, *La guerra di Chioggia e la pace di Torino, saggio storico con documenti inediti*, Florence, 1866

Casola, Pietro, *Canon Pietro Casola's Pilgrimage to Jerusalem in the Year 1494*, ed. and trans. M. Margaret Newett, Manchester, 1907

Cassiodorus, *Variaum libri XII*, Letter 24, at www.documentacatholicaomnia.eu, 2006

Chinazzi, Daniele, *Cronaca della guerra di Chioggia*, Milan, 1864

Choniates, Niketas, *Imperii Graeci Historia*, Geneva, 1593; (in English) *O City of Byzantium, Annals of Niketas Choniates*, trans. Harry J. Magoulias, Detroit, 1984

Clari, Robert de, *La Conquête de Constantinople*, trans. Pierre Charlot, Paris, 1939; (in English) *The Conquest of Constantinople*, trans. Edgar Holmes McNeal, New York, 1966

463

Commynes, Philippe de, *The Memoirs of Philippe de Commines*, trans Andrew Scoble, vol. 1, London, 1855

Comnena, Anna, *The Alexiad of Anna Comnena*, trans. E. R. A. Sewter, London, 1969

Dandolo, Andrea, *Chronica per Extensum Descripta*, *Rivista Storica Italiana*, vol. 12, part 1, Bologna, 1923

De Caresinis, Raphaynus, *Raphayni de Caresinis Chronica 1343–1388*, *Rerum Italicarum Scriptores*, vol. 12, part 2, Bologna, 1923

De Monacis, Laurentius (Lorenzo), *Chronicon de Rebus Venetis*, ed. F. Cornelius, Venice, 1758

De' Mussi, Gabriele, 'La peste dell' anno 1348', ed. and trans. A.G. Tononi, *Giornale Ligustico de Archeologia, Storia e Letteratura*, vol. 11, Genoa, 1884

Délibérations des assemblées Vénitiennes concernant la Romanie, 2 vols, ed. and trans. F. Thiriet, Paris, 1971

Die Register Innocenz' III, ed O. Hageneder and A. Haidacher, vol. 1, Graz, 1964

Dotson, John E., *Merchant Culture in Fourteenth Century Venice: the Zibaldone da Canal*, New York, 1994

Fabri, Felix, *The Book of the Wanderings of Brother Felix Fabri*, trans. A. Stewart, vol. 1, London, 1892

Gatari, Galeazzo e Bartolomeo, *Cronaca Carrarese: 1318–1407*, *Rerum Italicarum Scriptores*, vol. 17, part 1, Bologna, 1909

Gunther of Pairis, *The Capture of Constantinople: The Hystoria Constantinopolitana of Gunther of Paris*, by Alfred J. Andrea, Philadelphia, 1997

Ibn Battuta, *The Travels of Ibn Battuta, AD 1325–54*, trans H. A. R. Gibb, vol. 1, London, 1986

Katip Çelebi, *The History of the Maritime Wars of the Turks*, trans. J. Mitchell, London, 1831 Kinnamos, John, *Deeds of John and Manuel Comnenus*, trans. Charles M. Brand, New York, 1976

Locatelli, Antonio, *Memorie che possono servire alla vita di Vettor Pisani*, Venice, 1767

Machiavelli, Niccolò, *The Prince*, trans. W. K. Marriott, London, 1958

Malipiero, D., 'Annali veneti, 1457–1500', ed. T. Gar and A. Sagredo, *Archivio Storico Italiano*, vol. 7, Florence, 1843

Mehmed II the Conqueror and the Fall of the Franco-Byzantine Levant to the Ottoman Turks: some Western Views and Testimonies, ed. and trans. Marios Philippides, Tempe, 2007

Pagani, Zaccaria, 'La Relation de l'ambassade de Domenico Trevisan auprès du Soudan d'Égypte', in *Le Voyage d'Outre-mer (Égypte, Mont Sinay, Palestine) de Jean Thenaud: Suivi de la relation de l'ambassade de Domenico Trevisan auprès du Soudan d'Égypte*, Paris, 1884

Patrologia Latina, ed. J. P. Migne, vols. 214–215, Paris, 1849–55

Pegolotti, Francesco, *La practica della mercatura*, ed. Allan Evans, New York, 1970

Pertusi, Agostino, *La caduta di Costantinopoli*, 2 vols, Milan, 1976

Petrarca, Francesco, *Epistole di Francesco Petrarca*, ed. Ugo Dotti, Turin, 1978

—, *Lettere senile di Francesco Petrarca*, vol. 1, trans. Giuseppe Francassetti, Florence, 1869

Pokorny, R., ed., 'Zwei unedierte Briefe aus der Frühzeit des Lateinischen Kaiserreichs von Konstantinopel', *Byzantion*, vol. 55, 1985

Polo, Marco, *The Travels*, trans. Ronald Latham, London, 1958

Priuli, G., 'I diarii', ed. A. Segre, *Rerum Italicarum Scriptores*, vol. 24, part 3, 2 vols, Bologna, 1921

Raccolta degli storici italiani dal cinquecento al millecinquecento, in *Rerum Italicarum Scriptores*, new edition, 35 vols, ed. L. A. Muratori, Bologna, 1904–42

Régestes des délibérations du sénat de Venise concernant la Romanie, 3 vols, ed. and trans. F. Thiriet, Paris, 1961

Rizzardo, Giacomo, *La presa di Negroponte fatta dai Turchi ai Veneziani*, Venice, 1844

Sanudo (or Sanuto), Marino, *I diarii di Marino Sanuto*, 58 vols, Venice 1879–1903

—, *Venice, Città Excelentissima: Selections from the Renaissance Diaries of Marin Sanudo*, ed. and trans. Patricia H. Labalme, Laura Sanguineti White and Linda L. Carroll, Baltimore, 2008

Stella, Georgius et Iohannus, 'Annales Genuenses', *Rerum Italicarum Scriptores*, vol. 17, part 2, Bologna, 1975

Tafur, Pero, *Travels and Adventures, 1435–1439*, ed. and trans. Malcolm Letts, London, 1926

Villehardouin, Geoffroi de, *La Conquête de Constantinople*, trans. Émile Bouchet, Paris, 1891; (in English) Geoffrey of Villehardouin, *Chronicles of the Crusades*, trans. Caroline Smith, London, 2008

William, Archbishop of Tyre, *A History of Deeds done beyond the Sea*, vol. 1, trans. Emily Atwater Babcock, New York, 1943

MODERN WORKS

Angold, Michael, *The Fourth Crusade: Event and Context*, Harlow, 2003

Antoniadis, Sophia, 'Le récit du combat naval de Gallipoli chez Zancaruolo en comparison avec le texte d'Antoine Morosini et les historiens grecs du XVe siècle' in *Venezia e l'Oriente fra tardo Medioevo e Rinascimento*, ed . A. Pertusi, Rome, 1966

Arbel, B., 'Colonie d'oltremare', *Storia di Venezia*, vol. 5, Rome, 1996

Ascherson, Neal, *Black Sea*, London, 1995

Ashtor, Eliyahu, 'L'Apogée du commerce Vénitien au Levant: un nouvel essai d'explication', in *Venezia, centro di mediazione tra Oriente e Occidente (secoli XV–XVI): aspetti e problemi*, vol. 1

——, *Levant Trade in the Later Middle Ages*, Princeton, 1983

Babinger, Franz, *Mehmet the Conqueror and his Time*, Princeton, 1978

Balard, M., 'La lotta contro Genova', *Storia di Venezia*, vol. 3, Rome, 1997

Berindei, Mihnea and O'Riordan, Giustiniana Migliardi, 'Venise et la horde d'Or, fin XIIIe–début XIVe siècle', *Cahiers du Monde Russe*, vol. 29, 1988

Borsari, Silvano, 'I Veneziani delle colonie', *Storia di Venezia*, vol. 3, Rome, 1997

Brand, Charles, M., *Byzantium Confronts the West 1180–1204*, Cambridge, 1968

Bratianu, Georges I., *La Mer Noire: des origines à la conquête Ottomane*, Munich, 1969

Brown, Horatio F., 'The Venetians and the Venetian Quarter in Constantinople to the Close of the Twelfth Century', *Journal of Hellenic Studies*, vol. 40, 1920

Brown, Patricia Fortini, *Venetian Narrative Painting in the Age of Carpaccio*, New Haven, 1988

Buonsanti, Michele and Galla, Alberta, *Candia Venezia: Venetian Itineraries Through Crete*, Heraklion, (undated)

Campbell, Caroline and Chong, Alan (eds), *Bellini and the East*, London, 2006

Cessi, R., *La repubblica di Venezia e il problema adriatico*, Naples, 1953

——, *Storia della repubblica di Venezia*, vols 1 and 2, Milan, 1968

Cessi, R. and Alberti, A., *Rialto: l'isola, il ponte, il mercato*, Bologna, 1934

Chareyron, Nicole, *Pilgrims to Jerusalem in the Middle Ages*, trans. W. Donald Wilson, New York, 2005

Ciggaar, Krijnie, *Western Travellers to Constantinople*, London, 1996

Clot, André, *Mehmed II, le conquérant de Byzance*, Paris, 1990

Coco, Carla, *Venezia levantina*, Venice, 1993

Constable, Olivia Remie, *Housing the Stranger in the Mediterranean World: Lodging, Trade, and Travel in Late Antiquity and the Middle Ages*, Cambridge, 2004

Crouzet-Pavan, Elisabeth, *Venice Triumphant: the Horizons of a Myth*, trans. Lydia G. Cochrane, Baltimore, 1999

Crowley, Roger, *Constantinople: The Last Great Siege*, London, 2005

Curatola, Giovanni, 'Venetian Merchants and Travellers', *Alexandria, Real and Imagined*, ed. Anthony Hirst and Michael Silk, Aldershot, 2004

Davis, James C., 'Shipping and Spying in the Early Career of a Venetian Doge, 1496–1502', *Studi veneziani*, vol. 16, 1974

Detorakis, Theocharis E., *History of Crete*, trans. John C. Davis, Heraklion, 1994

Dotson, John, 'Fleet Operations in the First Genoese–Venetian war, 1264–1266', *Viator: Medieval and Renaissance Studies*, vol. 30, 1999

—, 'Foundations of Venetian Naval Strategy from Pietro II Orseolo to the Battle of Zonchio', *Viator: Medieval and Renaissance Studies*, vol. 32, 2001

—, 'Venice, Genoa and Control of the Seas in the Thirteenth and Fourteenth Centuries', in *War at Sea in the Middle Ages and the Renaissance*, ed. John B. Hattendorf and Richard W. Unger, Woodbridge, 2003

Doumerc, B., 'An Exemplary Maritime Republic: Venice at the End of the Middle Ages', in *War at Sea in the Middle Ages and the Renaissance*, ed. John B. Hattendorf and Richard W. Unger, Woodbridge, 2003

—, 'De l'Incompétence à la trahison: les commandants de galères Vénitiens face aux Turcs (1499–1500)', *Felonie, Trahison, Reniements aux Moyen Age*, Montpellier, 1997

—, 'Il dominio del mare', *Storia di Venezia*, vol. 4, Rome, 1996

—, 'La difesa dell'impero', *Storia di Venezia*, vol. 3, Rome, 1997

Duby, Georges and Lobrichon, Guy, *History of Venice in Painting*, New York, 2007

Dursteler, Eric R., 'The Bailo in Constantinople; Crisis and Career in

Venice's Early Modern Diplomatic Corps', *Mediterranean Historical Review*, vol. 16, no. 2, 2001

Epstein, Steven, A., *Genoa and the Genoese, 958–1528*, Chapel Hill, 1996

Fabris, Antonio, 'From Adrianople to Constantinople: Venetian–Ottoman Diplomatic Missions, 1360–1453', *Mediterranean Historical Review*, vol. 7, no. 2, 1992

Fenlon, Iain, *Piazza San Marco*, Boston, 2009

Forbes-Boyd, Eric, *Aegean Quest*, London, 1970

Freedman, Paul, *Out of the East: Spices and the Medieval Imagination*, New Haven, 2008

Freely, John, *The Bosphorus*, Istanbul, 1993

Freeman, Charles, *The Horses of St Mark's*, London, 2004

Geary, Patrick J., *Furta Sacra: Theft of Relics in the Central Middle Ages*, Princeton, 1978

Georgopoulou, Maria, *Venice's Mediterranean Colonies: Architecture and Urbanism*, Cambridge, 2001

Gertwagen, Ruthy, 'The Contribution of Venice's colonies to its Naval Warfare in the Eastern Mediterranean in the Fifteenth Century', at www.storiamediterranea.it (undated)

Gill, Joseph, 'Franks, Venetians and Pope Innocent III 1201–1203', *Studi veneziani*, vol. 12, Florence, 1971

Goy, Richard, *Chioggia and the Villages of the Lagoon*, Cambridge, 1985

Gullino, G., 'Le frontiere navali', *Storia di Venezia*, vol. 4, Rome, 1996

Hale, J. R., ed., *Renaissance Venice*, London, 1973

Hall, Richard, *Empires of the Monsoon: a History of the Indian Ocean and its Invaders*, London, 1996

Harris, Jonathan, *Byzantium and the Crusades*, London, 2003

Hazlitt, William Carew, *The History of the Origin and Rise of the Republic of Venice*, 2 vols, London, 1858

Heyd, W., *Histoire du commerce du Levant au Moyen-Age*, 2 vols, Leipzig, 1936

Hodgkinson, Harry, *The Adriatic Sea*, London, 1955

Hodgson, F. C., *The Early History of Venice: from the Foundation to the Conquest of Constantinople*, London, 1901

—, *Venice in the Thirteenth and Fourteenth centuries, 1204–1400*, London, 1910

Horrox, R., *The Black Death*, Manchester, 1994

Howard, Deborah, *The Architectural History of Venice*, New Haven, 2002

—, *Venice and the East*, London, 2000

—, 'Venice as a Dolphin: Further Investigation into Jacopo de' Barbari's View', *Artibus et Historiae*, vol. 35, 1997

Imber, Colin, *The Ottoman Empire 1300–1600: the Structure of Power*, Basingstoke, 2002

Karpov, Sergei P., 'Génois et Byzantins face à la crise de Tana 1343, d'après les documents d'archives inédits', *Byzantinische Forschungen*, vol. 22, 1996

—, *La navigazione veneziana nel Mar Nero XIII–XV secoli*, Ravenna, 2000

—, 'Venezia e Genova: rivalita e collaborazione a Trebisonda e Tana. Secoli XIII–XV', *Genova, Venezia, il Levante nei secoli XII–XIV*, ed. Gherardo Ortali and Dino Puncuk, Venice, 2001

Katele, Irene B., 'Piracy and the Venetian State: the Dilemma of Maritime Defense in the Fourteenth Century', *Speculum*, vol. 63, no. 4, 1988

Keay, John, *The Spice Trade*, London, 2006

Kedar, Benjamin, *Merchants in Crisis: Genoese and Venetian Men of Affairs and the Fourteenth-century Depression*, New Haven, 1976

King, Charles, *The Black Sea: A History*, Oxford, 2005

Krekic, B., 'Venezia e l'Adriatico', in *Storia di Venezia*, vol. 3, Rome, 1997

Lamma, P., 'Venezia nel giudizio delle fonti Bizantine dal X al XII secolo', *Rivista Storica Italiana*, vol. 74, 1960

Lane, Frederic C., *Andrea Barbarigo, Merchant of Venice 1418–1449*, Baltimore, 1944

—, 'Naval Actions and Fleet Organization, 1499–1502', *Renaissance Venice*, ed. J. R. Hale, London, 1973

—, *Venetian Ships and Shipbuilders of the Renaissance*, Baltimore, 1934

—, *Venice and History*, Baltimore, 1966

—, *Venice: A Maritime Republic*, Baltimore, 1973

Lazzarini, Vittorio, 'Aneddoti della vita di Vettor Pisani', *Archivio Veneto*, series 5, 1945

Lock, Peter, *The Franks in the Aegean: 1204–1500*, London, 1995

Lunde, Paul, 'The Coming of the Portuguese', *Saudi Aramco World*, vol. 56, no. 4

—, 'Monsoons, Mude and Gold', *Saudi Aramco World*, vol. 56, no. 4

Luzzatto, G., *Storia economica di Venezia dall'XI al XVI secolo*, Venice, 1961

MacKay, Pierre A., 'Notes on the sources. The Manuscript, Contemporary Sources, Maps and Views of Negroponte', at http://angiolello.net, 2006

Mackintosh-Smith, Tim, *Travels with a Tangerine*, London, 2002

Madden, T., *Enrico Dandolo and the Rise of Venice*, Baltimore, 2003

—, 'The Fires of the Fourth Crusade in Constantinople, 1203–1204: a Damage Assessment', *Byzantinische Zeitschrift* 84/85, 1992

—, 'Venice and Constantinople in 1171 and 1172: Enrico Dandolo's Attitude towards Byzantium', *Mediterranean Historical Review*, vol. 8, 1993

Madden, T. and Queller, Donald E., 'Some Further Arguments in Defense of the Venetians on the Fourth Crusade', *Byzantion*, vol. 62, 1992

Martin, Lillian Ray, *The Art and Archaeology of Venetian Ships and Boats*, London, 2001

Martin, Michael Edward, *The Venetians in the Black Sea 1204–1453*, PhD thesis, University of Birmingham, 1989

McKee, Sally, 'The Revolt of St Tito in Fourteenth-century Venetian Crete: a Reassessment', *Mediterranean Historical Review*, vol. 9, no. 2, Dec. 1994

—, *Uncommon Dominion: Venetian Crete and the Myth of Ethnic Purity*, Philadelphia, 2000

McNeill, William H., *Venice: the Hinge of Europe, 1081–1797*, Chicago, 1974

Meserve, Margaret, 'News from Negroponte: Politics, Popular Opinion, and Information Exchange in the First Decade of the Italian Press', *Renaissance Quarterly*, vol. 59, no. 2, Summer 2006

Miller, William, *Essays on the Latin Orient*, Cambridge, 1921

——, *Latins in the Levant: a History of Frankish Greece: 1204–1566*, Cambridge, 1908

Mollat, Michel, Braunstein, Philippe and Hocquet, Jean Claude, 'Reflexions sur l'expansion Vénitienne en Méditerranée', *Venezia e il Levante fino al secolo XV*, vol. 1, Florence, 1974

Morris, Jan, *The Venetian Empire: A Sea Voyage*, London, 1990

Muir, Edward, *Civic Ritual in Renaissance Venice*, Princeton, 1981

Nicol, Donald M., *Byzantium and Venice: A Study in Diplomatic and Cultural Relations*, Cambridge, 1992

Norwich, John Julius, *Byzantium*, vols 2 and 3, London, 1991 and 1995

—, *A History of Venice*, London, 1982

Nystazupoulou Pelekidis, Marie, 'Venise et la Mer Noire du XIe au XVe siècle', *Venezia e il Levante fino al secolo XV*, Florence, 1974

O'Connell, Monique, *Men of Empire: Power and Negotiation in Venice's Maritime State*, Baltimore, 2009

Papacostea, Şerban, 'Quod non iretur ad Tanam: un aspect fondamental de la politique génoise dans la Mer Noire au XIVe siècle', *Revue des études Sud-est Européennes*, vol. 17, no. 2, 1979

Phillips, Jonathan, *The Fourth Crusade and the Sack of Constantinople*, London, 2004

Prawer, Joshua, *The Latin Kingdom of Jerusalem: European Colonialism in the Middle Ages*, London, 1972

Prescott, H. F. M., *Jerusalem Journey: Pilgrimage to the Holy Land in the Fifteenth Century*, London, 1954

—, *Once to Sinai: the Further Pilgrimage of Friar Felix Fabri*, London, 1957

Quarta Crociata: Venezia, Bisanzio, Impero Latino, ed. Gherardo Ortalli, Giorgio Ravegnani and Peter Schreiner, Venice, 2004

Queller, Donald E., and Madden, Thomas F., *The Fourth Crusade: the Conquest of Constantinople*, Philadelphia, 1997

Romanin, S., *Storia documentata di Venezia*, 10 vols, Venice, 1912–21

Rose, Susan, 'Venetians, Genoese and Turks: the Mediterranean 1300–1500', at http://ottomanmilitary.devhub.com, 2010

Runciman, Steven, *A History of the Crusades*, 3 vols, London, 1990

Schlumberger, Gustave, *La Prise de Saint-Jean-D'Acre en l'an 1291 par l'armée du Soudan d'Égypte*, Paris, 1914

Setton, Kenneth M., *The Papacy and the Levant (1204–1571)*, vol. 2, Philadelphia, 1978

—, 'Saint George's Head,' *Speculum*, vol. 48, no. 1, 1973

Sorbelli, Albano, 'La lotta tra Genova e Venezia per il dominio del Mediterraneo 1350–1355', *Memorie delle Reale Accademia della Scienza dell'Instituto di Bologna*, series 1, vol. 5, Bologna, 1910–11

Spufford, Peter, *Power and Profit: the Merchant in Medieval Europe*, London, 2003

Stöckly, Doris, *La Système de l'incanto des galées du marché à Venise*, Leiden, 1995

Storia di Venezia, 12 vols, Rome, 1991–7

Tadic, J., 'Venezia e la costa orientale dell'Adriatico fino al secolo XV', *Venezia e il Levante fino al secolo XV*, vol. 1

Tenenti, Alberto, 'Il senso del mare', *Storia di Venezia*, vol. 12, Rome, 1991

—, 'Le temporali calamità', in *Storia di Venezia*, vol. 3, Rome, 1997

—, 'The Sense of Space and Time in the Venetian World of the Fifteenth and Sixteenth Centuries', *Renaissance Venice*, ed. J. R. Hale, London, 1973

—, 'Venezia e la pirateria nel Levante: 1300–1460', *Venezia e il Levante fino al secolo XV*, vol. 1

Thiriet, F., *La Romanie vénitienne au moyen age*, Paris, 1959

—, 'Venise et l'occupation de Ténédos au XIVe siècle', *Mélanges d'archéologie et d'histoire*, vol. 65, no. 1, 1953

Thubron, Colin, *The Seafarers: Venetians*, London, 2004

Tucci, Ugo, 'La spedizione marittima', *Venezia, Bisanzio, Impero Latino*, ed. Gherardo Ortalli, Giorgio Ravegnani and Peter Schreiner, Venice, 2006

—, 'Tra Venezia e mondo turco: i mercanti', *Venezia e i Turchi, Scontri e confronti di due civiltà*, ed. Anna Della Valle, Milan, 1985

Venezia, centro di mediazione tra Oriente e Occidente, secoli XV–XVI: aspetti e problemi, 2 vols, ed. Hans-Georg Beck, Manoussos Manoussacas and Agostino Pertusi, Florence, 1977

Venezia e il Levante fino al secolo XV, 2 vols, ed. Agostino Pertusi, Florence, 1973–4

Venezia e I Turchi: Scontri e Confronti di Due Civilita, ed. A. Tenenti, Milan, 1985

Venice and the Islam World, 828–1797, ed. Stefano Carboni, New York, 2007

Verlinden, Charles, 'Venezia e il commercio degli schiavi provenienti dalle coste orientali del Mediterraneo', *Venezia e il Levante fino al secolo XV*, vol. 1

Wolff, Anne, 'Merchants, Pilgrims, Naturalists: Alexandria through European Eyes from the Fourteenth to the Sixteenth Century', *Alexandria, Real and Imagined*, ed. Anthony Hirst and Michael Silk, Aldershot, 2004

Zanon, Luigi Gigio, *La galea veneziana*, Venice, 2004

鸣　谢

感谢 Julian Loose 及 Faber 出版社团队对本书的大力支持，尤其是为本书倾力付出、确保结果尽善尽美的 Kate Ward 及我的代理人 Andrew Lownie。感谢 Ron Morton 及 Jim Green 的仔细审读和意见，他们的帮助价值极大。Stephen Scoffham 更是提醒了我，马六甲曾一度扼住威尼斯的咽喉。谢谢 Ron 和 Rita Morton 在我游历威尼斯海洋帝国时帮助我在雅典安顿，还有 Jan 更是对我这本书的完成付出了许多。

我愿借此向以下作者及出版社表达我由衷的谢意，感谢他们允许我使用他们作品中的材料：

Dr Pierre A. MacKay 发表在 www. angiolello. net 的 *The Memoir of Giovan—Maria Angiolello*。

Alfred J. Andrea 的 *Contemporary Sources for the Fourth Crusade*（2008 年出版）中 Brill 的文章节选。

引文注解

序幕: 起航

[1] Petrarca (1869), pp. 110–11   [3] Howard (2000), p. 15
[2] Prescott (1954), p. 56   [4] Petrarca (1869), p. 111

第一部　机遇: 商人十字军

1.达尔马提亚领主

[1] Mackintosh-Smith, p. 126   [9] Comnena, p. 132
[2] Cassiodorus, Letter 24   [10] Dandolo, p. 225
[3] Hodgson (1910), p. 338   [11] Lamma, pp. 477–8
[4] Howard (2000), p. 15   [12] Nicol, vi
[5] Hodgson (1901), p. 169   [13] Lamma, p. 479
[6] ibid., pp. 176–7   [14] Ciggaar, p. 235
[7] ibid., p. 178   [15] Angold, p. 45
[8] Norwich (1982), p. 55

2.失明的执政官

[1] *Die Register Innocenz' III*, pp. 499–501

[2] *Patrologia Latina*, vol 214, col. 493

[3] Madden (2003), p. 118

[4] Pokorny, p. 209

[5] Madden (2003), p. 118

[6] Niketas Choniates (1593), p. 585

[7] Madden (2003), p. 65

[8] ibid., p. 64

[9] ibid., p. 96

[10] Villehardouin (1891), p. 15

[11] ibid., p. 13

[12] ibid., pp. 17–19

[13] ibid., p. 9

[14] Villehardouin (2008), p. 10

[15] Villehardouin (1891), p. 19

[16] ibid., p. 21

[17] ibid.

[18] ibid., p. 23

[19] ibid.

[20] Romanin, vol. 2, pp. 36–7

[21] Villehardouin (1891), p. 21

[22] ibid., p. 23

[23] Phillips, p. 67

[24] ibid., p. 71

3.三万四千马克

[1] Villehardouin (1891), p. 41

[2] ibid.

[3] ibid., p. 35

[4] ibid., p. 39

[5] Clari (1939), p. 16

[6] Villehardouin (1891), p. 41

[7] Clari (1939), p. 19

[8] ibid.

[9] Andrea, p. 214

[10] ibid., p. 208

[11] ibid., p. 214

[12] Villehardouin (1891), p. 43

[13] Clari (1939), p. 20

[14] ibid., pp. 20–1

[15] ibid., pp. 21–2

[16] Villehardouin (1891), pp. 45–47

[17] ibid., p. 47

[18] ibid.

[19] ibid.

[20] ibid.

[21] ibid., p. 45

[22] Phillips, p. 111

[23] Andrea, p. 96

[24] Villehardouin (2008), p. 177

[25] Villehardouin (1891), p. 51

[26] Clari (1939), p. 24

[27] ibid., p. 23

[28] ibid., p. 24

[29] ibid., pp. 23–24

4."狗转过来吃它所吐的"

[1] Andrea, pp. 214-215

[2] ibid., p. 97

[3] Villehardouin (1891), p. 55

[4] ibid., p. 57

[5] ibid.

[6] Clari (1939), p. 27

[7] Villehardouin (1891), p. 57

[8] Andrea, p. 215

[9] ibid.

[10] Villehardouin (1891), p. 59

[11] Andrea, p. 41

[12] ibid.

[13] *Patrologia Latina*, vol 214, cols. 1178-1179

[14] Andrea, p. 44

[15] Villehardouin (1891), p. 63

[16] ibid.

[17] *Patrologia Latina*, vol 214, col. 1123
[18] Villehardouin (1891), p. 63
[19] ibid., p. 65
[20] Phillips, p. 131
[21] ibid., p. 132
[22] Villehardouin (1891), p. 67
[23] Andrea, p. 216
[24] Villehardouin (1891), p. 67
[25] Andrea, p. 59
[26] ibid., p. 253
[27] ibid.
[28] Clari (1939), p. 66
[29] Pokorny, p. 204
[30] ibid.
[31] Clari (1939), pp. 67–8
[32] Villehardouin (1891), p. 77
[33] Villehardouin (1891), p. 79
[34] ibid., pp. 79–81
[35] Andrea, p. 63
[36] ibid., p. 62
[37] ibid., p. 64
[38] ibid., p. 69
[39] ibid., p. 70

5.兵临城下

[1] Niketas Choniates (1593), p. 582
[2] Niketas Choniates (1984), p. 294
[3] Niketas Choniates (1593), p. 584
[4] ibid., p. 588
[5] Andrea, p. 285
[6] Villehardouin (1891), p. 85
[7] Villehardouin (1891), pp. 85–7
[8] ibid., p. 95
[9] ibid.
[10] Villehardouin (1891), p. 97
[11] Clari (1939), p. 67
[12] Pokorny, p. 205
[13] Villehardouin (1891), p. 97
[14] Niketas Choniates (1593), p. 587
[15] Villehardouin (1891), p. 101
[16] Clari (1939), p. 93
[17] ibid.
[18] Phillips, p. 182
[19] Pokorny, p. 205
[20] Villehardouin (1891), p. 105
[21] ibid., p. 107
[22] Pokorny, p. 206
[23] Villehardouin (1891), p. 109–11
[24] Crowley, p. 81
[25] Villehardouin (1891), p. 109
[26] ibid.
[27] Pokorny, p. 203
[28] Clari (1939), p. 64
[29] Villehardouin (1891), p. 109
[30] ibid., p. 115
[31] ibid.
[32] ibid.
[33] ibid., p. 113
[34] ibid.
[35] ibid., p. 115
[36] ibid.
[37] Niketas Choniates (1593), p. 591
[38] ibid., p. 592
[39] ibid.
[40] ibid.
[41] ibid., p. 593
[42] Villehardouin (1891), p. 66
[43] Clari (1939), pp. 104–5
[44] Villehardouin (1891), p. 119
[45] ibid., p. 121
[46] Clari (1939), p. 109
[47] ibid.
[48] Niketas Choniates (1593), p. 593
[49] Villehardouin (1891), p. 121
[50] Niketas Choniates (1593), p. 593
[51] Villehardouin (1891), p. 121
[52] ibid., p. 125

[53] Niketas Choniates (1593), p. 597

[54] Villehardouin (1891), p. 127

[55] Pokorny, p. 209

[56] ibid.

[57] Niketas Choniates (1984), p. 312

[58] Villehardouin (1891), p. 131

[59] Niketas Choniates (1593), p. 598

[60] ibid., p. 603

[61] Villehardouin (1891), pp. 133–5

[62] ibid., p. 226

[63] Niketas Choniates (1984), p. 306

6.四位皇帝

[1] Niketas Choniates (1984), p. 302

[2] Niketas Choniates (1593), p. 600

[3] ibid., pp. 600–1

[4] Villehardouin (1891), p. 139

[5] Niketas Choniates (1593), pp. 600–2

[6] Niketas Choniates (1593), p. 602

[7] Niketas Choniates (1984), p. 304

[8] Niketas Choniates (1593), p. 602

[9] Villehardouin (1891), p. 141

[10] Madden (1992), p. 77

[11] Villehardouin (1891), p. 143

[12] Niketas Choniates (1984), p. 305

[13] Niketas Choniates (1593), p. 605

[14] Niketas Choniates (1984), p. 305

[15] Niketas Choniates (1593) p. 607

[16] ibid.

[17] ibid., p. 608

[18] Clari (1939), p. 128

[19] Villehardouin (1891), p. 143

[20] ibid., p. 145

[21] ibid.

[22] ibid.

[23] ibid.

[24] Clari (1939), p. 130

[25] ibid., p. 131

[26] Villehardouin (1891), pp. 147–149

[27] ibid., p. 149

[28] ibid.

[29] ibid.

[30] Niketas Choniates (1593), p. 608

[31] ibid.

[32] ibid.

[33] ibid.

[34] Niketas Choniates (1984), p. 307

[35] ibid.

[36] Phillips, p. 308

[37] Niketas Choniates (1593), p. 602

[38] ibid.

[39] Andrea, p. 302

[40] ibid.

[41] Clari (1939), p. 132

[42] ibid., p. 147

[43] Andrea, p. 103

[44] Niketas Choniates (1593), p. 615

[45] ibid.

[46] ibid.

[47] Andrea, p. 105

[48] Niketas Choniates (1984), p. 309

[49] Clari (1939), p. 135

[50] ibid.

[51] Andrea, p. 234

[52] Queller, p. 174

[53] Villehardouin (1891), p. 153

[54] ibid.

7. "地狱的造孽"

[1] Clari (1939), p. 150

[2] Villehardouin (1891), p. 159

[3] Clari (1939), p. 149

[4] Niketas Choniates (1984), p. 312

[5] Andrea, p. 103

[6] Clari (1939), p. 151

[7] ibid., p. 152

[8] ibid., p. 153

[9] Villehardouin (1891), p. 163

[10] Clari (1939), p. 155

[11] Villehardouin (1891), p. 165

[12] Clari (1939), p. 157

[13] ibid.

[14] ibid., p. 163

[15] ibid., pp. 164-5

[16] ibid., p. 166

[17] Niketas Choniates (1984), p. 313

[18] Clari (1939), p. 167

[19] Villehardouin (1891), p. 167

[20] ibid.

[21] Niketas Choniates (1593), p. 618

[22] ibid., p. 619

[23] ibid.

[24] ibid.

[25] ibid.

[26] ibid., p. 620

[27] Villehardouin (1891), p. 171

[28] Niketas Choniates (1593), p. 620

[29] ibid.

[30] ibid., pp. 624-5

[31] ibid., p. 620

[32] Clari (1939), pp. 194-5

[33] ibid., p. 181

[34] Brand, p. 269

[35] Clari (1939), p. 183

[36] Niketas Choniates (1593), p. 621

[37] Clari (1966), p. 106

[38] Brand, p. 269

[39] Niketas Choniates (1593), p. 621

[40] Phillips, p. 201

[41] Niketas Choniates (1984), p. 357

[42] Brand, p. 269

[43] Niketas Choniates (1593), p. 622

[44] ibid.

[45] Niketas Choniates (1984), p. 315

[46] Niketas Choniates (1593), p. 624

[47] Brand, p. 268

[48] Niketas Choniates (1593), p. 635

[49] ibid., p. 636

[50] ibid., p. 637

[51] ibid., p. 638

[52] ibid., p. 637

[53] ibid., p. 638

[54] ibid.

[55] ibid., p. 640

[56] ibid., p. 642

[57] ibid., p. 642

[58] ibid.

[59] ibid.

[60] Niketas Choniates (1984), p. 348

[61] ibid., p. 353

[62] Phillips, p. 268

[63] Clari, p. 226

[64] Villehardouin (2008), p. 97

[65] Madden (2003), p. 179

[66] Andrea, p. 166

第二部 崛起：海洋的君主

8.八分之三个罗马帝国

[1] Thiriet (1959), p. 250

[2] Casola, p. 192

[3] Miller (1908), p. 40

[4] Casola, p. 380

[5] McKee (1994), p. 180

[6] *Titus 1:12*

[7] Hodgson (1910), p. 237

[8] *Régestes des délibérations du sénat*, vol. 1, p. 145

[9] Thiriet (1959), p.145

[10] *Régestes des délibérations du sénat*, vol. 1, p. 145

[11] Romanin, vol. 2, p. 281

[12] Norwich (1982), p. 55

9.需求和供给

[1] Kedar, p. 9

[2] ibid., p. 10

[3] Epstein, p. 166

[4] Canal, p. 165

[5] ibid., pp. 166–7

[6] ibid., p. 171

[7] ibid., p. 173

[8] ibid.

[9] ibid.

[10] ibid., p.175

[11] Fenlon, p. 53

10. "在敌人的血盆大口中"

[1] Freely, p. 1

[2] Tafur, p.135

[3] Ascherson, p. 54

[4] Tafur, p. 137

[5] Hazlitt, vol. 1, p. 458

[6] Ibn Battuta, p. 147

[7] ibid., p. 148

[8] Pegolotti, p. 20

[9] Karpov (2001), p. 258

[10] Papacostea, p. 201

[11] Karpov (2001), p. 258

[12] Polo, p. 344

[13] King, p. 90

[14] Karpov (2001), p. 257

[15] Petrarca (1869), p. 111

[16] Tafur, p. 133

[17] ibid.

[18] ibid.

[19] ibid.

[20] Papacostea, p. 205

[21] *Délibérations des assemblées*, vol. 1, p. 28

[22] ibid., p. 53

[23] ibid., p. 171

[24] ibid., p. 49

[25] ibid., p. 54

[26] Martin, p. 136

[27] De' Mussi, p. 145

[28] De Monacis, pp. 314–5

[29] Spufford, p. 292

[30] De' Mussi, p. 146

[31] Kedar, p. 84

11.圣提多之旗

[1] Norwich (1982), p. 218

[2] Hazlitt, vol. 1, p. 588

[3] ibid., p. 589

[4] Norwich (1982), p. 221

[5] Hazlitt, vol. 1, p. 592

[6] Norwich (1982), p. 223

[7] *Délibérations des Assemblées*, vol. 1, p. 256

[8] De Monacis, p. 173

[9] ibid., p. 175

[10] ibid.

[11] McKee, p. 178

［12］ *Délibérations des assemblées*, vol. 1 p. 260

［13］ De Monacis, p. 172

［14］ *Délibérations des assemblées*, vol 1, p. 256

［15］ De Monacis, p. 176

［16］ *Délibérations des assemblées*, vol. 1, p. 262

［17］ ibid., p. 264

［18］ ibid., p. 262

［19］ ibid., p. 263

［20］ ibid., p. 265

［21］ ibid., p. 262

［22］ De Monacis, p. 179

［23］ ibid.

［24］ ibid., p. 180

［25］ ibid., p. 183

［26］ ibid., Petrarca (1978), p. 341

［27］ ibid., p. 343

［28］ De Monacis, p. 192

12.驯服圣马可

［1］ Thiriet (1953), p. 220

［2］ Chinazzi, p. 26

［3］ Hazlitt, vol. 1, p. 660

［4］ Machiavelli, p. 66

［5］ Hazlitt, vol. 1, p. 662

［6］ ibid., p. 668

［7］ Locatelli, p. 93

［8］ ibid., p. 156

［9］ ibid., p. 163

［10］ ibid., p. 165

［11］ ibid., p. 167

［12］ ibid., p. 169

［13］ Gatari, p. 169

［14］ ibid.

［15］ Locatelli, p. 177

［16］ ibid., p. 182

［17］ Romanin, vol. 3, pp. 272–3

［18］ Chinazzi, p. 49

［19］ Gatari, p. 177

［20］ ibid.

［21］ ibid.

［22］ Hazlitt, vol 1., p. 682

［23］ Chinazzi, p. 52

［24］ Hazlitt, vol. 1, pp. 682–3

［25］ Locatelli, p. 193

［26］ ibid., p. 196

［27］ ibid.

［28］ Locatelli, pp. 206–7

［29］ Hazlitt, vol. 1, p. 688

13.战斗到底

［1］ Chinazzi, p. 61

［2］ Hazlitt, vol. 1, p. 689

［3］ Locatelli, p. 277

［4］ Chinazzi, p. 100

［5］ ibid.

［6］ ibid., p. 105

［7］ ibid.

［8］ ibid., p. 106

［9］ ibid., pp. 106–7

［10］ Hazlitt, vol. 1, p. 702

［11］ Chinazzi, p. 107

［12］ ibid.

［13］ ibid., p. 113

［14］ ibid., p. 114

［15］ Hazlitt, vol. 1, p. 703

［16］ Chinazzi, p. 117

［17］ ibid., p. 124

［18］ Locatelli, pp. 357–8

14.海洋帝国

［1］ O'Connell, p. 22

［2］ Casola p. 377

［3］ O'Connell, p. 28

［4］ Miller (1921), p. 202

［5］ Villehardouin (1891), p. 75

［6］ Miller (1908), p. 588

［7］ ibid.

［8］ ibid., p. 599

［9］ ibid., p. 365

［10］ Georgopoulou, p. 74

[11] Prescott (1957), p. 227

[12] Tafur, p. 327

[13] Casola, p. 318

[14] *Délibérations des assemblées*, vol. 1, p. 236

[15] ibid., vol. 2, p. 43

[16] ibid., p. 181

[17] ibid.

[18] ibid., p. 44

[19] ibid, p. 135

[20] ibid, p. 60

[21] ibid., p. 135

[22] ibid., pp. 135–6

[23] ibid., p. 64

[24] ibid., pp. 154–5

[25] Miller (1921), p. 209

[26] *Délibérations des assemblées*, vol. 2, p. 144

[27] ibid., p. 147

[28] Buonsanti, p. 94

[29] *Délibérations des assemblées*, vol. 1, p. 216

[30] Detorakis, p. 196

15. "如泉中之水"

[1] Prescott (1957), p. 199

[2] ibid., p. 192

[3] Kedar, p. 75

[4] ibid., pp. 74–5

[5] ibid., p. 57

[6] Casola, p. 129

[7] Tenenti (1973), p. 22

[8] Lane (1944), p. 83

[9] Stöckly, p. v

[10] Fabri, pp. 167–8

[11] Howard (2000), p. 18

[12] ibid., p. 19

[13] Dotson (1994), p. 83

[14] ibid., p. 12

[15] ibid., pp. 127–8

[16] Prescott (1957), p. 209

[17] Constable, p. 275

[18] Prescott (1957), p. 196

[19] ibid., p. 192

[20] ibid., p. 212

[21] ibid., p. 196

[22] Pagani, p. 178

[23] ibid., p. 188

[24] ibid., p. 187

[25] Kedar, p. 9

[26] Curatola, p. 192

[27] Casola, pp. 141–2

[28] Crouzet-Pavan, p. 159

[29] ibid.

[30] Howard (2000), p. 119

[31] Casola, p. 129

[32] ibid.

[33] ibid.

[34] ibid., p. 132

[35] Petrarca (1869), p. 110

[36] Commynes, p. 169

[37] Barbara and Contarini, pp. 6–8

16. 尼普顿之城

[1] Translation from the De' Barbari map

[2] ibid.,

[3] Hazlitt, vol. 2, p. 32

[4] Lane (1934), p. 270

[5] Casola, pp. 139–40

[6] Tafur, p. 170

[7] Sanudo, vol. 24, cols, 24–30

[8] Tenenti (1991), p. 8

[9] Fabri, p. 47

[10] Sanudo, vol. 4, cols 205–6

[11] ibid., vol. 28, cols. 282–3

[12] Prescott (1954), p. 53

[13] Casola, p. 182

[14] ibid., p. 324

[15] Fabri, p. 37

[16] ibid., pp. 37–8

[17] ibid., p. 38

[18] ibid., pp. 42–3

[19] ibid., p. 43

[20] Pagani, p. 162

[21] Fabri, pp. 43–4

[22] Casola, p. 331

[23] Fabri, p. 29

[24] ibid, p. 30

[25] ibid., p. 24

[26] ibid., p. 26

[27] ibid., p. 27

[28] Prescott (1954), p. 236

[29] Casola, p. 322

[30] ibid., p. 199

[31] ibid., p. 311

[32] Fabri, p. 38

[33] Fabri, p. 33

[34] Fabri, pp. 134–5

第三部　月蚀：升起的月亮

17.玻璃球

[1] Romanin, vol. 4, pp. 71–3

[2] ibid., p. 73

[3] Antoniadis, p. 277

[4] Romanin, vol. 4, p. 73

[5] Malipiero, p. 40

[6] Antoniadis, p. 269

[7] *Délibérations des assemblées*, vol. 1, p. 195

[8] Tenenti (1985), p. 10

[9] *Venice and the Islamic world* p. 92

[10] Coco, p. 8

[11] Miller (1921), p. 280

[12] ibid.

[13] *Régestes des délibérations du sénat*, vol. 3, p. 149

[14] ibid., pp. 182–3

[15] *Délibérations des assemblées*, vol. 2, p. 84

[16] *Régestes des délibérations du sénat*, vol. 3, p. 102

[17] ibid.

[18] ibid., p. 120

[19] ibid., p. 124

[20] ibid., p. 173

[21] ibid., p. 180

[22] ibid., p. 179

[23] ibid., p. 182

[24] ibid., p. 184

[25] ibid., p. 189

[26] ibid., p. 186

[27] Pertusi, vol. 1, p. 15

[28] Barbaro (1969), p. 24

[29] ibid., p. 23

[30] Pertusi, vol. 1, pp. 26–7

[31] ibid., p. 19

[32] Pertusi, p. 20

[33] Barbaro (1856), p. 50

[34] ibid., p. 66

[35] *La Caduta*, vol. 1, p. 36

[36] ibid.

[37] ibid., xxxiii

[38] Barbaro (1969), p. 78

18.基督教世界之盾

[1] Babinger, p. 112

[2] *Délibérations des assemblées*, vol. 2, p. 234

[3] *Régestes des délibérations du sénat*, vol. 3, p. 211

[4] ibid., p. 197

[5] *Délibérations des assemblées* vol. 2., p. 216

[6] ibid., p. 227

[7] ibid., p. 246

[8] *Régestes des délibérations du sénat*, vol. 3, p. 236

[9] ibid.

[10] ibid., p. 193

[11] ibid., p. 221

[12] ibid., p. 222

［13］ibid., p. 235
［14］ibid., p. 239
［15］ibid., p. 212
［16］Clot, pp. 134-5
［17］*Régestes des délibérations du sénat*, vol. 3, p. 210
［18］*Délibérations des Assemblées*, vol. 2., p. 240
［19］Setton (1978), p. 150
［20］ibid.
［21］*Régestes des délibérations du sénat*, vol. 3 189-90
［22］Babinger, p. 225
［23］Norwich (1982), p. 345
［24］Setton (1978), p. 246
［25］ibid.
［26］*Régestes des délibérations du sénat*, vol. 3, p. 221
［27］Setton, p. 246
［28］ibid., p. 247

19. "如果内格罗蓬特沦陷"

［1］Babinger, p. 260
［2］Crowley, p. 145
［3］Setton (1978), p. 306
［4］ibid., p. 289
［5］ibid., p. 286
［6］ibid.
［7］Malipiero, p. 47
［8］ibid.
［9］Setton (1978), pp. 292-3
［10］ibid., p. 299
［11］Malipiero, pp. 49-52
［12］Meserve, p. 441
［13］Angiolello, p. 15
［14］Rizzardo, p. 227
［15］ibid.
［16］Angiolello, p. 11
［17］ibid., p. 13
［18］Miller (1908), p. 475
［19］Rizzardo, p. 15
［20］Angiolello, pp. 24-5

［21］ibid., p. 25
［22］Philippides, p. 241
［23］Rizzardo, p. 20
［24］Philippides, p. 259
［25］Malipiero, p. 58
［26］Meserve, p. 450
［27］Malipiero, pp. 58-9
［28］Setton (1978), p. 300
［29］Meserve, pp. 452-3
［30］Babinger, p. 275
［31］Malipiero, p. 86
［32］Babinger, p. 367
［33］Setton (1978), p. 344
［34］ibid., p. 343
［35］Babinger, p. 408

20.火的金字塔

［1］Sanudo, vol. 2, col. 235
［2］ibid.
［3］ibid., col. 292
［4］ibid., col. 372
［5］ibid., col. 542
［6］ibid., col. 541
［7］Priuli, vol. 1, p. 119
［8］ibid., p. 123
［9］ibid., p. 111
［10］Malipiero, p. 166
［11］Thubron, pp. 102-3
［12］Priuli, vol. 1, p. 118
［13］ibid., p. 130
［14］ibid., p. 136
［15］ibid., p. 141
［16］Katip Çelebi, p. 20
［17］ibid., p. 19
［18］Malipiero, p. 172
［19］Priuli, vol. 1, p. 161
［20］ibid., p. 153
［21］Malipiero, p. 174
［22］Priuli, vol. 1, p. 175
［23］Malipiero, p. 176
［24］ibid., p. 177
［25］Sanudo, vol. 2, col. 1234

[26] Malipiero, p. 177

[27] Sanudo, vol. 2, cols. 1233–4

[28] ibid., col. 1258

[29] ibid., col. 1233

[30] Malipiero, p. 179

[31] ibid.

[32] ibid., p. 112

21.扼住威尼斯的咽喉

[1] Sanudo, vol. 3, col. 5

[2] Priuli, vol. 1, p. 167

[3] Doumerc, p. 662

[4] Priuli, vol. 1, p. 30

[5] ibid., vol. 2, p. 45

[6] ibid., p. 287

[7] ibid., p. 20

[8] Malipiero, p. 195

[9] Setton (1978), p. 289

[10] ibid.

[11] Malipiero, p. 179

[12] Priuli, vol. 2, p. 30

[13] ibid., p. 156

[14] ibid.

[15] ibid., pp. 155–7

[16] Lunde, *The Coming of the Portuguese*, (unnumbered)

[17] Tenenti (1993), p. 31

[18] Casola, p. 125

[19] Prescott (1957), p. 261

结语：归程

[1] ibid., p. 253

古今地名对照

本书中使用的一些地名遵照该历史时期中威尼斯人和其他民族对其的称呼。后面对应的是这些地方在现代的名称

Acre, Akko (Israel) 阿卡, 阿卡（以色列）

Adrianople, Edirne (Turkey) 阿德里安堡, 埃迪尔内（土耳其）

Brazza, The island of Brac (Croatia) 布拉扎岛, 布拉奇岛（克罗地亚）

Butrinto, Butrint (Albania) 布特林托, 布特林特（阿尔巴尼亚）

Caffa, Feodosiya on the Crimean peninsula (Ukraine) 卡法, 费奥多西亚（乌克兰, 在克里米亚半岛）

Candia, Heraklion (Crete). 干地亚, 伊拉克利翁（克里特岛。威尼斯人也将整个克里特岛称为干地亚）

Canea, Chania or Hania (Crete) 干尼亚, 干尼亚（克里特岛）

Cattaro, Kotor (Montenegro) 卡塔罗, 科托尔（黑山）

Cerigo, The island of Kythira (Greece) 切里戈岛, 基西拉岛（希腊）

Cerigotto, The island of Antikythira (Greece) 切里戈托岛, 安迪基西拉岛（希腊）

Coron, Koroni (Greece) 科罗尼, 科罗尼（希腊）

Curzola, The island of Korčula (Croatia) 库尔佐拉岛, 科尔丘拉岛（克罗地亚）

Durazzo, Durrës (Albania) 杜拉佐, 都拉斯（阿尔巴尼亚）

Jaffa, Now part of Tel Aviv: Tel

485

Aviv-Yafo（Israel）雅法，雅法（如今是以色列的特拉维夫—雅法市的一部分）

Lagosta, The island of Lastovo（Croatia）拉戈斯塔，拉斯托沃岛（克罗地亚）

Lajazzo, Yumurtallk near Adana（Turkey）拉加佐，尤穆尔塔勒克（土耳其，在阿达纳附近）

Lepanto, Nafpaktos（Greece）勒班陀，纳夫帕克托斯（希腊）

Lesina, The island of Hvar（Croatia）莱西纳岛，赫瓦尔岛（克罗地亚）

Modon, Methoni（Greece）莫东，迈索尼（希腊）

Naplion, Naflio or Navplion（Greece）纳夫普利翁，纳夫普利翁（希腊）

Narenta River, Neretva River（Croatia）纳伦塔河，内雷特瓦河（克罗地亚）

Negroponte, Island of Euboea, and its main town Halkida（or Chalkis）内格罗蓬特，威尼斯人所说的"内格罗蓬特"既指整个优卑亚（在希腊东海岸），

也指岛上的主要城镇哈尔基斯

Nicopolis, Nikopol（Bulgaria）尼科波利斯，尼科波利斯（保加利亚）

Ossero, Osor on the island of Cres（Croatia）奥赛洛，奥赛尔（克罗地亚，茨雷斯岛上）

Parenzo, Poreč（Croatia）帕伦佐，波雷奇（克罗地亚）

Pola, Pula（Croatia）普拉，普拉（克罗地亚）

Porto Longo, Harbour on the island of Sapienza（Greece）隆哥港，萨皮恩扎岛上的港口（希腊）

Ragusa, Dubrovnik（Croatia）拉古萨，杜布罗夫尼克（克罗地亚）

Retimo, Rethimno（Crete）莱蒂莫，罗希姆诺（克里特）

Rovigno, Rovinj（Croatia）罗维纽，罗维尼（克罗地亚）

Salonica, Thessaloniki（Greece）萨洛尼卡，塞萨洛尼基（希腊）

Santa Maura, The island of Lefkadtha or Lefkas（Greece）圣莫拉岛，莱夫卡斯岛（希腊）

Saray 萨莱，金帐汗国都城，现已消失，原在伏尔加河上，可能

在阿斯特拉罕附近的谢利特连诺耶

Scutari, Shkoder（Albania）斯库塔里，斯库台（阿尔巴尼亚）

Sebenico, Šibenik（Croatia）希贝尼克，希贝尼克（克罗地亚）

Sidon, Saida（Lebanon）西顿，赛达（黎巴嫩）

Smyrna, Izmir（Turkey）士麦那，伊兹密尔（土耳其）

Soldaia, Sudak on the Crimean Peninsula（Ukraine）苏尔达亚，苏达克（乌克兰，在克里米亚半岛）

Spalato, Split（Croatia）斯帕拉托，斯普利特（克罗地亚）

Tana, Azov on the sea of Azov（Ukraine）塔纳，亚速海上的亚速（俄罗斯）

Tenedos, The island of Bozcaada at the mouth of the Dardanelles（Turkey）忒涅多斯岛，博兹贾岛（达达尼尔海峡入口处，土耳其）

Trau, Trogir（Croatia）特劳，特罗吉尔（克罗地亚）

Trebizond, Trabzon（Turkey）特拉布宗，特拉布宗（土耳其）

Tripoli, Trablous（Lebanon）的黎波里，的黎波里（黎巴嫩）

Tyre, Sour（Lebanon）推罗，苏尔（黎巴嫩）

Zante, The island of Zakynthos（Greece）桑特，扎金索斯岛（希腊）

Zara, Zadar（Croatia）扎拉，扎达尔（克罗地亚）

Zonchio, Later Navarino, the bay of Pylos（Greece）宗奇奥，纳瓦里诺，皮洛斯湾（希腊）

译名对照表

Acre 阿卡

Adoldo, Nicolo, 尼科洛·阿道尔多

Adrianople 阿德里安堡

Adriatic Sea 亚得里亚海

Aegean Sea 爱琴海

Aleaumes of Clari 克莱里的阿罗姆

Aleppo 阿勒颇

Alexander the Great 亚历山大大帝

Alexandria 亚历山大港

Alexius III Angelus, Emperor 亚历克赛三世·安格洛斯，皇帝

Alexius IV Angelus, Emperor 亚历克赛四世·安格洛斯，皇帝

Alexius V Ducas（Murtzuphlus）, Emperor 亚历克赛五世·杜卡斯（穆尔策弗卢斯），皇帝

Amalfi 阿马尔菲

Andrew of Durboise 杜尔布瓦兹的安德烈

Andronicus I, Emperor 安德罗尼库斯一世，皇帝

Andronicus II Palaeologus, Emperor 安德罗尼库斯二世·帕里奥洛格斯，皇帝

Andronicus IV Palaeologus, Emperor 安德罗尼库斯四世·帕里奥洛格斯，皇帝

Andros 安德罗斯

Angiolello, Giovan-Maria 焦万—玛利亚·安焦莱洛

Antonello（Sicilian）安东内洛（西西里人）

Antonio of Candia 干地亚的安东尼奥

Anzio, sea battle（1378）安济奥海战（1378 年）

Apanomeriti, Giacomo, 贾科莫·阿帕诺梅里蒂

Argos, 阿尔戈斯

译名对照表

译名对照表

里克

Emo, Pietro 彼得罗·埃莫

Erichi (pirate) 艾里奇 (海盗)

Erizzo, Paolo 保罗·埃里佐

Eugene IV, Pope 尤金四世，教皇

Fabri, Felix 费利克斯·法布里

Faliero, Ordelafo 奥德拉弗·法列罗

Faliero, Marino, Doge 马里诺·法列罗，执政官

Faliero, Paolo 保罗·法列罗

Famagusta 法马古斯塔

Fatimid dynasty 法蒂玛王朝

Florence, Florentines 佛罗伦萨，佛罗伦萨人

fondaci (residential complexes) 外国人聚居区

Freschi, Zacharia di 扎卡里亚·迪·弗雷斯基

Friuli 弗留利

Gabriele de Mussis 加布里埃莱·德·穆西斯

Galata 加拉塔

Gallipoli 加里波利

Garzoni family 加尔佐尼家族

Genghis Khan (Temuchin) 成吉思汗 (铁木真)

Genoa, Genoese 热那亚，热那亚人

Gestus de Boemia 盖斯图斯·德·博埃米亚

Ghisi family 吉西家族

Gianni (shipwright) 詹尼 (造船匠)

Gilles, Pierre 皮埃尔·吉勒

Giovanni of Zara 扎拉的乔万尼

Giustinian, Andrea 安德烈亚·朱斯蒂尼安

Giustinian, Nicolo 尼科洛·朱斯蒂尼安

Giustinian, Taddeo 塔代奥·朱斯蒂尼安

Golden Bull (1082) 《金玺诏书》 (1082 年)

Gradenigo, Leonardo 莱奥纳尔多·格拉代尼戈

Gradenigo, Marco 马尔科·格拉代尼戈

Gradenigo family 格拉代尼戈家族

Greece 希腊

Greek fire 希腊火

Grimaldi family 格里马尔迪家族

Grimani, Antonio 安东尼奥·格里马尼

译名对照表

福罗·莫罗，执政官

Morosini, Francesco 弗朗切斯科·
莫罗西尼

Morosini, Ruggiero (Malabranca)
鲁杰罗·莫罗西尼（残酷之
爪）

muda（convoy）穆达（商船队）

Mudazzo, Jacobo 雅各布·穆达佐

Mugla 穆格拉

Murat I, Sultan 穆拉德一世，苏
丹

Murat II, Sultan 穆拉德二世，苏
丹

Mykonos 米科诺斯岛

Naplion 纳夫普利翁

Napoleon 拿破仑

Narenta River 纳伦塔河

Naxos 纳克索斯岛

Negroponte 内格罗蓬特

Nicholas Kannavos 尼古拉斯·卡
纳博斯

Nicopolis, battle of（1396）尼科
波利斯战役（1396 年）

Nymphaion, Treaty of（1261）《尼
姆菲翁条约》（1261 年）

Omar, Haji 哈只·奥马尔

Orfano canal 奥尔法诺运河

Orhan, Sultan 奥尔汗，苏丹

Orseolo, Pietro II, Doge 彼得罗二
世·奥西奥罗，执政官

Otranto 奥特朗托

Paiva, Afonso de 阿方索·德·派
瓦

Pandora（round ship）"潘多拉"
号

Pasti, Matteo de' 马泰奥·德·
帕斯蒂

Patras 帕特雷

Paul II, Pope 保罗二世，教皇

Pegolotti, Francesco 弗朗切斯科·
佩戈洛蒂

Peloponnese 伯罗奔尼撒半岛

Permarino, Paladino 帕拉迪诺·
佩尔马里诺

Pesaro, Benedetto 贝内代托·佩
萨罗

Peter II, king of Cyprus 彼得二世，
塞浦路斯国王

Peter of Amiens 亚眠的彼得

Petrarch, Francesco 弗朗切斯科·
彼特拉克

Philip de Montfort 腓力·德·孟福
尔

Philip of Swabia, king of Germany

译后记

《1453》是我和"甲骨文"合作的第一本书。我也就这样走进了克劳利的海洋世界。

我陆续翻译了他的四本历史著作《1453：君士坦丁堡之战》《海洋帝国：地中海大决战》《财富之城：威尼斯海洋霸权》《征服者：葡萄牙帝国的崛起》。这于我而言是一段愉快的旅程。克劳利的作品不是学术前沿，也没有高深的理论，却是精彩绝伦的叙述史，也是大众读者了解历史的绝佳窗口。

对我来讲，翻译是非常难得的深度学习的机会。人都有惰性，读书的时候，不太明白的地方经常就略过了，不影响理解大意就行。翻译却不容许偷懒，必须把每一个地方都完全弄懂。要对读者负责，首先得对自己负责。

"地中海史诗"三部曲相继出版之后，得到许多读者的热情支持，同时也有许多读者通过各种途径提出了具有建设性意义的批评。借这次精装版推出的机会，我重新审视和修改了自己的译文。修改历时近半年，我刻意做得很慢。首先是知识性错误的修正，比如将阿提拉的部族称为"匈奴"是不妥的，我以前没有注意到这一点，现在改为"匈人"；

其次，修正了少量译名，希望能在"约定俗成"和"名从主人"之间达到更好的平衡；再次，修正了地图标示的一些瑕疵和少量错别字及前后不一致的问题；最后，我个人觉得最重要的，也是修改最多的，是删去冗字，提高密度，希望做到更精炼。当然，新版本最终需要的是读者的检验。我衷心希望，在过去的四年里我的水平有所提高；新版本会是一个更好的版本，是给克劳利先生的一份新礼物，也是给读者朋友的新礼物。

最后衷心感谢"甲骨文"品牌直接参与克劳利作品编辑出版的编辑们，没有他们的悉心帮助与辛勤工作，这几本书在中国不会取得今天的成绩。

陆大鹏

2017 年 7 月，南京

图书在版编目（CIP）数据

　　财富之城：威尼斯海洋霸权 /（英）罗杰·克劳利
（Roger Crowley）著；陆大鹏，张骋译. -- 北京：社
会科学文献出版社，2017.9（2024.6 重印）
　　（地中海史诗三部曲：精装珍藏版）
　　ISBN 978 - 7 - 5201 - 0792 - 1

　　Ⅰ.①财…　Ⅱ.①罗…②陆…③张…　Ⅲ.①威尼斯
共和国 - 历史　Ⅳ.①K546.3

　　中国版本图书馆 CIP 数据核字（2017）第 111702 号

财富之城
——威尼斯海洋霸权

著　　者 /〔英〕罗杰·克劳利
译　　者 / 陆大鹏　张　骋

出 版 人 / 冀祥德
项目统筹 / 董风云　冯立君
责任编辑 / 段其刚　周方茹
责任印制 / 王京美

出　　版 / 社会科学文献出版社·甲骨文工作室（分社）（010）59366527
　　　　　　地址：北京市北三环中路甲 29 号院华龙大厦　邮编：100029
　　　　　　网址：www. ssap. com. cn
发　　行 / 社会科学文献出版社（010）59367028
印　　装 / 三河市东方印刷有限公司

规　　格 / 开　本：889mm × 1194mm　1/32
　　　　　　印　张：16.75　插　页：0.625　字　数：351 千字
版　　次 / 2017 年 9 月第 1 版　2024 年 6 月第 8 次印刷
书　　号 / ISBN 978 - 7 - 5201 - 0792 - 1
著作权合同
登 记 号 / 图字 01 - 2017 - 5949 号
定　　价 / 258.00 元（全三册）

读者服务电话：4008918866